U0479781

崭露头角
的
天才少年

在圣文森特-圣玛丽高中篮球队
摄于 2002 年

职业生涯
的
盛大开端

在克利夫兰骑士队拍摄写真

摄于 2009 年

饱受争议的艰难抉择

加入迈阿密热火队

摄于 2010 年

身价不菲的世界明星

出席耐克举办的"篮球攻会"夏季全明星巡回赛成都训练营

摄于 2011 年

功勋卓著
的
"归乡游子"

重返克利夫兰骑士队
摄于 2017 年

影响深远的慈善事业

"我承诺"学校开幕典礼后讲话
摄于 2018 年

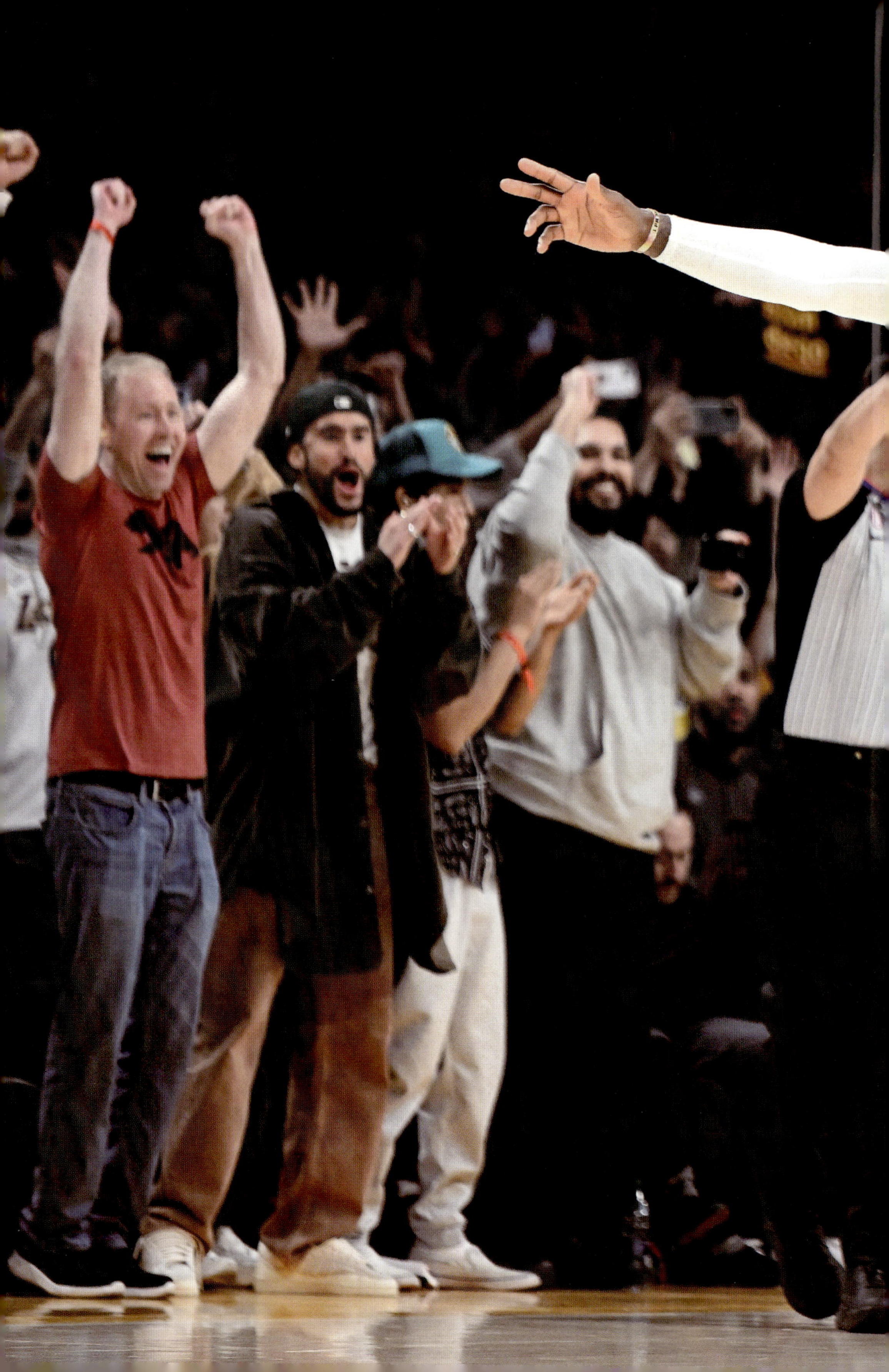

万众瞩目
的
未竟之路

加入湖人队
摄于 2023 年

家庭亲睦的美满人生

与家人（从左到右：长子布朗尼·詹姆斯、次子布莱斯·詹姆斯、女儿朱莉·詹姆斯、妻子萨瓦娜·詹姆斯和母亲格洛丽亚·詹姆斯）

摄于 2023 年

LEBRON

篮球之王
勒布朗·詹姆斯 传

[美] 杰夫·本尼迪克特 著 王先哲 译

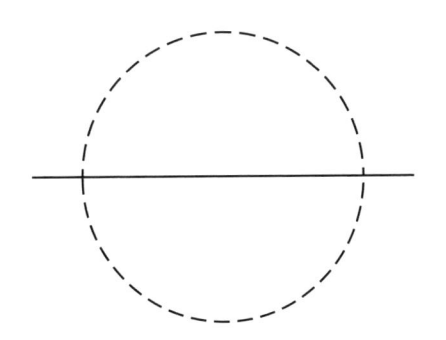

贵州出版集团
贵州人民出版社

Chinese Simplified Translation copyright © 2025
by Beijing Xiron Culture Group Co., Ltd.
LEBRON
Original English Language edition Copyright © 2023
All Rights Reserved.
Published by arrangement with the original publisher, Avid Reader Press, an Imprint of Simon & Schuster, Inc.

本书中文简体版权归属于北京磨铁文化集团股份有限公司。
著作权合同登记图字：22-2024-142 号

图书在版编目（CIP）数据

篮球之王：勒布朗·詹姆斯传 /（美）杰夫·本尼迪克特著；王先哲译. -- 贵阳：贵州人民出版社，2025.4. -- ISBN 978-7-221-18377-4

Ⅰ. K837.125.47

中国国家版本馆 CIP 数据核字第 2024MS1540 号

LANQIU ZHI WANG：LEBULANG ZHANMUSI ZHUAN
篮球之王：勒布朗·詹姆斯传

[美] 杰夫·本尼迪克特　著
王先哲　译

出 版 人	朱文迅
策划编辑	张艺萌
责任编辑	何文龙
责任印制	蔡继磊

出版发行	贵州出版集团　贵州人民出版社
地　　址	贵阳市观山湖区会展东路 SOHO 办公区 A 座
印　　刷	三河市中晟雅豪印务有限公司
版　　次	2025 年 4 月第 1 版
印　　次	2025 年 4 月第 1 次印刷
开　　本	700mm×980mm　1/16
印　　张	30.75　彩插 8 面
字　　数	476 千字
书　　号	ISBN 978-7-221-18377-4
定　　价	78.00 元

如发现图书印装质量问题，请与印刷厂联系调换；版权所有，翻版必究；未经许可，不得转载。

致
加里

  从小到大，我一直认为是你抛弃了妈妈和我。小时候，我坚信你是一个冷漠无情之人，不论对她还是对我。长大后，我很好奇背后的原因。我知道在哪里可以找到你，却丝毫不愿为此费神。直至人生第四个十年的尾声，我得到了你的号码，拨通了电话。电话那头，你称呼我为儿子。没想到，你几乎读遍了我写的文章，将它们珍藏。你拜访了我家，见了我的亲人，将我拥入你的臂膀，告诉我你爱我、为我而骄傲。原来这些年……竟是我错怪了你。我明白，当两个未婚的年轻人有了孩子，许多事情会随之改变。我爱你。

感谢你做我的父亲。
谨以此书献给你。

LEBRON

勒布朗·詹姆斯

目 录

· I ·

01	到底发生了什么？	001
02	格洛和布朗	013
03	如果你愿意传球	022
04	我们要团结起来	040
05	高一新人	049
06	全美最弯曲的街道	060
07	小伙子	078
08	不平凡的球馆	088
09	上车	105
10	骗子	118

11	黄金时段	133
12	颠倒乾坤	146
13	告别高中	154
14	代言合同	170
15	此刻疯狂	186
16	压力	198
17	一点儿也不难过	210
18	我已经长大了	222
19	这只是篮球罢了	235
20	四重身份	246

21	独行的骑士 257
22	史上最佳表现 263
23	王国降临 270
24	时尚 283
25	新节拍 296
26	光有奇迹是不够的 310
27	勒布朗的夏天 328
28	"戴头带的海丝特·白兰" 351
29	坠入深渊 369
30	接管生意 384

31	保持理智 399
32	我又有什么资格记仇呢？410
33	驾驭权力 421
34	力挽狂澜 437
35	信仰之城 446
36	"呆子" 454
37	圆满人生 468

后记 473

致谢 479

LEBRON

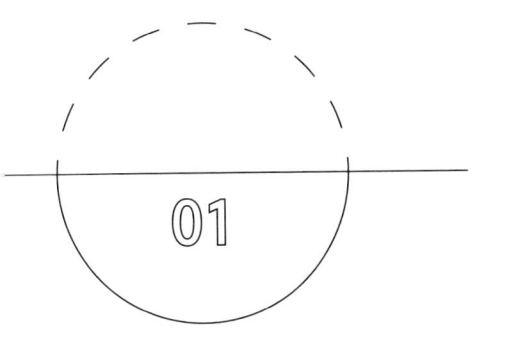

01 到底发生了什么？

一列外观锃亮的黑色 SUV 车队驶出韦斯特切斯特郡机场（Westchester County Airport），进入康涅狄格州，沿着绿荫成群的道路蜿蜒前行，又拐进了一条铺设平坦的私家车道，车道两侧建有石墙，耸立着枝叶繁茂的橡树和枫树。在其中一辆车的后座，坐着 25 岁的勒布朗·詹姆斯，身旁是 23 岁的萨瓦娜·布林森（Savannah Brinson）——他高中时代以来的灵魂伴侣，也是两个小男孩的母亲。车队驶入格林尼治的一座大型庄园，缓缓停靠在一栋房子前，静谧的田园风光浮现于车窗外，但在他眼里，萨瓦娜比这般美景更加迷人。詹姆斯佩戴黑色墨镜，身穿白色 T 恤衫和黑色工装裤，他走下车子，环视四周。时值傍晚，夕阳的金色光芒透过白色栅栏，照亮了郁郁葱葱的草坪、粉紫交映的凤仙花和巧克力色的园艺覆盖物，一条石径通往一座庞大的新英格兰式建筑。

这天是 2010 年 7 月 8 日，詹姆斯来此排练、用餐并歇息。几个小时后，他将现身 ESPN 黄金时段的特别节目，把自己的决定公之于众——究竟是继续留守克利夫兰骑士队，还是加入过去一年多来不断向他示好的五支球队之一。这位全世界最知名的篮球明星还无法预见，在这个夜晚结束之时，他将成为整个体育界最令人痛恨的运动员。

从其他车上陆续走出几个人，其中两人是他最好的朋友——29 岁的马弗里克·卡特（Maverick Carter）和 28 岁的里奇·保罗（Rich Paul）。他们是为数不多的知晓詹姆斯计划的人。卡特、保罗以及负责打理事务的 31 岁的兰迪·米姆斯（Randy Mims）自詹姆斯在俄亥俄州阿克伦市的高四赛季就一直跟随他。詹姆斯请三人为他工作，由此组建了自己的核心圈。四人集睿智、雄心、忠诚于一身，詹姆斯称其为"四骑士"。米姆斯并未参加此行，卡特和保罗则跟在詹姆斯身后。三人沿石径朝房子走去，迈着摇摆的步伐——尤其是卡特。他是詹姆斯的业务合伙人，一位胸怀大志的商业大亨，正是他建议詹姆斯以如此冒险的方式宣布自己的决定。詹姆斯是全美唯一一位有实力说服 ESPN 为其长达一个小时的个人节目开绿灯的运动员。卡特期望詹姆斯凭借自己的影响力做一些更具革命性的事情，而不是仅仅行使自己作为自由球员挑选队伍的权利。更确切地说，詹姆斯即将发表一份称得上独立宣言的声明，将自己从球队老板的经济控制中解放，从传统媒体平台对他施加的种种"滤镜"中解放，从长久以来禁锢运动员——特别是黑人运动员——的强权中解放。保罗对此表示赞同：勒布朗即将打破现状。

詹姆斯自信满满，他与朋友们享受着这一刻。他明白自己手里握有多少筹码。在克利夫兰的七个赛季，他达成了其他篮球运动员——即使是迈克尔·乔丹——都未能达成的成就。詹姆斯早在高三赛季就登上了《体育画报》（*Sports Illustrated*）杂志的封面，并被冠以"天选之子"的美称，在高中毕业之前就与耐克签订了价值 9 000 万美元的球鞋合约。18 岁那年他带着熠熠星光进军 NBA，并迅速成为联盟史上最快得到 10 000 分、2 500 个篮板、2 500 次助攻、700 次抢断和 300 次盖帽的球员，也是达成这一里程碑最年轻的球员。他一步

01 到底发生了什么？

步成为最高产的得分手、篮板手和组织者，在篮球运动史上可谓前所未有。

2004年，年仅19岁的詹姆斯成为入选美国奥运篮球队最年轻的球员。2008年，23岁的他将奥运会金牌收入囊中。同年，他成立了自己的娱乐公司，制作了第一部影片，签署了第一份图书合同，与Dr. Dre[1]和吉米·艾欧文（Jimmy Iovine）[2]开启了Beats Electronics的商业之路，该公司日后被苹果收购。他还与全世界最富有的两个人——沃伦·巴菲特和比尔·盖茨建立了友谊，两位富豪对詹姆斯和他的核心圈能拥有一批优秀的银行家和律师作为顾问而惊叹不已。提起詹姆斯，巴菲特曾表示，"如果他是IPO[3]，我一定会买入"。

截至2010年7月，预计詹姆斯每年可以从篮球工资和代言合约中获得5 000万美元的收入，而这仅仅是他那蒸蒸日上的资产组合中的一部分。在下一个十年，他的价值将攀登至10亿美元。美国的职业团队运动界还从未诞生过亿万富翁，而詹姆斯将开创先河。

在耐克，詹姆斯已成为这家球鞋公司最有价值的品牌大使，令泰格·伍兹黯然失色。当伍兹在2009年秋天驾驶SUV撞上邻家的大树，并因轰动一时的"通奸"丑闻而名誉扫地时，各家公司纷纷抛弃这位高尔夫球手，转而将目光投向詹姆斯。美国运通、麦当劳、可口可乐和沃尔玛等公司赞赏他对家庭无比真挚的忠诚，以及对自己根基——阿克伦孜孜不倦的奉献。

与此同时，詹姆斯的全球名声早已超越了体育的范畴。他与Jay-Z[4]同台演出，为贝拉克·奥巴马（Barack Obama）争取选票，与安娜·温图尔（Anna Wintour）[5]共进晚餐，同安妮·莱博维茨（Annie Leibovitz）[6]和吉赛尔·邦辰（Gisele Bündchen）[7]拍摄照片，并且创立了自己的基金会。

在25岁生日以前，詹姆斯已经涉足了政治、时尚、大众传媒和慈善事

---

1 译者注：美国知名说唱歌手、制作人，曾7次获得格莱美奖。
2 译者注：美国企业家、制作人。
3 译者注：首次公开发行的股票。
4 译者注：美国说唱歌手，曾24次夺得格莱美奖。
5 译者注：*Vogue*杂志主编。
6 译者注：美国著名女摄影师。
7 译者注：巴西超模、演员。

业。最近一年，他参加了《六十分钟时事杂志》(*60 Minutes*) 访谈，并登上了 *Vogue*、《时代周刊》(*Time*)、《时尚先生》(*Esquire*)、《财富》(*Fortune*) 和 *GQ* 的封面。根据一项知名的名人指数统计，他的人气已经胜过 Jay-Z。耐克通过好莱坞水准的商业广告，向世人展现了他担当演员和喜剧明星的能力，将他打造为全球标志性人物。从中国到欧洲的各个城市，詹姆斯成了一个家喻户晓的名字。

NBA 总冠军大概是詹姆斯唯一未能赢得的成就。为此，他决心做出改变。早在一年以前，他便心知肚明，他与骑士队的合同将于 2009—2010 赛季结束后到期，届时将有多个选项供他考虑，他将与最有希望组建一支争冠班底的球队签约。每支球队都想加入这场詹姆斯争夺战。迈克尔·布隆伯格（Michael Bloomberg）市长和纽约市发起了一场名为"勒布朗快来吧"（C'mon LeBron）的招募行动，从时代广场的巨幕到出租车的迷你广告屏，祈求詹姆斯加盟尼克斯队的数字标语随处可见。对詹姆斯垂涎欲滴的还有布鲁克林篮网队的老板，这位俄罗斯富豪试图通过与詹姆斯分享成为亿万富翁的心得引诱他加盟。时任美国总统奥巴马也参与了招募行动，他在白宫西厢为其家乡球队芝加哥公牛进行游说。克利夫兰的广告牌上刊登着恳求詹姆斯留队的标语。迈阿密的广告牌上刊登着希望他加入的话。

如同每一个伟大的艺人，詹姆斯也渴望被他人所渴望——被每一个人所渴望。有时，他会沉迷于别人对他的看法，特别是同辈的看法。就在詹姆斯抵达格林尼治的前一日，自由球员凯文·杜兰特（Kevin Durant）在推特（Twitter）上用了不足 140 个字符宣布了他续约俄克拉荷马雷霆队的决定，他写道："我不是一个喜欢站在聚光灯下、把自己的事情全部公开的人。"就天赋而论，杜兰特是最接近詹姆斯的对手，而杜兰特低调的行事风格受到体育记者们的广泛好评。不少记者借助杜兰特的做法向詹姆斯和他的 ESPN 特别节目表达了质疑。"一个小时的节目？搞什么鬼？"一名 FOX 体育台的评论员写道。一些球员也匿名发表了意见。"勒布朗希望自己是话题的中心。"一名未透露姓名的 NBA 球员告诉体育记者。"他说过他想成为历史最佳之一，像乔丹、科比那样。但乔丹和科比绝不会这么做。他试图让自己的影响力大于篮球本身。"

詹姆斯读了所有关于自己的文章。那些将他和乔丹、科比作对比的无休无止的论调，已是老生常谈。然而，最刺痛人心的莫过于被扣上"自私"的帽子。在他看来，自己对待篮球的方式无异于球队老板们对待生意。既然各支球队愿意为了追求他而相互竞争，何不见一见他们，听一听他们的说法？又何不尝试营造一种最有利的局面——说服其他球员和他联手，一起赢得总冠军？这并不是自私，只是精明罢了。

似乎没有人比迈阿密热火队的球队总裁帕特·莱利（Pat Riley）更欣赏詹姆斯的这一做法。在 ESPN 特别节目开播前的一周，詹姆斯会见了十多名球队高管。为了吸引詹姆斯，高管们想尽了办法。其中，莱利展示了他的多枚总冠军戒指，并向詹姆斯表明他很清楚赢得这些戒指的代价是什么。当詹姆斯透露自己有意招募其他大牌球员与他联手争冠的想法时，莱利没有一丝惶恐。

从职业生涯的立场出发，詹姆斯明白，迈阿密是一个明智之选。但是，离开克利夫兰的前景却依然令他揪心。俄亥俄州是家，他还从未在其他地方生活过。他在这里过得很舒坦，更何况詹姆斯和他的家乡阿克伦之间存在一条源自内心的纽带，这让他对这个成就了自己的地方心怀感激，其原因恐怕除了他母亲之外没有人可以领会。他的头脑劝他加盟迈阿密，他的内心却把他拴在阿克伦。

勒布朗不想让他的母亲失望，在飞往格林尼治的几个小时前，他给母亲拨通了电话，把自己的想法告诉了她。母亲对他说，自己做出的决定，就要自己承担后果。母亲鼓励他，做对自己最有利的事情。

詹姆斯迫切希望这一切赶快结束。当他走进马克·唐利（Mark Dowley）位于格林尼治的房屋时，他的心情轻松了许多。唐利穿着一条褪色的牛仔裤和一件下摆敞开的 Polo 衫，这看起来和他作为好莱坞最具影响力的名人经纪公司——威廉·莫里斯奋进公司（William Morris Endeavor）高级合伙人的身份并不相称。唐利是一位市场营销策略专家，此次 ESPN 特别节目的各个细节正是由他安排的。詹姆斯对唐利并不熟悉，卡特却和唐利相熟，这对詹姆斯来说就足够了。詹姆斯感谢唐利的盛情欢迎，感谢他邀请詹姆斯一行人来此休息。

唐利的经纪公司位于洛杉矶，他本人却居住在格林尼治，这是促使他来此举办活动的一个重要原因。此次活动被安排在格林尼治男孩女孩俱乐部（Boys & Girls Club）[1]举行，而本次 ESPN 特别节目的收入将捐赠给追求詹姆斯的各支球队所属城市的男孩女孩俱乐部。

唐利向詹姆斯介绍了自己那满脸流露出敬畏之情的 12 岁儿子，还有他的几个好兄弟。在场的还有来自 ESPN、耐克和其他赞助商的一些代表。詹姆斯礼貌地向众人问好，随后钻进了一间私密的房间。他穿上一条时尚牛仔裤，一件紫色的格子衬衫。消息提示不停地从他的手机里冒出。就在两天之前，詹姆斯加入了推特，并发布了他的第一条推文："你好，世界，真正的国王詹姆斯'终于'登场了。"他即将宣布的决定已经在当时日渐风靡的社交媒体平台上成为热门话题。短信也不断向他涌来。其中一条来自坎耶·维斯特（Kanye West）："你在哪儿？"

自从在音乐颁奖典礼上抢了泰勒·斯威夫特（Taylor Swift）的风头而让自己出尽洋相之后，坎耶就一直在迈阿密躲避风头，潜心打造自己的第五张录音室专辑《我美丽黑暗扭曲的幻想》（My Beautiful Dark Twisted Fantasy）。坎耶渴望一睹詹姆斯的决定，便动身前往格林尼治，此刻他正在打听唐利家的具体方位。詹姆斯向坎耶发送了地址之后，就忙着同卡特和体育主持人吉姆·格雷（Jim Gray）预览节目流程，而并没有通知唐利。不久，前门传来敲门声。唐利 12 岁的儿子惊呆了。"坎耶来了！"他大喊起来。于是，这场低调的彩排瞬间变成了一次家庭派对。

当初，詹姆斯还是通过 Jay-Z 认识坎耶的。他们成了朋友，詹姆斯也结识了许多说唱歌手和嘻哈艺人。这些歌手和艺人喜欢围绕在詹姆斯的周围。他们给詹姆斯发放自己演出的后台通行证，邀请他参加自己的派对，坐在场边观看他的比赛，甚至在歌词里向他致敬。在很多方面，他们不仅想要认识勒布朗，更想要成为勒布朗。作为篮球明星，詹姆斯的名声已经超越了他们所有人。天色渐暗，此时的詹姆斯即将推开一扇通往未知的新世界的大门。他和随行人员

---

[1] 译者注：美国的一个公益组织。

01 到底发生了什么？

走出屋子，钻进一辆面包车里，在警察的护送下前往格林尼治男孩女孩俱乐部。詹姆斯不禁扪心自问：一个阿克伦的孩子是如何走到这一步的？

一台台发电机嗡嗡作响，一辆辆卫星信号车挤满了俱乐部的停车场。街道两侧站着足足几千人，他们身穿 NBA 球衣，举着各式各样的牌子，其中一块 "COME TO THE NETS"（请加入篮网队吧）的标语格外醒目。站在前排的一群球迷高喊着"尼克斯加油"的口号，一位手提着扩音器的交警还在为了让他们后退而做着徒劳的努力。面包车在骑警的追随下拐过街角，詹姆斯仿佛置身于一辆巡游彩车。俱乐部外，手机镜头的闪光灯、路灯、明黄的车灯、蓝红的警灯、白色的聚光灯交相辉映，在阵阵警笛声中，好似一个色彩艳丽的万花筒。

车内，詹姆斯神色紧张，离开骑士队的决定一直萦绕在他脑海里。他悄悄对卡特说："告诉他们吧。"

"我们正在康涅狄格州的格林尼治为您带来现场直播。"位于布里斯托市 ESPN 演播厅的一位主持人说道，嘈杂的室外景象出现在电视台的直播画面中。

音响里传出 Jay-Z 的歌曲《帝国之心》（*Empire State of Mind*），勒布朗和坎耶走出车子，孩子们指着他们放声尖叫。生活在这里的那些风险投资人和华尔街银行家的青少年孩子们全然沉迷于这场狂欢——今晚，他们所在的这座小镇是整个篮球宇宙的中心。

当正在读小学的吉吉·巴特（Gigi Barter）和她的兄长们来到现场，她目瞪口呆。"发生什么了？"她扯起嗓子问道，试图盖过噪声。

她的兄长们带她来俱乐部参加活动已有好几年的时间了，但他们从未见过这般人山人海的场面。其中一位兄长吉迪（Giddy）向她解释，勒布朗·詹姆斯来到了镇上，即将公布他加入尼克斯队的消息。这个消息好极了。

吉吉进入场内，遇到一张亲切的面孔。这家俱乐部的主管在一个被警戒线隔开的俱乐部儿童专区为她安排了一个座位。她坐在一个靠前的位置，可以清晰地望见詹姆斯。

距离晚上九点还差几分钟，詹姆斯同萨瓦娜·布林森站在俱乐部体育馆的门外。坎耶站在一旁，他戴着深色的墨镜，穿着黑色的运动外套，脚上是一双色彩绚丽的拖鞋。唐利在场内忙前忙后，确保一切都准备就绪。里奇·保罗给骑士队打去电话，告知他们詹姆斯即将离队。对保罗而言，这如同一场离婚，和伴侣分别并不是一件容易的事。为了缓和局面，保罗告诉球队经理，这是一次商业上的决策，而不是针对某个人。

但这无济于事。骑士队的老板丹·吉尔伯特（Dan Gilbert）怒不可遏。四年前，他试图以一份为期五年的合同锁定詹姆斯，这正是为了避免如今的处境。但是詹姆斯坚持仅签订一份三年的合约。"当他说'我只愿意签三年'的时候，我们就该果断说一声'滚开'，"吉尔伯特对记者说道，"我们就该对他说，'去你的，滚吧，咱们走着瞧'。"

保罗正在对付骑士队，詹姆斯则一直注视着布林森，直到一位头戴耳机的ESPN制作人员通知他准备开场。

"祝我好运吧。"詹姆斯对布林森说道，接着送给她一个拥抱和亲吻。转身进场之前，詹姆斯特意露出牙齿，请她帮忙检查是否留有食物残渣。

布林森总能被詹姆斯逗乐，她比画了一个OK的手势，轻轻推了詹姆斯一把。詹姆斯走进了体育馆。

体育馆中央搭建了一座临时舞台，吉姆·格雷坐在一把扶手椅上。詹姆斯在他对面一把相同的椅子上坐了下来。场地的一侧篮筐下，大约65名儿童坐在折叠椅上。另一侧篮筐下和周围的墙边则坐着大约100个身着正装的成年人。门廊有警察值守。作为一名身经百战的职业人士，格雷看起来却格外紧张。詹姆斯似乎也并不自在。在白光的照射下，两位男士大汗淋漓。化妆师正在他们额头上拍拍打打。现场没有任何提示，观众们安静得如同葬礼上的会众。

在布里斯托，ESPN主持人斯图尔特·斯科特（Stuart Scott）向电视观众预告，詹姆斯将在几分钟之后公布决定。格雷提出的前几个问题格外生硬，詹姆斯的回答也含糊不清，时间一分一秒地过去。终于，在直播进行到接近三十分钟之时，格雷说道："关于那个所有人都想知道的问题……勒布朗，你的决定是什么？"

01 到底发生了什么？

"嗯，这个秋天……老兄，这很艰难。嗯，这个秋天，我将把我的天赋带到南海岸，加盟迈阿密热火队。"

场馆内寂静得连喘息声都听得见。格雷似乎也不清楚接下来要说些什么。仿佛有人为电视直播按下了暂停键。场馆外，嘘声迸发而出。

从纽约到洛杉矶，嘘声在一间间体育酒吧里回荡。在克利夫兰，无数球迷的泪水夺眶而出，这一事实令人难以置信。詹姆斯的寥寥几个字——"我将把我的天赋带到南海岸"，震撼了 NBA 和所有球迷。

"你要如何向克利夫兰的人们解释呢？"格雷问道。

"啊，这是我发自内心的想法，"詹姆斯试图解释道，"我从未想过离开克利夫兰……我的心会永远留在那里。"

几分钟过后，克利夫兰的球迷们走上街头，他们点燃勒布朗的球衣，嘴里不停地谩骂。

詹姆斯尚不知晓家乡发生的一切。他站起身，走下了临时舞台。他同意和孩子们合影，并招呼他们过来。孩子们蜂拥而上，把他团团围住。

年龄稍大的孩子一个个从吉吉身旁窜过。忽然，她感到有人从身后将她举起。体育馆的主管将她抱给了詹姆斯。詹姆斯将她扛在肩上，用手挽着她，她紧紧抓住詹姆斯的拇指。吉吉乐开了花，她不敢相信自己正坐在勒布朗·詹姆斯的肩膀上。"我当时是场馆里年龄最小的，"她后来回忆道，"但我感觉自己是全世界最高的人。说真的，我觉得自己可以触摸到天空。"

在孩子们的簇拥下，詹姆斯在照相机前露出了笑容。

孩子们离开后，詹姆斯又坐下来，接受位于 ESPN 演播厅的体育记者迈克尔·威尔本（Michael Wilbon）的采访。"我想问你，"威尔本开口，"目前，在克利夫兰的一些地方，人们正在烧你的球衣。我们有几段视频。"

詹姆斯注视着屏幕。火焰吞噬了印有他名字和号码的球衣。从他的耳机里传来了威尔本的声音："你看见这些画面了吧……你有什么想法？"

"我并不想做出情绪化的决定，"他回答，"我希望做出对勒布朗·詹姆斯最好的决定，勒布朗·詹姆斯想要让自己开心。换一个角度讲，骑士队或许会在某一时刻抛弃我，我的家人会把球队烧了吗？当然不会。"

无论在电视节目还是在社交媒体上，詹姆斯沦为了众矢之的。

"他看上去像一个自恋的蠢货。"一位知名篮球专栏作家在 ESPN 评论道。

另一位专栏作家用"无耻"一词来形容这档节目。

还有一位知名记者把勒布朗称为"一个自负的炒作分子"。

主持人大卫·莱特曼（David Letterman）旗下的一名制作人在推特上发表了看法："我要让我两岁的女儿看完勒布朗·詹姆斯的特别节目再睡觉。我想让她看看我们这个社会堕落到最低谷是什么样子。"

吉姆·格雷也躲不过嘲讽。喜剧演员赛斯·迈尔斯（Seth Meyers）在推特上写道："吉姆·格雷的前戏是我所能想象到的最乏味的。"《体育画报》的评论员将格雷的采访比作"在农场给奶牛挤奶"。

回到唐利的家里，唐利经纪公司的 CEO 从洛杉矶来电，祝贺他的节目圆满成功。这是 ESPN 史上收视率最高的演播室节目。在詹姆斯讲出那句"把我的天赋带到南海岸"的时候，多达 1 300 万人正在收看该频道。与此同时，位于六座城市的男孩女孩俱乐部收到了有史以来最高额的捐赠，这笔钱可以改善他们的设施，但是根本没有人关心这件事。相反，詹姆斯的形象急转直下，沦为一个没心没肺的反派人物。《纽约时报》（New York Times）的在线报道已经出炉，迈阿密热火队被称作一个"崭新的邪恶帝国"，詹姆斯"为了总冠军戒指而不惜当雇佣兵的行为"遭到猛烈抨击。

"我们的初衷是好的，"唐利在多年后解释道，"但是没有人记得我们为男孩女孩俱乐部带来了 500 万美元。我们把事情办得太糟糕了，连捐款的善举也一并被埋没了。"

深夜，当詹姆斯登上了飞往迈阿密的私人飞机，骑士队的老板丹·吉尔伯特还在怒火中烧。他在球队官网上发布了一封用漫画字体（Comic Sans）写成的公开信，信的开头这样写道：

亲爱的克利夫兰：

01 到底发生了什么？

正如你们所知道的，我们昔日的英雄，这位在今晚抛弃了生他养他的土地的英雄，不再是克利夫兰骑士队的一员了。

这场持续数日并充满了自我陶醉和自我炫耀的炒作，终于以他在全美电视节目中宣布的"决定"而落幕，这在体育界乃至娱乐界的历史上是"前所未有"的……

你们不应当承受这般懦弱的背叛。

接着，吉尔伯特对詹姆斯"充满自私和背叛的可耻行径"和他的"冷漠无情"进行谴责，并将此事称为"我们后代引以为戒的反面教材"。骑士队的球馆外此时已安排警察驻守，这是为了防止人群将悬挂在建筑物外部的詹姆斯巨幅招牌撕毁。最后，吉尔伯特为这段愤慨的文字配上了略带伤感的结语："睡个好觉吧，克利夫兰。"

当下，没有人比马弗里克·卡特更加难受了。卡特把自己视作这项宏伟计划的领导者和设计师，却严重错判了后果。事情的结局给了他当头一棒，他恨不得找一个洞钻进去，对发生的一切不闻不问。

这种想法对詹姆斯而言过于奢侈了。在飞机上，詹姆斯大喊："见鬼！到底发生了什么？"

所有人都一言不发。里奇·保罗已经无数次同詹姆斯和卡特搭乘航班，但他从未经历过如此死气沉沉的场面。

"我们搞砸了。"卡特在多年以后回忆道。但是在那一时刻，他错愕得一句话也说不出口。

在一片骂声中，詹姆斯将注意力转向了内心世界。他一向很欣赏影视剧里的黑帮人物，于是他开始回忆那些令他难忘的画面，默念其中的台词。他想到了身陷困境的托尼·索普拉诺（Tony Soprano）因自己的顾问没能履行保护职责而对他大发雷霆：

你根本不知道当老大是什么感觉，你做的每一个决定，都是牵一发而动全身。你几乎应付不来。到最后，你只好孤身一人面对所有的后果。

詹姆斯喜欢《黑道家族》(The Sopranos)，特别是托尼。但詹姆斯和这位虚构的黑帮头目有着天壤之别。首先，詹姆斯不喜欢与人对峙。他没有指责卡特，而是选择沉默。他知道卡特自己也很难过，再说风凉话是没有意义的。另外，詹姆斯珍惜他们之间的关系胜过一切。自詹姆斯高一时代以来，他和卡特就是最亲密的朋友，当时他们是队友。他把卡特视作自己的兄弟，而不是商业伙伴。他并不打算做些什么或说些什么——无论在公开场合还是私底下——以此撇清自己和 ESPN 节目之间的关系。这么做只会让卡特难堪。相反，詹姆斯下定决心，他甘愿为卡特的错误承担后果。

丹·吉尔伯特的反应则截然不同。他故意攻击了詹姆斯的人格、嘲讽他的动机。离开克利夫兰是詹姆斯加入 NBA 之后做出的最为撕心裂肺的决定。阿克伦是他唯一生活过的地方，他对这里情有独钟，他的孩子们在这里呱呱坠地，他和萨瓦娜在这里搭建了他们的梦想之家。他们舍不得这里的房子，即使在詹姆斯同热火队签订合同后，他们也计划继续在这里生活。奇怪的是，当他读到吉尔伯特的公开信，选择热火队而离开骑士队的苦楚反而平淡了不少。"我觉得他从未在乎我"，詹姆斯告诉自己。

大约在凌晨三点，飞机降落在迈阿密。帕特·莱利在停机坪等待詹姆斯的到来。身心俱疲的詹姆斯走下飞机，钻进了莱利的怀里，头靠在他的肩膀上。随后，詹姆斯和布林森坐进一辆 SUV。他们牵着手，一同望向窗外佛罗里达州的漆黑夜色。詹姆斯即将体验到成为迈阿密之外每座 NBA 城市的头号公敌是何种滋味。

当车子驶离机场跑道，萨瓦娜一语中的：你经历过比现在更糟糕的事情，比这糟糕得多。

02 格洛和布朗

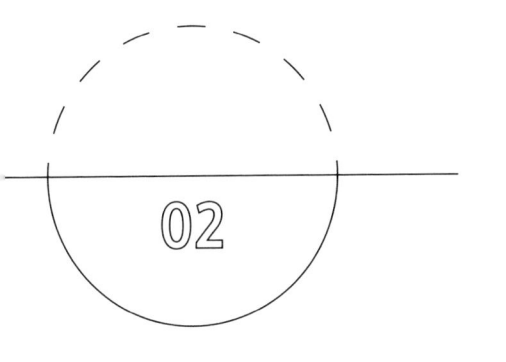

俄亥俄州阿克伦市的一栋保障性公寓里，早已经过了就寝时间。在其中一间屋子里，一个有着显眼名字的害羞的小男孩独自在家。他饿着肚子，还没有睡着。他没有父亲,同母亲住在一起。母子二人相依为命。但母亲今天晚上外出了，可能明天早晨才会回家，也可能不回来。有时候，她一连好几晚都不见踪影。

男孩祈祷她快点回家。他终于渐渐睡去，却又被熟悉的声音所唤醒。那是男人的叫喊声，女人的恳求声，枪声，来来往往的脚步声，警笛声，关门声。然后又是叫喊声、警笛声，不绝于耳。

男孩不需要发挥想象力就可以猜出他周围的危机。他不止一次目睹过儿童不应当目睹的场景。暴力、药物滥用、凶神恶煞的帮派成员、令人生畏的警察。但最让他心神不宁的莫过于夜晚的种种噪声。每当坏事发生，他总能察觉到。

在这些时刻，男孩知道他别无选择，只得躺在床上等待事态平息，即使他很难再次睡着。有几次，焦虑让他整夜不眠。虽然他设法让自己不去理会周遭的一切，但有那么一件事情却是年幼的勒布朗·詹姆斯最关切的——当他醒来时，母亲依旧安然无恙。他已经没有了父亲，他无法接受再失去母亲。

在黑暗的童年时期，勒布朗就学会了自力更生。"不管喜欢与否，"他说，"我的母亲就是以这种方式对待我的。"但是勒布朗对她的母爱从不怀疑。他只是关心她的下落。"当你发现她不在家，"勒布朗说，"你从来不知道那些警笛是否因她而响起，那些枪口是否对准了她。那些夜晚，几乎每个夜晚，都是如此——一旦听见那些声音，你只能祈求自己的父母不在那里。"

当勒布朗长大，他终究还是爱上了阿克伦。他的品格在此被塑造，他的运动天赋在此被挖掘和培养。勒布朗凭借与生俱来的幽默感回首了那段时光。但作为一个孩子，当时的他渴望安全感和陪伴。他经常告诉自己：如果我足够幸运能够逃离这里，我一定会跑得飞快，越快越好。

2009年，勒布朗·詹姆斯出版了一本回忆录，讲述自己的高中时代，以及高四赛季赢得全国冠军的征程。这本书出炉之际，他已经夺得了NBA联盟的最有价值球员奖（MVP）。但他的故事却聚焦于他的高中队友们，他们甚至登上了图书的封面。在某些方面，他对待这部著作的方式和他对待篮球如出一辙。他本能地把球分享给队友——有人批评道，有时他过于"无私"了。他看重团队胜利而非个人成就。无论是否有意为之，勒布朗浓墨重彩地介绍了他的朋友们及其各自的故事，对自己的重要事迹则是轻描淡写。但是在这本回忆录中，最令人好奇的故事或许隐藏在致谢页里：

致我的母亲，没有她，就没有今天的我。

致谢页时常被读者匆匆翻过。在没有上下文的情况下，勒布朗的一行致谢词看起来毫无意义，但其中蕴含了确切且美好的真相。一方面，它揭示了为

02 格洛和布朗

什么勒布朗是一名亲力亲为的父亲和忠贞不渝的丈夫，也说明了他为什么慷慨地捐出个人财富，为困难儿童提供食物、衣物和教育，特别是在阿克伦当地。你甚至可以从这一行文字中理解，为什么勒布朗的核心圈成员始终亲密无间。另一方面，这份赠予母亲的言简意赅的敬意充分表明，作为全世界最富有、最成功的运动员之一的勒布朗，从来没有忘记自己的根源。勒布朗怀揣感激和自豪之情回首自己的过往，而不是充满悔恨或羞愧。

勒布朗的起源故事值得被铭记。他可以如学者般滔滔不绝地回忆某场比赛的进程，一五一十地说起其中每个细节，也可以将一些鲜为人知的统计数据脱口而出，仿佛提前准备了小抄似的。然而，每当谈及他的童年，勒布朗只会分享那些精挑细选之后的片段。这绝不是他为了私利而耍起的把戏。恰恰相反，这是出于一个孩子对自己母亲的保护，他不愿将母亲的过往暴露在他所身处的那些难以对付的聚光灯下。

但有一件事情是毋庸置疑的：若想了解勒布朗·詹姆斯，就不得不回到俄亥俄州的阿克伦市，走近格洛丽亚·詹姆斯。

1968年2月4日，当芙蕾达·M. 詹姆斯（Freda M. James）诞下格洛丽亚·玛丽·詹姆斯（Gloria Marie James）之时，美国头号女歌手狄昂·华薇克（Dionne Warwick）的流行单曲《我悄悄向上帝祈求》（I Say a Little Prayer）达成了100万张销量。其中一句歌词写道："我醒来的第一件事／不是整理妆容／而是默默为你祈祷。"[1] 这原本是一首情歌，描绘一位痴情的女子为自己的心上人祷告。但对芙蕾达来说，这首歌诉说了她对宝贝女儿的爱。芙蕾达的婚姻并不像童话故事那般美好。格洛丽亚出生后不到一年，芙蕾达就同丈夫分开了。重大失职、极度残忍等字眼赫然显现在法庭文件上，作为他们离婚的理由。那时的芙蕾达才20岁出头。除了格洛丽亚，她还有两个男孩。为了谋生，她在西储地精神病康复中心（Western Reserve Psychiatric Habilitation Center）做着一份蓝领工作，和自己母亲住在山胡桃街439号一座破旧的维多利亚式建筑里。

---

[1] 译者注：The moment I wake up/ Before I put on my makeup/ I say a little prayer for you.（原文）

这条脏兮兮的道路位于阿克伦市中心的边缘，毗邻多条铁轨，周围的街区被人们称作"乡下"。格洛丽亚同母亲和外祖母一同生活，渐渐长大。

格洛丽亚刚满16岁不久便怀孕了。孕期内，她一度从高中辍学。1984年12月30日，她在阿克伦城市医院（Akron City Hospital）生下了一个6磅10盎司的男婴，取名勒布朗·雷蒙·詹姆斯（LeBron Raymone James）。詹姆斯父亲的身份至今仍是现代体育史上最大的谜团之一。格洛丽亚从不愿谈论勒布朗的父亲，甚至对勒布朗也守口如瓶。勒布朗小时候曾经向母亲询问父亲的下落。"她早早地就把这个话题终结了。"詹姆斯回忆道。格洛丽亚没有透露父亲的身份，而是劝儿子不必在乎他。"只要你和我在一起就足够了。"她告诉勒布朗。勒布朗也不再追问父亲的情况。

格洛丽亚不向儿子提起父亲必然有其原因。但与此同时，勒布朗的家谱上却缺失了一个重要的部分。父亲不知所终，关于他身份和下落的线索也寥寥无几，这曾经让詹姆斯很苦恼。"我小时候很怨恨我的父亲，"勒布朗坦言，"我满脑子想的是，'去你的，老爹'，毕竟他抛弃了我。他对妈妈为什么如此狠心？她生我的时候，还只是一名高二的学生。"

当格洛丽亚带着她的新生儿离开医院，返回"乡下"那座房子的时候，很难想象这个婴儿日后将成为美国历史上最成功的黑人之一，甚至是全世界最知名的人物之一。身为一个穷困潦倒的未成年单亲妈妈，格洛丽亚只能依赖于她那39岁的单亲妈妈和外祖母来帮助她适应新的身份，并学习如何照料新生儿。可是，眼前的道路似乎变得愈加崎岖。勒布朗出生后不久，格洛丽亚的外祖母去世了。这对芙蕾达来说是一次沉重的打击，但她扛起了家庭的全部责任，为格洛丽亚和詹姆斯提供了坚实的依靠。当格洛丽亚重返高中，芙蕾达只期望自己唯一的女儿能毕业，自己唯一的外孙能活下去。考虑到当时的情况，这已经是很高的期望了。

勒布朗的1岁生日前夕，格洛丽亚开始与20岁的艾迪·杰克逊（Eddie Jackson）约会，后者曾在格洛丽亚的高中跑过田径。和阿克伦许多年满18岁的黑人男青年一样，杰克逊难以找到工作，还惹上了麻烦。不久，他需要一个住所，便提出和格洛丽亚同居。当时，芙蕾达经常为困难儿童提供帮助，包括

02 格洛和布朗

那些因为错误的决定而身陷麻烦的孩子。杰克逊也属于这一情况。芙蕾达并没有妄加议论,而是允许杰克逊和他们住在同一个屋檐下。

"见到格洛丽亚的母亲,你就像见到了全世界最了不起的人,"杰克逊曾说道,"如果她信任你,她会爱护你。如果她不信任你,她会勒令你立刻从她面前消失。格洛丽亚也是这样的人。"

随着与格洛丽亚的关系越发亲密,杰克逊也越来越喜欢勒布朗。勒布朗3岁生日的前几天,格洛丽亚和艾迪买了一个"小泰克牌"(Little Tikes)的篮筐和一个迷你橡胶篮球,打算在圣诞节早晨给勒布朗一个惊喜。这原本是属于他们的"柯达"时刻,用照相机记录"小布朗"(Bron Bron)——格洛丽亚喜欢这样称呼他——第一次投篮得分。然而,在圣诞节清晨,吃惊的人却是格洛丽亚和艾迪自己。芙蕾达在平安夜午夜过后的某个时间突发心脏病。格洛丽亚和艾迪深夜从派对回家时,发现她躺在地板上。她在圣托马斯医院(St. Thomas Hospital)被宣布死亡,年仅42岁。

格洛丽亚一脸绝望。短短三年的时间,她怀了孕,辍了学,生了孩子,失去了外祖母,一边照顾新生儿一边上学,和男友同居,毕业,现在又失去了母亲。如果说她此前过着风雨飘摇的生活,那么从下一刻起,未来的日子恐怕要在惶恐不安中度过了。失去了母亲,她要何去何从?

为了让儿子度过一个快乐的圣诞节,格洛丽亚决定直到勒布朗打开圣诞礼物后,才把外祖母离世的消息告诉他。烤箱里没有火腿,音响里没有纳京高(Nat King Cole)在歌唱"篝火上烘烤着栗子"和"孩子们双眼泛着红光"[1]。卧室里透着风,窗台的墙漆有些脱落,褪色的窗帘上沾着污渍。但屋子里至少还有一棵披着红色和银色饰带的小圣诞树。那天上午,勒布朗发现一堆礼物盒之间伫立着一座塑料篮球架,上面挂有橘色的篮筐和红白蓝三色的篮网。在拆开所有其他礼物之后,勒布朗双手捧着那个橙色的小球,手臂举过头顶,踮起脚尖,卖力地让球越过篮筐的边缘,穿过球网。勒布朗露出笑容,照相机按下快门。在勒布朗的童年里,那是格洛丽亚最后一次摆放圣诞树。"圣诞节对我来说并

---

[1] 《圣诞之歌》(The Christmas Song)的歌词。

不是什么开心的时候，"格洛丽亚说道，"我需要站出来，接管所有事情，当时我还远没有做好准备。"

1987年12月30日，也就是勒布朗3岁生日当天，芙蕾达·M.詹姆斯·霍华德在阿克伦下葬。"她留下了女儿格洛丽亚·詹姆斯；两个儿子特里·詹姆斯（Terry James）和柯蒂斯·詹姆斯（Curtis James）；孙子勒布朗。"她的讣告里写道。随着芙蕾达离世，格洛丽亚的靠山轰然倒塌。没有人帮她照顾孩子。她身无分文，也不懂得如何打理母亲那座破旧的大房子。水管坏了，电路也故障了。她的哥哥和弟弟住在里面，但他们帮不上什么忙。杰克逊也帮不上忙。他不但没有工作，还要操心自己的麻烦。他和格洛丽亚还有联系，但他已经搬去别处了。

同时，格洛丽亚甚至负担不起生活用品和取暖费。冬天，前来问候的邻居发现这座房子完全不适合幼儿居住——厨房水槽堆满了肮脏的碗碟，卧室地板破了一个洞，屋子里冷极了，人们甚至可以呼出白气。"这里太不安全了。"邻居告诉格洛丽亚，并恳求她带着勒布朗搬进自己家。那一天，格洛丽亚把能带走的东西通通塞进一个行李箱，告别了母亲的房子。勒布朗带着一个迷你背包和一只毛绒玩具，跟随母亲住进了邻居的房子。那里并没有多余的卧室，好在有一张沙发。接下来的几个月，格洛丽亚和詹姆斯就睡在上面。之后，他们搬去与格洛丽亚其中一个表亲同住。接下来，他们又先后搬进一位熟人和一位兄长的家里。当山胡桃街那座她母亲的房子被市政认定为危房并最终被推土机夷为平地，格洛丽亚和勒布朗踏上了游牧民族式的生活。那段时间，认识他们的人称呼他们为"格洛和布朗"（Glo and Bron），一对只求勉强存活的母子。"很多次，我和我的儿子没有食物可吃，只得饿着肚子，"格洛丽亚回想道，"正是朋友、家人和社区的帮助，才让我们活下来。"

母亲只能依靠救济金和食品券度日，勒布朗也遇到了困难，他无法和同学建立友谊，和老师的关系也不那么融洽。居无定所的他时常转校，久而久之变成了一个沉默寡言的孩子。"那时我是一个胆小、孤单的小男孩。"勒布朗说道。

02　格洛和布朗

虽然他的生活里没有父亲，母亲也很难独自供养他们二人，勒布朗却从来没有抱怨或发泄。他很体谅母亲的遭遇，从来不会给她增添麻烦。"从小就流离失所固然很困难，"勒布朗说，"但是抱怨并不会带来什么好处，只会给妈妈增加更多压力，她已经很内疚了。"

多年之后勒布朗提到，他觉得自己的童年同许多非裔美国小男孩一样，都在艰难的生活中迷失方向。"我不喜欢自找麻烦，"他说，"因为我不喜欢麻烦。但是我已经站在悬崖边缘了，一旦跌下去就再也爬不出来。"

1993年夏天的一次机遇改变了勒布朗的人生轨迹。这是头一次，他的眼前显现了一条可以引领他逃离绝望生活的出路。当勒布朗和几个同龄孩子正在一栋公寓楼外玩耍，一个名叫布鲁斯·凯尔克（Bruce Kelker）的人走了过来。他和格洛丽亚认识，是一名低年级组橄榄球教练。

"你们喜欢橄榄球吗？"凯尔克问孩子们。

"那可是我最喜欢的运动。"勒布朗回答。

彼时的勒布朗从未加入过任何队伍。他也没有接受过任何基础训练，对如何正确地投掷、接球或是擒抱一窍不通，只是在电视里看过几场NFL[1]比赛。职业橄榄球的确有一股魔力，那里有五颜六色的队服、宽大的肩垫、闪亮的头盔，还有诸如钢人、牛仔、巨人、雄狮等神话故事般的队名。勒布朗喜欢画画，他经常把自己最喜欢的NFL球队的标志涂画在便笺纸上，然后装进背包。

凯尔克正在为他的球队寻找一位跑卫，所以他最看重的是速度。他让孩子们排好队，来一场赛跑。结果勒布朗把其他人都甩在了身后。

"你打过几次橄榄球？"凯尔克问他。

"一次都没有。"勒布朗回答。

凯尔克想让勒布朗来参加训练，但他需要先说服格洛丽亚。格洛丽亚的态度很明确，她既付不起报名费，也买不起队服。她没有汽车，无法送他去训练。更重要的是，她不确定如此激烈的运动是否适合她的儿子。毕竟他是一个安静、内向的孩子，并不好斗。"我怎么知道橄榄球对小布朗有没有好处呢？"她问道。

---

[1] 译者注：美国国家橄榄球联盟。

凯尔克确信勒布朗会成为自己队里的重要一员。他告诉格洛丽亚，橄榄球非常适合勒布朗。他承诺自己会负责报名和队服的费用。至于交通的问题也不必担心。"由我来接他。"凯尔克说道。

格洛丽亚本可以回绝他的好意，但显然勒布朗也很想加入球队，于是她同意了。没过多久她就意识到自己的决定是正确的。比赛中，勒布朗第一次拿到球就完成了一次80码的达阵得分。大人们欢呼雀跃。队友们围着他庆祝。教练们拍了拍他的肩垫，向他喊出鼓励的话。

勒布朗还不太习惯人们的目光和褒奖，特别是来自男性。但得分的感觉棒极了。那个秋天，他一次又一次地体会到了得分的喜悦感，以及由此产生的认同感。在低年级组的第一个赛季，勒布朗一共贡献了17次达阵得分。防守者根本追不上他，更别提擒抱了。

勒布朗无疑是这个年龄组别中最出色的球员，这在凯尔克和其他教练组成员眼中是显而易见的。让他们同样无法忽视的是，勒布朗的家庭生活充满了危机。虽然格洛丽亚和勒布朗被列入了保障住房的候补名单，他们三个月内搬了五次家。"我厌倦了总是去不同的地点接他，"凯尔克说道，"有时我来到一个破烂的地方，却发现他们已经搬去别处了。"

橄榄球至少带来了些许安全感。然而，当赛季结束，勒布朗又过上了漂泊的日子。那一年，小学四年级的他接近100天没有上学。他的生活支离破碎，一些低年级组教练恨不得把他带回自己家里。但大多数教练都是年轻的单身汉，他们也没有条件承担照顾一个9岁孩子的职责。幸好弗兰克·沃克（Frank Walker）是唯一的例外，这位教练被其他人喊作"大弗兰基"。沃克供职于阿克伦大都会住房管理局（Akron Metropolitan Housing Authority）。他的妻子帕姆（Pam）为一位俄亥俄州的议员工作。他们拥有一座住房，还有三个孩子。

沃克更关心勒布朗的个人待遇而不是竞技实力。他知道勒布朗很受伤，急需一根救命稻草。很显然，他经历过的种种困境剥夺了他生活里的诸多乐趣，使得他比同龄的孩子更加成熟。

沃克夫妇找到格洛丽亚，希望勒布朗搬去和他们同住。开口谈起这个话题并不容易。格洛丽亚知道自己无法给予勒布朗安稳的家庭生活。她的境况给勒布朗带来了负面影响，这一点她心知肚明，无须他人一再提醒。"他没有一个正常的童年，"格洛丽亚说，"我的态度是，该死，不能再让他住在城里最差的安置房里了。"但是，把自己的孩子送到另一对夫妇的手里——尤其是另一个母亲，这个想法令她忐忑不安。她几乎不认识帕姆·沃克。

沃克夫妇并没有对格洛丽亚评头论足。他们愿意为勒布朗提供生活保障和家庭环境。他可以和小弗兰基住同一个房间，一天有三餐供应，有固定的就寝时间，按时上学将是他日常生活中必不可少的环节。弗兰克向格洛丽亚表明，他们会为勒布朗着想。

格洛丽亚也知道自己需要帮助。"我厌倦了以那种方式抚养他——搬家，搬家，再搬家，我讨厌这样的生活，"格洛丽亚坦言，"我不希望任何其他人过上我们的生活，即使是我最可恨的敌人。"

25年前，她的母亲决定离婚并独自承担照顾她和两个兄弟的全部责任，而此刻的格洛丽亚正在经历更加痛苦的思想斗争。她只希望有朝一日勒布朗能够听懂狄昂·华薇克那首在她出生当年发布的歌曲，其中的歌词诉说了她对勒布朗的情感：

没有你的日子我会心痛不已。
亲爱的，相信我，
对我来说，你永远是唯一。[1]

格洛丽亚答应了沃克夫妇的提议。

---

[1] 译者注：*To live without you would only mean heartbreak for me/ My darling, believe me,/ For me, there is no one but you.*（原文）

03 如果你愿意传球

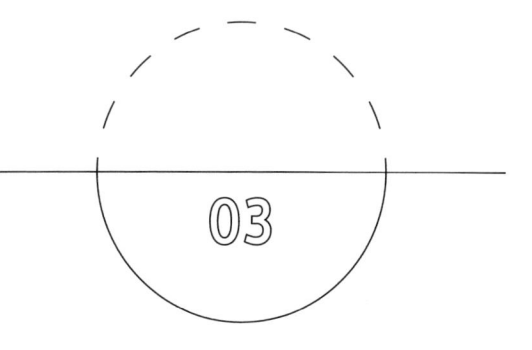

当母亲说她要让自己的生活变得更好，勒布朗一头雾水。母亲告诉他，他要搬去和沃克一家同住。至于她接下来要去哪里，勒布朗并不知道。重点在于，他们即将分别。

这个消息令他手足无措。此前一直是母子俩携手对抗整个世界——"格洛和布朗"二人组。忽然，这对组合只剩下"布朗"一人了。

这是最好的办法，她试图解释。

"最好？"这个消息听起来简直不可思议，他害怕极了。

为了平复儿子的情绪，她向勒布朗保证，这种局面是不会一直持续下去的。

"我们还能再见面吗？"

自己会去看望他的，尽可能多去，她回答道。

她保证，一旦自己过上了安稳的生活，母子俩就会团圆。

对一个9岁的孩子来说，要接受这个事实谈何容易。

勒布朗不知道，当他抵达沃克夫妇位于希尔伍德道（Hillwood Drive）那座三居室的殖民地式房屋，他即将面对什么样的生活。他见到了沃克夫妇的两个女儿，然后把行李放进了小弗兰基的房间，这里是他睡觉的地方。勒布朗比小弗兰基大18个月，体格更是强壮。沃克太太会因此而憎恨他吗？姐妹俩又会怎么看待他？她们会接纳他吗？勒布朗有一肚子的疑问，但他并没有说出来。

这里有许多规定。勒布朗需要每天早晨六点起床洗漱，准备上学。他不准迟到。放学后，完成作业是第一要务。家里人每天都一起吃晚餐。之后是家务活的时间——倒垃圾、洗碗、清扫。如果他睡前洗过澡了，那么早晨最迟可以睡到6点45分起床。

一切对勒布朗而言都是陌生的。陌生的时间安排，陌生的日常事务，陌生的家务活。他从来没有倒过垃圾或洗过碗，也没有用过拖把或吸尘器。成为家庭一分子的体验甚至也是新鲜的。沃克夫妇的大女儿完全不搭理他。不过勒布朗很快就发现，她对自己弟弟的态度也是相同的。他和小弗兰基一下子就成了兄弟。他发现小女儿对自己十分仰慕，好像自己多了一个妹妹。

勒布朗甚至有了新的学校。沃克夫妇将他送到联运路小学（Portage Path Elementary）读五年级。这是阿克伦历史最悠久的学校，90%的学生是非裔美国人，大多数都享有免费午餐计划。他的老师凯伦·格林道尔（Karen Grindall）对他格外关心。多年前她曾是格洛丽亚的老师，对格洛丽亚过往的一些烦恼也有所了解。格林道尔起初担心勒布朗会重蹈覆辙。不过勒布朗很快就成了她班上最守纪律的学生之一。他从不缺勤，总是准时到校。他从不惹麻烦，音乐、美术和体育是他最喜爱的课程。

随着勒布朗在学校安顿下来，他作为一名优秀橄榄球选手的名声也日益响亮。他的名字甚至登上了报纸。那年秋天，《阿克伦灯塔报》（Akron Beacon Journal）报道："上周，在低年级组橄榄球协会的一场比赛中，East B1队仅发动了 11 次进攻，却 5 次得分，最终以 34 比 8 击败了帕特森公园队。勒布朗·詹姆斯 3 次达阵，其中两次分别奔袭了 50 码和 18 码，还有一次接到迈克尔·史密斯（Michael Smith）距离 28 码的传球得分。"

来自他人的赞誉令勒布朗信心大增。当然，这与大弗兰基教练的指导和帕姆·沃克在家中的照顾密不可分。勒布朗再也无须考虑是否把自己的队服和肩垫存放在别人的车里，也不必担心自己如何往返训练。忙忙碌碌的家庭生活和两位作息规律的家长对勒布朗来说再适合不过了。"我得到了渴望已久的安定，"勒布朗说道，"我喜欢成为家庭中的一分子……生活本该就是这样。"

那年秋季的一天，大弗兰基教练带着勒布朗和小弗兰基在后院投篮。沃克见识过勒布朗在橄榄球领域的过人天赋，于是想把篮球介绍给他。沃克向他展示了一些基本功——如何运球，如何跳投，如何上篮。

勒布朗乐于接受这位父亲式的人物给予他的指导。他立刻喜欢上了这种想办法把球投进离地 10 英尺高的篮筐的冒险游戏。把球投进篮筐的喜悦和他每次带着橄榄球飞奔到对方阵区的感觉不相上下。

沃克注意到，虽然勒布朗的运球技术比较粗糙，还处于入门阶段，但他不论左手还是右手，运球都乐于尝试，而大部分孩子不愿在这方面花工夫。他的长臂和跳跃能力也让沃克印象深刻。他提议勒布朗和自己儿子比试一番。

勒布朗从没试过一对一单挑，但他早已跃跃欲试。

小弗兰基是个篮球迷，已经和父亲打了好几年。他击败了勒布朗。然而，一个从未打过篮球的 9 岁孩子可以如此轻而易举地学会这项本领，这一事实印证了沃克最初的直觉——他需要带勒布朗去体育馆了。

勒布朗搬去和沃克一家同住的那一年，华特迪士尼公司发布了《狮子王》（*The Lion King*），它很快就成为史上票房最高的动画电影。当勒布朗第一次观看这部电影时，他不敢相信刀疤杀死了木法沙。刀疤的叛变让他大为震惊，他忍不住落下了眼泪。勒布朗很喜欢这部电影。但每当他重温这部影片，那一幕依然触动着他。

03 如果你愿意传球

勒布朗隐藏着多愁善感的一面。童年时期四处漂泊的生活带来的一大后果就是,他总是压抑自己的情感,变得少言寡语。他不信任成年人,也不愿意和其他孩子交朋友,因为他担心每当他和母亲收拾衣物继续搬家,他的朋友便会消失不见。但是沃克的家庭改变了他。这里赋予勒布朗安全感,使他得以打开眼界,去发现自己曾经错过的一切。他看过电视剧《凡人琐事》(Family Matters)和《考斯比一家》(The Cosby Show),他时常好奇在温斯洛(the Winslows)那样的中产阶层非裔美国人家庭或者赫克斯特布尔(the Huxtables)那样的上流非裔美国人家庭中生活究竟是什么滋味。沃克一家和勒布朗在剧中见到的那些家庭极为相似。沃克夫妇感情和睦,他们把自己孩子们的福祉置于一切之上。这里有美味佳肴,有叠放整齐的衣物,有孩子们需要遵守的条条框框,还有热闹的生日派对和节日庆典。家庭如同一个避风港。

对勒布朗而言,在沃克一家生活也使他有机会目睹一个亲力亲为的父亲形象。在这里,他可以直面那些长期以来被他压抑的想法。出于对母亲意愿的尊重,勒布朗一直对自己的父亲不闻不问。缺失父爱的孩子难免会想,他为什么要抛弃我?在大弗兰基把勒布朗收留于自己羽翼之下的那段时间,电视剧《新鲜王子妙事多》(The Fresh Prince of Bel-Air)播出了标题为"爸爸有了新借口"一集。在那集故事里,威尔·史密斯(Will Smith)那个游手好闲的父亲卢(Lou)在消失14年后终于现身。当时的威尔很喜欢在叔叔菲尔(Phil)的家里借住,正如勒布朗喜欢生活在大弗兰基的家庭里。威尔的父亲忽然冒出来,还想把儿子带回身边。于是威尔收拾行李,准备跟随父亲离开。但就在他们打算一同出发的那天,父亲却出尔反尔抛弃了他。见到威尔伤心欲绝的模样,菲尔叔叔上前安慰他,即使他感到生气也是合情合理的。威尔却假装自己很坚强。"我才不会每天晚上合不上眼睛,然后问妈妈,爸爸什么时候回家。"他说道,"谁需要他呢?反正他又不会过来教我怎么投篮。"

勒布朗发现这部剧的剧情和自己的故事不谋而合,仿佛威尔·史密斯说出了他的心里话。勒布朗第一次感到有什么东西切中了自己的要害。甚至其中的愤怒他都能感同身受。

"你知道吗,菲尔叔叔?"史密斯低声说,"即使没有他,我也可以找一份不错的工作，娶一个漂亮的甜心，生一大堆小孩。我要当一个比他更好的父亲……因为在如何爱护孩子这件该死的事情上，他什么也教不了我！"

史密斯哭了，勒布朗也哭了。

"他为什么不要我呢？"史密斯问菲尔叔叔，菲尔将他揽入怀中。

这集故事播出之时，正值勒布朗人生的分水岭。在很多方面，大弗兰基就是勒布朗的菲尔叔叔。大多数时候都是他开车接送勒布朗上学，教他怎么打篮球，并且总是想方设法地称赞他，让他树立自信心。"这位年轻人，"沃克会指着勒布朗，自豪地告诉其他人，"如果他想成为美国总统，那么他就一定能做到。"通常只有一位为儿子感到骄傲的父亲才会这么说。但这却是沃克的真心话。"他没有得到应有的认可，"多年后勒布朗在谈到沃克时表示，"他是第一个把篮球交到我手上的人，也是第一个关心我的人。"

除了把篮球介绍给勒布朗，沃克对勒布朗最有意义的影响是将他带到一个环境里，让他见识到在阿克伦还有许多不辞辛劳的父亲心系着当地的男孩们。德鲁·乔伊斯二世（Dru Joyce Ⅱ）正是其中之一。勒布朗在与沃克一家同住的这段时间认识了他。他将是勒布朗在成长为篮球天才的道路上最具影响力的教练。

乔伊斯年轻时曾立志当一名橄榄球教练。但 1978 年当他从俄亥俄州立大学毕业时，他的第一要务却是帮助妻子和养家糊口。他将自己成为职业教练员的梦想搁置一旁，在康尼格拉公司（ConAgra）旗下的一家名为亨特-维森（Hunt-Wesson）的子公司谋得了一份工作。他的事业步步高升，成为该公司的高级销售代表。在他担任区域经理之后，乔伊斯带着妻子卡洛琳（Carolyn）和两个女儿搬来了阿克伦。1985 年 1 月——也就是在勒布朗出生的一个月后——乔伊斯有了一个儿子，取名为德鲁·乔伊斯三世（Dru Joyce Ⅲ），绰号"小德鲁"（Little Dru）。在得知小德鲁对篮球的兴趣远胜于橄榄球后，乔伊斯开始在自己儿子所在的青年篮球队当教练，并率领队伍参加阿克伦的一项业余联赛。正是在这时，乔伊斯遇见了年轻的勒布朗·詹姆斯。

乔伊斯对勒布朗在橄榄球方面的过人天资早有耳闻，他满怀好奇地观看了勒布朗与其他同龄孩子之间的一场篮球比赛。勒布朗在那场比赛中出任控球后卫，乔伊斯认为他的控球技巧还有待雕琢。但勒布朗至少比其他人高出了4英寸。而且，他已经懂得利用身材优势背身倚靠防守者，懂得通过运球创造轻松得分的条件。他的技术略显粗糙，但他的本能极其优秀。

不久之后，勒布朗开始和小德鲁一同打球。勒布朗立刻喜欢上了这位队友。小德鲁在场下沉默寡言，到了场上却毫不胆怯地告诉勒布朗他该做些什么。虽然他是场上个头儿最矮的，但他颇有教练的风范。勒布朗称呼他为"将军"。小德鲁从四五岁起就开始打篮球，但勒布朗体形比他高大得多，因此一对一较量时总能击败小德鲁。每次败北后，小德鲁总是要求再来一局，一局之后又是一局。勒布朗感到他有一股"小人物的倔强"。孩子们嘲笑小德鲁为"蓝精灵"——那个个头儿矮小、浑身蓝色的卡通人物。这些嘲讽反而激起了他的斗志，他比所有人都更加刻苦，只为了证明自己。勒布朗很欣赏他和别人较劲的样子，尽管他的身材不占优势。勒布朗头一次有了与自己同龄的朋友，而且再也不必担心他会消失。

五年级的勒布朗终究是爱上了学校。他一整年都没有缺席。优异的出勤表现令他无比自豪。更让他欣慰的是帕姆·沃克给予他的肯定。沃克太太一整年都在敦促勒布朗提高成绩，并鼓舞他树立更远大的目标。考虑到他出色的运动天赋，帕姆经常告诉他未来有望申请大学奖学金。此前，从来没有人和勒布朗谈起大学这个话题。他的字典里甚至没有"奖学金"这个词。沃克太太向他保证，他有能力进入任何他心仪的大学。他需要做的就是继续提升自己的成绩，余下的事情就交给他的天赋来解决。

勒布朗起初担心自己的运动才华会遭到沃克太太的忌恨，但后来他意识到这种想法是毫无道理的。沃克太太完全不会嫉妒勒布朗比自己的儿子更擅长体育。相反，她把勒布朗当作自己的第四个孩子来对待。这一年，她几乎为勒布朗做了所有的事情，为他清洗耳根，帮他擦拭眼泪，在他得水痘的时候照顾他。

帕姆·沃克希望勒布朗前程似锦，仿佛他就是她自己的孩子。这也是为什么当格洛丽亚在学年结束时想让勒布朗回到她身边居住时，帕姆的内心有些矛盾。

勒布朗也很是纠结。沃克一家把他视作家人,他们的家仿佛是他自己的家。他在这里拥有安全感,他感到自己被他人所渴望。"我们为你做的一切,"大弗兰基对他说,"是因为我们爱你。"

勒布朗知道能和他们一起居住是多么地幸运。"如果没有和沃克一家同住的那段时间,"勒布朗说,"说实话我不知道自己会变成什么样子。"当初母亲把他送进沃克夫妇家里时他所感到的痛苦和迷茫也早已淡忘了。在勒布朗自己身为人父之后,他把母亲同意他搬去和沃克夫妇一起生活的决定看作"一次伟大的牺牲",把儿子的利益置于她自己之上。"我知道她一定很厌恶自己的做法。"勒布朗说道。

尽管格洛丽亚迫不及待想把勒布朗带回自己身边,但母子二人的重聚却并不顺利。六年级伊始,格洛丽亚打算入住的公寓被夺去了。她盘算着自己的下一个去处,而勒布朗只好暂时回到沃克夫妇的家里。格洛丽亚甚至讨论过要搬去纽约生活。

此时的勒布朗已经成熟了,他能够理解母亲需要付出多大的努力才能负担他们的生活。虽然她总是有办法把食物摆到餐桌上,他不知道母亲是怎么做到的。一定发生了许多超乎他掌控的事情。他只知道,母亲的生活并不容易,而他想要成为母亲的骄傲。"有些事情是我能亲眼见到的,"勒布朗日后回忆道,"有些事情则是我不了解的。但我从来不过问。我也不想知道。"

这时,帕姆决定提供帮助,尽管她并没有十足的把握。"有时候我希望再次把他带来我的怀里。"帕姆说道。但实际情况却很复杂。帕姆意识到,将格洛丽亚和勒布朗一同留在阿克伦是很有必要的。于是帕姆联系了一位朋友,他负责管理一处名为斯普林希尔(Spring Hill)的公寓。这群建筑看起来阴森森的,街区环境也并不理想。但格洛丽亚有资格申请低收入援助。在帕姆的帮助下,格洛丽亚得到了一套两居室的单元房。勒布朗有了自己的卧室,这是他人生中的头一次。斯普林希尔公寓看起来是一个他终于可以称之为家的地方。

进入六年级,勒布朗依然和沃克一家保持来往。他也开始拜访乔伊斯的家。

乔伊斯的家庭和沃克夫妇很相似,家长们都有工作,也住着三个孩子,有三间卧室。但乔伊斯的地下室是一间娱乐室,男孩们喜欢聚在这里,谈论体育,玩 *NBA Live*(NBA 在线)、*Madden NFL*(麦登橄榄球)等电子游戏。乔伊斯太太的家教很严格,她在一个致力于教导中学生远离性行为和毒品的非营利机构工作。她把这一工作要务贯彻到了自己家里。每个周日,乔伊斯全家都会到教堂做礼拜。

德鲁·乔伊斯和另一位教民李·科顿(Lee Cotton)都在主日学校(Sunday school)[1]教书,后者是一位联邦快递公司(FedEx)的司机,同他的妻子和孩子们住在镇子上一个名为古德伊尔高地(Goodyear Heights)的区域。科顿有个儿子叫希安(Sian),与小德鲁和勒布朗同龄。他的身材比勒布朗还要高大,甚至因为超过了体重限制而无法参加他这个年龄组的低年级橄榄球比赛。虽然比勒布朗长得更高,希安却不擅长打篮球。不过乔伊斯知道希安的父亲是一位出色的选手,而且为自己的队伍增添一个大块头并没有什么坏处。于是乔伊斯说服了李·科顿来帮助他执教一支青年篮球队,并招募了勒布朗加入球队,与小德鲁和希安一起征战。这支球队被命名为"流星"(Shooting Stars)。

勒布朗跃跃欲试,但格洛丽亚却持怀疑态度。尽管勒布朗说过他和德鲁教练的关系比他所遇见的其他男人更加紧密,格洛丽亚坚持要亲自参观一次训练,再决定是否同意勒布朗参赛。德鲁教练向她表示欢迎。他安排球队在位于枫叶街(Maple Street)的救世军组织(Salvation Army)[2]的场馆进行训练。这里略小于常规尺寸的体育馆,四面环绕的水泥墙几乎紧挨着球场,地面铺的是油毡地板。但这些对格洛丽亚来说都无关紧要,她唯一关心的是自己的孩子会被什么样的人所执教。

德鲁教练和李·科顿安排男孩们做一些基本训练。所有人精神饱满,鼓舞人心的呼喊声响彻球场。不难看出男孩们相处得格外融洽。小德鲁是天生的领袖,一丝不苟。希安·科顿在篮下足以令对手望而生畏。勒布朗是最出色的

---

1 译者注:在英美国家周日为青少年提供识字教育和宗教教育的免费学校。
2 译者注:信仰基督教的公益服务组织,成立于 1865 年。

全能选手。三个人同时站在场上，亲如兄弟，他们的能量也感染了其他队友。

格洛丽亚同意勒布朗加入球队。

德鲁·乔伊斯深知勒布朗拥有过人的运动天赋。他不但比其他同龄的男孩更高、更快，而且有着惊人的弹跳力和敏捷性。在同年龄组中，没有任何人能够在一对一单挑时防住他。即使面对比自己年龄更大的孩子，勒布朗也能轻而易举地得分。小德鲁则是一位纪律性更强、基本功更扎实的选手。但即使不具备熟练的基本功，勒布朗也能占据上风。这一点让小德鲁很不服气，他有时也会对勒布朗说三道四。

但是德鲁教练不会去找勒布朗的麻烦。他虽然不是一位经验丰富的教练，却是一位尽职尽责的父亲，对体育的热情以及对勒布朗和其他男孩们的关爱使得他甘愿奉献自己的周末时光，将人生的种种道理传授给他们，比如教会他们团队合作的重要性。假如乔伊斯是教练界的行家，过去十多年来一直在物色青年才俊，考量他们的天赋，带队参加重大赛事，他也许能预见勒布朗有朝一日会成为职业球员。他或许会因詹姆斯某些无形的特质而发掘他未来的经济价值，比如那双同样灵巧的左右手——这通常是钢琴演奏家才具备的天赋，那种与生俱来的自信心，以及那股让他不知疲倦的神奇能量。然而，即使乔伊斯是行家，他也不会指望，甚至做梦都不会想到，他业余篮球队里那个10岁的孩子，那个在他地下室里闲逛，和他儿子一起玩电子游戏的孩子，其实是一个货真价实的篮球天才。

一天训练结束后，勒布朗和德鲁教练一起骑车回家。途中，他悉心聆听德鲁教练为他提高球技而提出的建议。勒布朗没有机会和亲生父亲谈论自己的比赛，因此每当他的教练在训练之余向他传授篮球经验，他总是格外专注。有一回，德鲁教练鼓励他让队友一起参与进攻。"勒布朗，"他讲道，"如果你愿意传球，每个人都想和你做队友。"

勒布朗思索着后半句话——每个人都想和你做队友。这几个字让他醍醐灌顶。德鲁教练讲出了团队体育的真理——如果队伍里有一位无私的明星球员，队友会更加努力，而整个团队必将取得更大的成就。这番话呼应了勒布朗内心对于友谊和认同感的渴望。作为一个以往总是生活在孤独中的孩子，勒布朗最渴望的莫过于被他人需要。

自那以后，勒布朗总是主动分享自己手里的球，无须他人的提醒。他把注意力从得分转向了传球。他会观察魔术师约翰逊等球员打球，并且以送出不看人传球（no-look pass）为荣。没过多久，他就成了阿克伦青年篮球联赛里最优秀的传球手。有时候，勒布朗过于执着地向队友传球，德鲁教练不得不提醒他多一些出手投篮。勒布朗无私的打球习惯正是在这个时期培养的。这一习惯一直延续到了NBA——有时候他会因为在关键时刻选择传球而非投篮而饱受批评。但作为年轻球员，勒布朗总是愿意多传一次球为队友创造机会，这使得德鲁教练的队伍成为阿克伦业余联赛中的楷模。

"我在青少年联赛时期的教练们教会我们如何用正确的方式打篮球，"勒布朗多年后说道，"我们都很鄙视'球霸'行为，绝不会让它发生在我们的俱乐部里。"

当勒布朗的球队闯入了在佛罗里达州可可海滩（Cocoa Beach）举办的业余体育联合会（AAU）全国锦标赛时，他并不知道接下来将会面对什么。当时的他只有11岁，连一次家庭旅行都没有体验过。和队友们去往遥远的地方征战篮球赛如同一次巨大的冒险。1996年夏天的一个下午，勒布朗坐进了德鲁教练的面包车里，同行的还有小德鲁、希安·科顿，以及其他几位队友。乔伊斯太太带着两个女儿驾驶另一辆车跟在后边，车内塞满了食物和装备。他们踏上了一次跨越900英里的旅程，从阿克伦出发，开往卡纳维拉尔角空军基地（Cape Canaveral Air Force Station）附近的一家旅馆。

勒布朗和朋友们挤在车里的这几个小时充满欢乐。他们有聊不完的话题，说不尽的畅想。不久前，一位来自费城劳尔梅里恩（Lower Merion）高中的17岁少年在NBA选秀大会首轮被夏洛特黄蜂队选中，随后立刻被交易到了洛杉矶湖人队，他叫科比·布莱恩特（Kobe Bryant）。还有一位26岁的说唱歌手崭露头角，最近发行了首张专辑《合理怀疑》(*Reasonable Doubt*)，他给自己取名 Jay-Z。勒布朗、小德鲁和希安梦想成为职业运动员。*Dead Presidents II* 和 *Can't Knock the Hustle*[1] 等歌曲听得他们心潮澎湃。

开幕式在肯尼迪航天中心（Kennedy Space Center）举行。来自全国各地的队伍依次列队进场，勒布朗感觉自己正在参加奥运会。比赛只是此行的一小部分罢了。当勒布朗第一次见到大海，他被大海的辽阔而震撼。他还从未到过海滩，从未体会过脚踩沙子的感觉，从未被浪花拍打。这里天气炎热，艳阳高照。身穿比基尼的女孩们随处可见。与阿克伦相比，可可海滩充满了异域风情。

流星队最终在 64 支参赛队伍中位列第九，其中许多队伍组队训练和参赛的时间比他们更长。德鲁教练为他们感到骄傲。"你们一定会有出息的。"他在赛后向队员们说道。

勒布朗怀疑这只是教练的客套话。不过佛罗里达之行坚定了他内心的一个想法，小德鲁和希安·科顿对他而言不仅仅是队友——他们是兄弟。他们一齐冲出了阿克伦，和全国最优秀的同龄球员较量。既然他们已经证明了自己有能力跻身 AAU 全国大赛，他们决心重返这个舞台，去品尝胜利的滋味。

下一年，勒布朗拜访德鲁教练的时间越来越多。这里成了他的第二个家。他发现德鲁教练开始阅读一些自己崇拜的伟大教练的著作，比如加州大学洛杉矶分校（UCLA）的约翰·伍登（John Wooden）。他还得知李·科顿每个星期都会坚定地带着儿子去当地基督教青年会（YMCA）的场馆进行训练、打磨球技，并教导儿子如何在球场上使用自己硕大的身躯。

在父亲的指导下，希安在比赛时已经和勒布朗、小德鲁一样自信。那个夏天，同为 12 岁的三人一起出战了 60 场夏季联赛。所有努力都获得了回报。随着几名优秀的角色球员的加入，流星队入围了即将在盐湖城举行的 AAU 全国锦标赛 12 岁及以下年龄组比赛。

前往犹他州的旅程和去年的佛罗里达之行有很大不同。球队筹集了足够的资金，可以负担从克利夫兰飞往盐湖城的机票。勒布朗之前从未坐过飞机。

---

[1] 译者注：均为 Jay-Z 的歌曲，收录于《合理怀疑》（*Reasonable Doubt*）这张专辑。

03 如果你愿意传球

这本该是一次激动人心的冒险，但勒布朗在航程的大多数时间里哭得眼泪直流。"因为那是我第一次乘坐飞机，"多年之后他在回忆录里写道，"我得承认：当时我哭得像是世界末日到来了似的，被吓得魂飞魄散，两只耳朵也在海拔的作用下痛苦难耐。"

勒布朗或许是被吓个半死。但显然，他的眼泪并不只是因为恐惧飞行而落下。"他很爱自己的母亲，"德鲁教练说道，"母亲无法到场观看比赛让他格外难过。我还记得他第一次坐飞机，他全程都在哭，必定是想念妈妈了。谈到勒布朗的成长经历，我总会记起那些令人心痛的时刻。"

勒布朗不会谈论自己的处境，但小德鲁和希安了解他的感受。他们的家长总是在自己身边。无论是带队出行还是参加锦标赛，德鲁教练和李·科顿总是那么值得依赖，他们的陪伴往往被孩子们视作理所应当的。但勒布朗不这么认为。他的人生有所缺失，对于那些能够填补空白的人，他总能敏锐地觉察。

尽管在飞机上感到忐忑不安，但当球队抵达体育馆时，勒布朗立刻恢复了正常。无论他身处什么地方，一旦他踏上球场，他总是有回到家那般安稳的感觉。

在 12 岁及以下年龄组的 AAU 锦标赛，球员们的身材明显更加高大，球技比流星队以往交锋过的任何对手都更加出色。在一场比赛中，对手的阵容里竟然有三位身高超过 6.5 英尺的孩子，而德鲁教练麾下最高的希安只有 6.2 英尺。但这些都不是问题。小德鲁是一个英勇无畏的控球后卫。希安凭借力量克制了对手的身高。没有人能够在一对一的情形下防住勒布朗。角色球员们也各司其职。球队拿下了大多数比赛的胜利，在 72 支队伍中位居第十。德鲁教练感到非常欣慰。他的球队正变得越来越优秀。

这是一次改变人生的经历，特别是对勒布朗而言。他发现坐飞机的感觉也并不是那么糟糕。全国锦标赛场边欢呼雀跃的观众让他激动不已，他忍不住幻想自己是一位职业球员。如果没有篮球，他恐怕无法体会人生的另一面。手里拿着登机牌，在旅馆房间里见到迷你香皂，或是在一座遥远的城市享受温泉水池是何种滋味，住在阿克伦市斯普林希尔公寓的其他孩子们是无法了解的。篮球还为他带来了一个球队大家庭。勒布朗渴望得到的，正是他生活中所缺失的。"历史的强大之处在于，它总是如影随形，在很多方面不知不觉将我们置于它的掌控之下；历史存在于我们当下的一切所作所为。"詹姆斯·鲍德温（James Baldwin）[1]曾写道。"我们的观点、个性、理想，皆归因于历史。"这段话同样可以形容一个人的经历。

毫无疑问，勒布朗的过往塑造了勒布朗看待未来的方式。回到学校，在新学年开始之际，老师给每位同学发了一张空白卡片，让他们写出三个长大后的理想。勒布朗写道：

NBA 球员
NBA 球员
NBA 球员

收回卡片后，老师指出勒布朗没有理解自己布置作业的意图——他应当写下三个理想，而不是一个。

其实勒布朗并没有理解错，他只有唯一一个理想。

德鲁教练确信，球队若想赢得全国锦标赛，他还需要补充一位得力干将。这座城市仅次于勒布朗的 13 岁选手是一位名叫威利·麦基（Willie McGee）的孩子。他正在为阿克伦精英队（Akron Elite）效力。当流星队在 13 岁年龄组的 AAU 全国锦标赛预选赛阶段淘汰了阿克伦精英队之后，德鲁教练决定招募麦基。小麦基和哥哥伊利亚·麦基（Illya McGee）住在一起，后者正在阿克伦大学念书，领着篮球奖学金。德鲁教练找到了伊利亚，询问威利能否加入自己的 AAU 球队。伊利亚很喜欢这个主意。他的弟弟经历过不少波折。如果能加入一支优秀的队伍，接受一位男性模范的正面引导，对威利来说再好不过了。

---

[1] 译者注：美国黑人作家、散文家。

威利来自芝加哥，他曾目睹自己的父母和药物成瘾做斗争。后来，他的父母都因为犯罪而锒铛入狱。麦基只好搬去和自己的姐姐住，但姐姐正在艰难地抚养两个还穿着尿布的孩子。姐姐担心弟弟沦为毒品和街头暴力的受害者，也深知他需要以一位正面的男性人物做榜样。于是，她把弟弟的衣物通通打包塞进一个塑料垃圾袋里，把他送到阿克伦和自己的哥哥同住。伊利亚既要负责弟弟的衣食，也要确保他在学校有良好表现，学会礼貌和尊重。他还教导威利如何打篮球。伊利亚信誓旦旦地向德鲁教练保证，威利是个相当不错的篮球手，更是个品行优异的好孩子。他只不过是平时有些安静，极少说话。

德鲁教练提议自己开车来接威利去参加第一次训练。

那天放学后，勒布朗先是来到了德鲁教练的家里，打算和大伙儿一起出发去训练。小德鲁正在写课后作业。威利随时都可能抵达。勒布朗和小德鲁不确定他能否融入他们这个紧密的集体。当威利进门时，他们两人谁都不愿开口说话。威利身高 6.2 英尺，比勒布朗足足高出 4 英寸。

小德鲁一直埋着头，视线从未离开过自己的作业。

"你好吗？"勒布朗嘟哝道。

随之而来的寂静让他有些尴尬。威利了解勒布朗在篮球方面的名声，但他对勒布朗或是小德鲁的性格一无所知。直到他们往德鲁教练的车上搬运篮球时，小德鲁才开口介绍自己。

前往训练的路上，德鲁教练因为学校发生的某件事情训斥了小德鲁，勒布朗和威利在旁一言不发。但在抵达体育馆后，当背景音乐响起，他们开始列队进行上篮训练，沉默瞬间被打破了。勒布朗、小德鲁和希安·科顿三人对篮球的热爱和他们彼此之间的友情立刻吸引了威利。于是威利也拿出了不亚于他们的热情，尽管他还是没有说话。他积极地拼抢、倒地争夺控球权、娴熟地运球、奋力地争抢篮板球、卖力地防守，得分也不在话下。

眼前的场面令勒布朗赞叹。经过了几次训练，勒布朗邀请威利到自己位于斯普林希尔的保障性公寓里过夜。希安也过来了。格洛丽亚为孩子们烹饪了晚餐。接着他们度过了电子游戏之夜。在某个时刻，勒布朗转头看向威利并对他说："你挺酷的嘛。"

威利并没有回答，但他感觉自己和勒布朗之间有一条纽带。小德鲁和希安都住在稳固的家庭里，都有一位不辞辛苦、愿意把闲暇时光都奉献给孩子的父亲。勒布朗则与他相似。两人都没有父亲，都过着艰难的日子。

过了一段时间，勒布朗让威利学会了把德鲁教练和科顿当作家人。他们会在周日带着威利和勒布朗一起去教堂，催促两人完成课后作业，并且允许威利和勒布朗每周五到他们家里过夜。和队友们待在一起是勒布朗最喜欢的课外活动。

"小布朗有这样一个特点，"德鲁教练说，"他不喜欢独处。当他找到了我们，他找到了家，找到了父亲的角色，而且找到了他所遇见的最美好的事情——友谊。"

随着友谊日渐深厚，勒布朗变得更加自信，敢于表达自我。有一次他们在外过夜，勒布朗看着威利说道："我俩真是一对好朋友。"威利听完后有些不知所措。他还不习惯另一个男孩甚至是任何人和他这样说话。勇敢开口的并不只是勒布朗一个人，希安和小德鲁也学会了表达自己的情感。"他们懂得说出自己的想法，也懂得接纳他人的想法。"威利解释道，"我也变得越来越自在。"

尽管威利依然沉默寡言，他对自己的新朋友却十分仗义。有一次在赛后的握手环节，当威利看见一个大块头推了小德鲁一把，他挺身而出，以牙还牙。德鲁教练是体育精神的坚定拥护者，但他认可了威利保护队友的做法。勒布朗也是如此。这件事表明威利是一个讲义气的朋友。在那之后，勒布朗、威利、希安和小德鲁组成了"神奇四人组"（Fab Four）。

八年级时，勒布朗长到了 6.2 英尺。凭借身高优势，他能够更加轻松地观察防守者。这也改变了他阅读球场的方式，他在快速行进时的传球也因此变得更加出色。勒布朗已经能够频繁地完成双手扣篮。他的第一次扣篮发生在他初中的球馆里，当时他正在念七年级，伙伴们在一次比赛中怂恿他扣篮。虽然勒布朗可以毫不费力地把球举过篮圈，在比赛中他却极少尝试扣篮。相反，他更愿意用上篮的方式得分。有一天，在克利夫兰当地的一场 AAU 锦标赛里，

03 如果你愿意传球

勒布朗高高跃起，把球灌入篮筐。在无人防守下助跑、起跳、扣篮，这个过程在训练场上似乎并不难做到。但是，没有几个初中生可以在实战中运球冲向篮筐并完成扣篮。

勒布朗在运球、突破和隔人扣篮方面的新本领使得流星队几乎战无不胜。一些老练的AAU球队开始做出改变——一旦勒布朗接到球，他们便派出2~3位防守者对他严防死守。面对如此局面，勒布朗越发擅长把球传到无人看管的队友手中，为队友创造轻松上篮或是空位投篮的良机。这群14岁的孩子打起球来仿佛是一台运转顺滑的机器。

那年的AAU全国锦标赛，流星队势如破竹。四分之一决赛的一个回合，勒布朗在攻守转换间得到球，前方空无一人。于是他运球奔袭，刚刚迈进罚球线就合上球，接着他跨出一步，腾空而起，双手大力把球灌进篮筐，连篮板都在颤动。这时的勒布朗已经在这项全美竞争最激烈的青年篮球赛事中脱颖而出。流星队也挺进了AAU全国锦标赛14岁及以下年龄组的决赛。他们在三年前立下的目标如今近在咫尺。他们即将面对夺冠热门南加州全明星队（Southern California All-Stars）。这支球队已经取得了三连冠，阵中拥有一批擅长弹跳和扣篮的精英球员，其中一人还曾登上《儿童体育画报》（*Sports Illustrated Kids*）杂志。

德鲁教练察觉到他手下的一些球员背负了不小的压力。南加州全明星队的那帮家伙让人望而生畏，他们个个趾高气扬。热身时，他们大摇大摆地踏进球场，背着耐克运动包，穿着耐克运动鞋，披着红白相间的耐克球服。流星队却一个赞助商都没有。勒布朗和他的队友们平日省吃俭用。他们在阿克伦举办洗车活动，组织烧烤聚会，挨家挨户地募集捐款，这一切只是为了负担他们的队服。站在全明星队身边，他们看起来和穷光蛋似的。赛前，德鲁教练在更衣室里把队员们召集到一起。他向球员们保证，他感受到了所有人对冠军的强烈渴望。他告诉队员们，他们已经做到了教练可以要求他们做到的一切。"我只希望你们好好打球，"他说道，"胜负听天由命吧。"

他说这番话的目的是让队员们放下包袱。然而，1989年7月8日奥兰多市的迪士尼体育中心,当勒布朗和队友们登上球场准备跳球时,他们的内心飞快跳动着。"你们是从阿克伦来的?"全明星队的一位队员居高临下地说道。他的队友忍不住窃笑起来。另一个人插了一句:"你们都是乡下人喽?"

听到对手的嘲讽,勒布朗心里很不是滋味。队友们也是如此。阿克伦以往确实是 AAU 篮球版图中一个很不起眼的地方。但是,以团队至上、坚韧不拔的篮球风格著称的流星队每年都在锦标赛上走得很远。勒布朗也已经是一个为 AAU 所有教练和选手所熟知的名字。那帮南加州的家伙却把他们看作一群乡下的二流球员,这样的贬低惹恼了勒布朗。

比赛初期,流星队被甩开了一大截。上半场结束时,他们以 30 比 45 落后对手。下半场,他们开始奋起直追。勒布朗挺身而出——他快步突破得分,送出声东击西的传球助攻队友上篮,还在防守端封盖对手。比赛还剩下一分钟时,他在球场左侧左手运球,忽然变向用右手甩开防守球员,又闪转腾挪地穿过另外两位对手,擦板上篮命中。解说员呼喊道:"哇!詹姆斯精彩的得分!"这个杂耍般的动作将全明星队的领先优势缩小至 3 分。比赛来到最后 4 秒时,流星队还落后 2 分,德鲁教练叫了暂停。他们需要万无一失地发出边线球,抓紧时间带球穿过球场并出手投篮。德鲁教练的计划简单至极——把球传给勒布朗。

勒布朗一直幻想自己可以完成一次压哨绝杀的壮举。他曾经在训练场上模拟过无数次这样的情景——在时间即将耗尽之际,迎着假想的对手,出手投篮。他将接下来要做的事情在脑子里过了一遍。暂停结束,他的头转向一边,观察着场上的局势。说时迟,那时快,希恩掷出的边线球已经飞到勒布朗的头顶上。他回过头时恰好发现了这记传球,然后从容不迫地把球接住。勒布朗沿着边线冲刺,运了两次球,甩开两名防守队员。他继续穿过了中线,又运了一次球,就在第三名防守队员伸直手臂向他扑来之时,他腾空而起。借助冲劲,勒布朗从距离篮筐 35 英尺的地方将球投出——这是一次 NBA 级别的三分投篮尝试。这一刻,观众们屏气凝神,眼睁睁地看着篮球画出一道完美的抛物线,飞到篮筐的正上方,最后在终场哨音响起之际,滑筐而出。全明星队的队员们松了一口气,欣喜若狂地跳起来庆祝。勒布朗呆呆地站在原地,把头埋进自己的双手之间。队友们目不转睛地望着他。66 比 68，流星队告负。

返回阿克伦的旅途漫长而安静。德鲁教练心想：自己或许再也不能执教这群男孩了——他们即将升入高中。这个伟大的征程似乎来到了尾声。但男孩们却另有打算。那年的早些时候，他们认真讨论了去同一所高中上学的计划，这样他们还有机会继续做队友。他们的家分布在城市的各个地方。好在阿克伦有多所高中，升学制度允许他们选择同一所学校就读。负于南加州全明星队是一次苦涩的经历，但这坚定了他们在高中继续携手征战的决心。

未竟的事业在等待着他们。

04 我们要团结起来

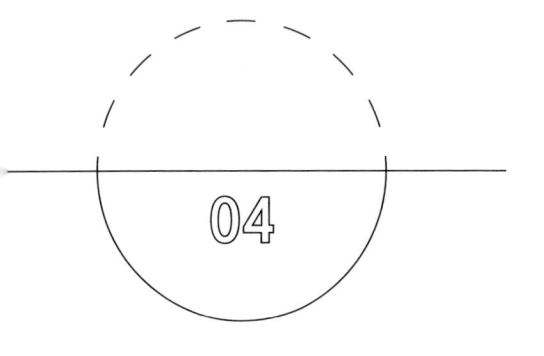

小德鲁在卧室里支起了一根用来做引体向上的横杠。每当他悬吊在横杠上，勒布朗总是在一旁看着，帮他拉伸身体。为了让自己长高，为了成为更优秀的篮球选手，小德鲁愿意用尽一切办法。

德鲁教练深知儿子为了提升球技付出过多少努力，因此总是千方百计地帮助他。当他得知阿克伦犹太社区中心每周日晚都会举办篮球培训班，他毫不犹豫地带上了小德鲁。培训班由38岁的股票经纪人基思·丹姆布洛特（Keith Dambrot）创办，他曾是中央密歇根大学（Central Michigan University）篮球队的主教练。德鲁教练对他有所耳闻。30岁出头就能在一级联盟（Division I）[1]执教可是相当了不起的，他心想。

1　NCAA（美国大学体育总会）最高级别的联赛。

丹姆布洛特个头儿不高，是一个富有激情的人。他立刻就喜欢上了小德鲁。第一次来参加训练的小德鲁还在读七年级，身高仅仅 4.10 英尺。丹姆布洛特见到小德鲁，仿佛是见到了年轻的自己——他是一位"训练馆老鼠"（gym rat），为弥补身材劣势而苦练远距离跳投和控球技巧。丹姆布洛特对小德鲁的训练态度和进取心赞不绝口，于是将他收入麾下。

小德鲁也立刻喜欢上了这位教练，开始定期参加训练。其他教练或许会喋喋不休地提醒着小德鲁——若想参加高中篮球比赛，他必须变得更高。但是丹姆布洛特从没对他的身材发表过任何意见，他只在乎运球和传球的发力方式、脚步、投篮技巧等重要环节。在他的眼里，基本功胜过一切。小德鲁在他的指导下不断进步，成长为培训班里基本功最扎实的球员。

没过多久，勒布朗开始和小德鲁一起参加每周日的培训班。走进犹太社区中心，勒布朗发现这里只有他们两个黑人孩子。他以前极少和白人群体待在一起。作为一个七年级的孩子，他的种族观念才刚刚开始形成。他注意到，每当丹姆布洛特教练需要向孩子们展示正确的训练动作，他总是用小德鲁做示范。这里只有两个黑人孩子，偏偏其中一人总是被单独拎出来，勒布朗不晓得这算不算种族歧视。但他很快就打消了这个念头，他确信这是出自丹姆布洛特教练对小德鲁的喜爱。小德鲁也乐于示范正确的动作技巧。显然，他和丹姆布洛特相处得十分融洽，他们之间存在某种化学反应。勒布朗迅速适应了新环境。不久，希安·科顿和威利·麦基也加入了培训班。四人组很快成了培训班里的佼佼者。

1998 年 7 月，就在德鲁教练第一次带儿子到犹太社区中心跟随基思·丹姆布洛特训练的大约一年之后，丹姆布洛特被聘为圣文森特 - 圣玛丽高中（St. Vincent–St. Mary）的新任主教练。这是阿克伦市的一所私立天主教高中。这条消息一出，就有人挖出五年前丹姆布洛特从中央密歇根大学离任的争议事件。《阿克伦灯塔报》报道，丹姆布洛特曾在 1993 年因使用 N 开头的词语被开除。当时，球队在对阵俄亥俄州迈阿密大学（Miami University of Ohio）的比赛中遭遇了一场令人沮丧的失利，据称丹姆布洛特赛后在更衣室里对自己的球员们说道："要是我们队里多几个黑鬼（nigger）就好了。"几天后，他的言论刊登在了校报上，并在校园里引发了抗议。当时丹姆布洛特并没有否认自己使用了这个种族歧视的词语。他告诉媒体："我这么说并不带有任何种族歧视的用意。我说出这个词的时候，球员们知道它的含义是什么，而且没人感到被冒犯。"

被大学开除后，丹姆布洛特向大学发起联邦诉讼，指控大学开除他的行为侵犯了他在美国宪法第一修正案项下享有的言论自由和学术自由权利。九位中央密歇根篮球队的黑人球员在诉讼中声援了丹姆布洛特，他们表示自己并没有因那个N开头的词而感到被冒犯。"那些呼吁他被开除的人，在他说出那个词的时候都不在场，"其中一位球员曾说道，"他们根本搞不清楚状况。他用错了词，但你只有在当场才能够理解他的话。"丹姆布洛特的案子最终被法官驳回，他五年之内都不得执教。如今，圣文森特-圣玛丽高中决定给他机会。

"显然，我犯错了，我向他们道歉，"丹姆布洛特向《阿克伦灯塔报》表示，"我付出了不小的代价，并且接受这一现实。"丹姆布洛特感谢圣文森特-圣玛丽高中给予他第二次机会。该校的运动主管吉姆·迈耶（Jim Meyer）捍卫了学校的决定。"我们对他进行了调查，得到了我们想要的结果，"迈耶说道，"他和年轻运动员们关系和睦，我们很看重这一点。"聘请丹姆布洛特执教高中篮球队的决定被定义为一次"自我救赎的机会"。

有人劝德鲁教练不要把儿子送去丹姆布洛特的培训班。一位工作伙伴建议他离那个家伙远一点。但德鲁教练对他的过往并不熟知，也不会因为媒体的报道而躲避他。他只信赖亲眼所见的东西——丹姆布洛特是一位优秀的教练，不论对自己的儿子还是其他孩子都始终抱以尊重。小德鲁在他的指导下突飞猛进，于是继续报名参加他的篮球夏令营。勒布朗和其他孩子也报了名。

起初，关于丹姆布洛特的流言蜚语以及他前往执教圣文森特-圣玛丽高中的决定与勒布朗、小德鲁、希安和威利并无直接关联。当时的他们即将进入八年级。四人组原本打算今后去布克特尔高中（Buchtel High School）就读，那是阿克伦的一所公立高中，拥有一支出色的篮球队。勒布朗已经做好了计划。"我知道那所学校在体育方面的名声，阿克伦的所有黑人孩子都知道，"勒布朗说道，"我畅想了我们的未来——我们四人组将成为校园里的风云人物，带领布克特尔摘下州冠军和全国冠军。"

德鲁教练那支AAU球队的四位情同手足的主力队员打算加入同一所高中，

这在阿克伦青年篮球界早已不是秘密。为了确保他们携手加盟布克特尔高中，该校的篮球主教练已招募了德鲁·乔伊斯作为助理教练。在他们眼里，这是一个妙计。小德鲁在念初中八年级时，乔伊斯已经开始在该校执教了。他们想当然地认为德鲁教练会把自己儿子送来，他的儿子又会将勒布朗和其他人招来。

但是在八年级期间，小德鲁对自己加入布克特尔的想法渐渐冷淡。那里的校队人才济济，他认为自己并不会得到教练组的重视。小德鲁知道自己最终会被放在预备队。他的心底有一种预感，勒布朗才是唯一一个布克特尔真正希望从流星队挖过来的球员。他把自己的顾虑告诉了勒布朗。"兄弟，我觉得这是行不通的，"他说，"我不认为他们会给我机会。"

勒布朗对自己朋友的担忧并不是特别在意。对他而言，道理非常简单：任何一个阿克伦的孩子都向往布克特尔。这是一所全黑人学校。黑人群体理所应当去那里念书。更何况德鲁教练在那里执教。为什么要考虑其他去处？

但是小德鲁的态度十分坚定。他曾随父亲去过那里的球馆，校队的那帮家伙对他不屑一顾。心灰意冷的小德鲁找到了父亲，父子俩促膝长谈。

"爸，他们是不会给我机会的。"小德鲁对他说。

德鲁教练试图安慰他。

"爸，我不打算去布克特尔了。"他终于开口。

"你这是什么意思？"德鲁教练问道，"我在那里当教练。一切都准备妥了。"

"我想去圣文森特。"小德鲁说出了心里话。

德鲁教练沉默了。

"我知道丹姆布洛特一定会给我机会的。"他接着说。

德鲁教练起初非常生气。他的愤怒并不是针对儿子或者丹姆布洛特，而是针对眼前的局面。布克特尔高中为他提供了这份助理教练的工作，期望他把勒布朗和其他 AAU 的顶尖选手招揽过来。难道现在他要去和主教练坦白他连自己的儿子都无法带来？这必然会让他颜面扫地。

但德鲁教练意识到他的儿子已经与丹姆布洛特建立了深厚的关系。情绪平静之后，他决定不去阻挠儿子的想法。相反，他向布克特尔的主教练提出了辞职请求。

当小德鲁说出自己选择圣文森特 - 圣玛丽高中的决定，勒布朗、希安和威利满脸惊愕地看向他，好像他发了疯似的。这所学校以学术闻名而非篮球。而且，这所私立天主教学校每年学费超过 5 000 美元，学生们大部分是住在郊区的白人孩子。"我的反应是，'我才不跟那些白人待在一起'，因为从小到大我都深受传统思维的影响，"多年后勒布朗说道，"比如，白人不希望看到我们成功，等等。"

勒布朗依然希望他和朋友们都遵循加入布克特尔高中的原计划。他试图劝小德鲁回心转意。不是说好了要一起拿下全国冠军吗？不是说好了要团结一致吗？

小德鲁坚持自己的立场。他并不打算让朋友们改变主意，但他坚定不移地要去往圣文森特，丹姆布洛特教练保证过，他会招高一新生进入校队。如果新生比高四生更出色，丹姆布洛特教练告诉他，他不惧怕派新生上场比赛。小德鲁认为自己在丹姆布洛特教练手下最有机会进入校队。

接下来的几周，勒布朗觉得"神奇四人组"真的要分道扬镳了。威利和希安逐渐开始从小德鲁的角度看待问题。威利先去见了丹姆布洛特教练，后者欢迎威利加入球队，认为他很有希望作为新生去竞争校队的席位。希安也感觉到布克特尔的教练们真正感兴趣的只有勒布朗一人。他想在一个会重视自己的教练手下打球，但他不希望"神奇四人组"解散。所以他决定跟随小德鲁和威利加入圣文森特。

勒布朗不由自主地想到，布克特尔的教练们对小德鲁的轻视绝对是一个错误。小德鲁是四人组的主心骨。那些教练只在意他的身形以篮球的标准来衡量过于矮小这件事，对他的进取心和责任感却视而不见。但正是这些特质使得小德鲁成为一个可靠的队友。勒布朗还认为那些教练同样低估了自己。确实，他们钟爱勒布朗作为篮球运动员的本领，但他们并不了解他，也不了解他和朋友们之间的情谊。他越来越觉得，布克特尔的教练们只把他看作一个住在保障性住房的孩子，没有勇气去一所几乎全是白人、学术要求极高甚至还有着装规定的天主教学校。被他人所低估是勒布朗不能接受的。

勒布朗开始思考是否要冒险踏出自己的舒适圈，去往一所在那里很可能被视作局外人的学校。他有理由怀疑圣文森特的白人同学和老师们会看不起他们，他也知道自己会因为拒绝布克特尔而受到非裔美国人群体的指责。循规蹈矩或许是更加简单的做法，但他是一个忠于朋友的人，他们曾经说好要一起战斗。最终，他的决定并不是出于篮球，而是出于恪守对朋友们的诺言。"我们要团结起来。"希安总是这么说。勒布朗表示赞同。但他意识到他们集体加入圣文森特的这件事情可能会带来种族和阶级方面的影响，而不仅仅是选择一所学校而放弃另一所那般简单。对他而言，这是一个决定性的时刻，他篮球生涯的轨迹很可能因此改变。

基思·丹姆布洛特在圣文森特-圣玛丽执教的第一年交出了 16 胜 9 负的战绩，成功晋级州锦标赛。他队内的最佳球员是身高 6.4 英尺的马弗里克·卡特。正在读高三的卡特是队内得分王，也是一位天生具有领袖特质的全能型选手。丹姆布洛特教练和卡特迅速扭转了人们对圣文森特篮球队的看法。

勒布朗比马弗里克小 4 岁，但他们小时候就相互认识。他们在马弗里克的 8 岁生日派对上见过面。当时的勒布朗住在马弗里克所在街区附近的一处保障性公寓里。虽然他们当邻居的时间并不长，但总是在阿克伦市里偶遇，久而久之就成了朋友。他们都有着不同寻常的名字——"马弗里克"。这个名字出自二十世纪五十年代末的电视剧 *Maverick*[1]，主演詹姆斯·加纳（James Garner）在剧中饰演扑克牌玩家布雷特·马弗里克，他凭借牌技在西部地区闯荡和冒险。卡特的祖母既是这部剧的忠实观众，也是赌博爱好者。下班之后，她会打开自己地下室的大门，邀请街坊们到此打扑克和玩骰子。

和勒布朗相同，马弗里克也主要由自己母亲养大，她在县里当了 30 多年的社会服务人员。他的父亲因持有毒品并意图贩卖被关进了监狱。

马弗里克立志要拿到大学的篮球奖学金项目，进而实现自己登陆 NBA 的梦想。他对丹姆布洛特教练的到来表示欢迎，并且立刻接受了他极端认真的执

---

[1] 国内译为《赌侠马华力》。

教风格。他认为，这样的执教方式只会让自己更接近目标。

1999年夏天，丹姆布洛特教练在犹太社区中心举办篮球训练营，并且邀请马弗里克和其他校队球员们前来帮忙。勒布朗、小德鲁、希安和威利参加了那次训练营。正是那个夏天，他们刚刚在奥兰多以两分之差惜败南加州全明星队，与AAU全国锦标赛冠军失之交臂。此时的他们还在考虑一起选择圣文森特的决定。

由于年龄相差四岁，马弗里克和勒布朗没怎么一起打过球。训练营期间，马弗里克发现勒布朗在所有男孩中格外突出，他会快速冲向篮筐，然后送出精准的传球找到处在空位的队友。他的篮球智慧超过马弗里克在高中遇见的所有对手。他不禁想象勒布朗身穿圣文森特队服的场面。

丹姆布洛特教练也有相同的愿望。担任大学教练的这些年，他考察过无数青少年球员。他在勒布朗身上发现了那个决定成败的关键因素。勒布朗有一种极少数球员才会具备的难以形容的特质——他结合了罕见的天赋和强大的内驱力，这些都是无法通过教导和训练获得的。那个夏天，勒布朗和他的兄弟们在一场即兴比赛中与丹姆布洛特教练手下的几名校队球员成为对手。史蒂夫·卡尔普（Steve Culp）也参加了比赛，他是丹姆布洛特的助理教练，30多岁，是个顽固的家伙。在与勒布朗的一对一攻防中，卡尔普故意戏耍了勒布朗。他在一侧运球，引诱勒布朗上前抢断。当勒布朗冲过来，卡尔普迅速从右向左换手运球，随后径直奔向篮筐。勒布朗失去平衡，屁股着地摔了个跟头。卡尔普轻松得分，场上所有人都笑了出来。当卡尔普再次接到球，他以为勒布朗会知难而退。相反，勒布朗在卡尔普的面前步步紧逼，继续挑战他，让他再做一次刚才的动作。在进攻端，勒布朗主动要球，对卡尔普还以颜色，不达目的誓不罢休。赛后，卡尔普告诉丹姆布洛特："这个孩子将来一定不同寻常。"

丹姆布洛特同意他的看法。勒布朗和其他孩子不同，他并不仅仅是为了赢球，更是为了赢得他人的认可。他想要成为大人物。"如果能执教这样一个孩子，那该有多好。"他思索着。但他并不试图招募勒布朗。如同镇子上的每一个人，他也认为勒布朗选择布克特尔是板上钉钉的事情。

勒布朗还没有和丹姆布洛特谈过为他打球的可能性。但考虑到马弗里克正在圣文森特效力，勒布朗坚定了自己的想法。勒布朗对马弗里克的仰慕胜过阿克伦的任何其他青少年。他拥有勒布朗渴望得到的——自己的汽车，一个漂亮的女朋友，甚至还有一个文身。马弗里克作风很酷，走起路来英姿飒爽。即使出自内城区，马弗里克也可以在一所以白人为主的学校脱颖而出。他的履历为勒布朗带来了信心。勒布朗很清楚自己有足够的能力在校队出任首发球员。和高四的马弗里克并肩作战的机会深深吸引了他。"马弗里克是我来到圣文森特 - 圣玛丽高中的主要原因。"勒布朗多年后如此说道。

格洛丽亚负担不起圣文森特的学费。但丹姆布洛特知道圣文森特可以为困难学生提供奖学金。全校 550 名学生中，大约有四分之一都得到了经济补助。学费对勒布朗和他的朋友们来说并不构成障碍。

德鲁教练 AAU 球队的四大新星即将前往圣文森特的消息在阿克伦青年篮球界一经传开就引发了强烈反响。有人给希安·科顿的家里打去电话并留言，暗示丹姆布洛特是一个种族主义者，论据是他当年在中央密歇根大学对球员们所讲的那番话。李·科顿曾在高中篮球赛中与丹姆布洛特交手。关于丹姆布洛特的那些评论让他感到不安，但这与科顿此前对这个人的印象并不相符。科顿没有理会那些含沙射影的言论，而是直接找到丹姆布洛特，和他聊起了当年致使他被扫地出门的那次风波。丹姆布洛特懊悔不已，承认自己当时犯了糊涂。但他发誓那些话并非有意贬低他人，并且建议科顿去读一读他在起诉中央密歇根大学的案件中发表的证词。

李的妻子黛布拉（Debra）查阅了法庭文件。法官下达的判决书记录了一段关键内容：

1993 年 1 月，在其球队负于俄亥俄州迈阿密大学的那场比赛，丹姆布洛特在中场休息期间抑或赛后于更衣室训话中使用了"黑鬼"一词。根据丹姆布洛特的证词，丹姆布洛特告诉球员他们打得不够努力，他随后问道："你们介意我使用 N 开头的词语吗？"在其中一位或者多位球员向他明确表示不介意后，丹姆布洛特开口说："你们知道的，我们队伍里需要更多黑鬼……麦克道尔（McDowell）教练是个黑鬼……桑德（尔）·斯科特（Sand[er] Scott）是一位入选过大学全美明星阵容的白种人，我也喊他黑鬼。因为他很固执、很强硬……"丹姆布洛特试图证明他是以"正面和强调语气"的方式使用这个词语。球员们在比赛期间、在校园和更衣室里也经常用 N 开头的词语称呼对方。丹姆布洛特称自己使用这个词的方式和球员们之间使用这个词的方式并无差别，即"用来表示一个勇敢无畏、在精神上很强硬的人"。

科顿夫妇还接到了当年丹姆布洛特手下一位黑人球员的来电，他确认丹姆布洛特在使用这个词语之前询问过他们是否介意。

李·科顿最终接受了丹姆布洛特的解释，并且放心地让自己儿子到他手下打球。德鲁教练也打消了顾虑。不但如此，他还找到了丹姆布洛特，建议他将自己和科顿纳入他的教练组。这么做并不是为了让教练组更具多样性——团队里已经有了一位非裔美国人助教，还有一位女性助教。德鲁教练知道小德鲁及其朋友们即将面临什么困难。他认为有自己和科顿的陪伴和支持，男孩们会顺利度过关键的转型期。

丹姆布洛特赞成这个主意，并且欢迎他们加入。毕竟他们执教了流星队四年，比自己更加了解勒布朗、小德鲁、希安和威利。

但德鲁教练立刻受到了指责。一天他走在阿克伦的街上，一辆车忽然停在他面前。德鲁·乔伊斯认识那位司机,他为阿克伦的多所公立学校服务。"嘿，德鲁，"那个人说，"我听说你正在为圣文森特拉皮条。"

科顿遭受的谩骂更多。"圣文森特是不会管你死活的，"一个人对他说，"那些白人才不会理你呢。"

但是最让乔伊斯和科顿难受的是自己社区的人们对他们儿子的评论。"你们全是该死的叛徒，"一位男子对希安说道，"你们的教练还有恋童癖。"（这个指控完全没有依据。）

这一切都无关紧要。来自内城区的四位非裔美国男孩即将前往一所天主教学校，在一位犹太教练手下打球。

05 高一新人

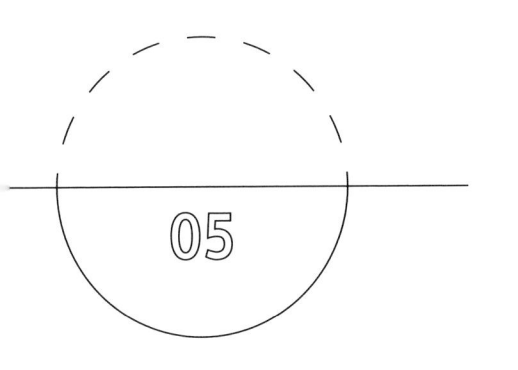

勒布朗即将加入圣文森特篮球队。橄榄球曾是他的"初恋",而在圣文森特,更受重视的是橄榄球而不是篮球。在过去十年,该校曾三度夺得俄亥俄州橄榄球锦标赛的冠军。球队教练组目前拥有两位前NFL的球员。希安已经加入了该校的新生橄榄球队,他的目标是拿到大学的橄榄球奖学金。威利也在打橄榄球。勒布朗迫切地想要加入朋友们的行列,于是他和母亲提起了这件事。

格洛丽亚并不赞同。橄榄球比赛太过于暴力了。但凡一个蠢货用自己的头盔撞向勒布朗的膝盖,他的篮球梦就会变得岌岌可危。想都别想,格洛丽亚告诉勒布朗,应该把注意力放在篮球和学习上。

现在,勒布朗的梦想也成了格洛丽亚的梦想。她开始把篮球看作一条可以让她儿子告别贫穷并且改变他人生的合理途径。对绝大多数高中运动员来说，走上职业体育的道路简直是白日做梦。然而在勒布朗八年级时，格洛丽亚意识到她儿子有别于大部分学生运动员。这个结论并不仅仅出于一位母亲对儿子所抱有的那份自豪感。那些执教过勒布朗的人所给予他的赞美，远胜于他们对自己孩子的评价。

格洛丽亚的老朋友艾迪·杰克逊让她更坚定地相信勒布朗未来有潜力进入 NBA。杰克逊从勒布朗小时候就开始关注着他。但在勒布朗读小学期间，杰克逊因向校区的一位卧底警员出售半盎司可卡因而遭到逮捕并指控，最后被判入狱。在他离开的这段日子，勒布朗的人生有了重大飞跃。"我选错了道路，"杰克逊出狱后向《老实人报》(the Plain Dealer) 说道，"我向上帝做出保证——不是我的孩子、朋友、兄弟姐妹、母亲，也不是任何人——我对上帝发誓，如果他赋予我自由，我不会再犯同样的错，不会再背叛他。我对此诚心诚意。"

勒布朗八年级时，杰克逊开始涉足阿克伦以及周边地区的房地产业务。他和格洛丽亚恢复了联系，两人还会一同观看勒布朗的 AAU 比赛。

杰克逊也曾经在阿克伦参加过高中运动队，他了解勒布朗加入圣文森特这个决定背后所蕴含的种族方面的意义。起初，当杰克逊和格洛丽亚得知丹姆布洛特在传闻中曾对大学球员们说的那些话，他们的内心十分不安。但在杰克逊找到丹姆布洛特并与他进行了一对一谈话之后，他确信后者并不是一位种族主义者。不仅如此，杰克逊还认为丹姆布洛特严肃、干练的执教有助于勒布朗达到更高水平。"他带着大学一级联盟的心态来教导这帮孩子，"杰克逊评价道，"只要他瞟那帮孩子一眼，他们马上就变得规规矩矩。"

勒布朗很信任杰克逊。在 AAU 比赛时，每当他抬头在看台上发现了杰克逊和格洛丽亚的身影，他总是很开心。杰克逊认为勒布朗为丹姆布洛特教练打球的决定是正确的，格洛丽亚也认可了丹姆布洛特——他们的看法对勒布朗而言意义重大。

勒布朗的内心仍然存留着对橄榄球的渴望。开学几周之后，就在橄榄球训练的第一天，勒布朗走进了校园。在一块场地上，希安和威利在新生队进行着体能训练。另一块场地上，马弗里克·卡特在校队进行着传球特训。马弗里克是队里最好的接球手。望着他的身影，勒布朗也希望亮出自己的传接球本领。

在一阵阵哨声和教练的骂声中，勒布朗只能以一个观众的身份在场外徘徊。接下来的两天，橄榄球队一日两练，而勒布朗整个下午都在场边来回游荡。

格洛丽亚知道勒布朗在打什么算盘。为了改变她的主意，勒布朗打算做最后一次尝试。格洛丽亚同意听一听他的想法。

他的朋友们都在打橄榄球，他说道。他想和朋友们在一起。教练们技艺高超，他们以前是职业球员。马克·墨菲（Mark Murphy）是绿湾包装工队安全卫。杰·布罗菲（Jay Brophy）曾在迈阿密海豚队效力。

布罗菲这个名字引起了格洛丽亚的注意。她认识这个人。布罗菲只比她大一点。他从小就生活在这一带，后来去了布克特尔高中。格洛丽亚愿意和他谈谈。

布罗菲是一个身高 6.3 英尺的壮汉，有一对宽大的肩膀和强健的胳膊，曾司职线卫。他专心听着格洛丽亚的解释——她说勒布朗在篮球方面前途无量，所以她并不希望勒布朗打橄榄球。但格洛丽亚承认她被勒布朗说服了，她允许勒布朗去打橄榄球。

"杰，别让我的宝贝受伤就好。"她说道。

布罗菲咧嘴笑了起来："格洛丽亚，如果你瞧瞧你的宝贝，你会发现他已经不是一个'宝贝'了。"

格洛丽亚点点头，露出了笑容。

"我们会照顾好他的。"布罗菲向她保证。

第二天，勒布朗穿戴球鞋和护垫从更衣室里快步跑出。得益于 6.4 英尺的身高和 180 磅的体重，勒布朗一登场就让人印象深刻。新生教练派他担任接球手。他频频用单手接球，然后凭借非凡的速度和敏捷，躲开了对手的擒抱。但他很快就厌倦了这样的训练方式，并主动提出担当四分卫。当他第一次和队友们聚拢在一起时，他看向队友们并宣告："我现在是四分卫了。"

光是步入高中生活就足以让勒布朗紧张不安，更何况只有 14 岁的他即将走进一个陌生的世界。圣文森特制定了强制性的着装规范：必须穿宽松的长裤、有领的衬衣、正装鞋。勒布朗甚至没有这类衣物。学生必须注意仪容仪表，不得印文身、戴耳环、编辫子和蓄胡子。需要同如此多的白人一起上学才是他最大的焦虑。在勒布朗的观念里，白人是不希望和黑人有半点瓜葛的，他也因此带着相同的态度对待白人。但他的身边有众多白人老师和同学。勒布朗不清楚该如何同他们相处,也不知道该和他们聊些什么,他决定和小德鲁、希安和威利形影不离。"我们来这里是为了打球,仅此而已。"他告诉自己。

马弗里克·卡特的种族观念则较为进步。他建议勒布朗换一种做法。在圣文森特的这段时间,马弗里克和许多白人孩子成了朋友,并且在学校颇受欢迎。在马弗里克看来,体育是推翻隔阂和增进团结的天然环境。天性乐观的马弗里克坚信,一旦勒布朗投身体育,他会立刻得到圣文森特这个大集体的拥护,他也会渐渐爱上这所学校。当然,马弗里克不至于天真地以为所有人都对这些新人表示欢迎。不论对错,当时有一种说法非常盛行:四位非裔美国人新生是被学校招来打篮球的,而勒布朗正是这个团体的首领。

关于哪个老师比较友好、哪个老师喜欢找碴儿,勒布朗总是信赖马弗里克的意见。至于哪些学生会接纳他、哪些又会排斥他,他也会铭记马弗里克的提醒。九年级伊始,最让勒布朗感到震惊的事情莫过于,每当他身穿有领的衬衣、单肩挎着背包穿过校园里铺着地毯的走廊时,总有无数陌生的目光向他投来。他少数族裔的身份从来没有如此显眼过。

在这段时期,对勒布朗最有帮助的建议来自德鲁教练:"如果你想圣文森特的人们怎么对待你,你就怎么对待他们。"德鲁教练曾告诉勒布朗,如果他愿意多传球,那么人人都希望和他做队友,正是这番话孕育了他无私的球风。如今,他深入浅出的话语又给勒布朗上了一课。德鲁教练从自己的宗教信仰中汲取了灵感,借鉴了耶稣在登山宝训中提出的"黄金定律"——你们愿意人怎样待你们,你们也要怎样待人[1]。它指引了勒布朗如何在高中对待自己的同学和老师。

帕特里克·瓦塞尔(Patrick Vassel)自幼在阿克伦长大,从一年级到八年级都在天主教学校就读。在面临高中抉择时,他做了当地大部分信仰天主教的孩子都会做的事情——去考察城里三所男女同校的天主教学校——沃什耶稣高中(Walsh Jesuit)、主教霍本高中(Archbishop Hoban)和圣文森特-圣玛丽高中。

---

[1] 译者注:*Do unto others as you would have them do unto you.*(原文)

05 高一新人

他的母亲和姐姐都曾在圣文森特就读，因此瓦塞尔也申请了这所学校，并获得了多项奖学金，可抵消部分年度学费。瓦塞尔算了算他的父母还需要多少钱才能负担余下的费用。虽然圣文森特不乏富人家的孩子，但该校大约 25% 的学生都可以获得学费补助，瓦塞尔也在其中。

作为优等生的瓦塞尔对艺术情有独钟，尤其是戏剧。但他最喜欢的运动是篮球，并立志加入圣文森特的新生篮球队。他打过阿克伦天主教青年组织联盟（Catholic Youth Organization）的比赛，也参加过基思·丹姆布洛特在犹太社区中心举行的一年一度的篮球夏令营。他通过夏令营认识了勒布朗、小德鲁、希安和威利。虽然他和勒布朗同龄，球技却远远不在一个档次上。丹姆布洛特有时会派勒布朗去帮助瓦塞尔和他小组里的其他孩子进行训练。当瓦塞尔得知勒布朗和他的朋友们加入了圣文森特时，他开心极了。

开学第一周，勒布朗就认出了在夏令营相识的瓦塞尔并向他打了招呼。他们一起上了宗教课，还在自习室里相遇。瓦塞尔对勒布朗有着非常正面的看法，但同届 115 名新生中的大部分人对勒布朗或他的朋友们并不了解。有一回，当勒布朗四人组聚集在走廊时，瓦塞尔几位朋友对他们说三道四。"他们只是在谈天说笑而已，"瓦塞尔告诉朋友，"并不是要做坏事。"

瓦塞尔私底下非常仰慕詹姆斯，钦佩他那般自信。在他看来，勒布朗已经有了一种使命感，他却还在摸索未来的方向。对于自己今后要去哪里、做些什么，他一筹莫展。就这一点而言，他希望能向勒布朗看齐。

新生篮球队试训的消息公布了，瓦塞尔报名参加。勒布朗、小德鲁、希安和威利均可免试通过，但瓦塞尔并不介意。丹姆布洛特决定直接安排他们四人组进入校队，这意味着新生队有了四个空缺席位。瓦塞尔顺利入选。

秋末，当篮球赛季拉开序幕，勒布朗仍在适应圣文森特的生活。不过格洛丽亚同意他打橄榄球这个决定使得他更快地度过了转型期。勒布朗也因此有更多时间与马弗里克和其他高年级的同学相处。

橄榄球赛季初期的一天下午，布罗菲教练和墨菲教练离开了校队的训练场来考察新生队。他们不禁惊叹于勒布朗在九年级学生当中出类拔萃的表现。看见他屡屡摘下传球，布罗菲和墨菲有理由将他提拔进入校队。"他总是接到传球,然后大步向前冲锋,"布罗菲说道,"看到勒布朗打球,你可以预见到他有能力执行很多战术。"

布罗菲和墨菲找到了校队主教练吉姆·迈耶,建议他将勒布朗提拔至校队。迈耶一向反对新生加入校队。传统观念认为九年级学生的身体还不够强壮。让九年级学生和高四学生同场竞技会使他们面临受伤的风险。然而,勒布朗比校队里的任何一个队员都要高。作为一名接球手,勒布朗的天赋也胜过了他们。"把他留在新生队是没有道理的。"布罗菲说道。迈耶最终让步了。

但是马弗里克是队里的头号接球手,阵容里还有许多高三和高四的后备力量,其中还包括了主教练的儿子。这是勒布朗第一次体验到高中体育的权谋斗争。勒布朗被贬到了场边的替补席,从未登过场。随着赛季继续进行,马弗里克鼓励他的朋友不要灰心,要继续刻苦训练。勒布朗也没有一句怨言。

时间来到1999年11月13日,圣文森特在俄亥俄州季后赛中与威克利弗高中(Wickliffe)相遇。马弗里克首发出场,但因身体不适最终退出了比赛。与此同时,圣文森特陷入了得分荒。三节过后,圣文森特0比15落后。勒布朗依然在替补席上待命,但球队的四分卫却再也坐不住了。他在训练中见识过勒布朗的本领。"派他出场吧。"四分卫对教练说。

迈耶犹豫了。勒布朗全年都没登过场,甚至连战术都不熟悉。

"即使他只会一种战术我也不介意。"四分卫恳求道。

布罗菲表示同意。

球队的赛季征程命悬一线,迈耶终于喊出了那位新生的号码。

勒布朗的肾上腺素急剧飙升,他系紧下巴上的绑带,快步走上球场。他稳稳接住队友传来的第一个球,然后迈开步子把防守队员甩在身后。布罗菲情不自禁地喊道:"那孩子是防不住他的!"四分卫不停地给勒布朗传球,一次接着一次。第四节,勒布朗接到了9次传球,接球码数超过100码,并且完成两次达阵。圣文森特的替补队员为他大声叫好,观众们也欢呼雀跃。勒布朗以英雄般的表现完全扭转了比赛局势,只可惜为时已晚,圣文森特以14比15告负。

队员们垂头丧气地返回了更衣室。他们本可以赢下这场比赛,结局却是他们的赛季戛然而止了。勒布朗一言不发,但队友们并没有选择沉默。他们都

05 高一新人

认为勒布朗应该打满一整个赛季。

不同于橄榄球教练，基思·丹姆布洛特毫不犹豫地把作为新生的勒布朗安排到校队的首发阵容中，而无须任何一个人去说服他。丹姆布洛特唯一的疑虑是对自我的怀疑。他确信勒布朗将成为这一代球员中的佼佼者，执教这样一位球员甚至让他感到畏惧。在培训班和夏令营指导他是一回事，把他放进阵容里并且每场比赛面对阿克伦其他对手的严防死守又是另一回事。勒布朗的处境也让丹姆布洛特倍感压力。他了解勒布朗成长的环境，篮球对勒布朗来说不仅是一项运动，还是一次改变人生的机会。勒布朗的未来四年意义重大。丹姆布洛特总是在想，他从没有执教过像勒布朗那样潜力巨大的球员。万一没有教好他怎么办？万一他没有办法帮助勒布朗充分发挥他的天赋怎么办？

勒布朗第一次参加篮球训练时的态度和他第一次参加橄榄球训练是截然不同的。他对自己的球技胸有成竹，他也坚信自己就是校队首发，即使他只是新生。何况他很了解丹姆布洛特。勒布朗心想：进入校队是十拿九稳的事情。

丹姆布洛特安排球员们进行第一组训练。

"真是太差劲了！"他忽然向勒布朗大吼道。

勒布朗惊呆了。他从没见过丹姆布洛特那样说话。德鲁教练从来没有斥责过勒布朗，甚至没有任何一位教练斥责过他。

对丹姆布洛特来说，这仅仅是开始。

"你在搞什么？"当勒布朗又没有做到教练的要求，丹姆布洛特呵斥道。

勒布朗从未有过顶撞教练的念头。此刻，这样的冲动却越加强烈。我得对那个家伙做点什么，他心想。

"你又搞砸了。"丹姆布洛特又因为其他事情冲他叫喊。

与场上其他人相比，勒布朗是被骂脏话最多的那个。同时，丹姆布洛特还骂希安是个懦夫，对小德鲁也很不客气，后者甚至想上去和他干一架。就连平时不动声色的威利都愤怒地盯着丹姆布洛特。

这场训练仿佛是一个长达两小时的新兵训练营。训练结束后，更衣室里甚至讨论过要把主教练赶走。勒布朗搞不懂这个曾在犹太社区中心态度随和的家伙究竟发生了什么。他断定丹姆布洛特教练是个疯狂的浑蛋。其他新生表示同意。他们觉得自己犯了严重的错误。他们应该去布克特尔才对。

在勒布朗来到球队之前,马弗里克享受着队内最佳球员和球队队长的头衔。他喜欢得到他人的关注,特别是丹姆布洛特的关注。他不介意丹姆布洛特挫一挫勒布朗和其他新生的锐气。这帮家伙的确有些自以为是。不过马弗里克也很明白勒布朗比自己更有天赋,这位新生的风头迟早会盖过球队队长。但他非但没有半点嫉妒,反而觉得作为高四生的他有责任发挥领导力,给予勒布朗更多照顾。

马弗里克在将勒布朗一伙人与整支球队凝聚在一起这件事情上发挥了关键作用。他理解勒布朗习惯于德鲁教练那种执教方式,后者从不对球员大吼大叫或是骂脏话。但马弗里克也知道德鲁教练的执教经验并不如丹姆布洛特丰富。丹姆布洛特发脾气必然有他的道理。如果这帮家伙想要以新生的身份进入校队,他们需要让自己变得更坚强,学会接受这样的执教方式。如果他们希望争夺州冠军,他们需要多一些刻苦,少一些抱怨。

在勒布朗眼中,马弗里克值得他信赖。他是天生的领袖,更何况他已经拿到了西密歇根大学(Western Michigan)的全额篮球奖学金。他是男生们的榜样,是女生们的约会目标。更重要的是,勒布朗希望和他一起战斗,即使这意味着需要忍受丹姆布洛特的喋喋不休。

正是因为马弗里克成熟的心智,丹姆布洛特才会对勒布朗更加严格。"我对他不依不饶,"丹姆布洛特后来解释道,"他大概不怎么喜欢这种做法,但我觉得他并不是不愿意接受。我总能感觉到他明白我这么做的用意。"

12月初,圣文森特客场挑战凯霍加福尔斯高中(Cuyahoga Falls),这是篮球赛季的揭幕战。勒布朗是首发阵容里唯一的新生。马弗里克则是其中唯一

05 高一新人

的高四学生。两人均拿下了 15 分，带领球队 76 比 40 大胜对手。其他三位新生获得了宝贵的出场时间，特别是小德鲁。这场比赛仿佛是接下来多场比赛的预告。在随后的一个月里，圣文森特保持了不败战绩。勒布朗和马弗里克也继续上演得分秀。新生们每场比赛都在进步。

当球队战绩来到 10 胜 0 负时，勒布朗的场均得分已经超越了马弗里克。当地负责报道球队新闻的体育记者越来越多地将勒布朗描述为"带领"球队取胜的那个人。马弗里克的发挥固然很出色，但勒布朗在场上的各种表现让观众激动不已。不看人传球、扣篮、盖帽，他无所不能。虽然马弗里克是队长，但勒布朗迅速拥有了球星般的吸引力。

丹姆布洛特教练很关心马弗里克的心态。毕竟他刻苦训练了四年的时间，才成了队内的最佳球员和领袖。作为高四学生，这本该是他大放异彩的舞台，但一个初出茅庐的新生却抢走了他的风头。丹姆布洛特明白勒布朗是场上最有天赋的球员，每场比赛都是如此。但即便如此，勒布朗仍然会仰仗马弗里克的领导力。为了支持球队队长，丹姆布洛特将马弗里克拉到一旁，给他鼓劲。丹姆布洛特提醒他，赢得冠军才是最终目标，并且赠予他一句至理名言："水涨众船高。"

马弗里克并没有说太多，丹姆布洛特不确定他是否领会了自己的话。

当勒布朗不在课堂或体育馆时，他的身影常常出现在图书馆。他去图书馆主要是为了见学校的图书管理员——芭芭拉·伍德（Barbara Wood）。伍德和圣文森特颇有渊源。她 1965 年从这里毕业，而她的六个孩子也是该校的毕业生。她曾经在校园书店工作，还曾主持激励俱乐部，组织赛前动员大会，举办大四学生之夜活动。对于许多到访图书馆的学生运动员，她总是像家长一般对待他们。她对勒布朗格外关注。她极少见过这样天赋极高又兼备成熟和谦逊的孩子。她经常和勒布朗谈心，并且她绝不容忍任何错误的语法。"不存在'fiddy cent'这种东西，"她笑着说，"正确的说法是'fifty cents'，并且结尾要加's'。"

勒布朗很尊重伍德。他会专程去一趟图书馆，来到她的座位和她聊天。有时候他们会坐在电脑前，打开一个谷歌搜索引擎，查找有多少篇关于勒布朗的报道。随着学年的深入，尤其是到了篮球赛季的尾声，勒布朗的名字越来越频繁地出现在谷歌上。

勒布朗还结识了伍德的女儿米娅（Mia）。在圣文森特有不少女生都在关注着勒布朗，但是他和米娅却有着共同的话题。他们年龄相同，而且米娅可以说是新生中最棒的女子运动员，在足球队和篮球队都担任主力。最重要的一点是，她对勒布朗感兴趣并不是因为后者在学校里越来越受人欢迎，而是因为勒布朗总是以平等的眼光看待她。

这一切印证了马弗里克当初对勒布朗说过的话——体育拥有将所有人团结在一起的魔力。

圣文森特的战绩攀升至19胜0负。2000年2月末，该校历史上首次登上了《今日美国》（*USA Today*）评选的全国排行榜，位列第23位。几天之后，超过5 000名球迷涌入了詹姆斯·A.罗德斯体育馆（James A. Rhodes Arena），观看常规赛的收官战——圣文森特高中对阵劲敌主教霍本高中。刚开场，勒布朗获得一次快攻机会。他腾空而起，身体仿佛悬停在半空，随后飞向篮筐完成扣篮。观众纷纷起立欢呼，这让对手们目瞪口呆。勒布朗一马当先拿下27分，他的球队统治了赛场，以90比58带走胜利，也使得该校历史上第一次单赛季保持不败。赛后，丹姆布洛特告诉记者："他是你们所见过的最强新生。"

勒布朗知道记者们会向他蜂拥而来。他希望将记者们的注意力引向马弗里克，于是他轻描淡写地评价了自己的表现，并称赞他的队友才是真正的领袖。

"这种感觉很好，因为之前没有人预想到我们会有这样的表现，"马弗里克告诉记者，"我们一整年都团结一致、努力训练，而这就是我们的回报。"

一位记者问马弗里克如何评价勒布朗27分的表现。

"我不在乎我一场比赛得两分还是27分，"他回答，"我只希望赢得胜利，希望我们球队赢得胜利。"

丹姆布洛特在赛季初给予他的鼓励显然被他领悟了。马弗里克付出了所有。胜利足以扼杀可能导致他和勒布朗之间产生隔阂的任何嫉妒之心。

05 高一新人

时间来到州锦标赛决赛的前夜，圣文森特的战绩是26胜0负。那场令人糟心的第一堂训练课似乎已是陈年往事。当丹姆布洛特教练把勒布朗拉到他身边，低声夸赞他为整个俄亥俄州最棒的球员，勒布朗笑容满面。他不再怨恨丹姆布洛特的喊叫和责骂，反倒是接纳了这一切。丹姆布洛特的执教风格让他成为一个更聪明、更坚强的球员。在他心里，丹姆布洛特是最有水平的教练，他让四位新生顺利融入了马弗里克领导的团队之中。

《老实人报》将马弗里克评选为俄亥俄州年度最佳篮球运动员，勒布朗第一个向他表示祝贺，如同自己的老大哥赢得了一项当之无愧的荣誉。但他们还需要闯过最后一关，才能够为这个完美的赛季画上句号，那就是再取得一场胜利。

共有13 000多人走进了俄亥俄州立大学（Ohio State）的校园，观看这场州冠军争夺战，对阵双方是圣文森特和詹姆斯顿格林威尔高中（Jamestown Greeneview）。开场后，詹姆斯连得8分——包括一次扣篮和一记远距离三分球。最终他12投10中，砍下全队最高的25分外加9个篮板。但是替补登场的小德鲁成了比赛的主角。这位身高5.3英尺、体重95磅的新生连续命中七个三分球。当小德鲁的第七记三分球穿过球网时，现场观众为之疯狂。暂停期间，詹姆斯冲了上去给了他一个熊抱，把他举在空中，扛到了替补席上。从他们11岁开始，勒布朗和小德鲁，还有希安和威利，至今已经共同战斗了300多场比赛。大约一年以前，他们做出了那个艰难且不受待见的决定，加入了圣文森特。这个即将到手的州冠军证明了当初的决定是多么正确。

比赛进入倒计时之际，勒布朗站在了马弗里克的身边。马弗里克只得到6分，但几乎打满了全场，他的领袖气质为比赛奠定了基调。勒布朗喜笑颜开地拥抱了他。"不管你得了多少分，"勒布朗告诉他，"不管你做了什么，我都永远爱你。"

"我也爱你。"马弗里克回应道。

他们27胜0负。他们是州冠军。他们是最好的朋友。他们仿佛站在了世界之巅。

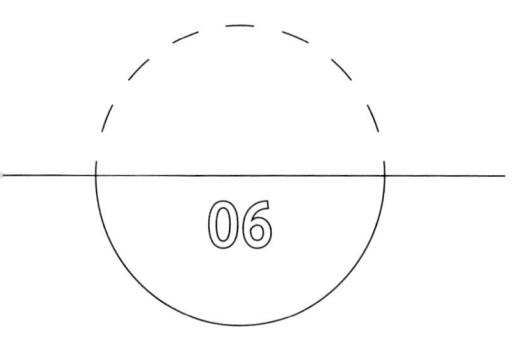

06 全美最弯曲的街道

2000年4月，NCAA"最终四强赛"（Final Four）在印第安纳波利斯举行。克里斯·丹尼斯（Chris Dennis）带着一盘录影带来到了现场。他小心翼翼地保管着这盘录影带，仿佛它是一块绝世珍宝。丹尼斯出生在加利福尼亚州的奥克兰市。1998年，他一直住在阿克伦市，为的是观看他弟弟的青年篮球比赛。然而他的目光最终被另一个孩子所吸引，那个孩子比他弟弟更高大，球技也更出色。他打听了一番，得知他的名字叫勒布朗。当时，丹尼斯和卡尔文·安德鲁斯（Calvin Andrews）有着紧密的关系，后者是AAU顶级球队之一的奥克兰士兵队（Oakland Soldiers）的联合创始人。见过勒布朗打球之后，丹尼斯给身在奥克兰的安德鲁斯拨打了电话。"我发现了一个比贾森·基德（Jason Kidd）更厉害的孩子。"丹尼斯说道。

安德鲁斯对如此夸张的说辞并不感冒。一个 13 岁的孩子何以配得上与当今 NBA 最有天赋的控球后卫之一作比较，他心想。

但丹尼斯并没有灰心，他频繁地出现在勒布朗比赛的场边。他还和格洛丽亚与艾迪·杰克逊交了朋友。丹尼斯密切关注勒布朗在圣文森特整个高一赛季的表现。在俄亥俄州篮球锦标赛期间，丹尼斯拍摄了詹姆斯的一场比赛。这天，他带着录影带来到了印第安纳波利斯，打算将它展示给篮球鞋宇宙里最有影响力的那个人。

60 岁的约翰·保罗·文森特·瓦卡罗（John Paul Vincent Vaccaro）习惯被人们称呼为"索尼"（Sonny）。篮球界的所有人都把瓦卡罗视为球鞋教父。早在二十世纪六十年代，瓦卡罗就创立了全美高中生篮球全明星赛。接下来的 20 年，他不断与全美顶级大学教练和精英高中球员们建立联系。最终，耐克公司将他招至麾下。1984 年，瓦卡罗与 21 岁的迈克尔·乔丹签署了史上金额最高的运动员赞助协议。当时的球鞋领域还是匡威和阿迪达斯的天下。耐克在乔丹的新秀赛季向这名尚未崭露头角的球员提供了 25 万美元赞助费，这个决定在当时被业界视为一次鲁莽的行为。然而，仅在乔丹征战 NBA 的第一年，出售 Air Jordan 签名球鞋就为耐克带回了 1.26 亿美元的收入。只用了很短的时间，耐克就超越了竞争对手并且遥遥领先，瓦卡罗的远见由此为人们所称道。

在瓦卡罗签下乔丹的同一年，他说服耐克赞助一个一年一度的精英高中生训练营。瓦卡罗构思了这个训练营的理念并为它起了一个名字——ABCD 篮球训练营，其中的首字母代表了"学术进步和生涯发展"（Academic Betterment and Career Development）。瓦卡罗发挥了自己精明的商业才能，保留了这个名称的所有权，让耐克负责为训练营提供资金。当时已有不少精英训练营，但全部都要收取训练费。瓦卡罗则解决了费用问题。不仅如此，他还邀请顶尖的大学教练加入训练营，为他们提供耐克装备。甚至前来参加训练营的每一位精英高中生都能够把一套价值上千美元的耐克球鞋和服装带回家。没过多久，瓦卡罗的夏令营就成了全美高中生展示天赋的最佳舞台。耐克也成了大学篮球比赛画面中一个显眼的标志，并顺理成章地与教练们达成球鞋协议，与各所大学签订装备合同。如此一来，瓦卡罗总是能够占得先机，与那些从大学脱颖而出的 NBA 未来新星达成赞助协议。

凭借他签下乔丹的光辉事迹和他在训练营的话语权，瓦卡罗成了球鞋界位高权重的大人物。后来，他带着自己的 ABCD 篮球训练营投奔阿迪达斯，继续与众多高中篮球精英签下赞助合同，其中就包括科比·布莱恩特和特雷西·麦克格雷迪（Tracy McGrady）。在阿迪达斯，瓦卡罗依赖于广泛的 AAU 教练和球探关系网。他在 AAU 圈子里有两位长期伙伴，正是来自奥克兰的卡尔文·安德鲁斯和马克·奥利弗（Mark Olivier）。

印第安纳波利斯的"最终四强赛"期间，克里斯·丹尼斯在阿迪达斯包厢里与安德鲁斯和奥利弗见了面。丹尼斯将他的勒布朗录像带放进了录像机，接着按下播放键。眼前的画面让安德鲁斯和奥利弗感到欣喜。"天啊！"其中一人喊道。

瓦卡罗走进包厢，发现一群人围在电视机前，于是上前询问。

"他的名字叫勒布朗·詹姆斯。"奥利弗说道。

瓦卡罗一脸疑惑。

"他是俄亥俄阿克伦市的一位高一新生，"奥利弗继续道，"克里斯认为他比贾森·基德更厉害。"

瓦卡罗翻了一个白眼，朝电视机走去，人们为他腾出一个位置。这是一段丹尼斯从远处拍摄的勒布朗的视频，瓦卡罗眯着眼睛看了一分钟。"他看上去就是个小喽啰。"瓦卡罗评价道。

丹尼斯向瓦卡罗保证，勒布朗绝对是一笔可靠的买卖，并建议他邀请勒布朗参加阿迪达斯 ABCD 训练营。

"别胡扯了，克里斯，"瓦卡罗一边说，一边后退，"我没法邀请他来训练营。"

"为什么呢？"

"我的老天爷，"他不耐烦地说，"他才九年级！"

丹尼斯意识到现在还无法说服瓦卡罗，于是他打算从安德鲁斯和奥利弗入手，劝他们将勒布朗招募到其位于奥克兰的那支 AAU 劲旅。那支球队包括了 16 岁和 17 岁以下的梯队，队内有众多被视为未来 NBA 球员的孩子。虽然勒布朗只有 15 岁，丹尼斯相信他可以称霸其中任何一个梯队。丹尼斯已经和丹姆布洛特教练谈过，后者认为勒布朗的实力比全美任何一位高中天才都有过之而无不及。丹姆布洛特也认为，加入奥克兰士兵队对勒布朗的发展是有好处的。

安德鲁斯对招募勒布朗加入自己球队的提议很感兴趣。他同意在夏季晚些时候举行的"精英八强"（Elite 8）锦标赛中为勒布朗提供一个轮换席位。但他坦言，士兵队的预算紧张，既无法支付勒布朗往返的机票费，也无法负担他的住宿费。

奥利弗站了出来，他欢迎勒布朗到他家里借宿。丹尼斯和丹姆布洛特同意解决机票费用的问题。

仍有一个问题需要解决：安德鲁斯担心队里的其他孩子并不会欢迎一个局外人占据球队的轮换。

最后，所有人一致同意这个问题将由勒布朗自己来解决——但他们并不打算提前告诉他。

对于前往湾区参加锦标赛这个主意，勒布朗非常感兴趣。但是他并不想孤身一人行动。勒布朗希望小德鲁陪他一同前往，尽管球队并没有为他预留轮换席位。2000 年 7 月末，两人降落在了旧金山国际机场。他们在候机楼外见到了奥利弗，爬上了他的汽车后座。车子驶离机场并奔上高速公路，两个远离故乡的孩子一句话也没有说。

奥利弗绞尽脑汁地想要找一个话题开口，终于他看向后视镜里的两个人说道："你们听说过全美国最弯曲的街道吗？"

后座上的两个人一头雾水。

"你们想不想去看看？"奥利弗问道。

勒布朗耸了耸肩。很快，勒布朗就从窗外看到了旧金山俄罗斯山（Russian Hill）街区的一排排庄严的房子。当奥利弗化身为导游，勒布朗才发现了奥妙。

"这里是朗伯德街（Lombard Street）。"奥利弗介绍道。

勒布朗从未见过如此蜿蜒曲折的道路。一栋栋庄严的维多利亚时期建筑将这条旧金山最著名的街道夹在其间。

游览结束后，奥利弗带着两人返回了自己那栋朴实无华的房子，将他们介绍给了自己的两个孩子和怀着孕的妻子。随后，奥利弗的妻子领着两人去伯克利（Berkeley）吃比萨。两人终于不再那么拘谨了。那一晚，他们睡在了奥利弗客厅的沙发上。

奥利弗的家人们盛情欢迎了他们，但奥利弗手下的球员们就是另一回事了。士兵队17岁以下梯队由查克·海耶斯（Chuck Hayes）领衔，他未来势必会进入NBA。16岁以下梯队的领军人物是莱昂·鲍威（Leon Powe），16岁的他是奥克兰技术高中（Oakland Tech High School）的高二学生，被誉为2003届的头号球员。

那些负责高中生排名的全国性媒体的记者根本没听说过勒布朗这个名字。阿克伦只是高中篮球版图中一个不起眼的地方。最重要的是，圣文森特并不是一所篮球名校。因此，勒布朗的名字并没有出现在2003届全美顶级高二学生的排行榜。尽管如此，士兵队的教练们还是将他放进了17岁以下梯队，与海耶斯成为队友。一个年仅15岁，甚至不住在湾区的孩子忽然空降到自己的球队里，这让海耶斯有些不服气。鲍威更是气愤——一个比自己年龄更小的家伙竟然先于自己进入了下一级梯队。

然而，勒布朗只用了一场比赛就赢得了褒奖。虽然他完全不熟悉自己的队友，甚至不知道他们的战术，但勒布朗迅速领悟了球队的打法，并设法融入其中。他抢断对手，为队友助攻，还能随心所欲地得分。跳投、上篮、扣篮，样样精通。

海耶斯对他刮目相看。鲍威则有些不安。他找到奥利弗，想和他私下聊一聊。

"怎么了，大块头？"奥利弗问道。

"这个家伙跟我不是同届，对吧？"鲍威说着。

"大块头，恐怕你们属于同一届。"

"我的第一名就这么泡汤喽。"鲍威回应。

湾区之旅的根本目的是检验勒布朗能否适应士兵队的体系。教练组被他的表现所征服，决定让他留下。勒布朗无私的球风也赢得了队友们的尊重。即使是鲍威也不能否认勒布朗是一位完美的队友。

勒布朗也很欣赏鲍威。他们有着相似的职业素养，也有着相似的生活经历，因此很快就建立了友谊。鲍威由单亲妈妈养大，是七个孩子中的老大哥。7岁那年，他家的房子失火，他被迫和家人们流落街头。无家可归的他们在接下来的六年里搬迁了整整20次，从庇护所到汽车旅馆，最后甚至住进了一辆被遗弃的汽车里。鲍威10岁时，母亲因偷盗生活用品被捕，被判90天监禁。鲍威和他的兄弟姐妹们最后被送到了寄养家庭里。

对鲍威来说，篮球等同于生命线。当他站在球场，他仿佛把自己母亲的福祉也背负在自己的肩膀上。勒布朗感同身受。他相信自己和鲍威一定很合得来。

奥利弗和安德鲁斯开心极了，克里斯·丹尼斯也是如此。当他们把勒布朗送上返回阿克伦的航班时，勒布朗在士兵队的席位已经板上钉钉。他们的计划是这样的：勒布朗返回圣文森特完成自己的高二赛季，之后再来到西海岸征战全国锦标赛。

与此同时，丹尼斯向瓦卡罗汇报了勒布朗的近况，并催促他去圣文森特观看勒布朗的比赛。

"我才不会去那该死的阿克伦。"瓦卡罗回应道。

不过瓦卡罗批准了圣文森特的球鞋赞助合同。从勒布朗高二赛季开始，球队将穿上阿迪达斯的球鞋。

对瓦卡罗而言，这个决定易如反掌——如果一个阿克伦的孩子有能力称霸士兵队,那么让他和他的队友们趁早穿上阿迪达斯球鞋也是合情合理的。

从宏观的角度,为一所高中提供球鞋对阿迪达斯来说近乎毫无代价。而作为回报,瓦卡罗将在签下勒布朗这件事情上占得先机。

2000年夏天的一晚,希安·科顿到勒布朗的公寓过夜。早晨,两人正吃着免煮麦片,勒布朗发现希安一直盯着自己,脸上带有疑惑的表情。

"你一晚上长高了两英寸!"希安惊讶道。

勒布朗觉得希安的话很幽默。

但希安并不是在开玩笑。他的确认为勒布朗一夜之间长高了。事实上,他在那个夏天迎来了发育高峰期。高二开始时,勒布朗的身高长到了6.6英尺,体重达到了200磅。如此身材使他更加适合担任橄榄球校队的接球手。尽管赛季初遭遇了食指骨折,勒布朗却拒绝休战,最终交出了接球42次、接球码数820码和7次接球达阵的成绩,皆为队内最高。

勒布朗不但以外接手的身份入选俄亥俄州最佳阵容,还吸引了大批大学橄榄球招募人员的兴趣。

一天课间,他的橄榄球教练向他介绍了厄本·迈耶(Urban Meyer),他是圣母大学(Notre Dame)的外接手教练,特意到圣文森特向勒布朗发出邀请。

勒布朗和他握了手并做了自我介绍。

迈耶惊叹于勒布朗的身高和他那双大手。

"你要不要来一趟圣母大学?"迈耶说道,"我们很想和你谈谈。"

"非常感谢。"勒布朗回答道。

当勒布朗匆匆奔向下一节课,他的橄榄球教练劝迈耶不要抱太高期望。"他是下一个迈克尔·乔丹。"教练告诉迈耶。迈耶不知道自己刚才见到的是一位篮球天才。

勒布朗并没有认真考虑过去拜访圣母大学的事情。他对大学橄榄球招募人员的提议也不怎么感兴趣。他虽然喜欢打橄榄球,也很享受橄榄球为他赢得的赞誉,但他的注意力始终没有离开篮球。而且,他正在开展自己的招募行动。

高二赛季开始之前,勒布朗听说一个名叫罗密欧·特拉维斯(Romeo

Travis）的孩子打算转校。他来自阿克伦一所公立学校，是篮球队的主力之一。勒布朗认识罗密欧。两人年龄相同，而且罗密欧就住在勒布朗曾居住的保障性公寓里。罗密欧外表强硬，总是一副气冲冲的模样。他的怒火或许很大程度上源自他成长环境和年少经历。他从没见过自己的父亲，母亲则依靠社会救济度日。一直以来，罗密欧不得不自食其力。

罗密欧从不相信别人，和他打交道并不容易。勒布朗找到了他，向他提起转校到圣文森特的主意。在这所私立天主教学校，白人学生群体占绝大多数，还有一箩筐的规章制度。罗密欧更倾向于城里的其他公立学校。但他知道勒布朗是阿克伦最强的球员。他发出的邀请有着不小的影响力。罗密欧最终同意转校到圣文森特。

然而，让队友们接纳罗密欧才是更大的难题。小德鲁、希安和威利并不欢迎他。他们在青少年篮球赛中多次发生过冲突。他们一致认为罗密欧是个浑蛋。勒布朗则有不同看法，他将罗密欧比作一头野兽——他身高 6.6 英尺，运动能力极佳，球风彪悍。由于马弗里克已经毕业离队，球队需要一个在场上斗志昂扬的家伙。不难想象，当罗密欧和希安一同出现在篮下，圣文森特将有多么吓人。

虽然有些不情愿，四人组还是接受了一个局外人加入球队的主意。

志在卫冕州冠军的丹姆布洛特非常欢迎罗密欧的加入。但他并不会对罗密欧手下留情。在第一周的训练里，丹姆布洛特几乎让他练到筋疲力尽。

罗密欧不习惯这里高强度的体能训练。丹姆布洛特咄咄逼人的执教风格也让他措手不及。不久后他得知，尽管拥有不俗的身材和运动能力，但他不得不从替补做起——丹姆布洛特希望他用自己的努力去争取首发席位。没有什么是天经地义的。

另外，小德鲁被任命为球队的首发控球后卫。他和罗密欧的关系立刻变得剑拔弩张。两人经常在训练中针锋相对，不断争吵、对骂。小德鲁指责罗密欧太过懒惰。罗密欧认为小德鲁是个"傲慢的蠢货"。有一次，在两人发生口角之后，罗密欧一拳打在小德鲁的脸上。希安早就受不了罗密欧了，他立刻为小德鲁出头。甚至威利对罗密欧的态度也忍无可忍。他们送给罗密欧一个绰号——"街头恶霸"（Brawl Street Bully）。

队伍里大概只剩下勒布朗一人没和罗密欧争吵过了。

招募罗密欧加入圣文森特是勒布朗首次尝试组建球队。眼下，球队出现了裂痕，而罗密欧的到来更是加剧了阿克伦黑人社区对圣文森特篮球队的怨恨。球员们并不是唯一被指责的对象。丹姆布洛特又一次从公立学校"挖墙脚"，因此受到了更加猛烈的批评。圣文森特校园里甚至也冒出了不少抱怨，因为校队的又一个名额被抢走了，这些名额原本属于那些家里和学校保持着长久关系的孩子。

更糟的是，罗密欧多次直言自己痛恨圣文森特。有一次他大声叫喊道："这学校的白人太多了。"好几位白人同学都听见了他的话。如果有人问了一些他不乐意回答的问题，他会毫不犹豫地回应："你在跟谁说话？"虽然他足够聪明，在学习方面并没有掉队，但是他拒不服从学校的着装规定，而且经常缺勤。直到他受到了留校察看的警告并被篮球队停训，罗密欧才开始按时出勤并提升成绩。

尽管发生了这些波折，勒布朗依然相信自己能让罗密欧步入正轨。他认为罗密欧是一个孤独的孩子，还没学会如何与他人相处。但他是个不折不扣的篮球好手，可以帮助球队赢得胜利。勒布朗心想：当他们并肩作战并拿下几场胜利，队友之间的敌意必然会迎刃而解，一切只是时间问题。

圣文森特大胜了两支分别来自弗吉尼亚州和威斯康星州的劲旅，由此开始了2000—2001赛季的征途。勒布朗、希安和小德鲁的进步和成熟引人注目。有罗密欧担当替补，球队阵容看起来比去年更加强大。赛季过了大约一个月，圣文森特取得了9胜0败的战绩，位列全国第三。自去年高一赛季开始，勒布朗和队友们已经取得了36连胜。2001年1月13日，他们迎来了高居全美第一的橡树山学院（Oak Hill Academy）的挑战。丹姆布洛特教练能够与这所备受追捧的私立预科学校安排一场比赛，足以证明圣文森特在短时间内已经取得了出色的成绩。

橡树山学院位于弗吉尼亚州的威尔逊口（Mouth of Wilson），从九年级到十二年级的学生只有不到 200 名。但这所学校是一个不折不扣的"篮球工厂"。年复一年，他们为大学篮球名校培养了一批又一批潜力股。首发阵容里的两名高四后卫即将加入肯塔基大学（Kentucky）和雪城大学（Syracuse）。另一位首发队员是来自塞内加尔的德萨盖纳·迪奥普（DeSagana Diop），他身高 7 英尺，体重 300 磅。比赛当天，场边坐着一些大学的招募人员，还有几位 NBA 球探，他们都是为了考察迪奥普而来。

虽然年龄偏小、体格也不占优势，但圣文森特从跳球开始就压制了橡树山，早早建立了比分优势，在比赛大部分时刻都保持领先。罗密欧和希安在篮下与迪奥普奋力抗衡，小德鲁命中了好几个三分球，但扛起球队的那个人还是勒布朗。他砍下全场最高的 33 分，完胜对手阵容中两位即将奔赴大学的后卫。他在比赛中所向披靡，场内的接近 6 000 名观众一度为他起立鼓掌。

但橡树山最终在第四节反超比分。勒布朗遭遇了脱水，他的两腿严重抽筋，疼得几乎站不起来。比赛只剩最后几秒，圣文森特还落后一分。勒布朗拿到球，在行进间急停跳投，篮球在篮筐上绕了一圈，又弹了出来。终场哨响起，圣文森特以 78 比 79 惜败。

筋疲力尽的勒布朗哭了出来。其他球员们也哭了。就连罗密欧也痛哭流涕，一位助理教练将他揽入怀中。

丹姆布洛特讨厌输球的滋味，但他对眼前的景象感到欣慰。

"我们理应感到难过，"赛后，他发表了一段情绪激昂的演讲，"输球总是令人痛苦的。"

勒布朗十分自责。比赛还剩两分钟时，圣文森特还领先一分，但勒布朗却投失了几个关键的罚球。为此，他懊恼地拍打着自己。

丹姆布洛特让勒布朗向前看，错失罚球并不是输球的原因。实际上，勒布朗奉献了他迄今为止最出色的表现，何况他们面对的是全美最强的球队。丹姆布洛特为手下的球员们感到无比骄傲。

就在圣文森特负于橡树山的几天之后，新泽西州卡姆登高中（Camden

High）的达胡安·瓦格纳（Dajuan Wagner）单场狂砍100分，率领球队以157比67取胜。卡姆登高中是全美排名前五的球队，瓦格纳被普遍认为是全美最强高中生。高四时，瓦格纳就已经签署了承诺书，将前往孟菲斯大学（University of Memphis）为主教练约翰·卡利帕里（John Calipari）效力。在那场豪取100分的比赛中，瓦格纳出手多达60次。赛后，《体育画报》称赞他是"本世纪最强球员"。然而，仅仅过去一个月，瓦格纳和另外两个年轻人在学校走廊里殴打了一名学生。伤者被送到医院接受治疗，眼部缝了几针。最终瓦格纳被指控对伤者实施了一般伤害和威胁，罪名成立，并被处以缓刑。正因如此，瓦格纳被比作"下一个阿伦·艾弗森"，那个前途无量却以"坏小子"著称的NBA控球后卫。

当瓦格纳因单场100分的事迹和他的场外事件在全美掀起波澜之时，丹姆布洛特教练向当地负责报道圣文森特的媒体强调，勒布朗走的是一条完全不同的道路。"勒布朗就是勒布朗，"他告诉媒体，"他非常无私。他当然也可以拿下35分，但他并不想这么做。"

对勒布朗来说，单场出手60次的主意令他反感。他宁可单场送出100次助攻，也不愿砍下100分。这种团队至上的理念很大程度上源于他的性格——他是个无私的人，喜欢取悦他人，尤其是他的朋友们。他愿意分享球，愿意分享胜利的功劳，这在他看来是理所应当的事情。他的球风受到了他在青少年时期那些教练的启发——他们总是强调团队合作大于个人成就。丹姆布洛特认为勒布朗拥有超乎寻常的篮球智商。更令他惊喜的是，这位他所见过的最有天赋的球员总是乐于听从教练的指导，更不用说接受教练的鞭策了。勒布朗把主教练的指点牢牢记在心里，他不会沉迷于个人得分，特别是在比赛的初期，而是以身作则地示范无私打球的重要性。正是出于这个主要的原因，丹姆布洛特不必像对待一支大学球队那样对待圣文森特。

在场外，勒布朗很注重自己的言行。这么做是为了不让自己的母亲失望。每当他们陷入困境，他总是安慰母亲总有一天她会过上无忧无虑的日子——他会为她买一栋好房子、一辆好车，以及任何可以让她生活变得轻松的东西。当母亲同意他文身，他将"格洛丽亚"刺在了胳膊上。这时刻提醒着他专注于自己的使命。高二时，他发誓会远离毒品。虽然他在体格上比同龄人都要强壮，但他更愿意平息矛盾而不是惹是生非。他知道自己的运动天赋遭到了很多人的嫉妒，他决心不让自己因为任何原因登上负面新闻。"我不喜欢给自己添麻烦。"勒布朗曾这样评价自己的青少年时光。

与橡树山的比赛让勒布朗一战成名。那是他迄今为止的最佳表现，许多NBA球探和大学教练都看在眼里。他们原本是前来考察橡树山的球员，但勒布朗吸引了他们的眼球。接下来的几周，关于勒布朗的问询如潮水般涌向丹姆布洛特。虽然NCAA的规则禁止大学教练在球员高三之前与之进行接触，但已有上百位大学教练来信对招募勒布朗表达了兴趣。转眼间，勒布朗进入了全美各所顶尖篮球名校的视野。

与橡树山的比赛也证明了圣文森特的实力。虽然依赖于一群高二学生，但是丹姆布洛特的球队证明了他们有能力与全美任何一支球队掰手腕。在接下来的比赛中，他们继续保持不败，最终以19胜1负的战绩结束了常规赛。在这段时间里，圣文森特在外观方面已经有了一支精英队伍的模样，这很大程度上要归功于勒布朗。由于他吸引了阿迪达斯的兴趣，这家公司为圣文森特提供了更多装备——运动套装、运动背包、训练服，等等。

这是克里斯·丹尼斯的一招妙计。他一直试图拉拢勒布朗和格洛丽亚。正是依靠丹尼斯的运作，勒布朗和他的队伍拥有了球鞋和装备的赞助。丹尼斯对此事也非常得意。

丹姆布洛特摇头感叹。在担任大学教练的几年里，他一直为球鞋合同的事情伤透脑筋。如今多亏了勒布朗，圣文森特看起来像是一支大学队伍。

在高二赛季，勒布朗场均得到25分、7个篮板、6次助攻和4次抢断。2001年3月初，他成为有史以来第一位入选《今日美国》"全美第一阵容"的高二生。这项荣誉表明，他是全美最强高二生。

州锦标赛开幕在即，丹姆布洛特教练要做的是确保勒布朗没有被荣誉冲昏头脑。"全美最强高二生，去你的，"丹姆布洛特告诉他，"你甚至还不会防守呢。"

在勒布朗的带领下,圣文森特在季后赛里过关斩将。这天,超过7 000位观众出现在了决赛的场边,创下俄亥俄州高中篮球赛上座率的历史新高。圣文森特齐心协力,夺取州锦标赛两连冠。甚至罗密欧也学会了全队无私的球风,他的得分和篮板均位居本队前列,尽管他一场比赛也没有首发过。对此,他仍然在抱怨,但赢得州冠军足以使他心满意足。他终于体会到站在巅峰是什么滋味,并渴望再次登顶。全队上下都是这么想的。毕竟他们拥有一位伟大的教练,当然还有全俄亥俄州最出色的球员。作为高二生的勒布朗成了俄亥俄州最年轻的"篮球先生"得主。

然而,勒布朗并没有时间去享受州冠军或是任何个人荣誉。篮球赛季刚刚结束,他就登上了前往洛杉矶的航班,即将第一次代表奥克兰士兵队征战AAU锦标赛。

赛前,球员们列队进行上篮热身。勒布朗一只手运着球,另一只手举着一枚冰激凌甜筒。队友莱昂·鲍威忍不住大笑起来。勒布朗让这次AAU之旅充满了欢乐。在展现运动天赋之余,勒布朗还发挥了他的幽默感,总是咧着嘴做出一些风趣的举动,让队友们开怀大笑。

勒布朗热衷于开着玩笑,士兵队的教练们甚至觉得他有些"不务正业"。的确,有时候勒布朗需要一些外界刺激才会鼓足干劲。在洛杉矶进行的"Pump N Run"锦标赛中,对手刚开场就给了他一个下马威,在他投篮的时候把他撞翻在地。勒布朗的教练们并不介意,认为这只是一次你来我往的凶狠犯规,但勒布朗却像是变了一个人似的。他开始统治球场,比赛呈现一边倒态势,以至于他的教练们都觉得于心不忍。士兵队赢下了锦标赛。莱昂·鲍威也甘愿成为勒布朗的僚机。

勒布朗在洛杉矶的精彩表现说服了所有人——士兵队教练们、克里斯·丹尼斯、丹姆布洛特教练、德鲁教练——他们都认为必须把勒布朗送到索尼·瓦卡罗面前。眼下,他们相信勒布朗的天赋已经足以使他直接从高中进入NBA。当务之急是继续提升勒布朗的知名度。让勒布朗参加那个夏天晚些时候在新泽西州举行的阿迪达斯 ABCD 训练营成了关键。届时，全美所有顶尖的青年才俊都会齐聚一堂。由于勒布朗非常年轻，得到瓦卡罗的认可尤为重要。如果瓦卡罗支持他，他的世界将会改变。

由于瓦卡罗不愿意飞来阿克伦，众人决定在西海岸为勒布朗组织一场私人试训。这是一项大工程，需要所有人齐心协力。

奥利弗和安德鲁斯答应寻找场地，并安排一些顶尖的 AAU 球员进行几场热身赛。

丹姆布洛特和德鲁负责阿克伦的后勤工作，确保勒布朗在校不会缺勤，他们也同意陪同勒布朗一起参加试训。

克里斯·丹尼斯联系了阿迪达斯的营销代表，为勒布朗定制这场试训专用的球鞋。

经济问题则由阿迪达斯来解决——他们包办了勒布朗、格洛丽亚和艾迪·杰克逊的航班和食宿费用。

勒布朗只需要打包行李、调整心态，为又一次西海岸周末出行做好准备。对此，没有什么比他最喜欢的一首歌——图派克（Tupac）的《加州之爱》（*California Love*）更适合了。

欢迎所有人来到最最狂野的西部
一个像 *Eliot Ness* 那般刺激且不平凡的国度
这首歌直击耳膜，如同子弹射穿胸脯
为哥们披上战衣，光临这座情欲之都。[1]

在他位于南加州的房子里，索尼·瓦卡罗朝胸口喷了些古龙香水，接着开始收拾旅行包。家庭音响系统里传出鲍比·达林（Bobby Darin）的歌声。

---

[1] 译者注：*Now let me welcome everybody to the Wild Wild West/ A state that's untouchable like Eliot Ness/ The track hits your eardrum like a slug to your chest/ Pack a vest for your Jimmy in the city of sex.*（原文）

周日清晨的人行道上

躺着一具毫无生气的躯体

有人躲在角落里窥视

那会是刀客迈克吗？[1]

瓦卡罗不确定勒布朗是否真如克里斯·丹尼斯和其他人所形容的那般优秀。即使他确实很优秀，没有人比瓦卡罗更懂得招募球员这项工作背后的心理学。最重要的不是去说服球员——而是说服他们的母亲。在这方面，瓦卡罗拥有一个终极秘密武器——他的妻子帕姆。不论对招募球员、球鞋合约还是金钱，她都毫不关心。她在乎的是人际关系和人，正是这一点使她成为索尼的理想搭档。

2001年5月的一个周五晚上，索尼和帕姆在伯班克（Burbank）登上了前往奥克兰的航班。

那天夜晚，勒布朗和格洛丽亚在奥克兰市中心万豪酒店的房间里会见了克里斯·丹尼斯、卡尔文·安德鲁斯以及克里斯·里弗斯（Chris Rivers）。里弗斯是阿迪达斯的员工，他胳膊下挽着一个鞋盒。寒暄过后，他掀开了鞋盒的盖子，取出一双定制版的绿金色球鞋。

勒布朗瞪大了眼睛。

里弗斯将一只鞋丢给了他。

勒布朗接住鞋子，一眼就发现了鞋跟处印刻着他的名字首字母缩写——LBJ和他的球衣号码——23。

"我的天。"他一边说，一边捧起球鞋，宛如捧着一件精美的瓷器。

这是阿迪达斯第一次为一位高中球员打造定制球鞋，凯文·加内特（Kevin Garnett）、科比·布莱恩特、特雷西·麦克格雷迪——三位从高中直接进入NBA的知名球星——都没有享受过如此待遇。

---

[1] 译者注：*Now on the sidewalk, huh, huh, whoo sunny morning, un huh/ Lies a body just oozin' life, eek/ And someone's sneakin' 'round the corner/ Could that someone be Mack the Knife?*（原文）出自歌曲《刀客迈克》（*Mack the Knife*）

格洛丽亚点头以示赞同。

勒布朗笑得合不拢嘴。"明天我就穿上它。"他说着。

"如果你愿意加入阿迪达斯这个大家庭，另一只鞋子也归你了。"里弗斯说道。

"我愿意加入，"勒布朗答道，"我愿意加入。"

里弗斯把另一只球鞋丢给了他。

双方计划在酒店会面，共进早餐。勒布朗正在大堂等待格洛丽亚，他很好奇同那位曾与迈克尔·乔丹和科比·布莱恩特签下球鞋合约的传奇人物见面会是什么样的场面。不久，他看见一位身穿黑色高领衫的男人向他走来，身旁是一位颇有魅力的女人。

瓦卡罗做了自我介绍，并向他伸出手。

勒布朗露出笑容，和他握了手。

帕姆和格洛丽亚拥抱致意。索尼也拥抱了她。

格洛丽亚很少信任别人。但是当索尼和帕姆向她张开手臂时，她感觉到儿子的梦想就要成为现实了，如同有人向身陷困境里的她伸出了一只手，打算把她和儿子解救出来。

四人坐在一个隔间里。勒布朗享用着早餐，索尼抿了一口咖啡，大部分时间都是格洛丽亚和帕姆在对话。话题围绕着勒布朗所承受的压力展开。格洛丽亚解释道，每个人都期望勒布朗能像一个30岁男人那样做事。

索尼并不感到意外。

"但他还是一个孩子。"格洛丽亚说道。

"他才15岁，理应做15岁的事情。"帕姆回应。

勒布朗很快就适应了索尼的存在。几个小时之后，他将在索尼的注视下进行两场表演赛。他非但不感到慌张，反而非常放松。他一度称呼瓦卡罗为"索尼叔叔"。

瓦卡罗笑了。我喜欢这孩子，他心想。

起身离开时，格洛丽亚和帕姆又拥抱了对方。

身穿阿迪达斯短裤和球衣的勒布朗系上了他那双定制球鞋的鞋带。他和其他九位球员正在出场热身。场边，阿迪达斯的代表们和勒布朗的 AAU 和高中教练们已经就位。当瓦卡罗的身影出现，球馆里叽叽喳喳的谈天瞬间戛然而止。当瓦卡罗走向抽拉式看台的底层座位，现场寂静无声，安静得连他的硬底鞋在木地板上留下的声响都听得一清二楚。帕姆向格洛丽亚挥手并致以微笑，然后坐在了他们身后几排的位置。

丹姆布洛特看起来比勒布朗更紧张。他知道一位青少年在瓦卡罗面前试训是多么罕见的一件事情。即使是科比·布莱恩特在高中时期也不曾有机会在这位球鞋界大拿面前进行表演赛。为了最大化利用此次机会，勒布朗打算做一件他很不习惯的事情——打得更自私一些。仅此一次，丹姆布洛特希望勒布朗充分展现自己的得分能力。

比赛刚开始，勒布朗依然遵循着自己惯常的做法——让队友参与进攻并展示他的传球本领。场上所有人都紧张极了。第一场比赛刚刚结束，丹姆布洛特立刻示意勒布朗到场边来。

勒布朗跟着教练走进了过道。

"勒布朗，我不会告诉你该做些什么，"丹姆布洛特说道，"但是，场边有个大人物正在看你打球，而你却在场上胡来。你需要好好打球。"

"教练，我的短裤出了点问题。"勒布朗一边说，一边用力拽着抽绳。原来是抽绳上有一个结，导致他没法拉紧腰带，他的短裤总是滑落至腰部以下。

丹姆布洛特不想听他的理由。"你最好别再折腾你的短裤了，给我认真一点，"他说道，"他对你的看法会关乎一大笔钱。"

勒布朗把腰带系牢，慢步跑回球场。第二场比赛刚开始，他就跳投命中。接着他预判了对手的传球方向，阻断了传球路线，完成抢断。运了几次球之后，他高高跃起，完成一记势大力沉的扣篮，篮板随之摇晃。几回合后，他长距离运球奔袭，电光石火之间送出一记不看人的传球，助攻队友轻松得分。下一回合，他又奉献一次扣篮。

瓦卡罗一度以为勒布朗的脑袋要撞到篮筐了。下半场比赛大约进行了十分钟，瓦卡罗站了起来，朝场外走去。

"索尼？"帕姆惊讶道。

瓦卡罗没有回头，一直往前走，离开了球场。

比赛短暂地中止了，没有人知道究竟发生了什么。

帕姆看了看格洛丽亚，向她挥手告别，接着也离开了球馆。

几分钟之后，瓦卡罗喊了一辆出租车。

"你去哪儿？"司机问道。

"机场。"瓦卡罗回答。

帕姆明白一定有什么不对劲的事情。汽车后座上，她身旁的索尼目不转睛地望着窗外。"索尼？怎么回事？"帕姆打破了沉默。

自迈克尔·乔丹的时代以来，有不少人从高中直接进入 NBA。但在他们之中，只有三人最终成为超级巨星——凯文·加内特、科比·布莱恩特和特雷西·麦克格雷迪。瓦卡罗确信，勒布朗比他们三人更具天赋。

瓦卡罗明白，勒布朗必然是各大球鞋公司极力争夺的目标。这会是一笔巨额的生意。耐克将是瓦卡罗的最大竞争对手。瓦卡罗打算在耐克开始认真追求勒布朗之前抢占先机。

那晚，瓦卡罗给同事们打去电话。他告诉他们，勒布朗是他所见过的最出色的高中生。他的天赋如此之高，瓦卡罗甚至认为他在高三结束后就有能力进入 NBA 了。他认为，勒布朗没有理由不参加 7 月举行的阿迪达斯 ABCD 训练营。是时候让大家看看这个孩子有多么出色了。

还有一件事情需要解决，那就是瓦卡罗希望阿迪达斯全方位赞助圣文森特。除了球鞋和装备，他希望勒布朗的高中球队穿上阿迪达斯的定制队服。当勒布朗开始自己高三赛季的时候，圣文森特将成为全美装备最精良的高中球队。

得知这一消息的克里斯·丹尼斯乐开了花。

挂断电话，瓦卡罗心满意足。他播放了他最钟爱的鲍比·达林的唱片，为自己斟了一杯酒。

07 小伙子

在西密歇根大学的第一年，马弗里克不得不接受一个事实——他与NBA无缘了。那一年，他在28场比赛中获得了7次首发的机会。对一名新生而言，这不算太糟糕。然而，当西密歇根与印第安纳、得州理工和密歇根大学交锋，马弗里克遇到了一些拥有NBA级别身体的家伙，他们体形高大、身强力壮，还拥有过人的运动天赋。他深知，不论再怎么刻苦训练，他也无法在身材和球技方面与那些家伙媲美。于是，为了自己的未来着想，马弗里克走上了一条务实的道路。他在春季学期结束后选择退学，返回了阿克伦。他计划申请加入阿克伦大学，并专注于自己的学业。

另一个促使马弗里克返回阿克伦的因素正是勒布朗。虽然他不再对自己的职业篮球前景抱有幻想，但他坚信勒布朗注定会干一番大事业。勒布朗已经胜过

07 小伙子

任何一个与马弗里克交过手的印第安纳大学或是密歇根大学的球员。众多球鞋公司和招募人员已经开始向他的朋友发起追求,而马弗里克希望陪在他的身边,帮助他度过高中余下的两年。刚回到阿克伦,他便向勒布朗透露了自己的想法——他想要执教勒布朗曾经效力的 AAU 球队北俄亥俄流星队。勒布朗认为这是个好主意。其他人也表示赞同。他们都非常欣赏马弗里克,将他视作一位好老师、场外的好榜样。

勒布朗迎来了马弗里克回归的好消息,却也收到了一个出乎意料的坏消息——丹姆布洛特教练即将卸任圣文森特主教练一职,到阿克伦大学担任助理教练。勒布朗从一位记者的口中得知了这个消息。小德鲁和希安也是通过记者得知的。对他们来说,这个消息犹如当头一棒。当初,为了在他手下打球,他们曾受到无数指责。他们无比信奉他的执教方式。在过去两个赛季,他们豪取 53 胜 1 负的战绩,两度赢得州冠军。他们已经做好准备在高三赛季争夺全美第一。结果,这个家伙却抛弃了他们。

丹姆布洛特的离队令小德鲁尤为难堪。他曾告诉小德鲁自己将在圣文森特度过四年。正因如此,德鲁才说服勒布朗、希安和威利一起加入圣文森特。对小德鲁而言,丹姆布洛特欺骗了他,也欺骗了他的朋友们。

希安同意小德鲁的看法。"他利用了我们,好让他自己重回大学。"他说道。

罗密欧终于遇到了一个信任他并帮助他充分发挥潜能的教练。结果他成为罗密欧人生中又一个出尔反尔、销声匿迹的成年人。

勒布朗感觉自己遭到了抛弃和欺骗。他曾经无比信任丹姆布洛特。所有男孩们都是如此。他们对他格外忠诚。意识到这份忠诚被如此轻易地丢弃,勒布朗怒不可遏,他这辈子都不想再和丹姆布洛特见面或交谈了。当丹姆布洛特最终和他取得联系,勒布朗只是把他称作"丹姆布洛特先生",以此表达不满。

这句话刺痛了丹姆布洛特。他篮球生涯最大的荣耀就是听见自己执教过的最优秀的球员称呼他为"教练"。这样的日子一去不复返了。

勒布朗和他的朋友们心灰意冷,甚至打算转投另一所学校。小德鲁提议去布克特尔。没有人反对。

当丹姆布洛特打电话告知德鲁教练他将要离开的消息,德鲁教练措手不及。他不敢相信这个消息,而丹姆布洛特坦言这是他做出的最艰难的决定之一。他承认正是手下的那帮孩子让他的生涯起死回生。他解释道,他的目标和愿望一直是重回大学教练的岗位。随着众多经纪人和球鞋公司开始围绕在勒布朗周围,他担心会有丑闻发生。勒布朗象征着一笔价值连城的生意。由于他遭遇过重大的丑闻,他无法冒险让自己卷入另一场风波。"我不得不退出此事。"他告诉德鲁。

德鲁不禁问起一个显而易见的问题——谁来填补丹姆布洛特的空缺?

"我希望你来接手。"丹姆布洛特说道。

德鲁并无兴趣。对于即将到来的赛季,有太多期待——不论是对勒布朗,对其他男孩们,还是对这所学校。压力必将是巨大的。"不,"他告诉丹姆布洛特,"我并不想把事情搞砸。"

但丹姆布洛特坚信德鲁是理想的接班人。

"他们是你的孩子们,"丹姆布洛特对他说,"是你把他们带给了我。他们会为了你全力以赴。"

德鲁对丹姆布洛特的话表示感激。但接手这份艰巨的任务让他忐忑不安——这可是一支登上全美排行榜的队伍,队内还有一位全美最佳球员。另外,即使他有兴趣,他也不敢设想圣文森特会向他提供这份职务。

丹姆布洛特劝他不必担心学校的事情。"我会在校董事会面前为你说话。"他说道。

那晚,德鲁和妻子谈心。他告诉妻子,即使有丹姆布洛特的支持,他也打算拒绝这次机会。

"德鲁,你怎么能拒绝呢?"她回应,"这是上天对你的恩赐,想想你和那群男孩相处的那些年,那些载着他们在高速公路上来来往往的时光。"

他无法反驳妻子的话——德鲁从那群男孩初中时代起就和他们相处在一起,对他们来说,没有谁比德鲁投入更多、牺牲更大。他花费数千个小时,带领流星队在全美东奔西走,征战锦标赛,自己却分文未得。他在丹姆布洛特手底下当了两年助理教练,也没有任何报酬。一切都是出于志愿者的身份。

妻子又重申了自己的观点:这是属于你的时刻!

07 小伙子

在她的支持下，德鲁教练决定争取这次机会。随着丹姆布洛特在圣文森特董事会面前对他给予认可，学校最终向德鲁提供了主教练的职位。

当勒布朗得知德鲁决定担任主教练，他放弃了转校的想法。所有男孩也是如此。在圣文森特的两年时光让他们变得成熟。他们意识到自己即将见证一项比篮球更有意义的里程碑。"在德鲁教练成了圣文森特史上第一位非裔美籍主教练后，我们哪里都不去了。"勒布朗解释道。

勒布朗夏天的日程表塞满了全国各地的锦标赛。他的第一项任务是去往芝加哥参加 AAU 锦标赛。勒布朗的球队挺进了决赛圈，却以失利告终。锦标赛期间，一名男子找到了马弗里克并做了自我介绍。他叫格雷格·瑞安（Greg Ryan），和迈克尔·乔丹的训练师是同事，在芝加哥一个名为"篮圈"（Hoops）的体育馆工作。那里是迈克尔·乔丹的私人球馆，许多职业球员也会在休赛期来此训练。瑞安提议带马弗里克和勒布朗进行参观。

勒布朗急不可耐地答应了瑞安的邀请。于是在比赛的间隙，他和马弗里克一同参观了"篮圈"球馆。迈入球馆的一瞬间，他们仿佛置身于篮球天堂。球馆设了两块篮球场，还有一间小巧的健身房，配备了最先进的设备。迈克尔·乔丹正是在这里训练的。

瑞安把他们介绍给了乔丹的训练师——蒂姆·格罗弗（Tim Grover）。虽然乔丹已经退役，但依然跟随格罗弗训练。

勒布朗此前并没有花太多时间进行负重训练。

格罗弗借机向勒布朗讲述了负重训练的重要性，并介绍了一些技巧。

勒布朗肃然起敬。乔丹是他的偶像。他的海报就挂在勒布朗卧室的墙壁上。勒布朗在圣文森特也穿着乔丹的号码。他不敢相信自己正在和乔丹的训练师讨论强身健体的秘诀。

参观之旅尾声，瑞安邀请勒布朗和马弗里克再次光临。夏天晚些时候，会有一群 NBA 球员到此训练、打对抗赛。勒布朗可以趁机来这里待上一个星期左右。瑞安欢迎两人到自己家里借宿。

勒布朗和马弗里克都对瑞安的提议感到难以置信。AAU 锦标赛结束后，他们分别向自己的母亲提起了瑞安和他的盛情邀请，说服母亲同意他们重回芝加哥拜访瑞安。这么做的代价并不大，无非是花费一些往返的加油费。何况勒布朗有机会同职业球员一起训练。格洛丽亚和马弗里克的母亲最终都同意了。启程的日子定在了 8 月。

不过勒布朗首先需要去科罗拉多州参加美国男篮青年发展节（Youth Development Festival）。24 名全美最优秀的高中生球员受邀参加此次活动。勒布朗抵达后，见到了他的舍友卡梅隆·安东尼（Carmelo Anthony）。他来自巴尔的摩，身高 6.7 英尺，司职前锋，绰号"Melo"。卡梅隆此前就读于巴尔的摩郊区的一所天主教高中，但即将在高四赛季前往橡树山学院，随后还将加入雪城大学并领取篮球奖学金。

勒布朗和卡梅隆一拍即合。在场上，他们是最具统治力的两位球员。两人场均都得到 24 分，并列锦标赛之首，投篮命中率均为 66%。勒布朗的队伍摘下金牌，卡梅隆的队伍则收获银牌。但两人独处和谈心的时光才是他们彼此了解并建立友谊的真正原因。卡梅隆对自己母亲的看法——"最好的妈妈……不接受反驳"——竟然和勒布朗对格洛丽亚的态度完全一致。

勒布朗得知，安东尼在两岁的时候，他的父亲就因为癌症而去世了。父亲留给他的唯一物件是一条带有耶稣徽章的金链子，安东尼不管去哪里都会戴着它——直到它被他最好的朋友偷走。安东尼小时候在布鲁克林生活过，他最珍爱的一段童年回忆就是和母亲从红钩区（Red Hook）的公寓出发，乘坐火车到曼哈顿区的美国自然历史博物馆参观自然科学展品，或是到大都会艺术博物馆去欣赏画作。在那之后，母亲搬到了巴尔的摩生活。再后来，安东尼立志要当一名职业篮球运动员。高三那年，他当选巴尔的摩市年度最佳球员，并且被普遍认为是全美第二高中生。但是那个夏天，他开始意识到篮球不仅仅关乎比赛——它是一门生意。当他遇到勒布朗时，安东尼其实并不想去橡树山学院。他希望在巴尔的摩度过高中生涯。但是雪城大学的教练组认为他们的未来潜力股留在巴尔的摩实在太过危险了——这座城市去年发生了 256 起谋杀案，于是坚决要求他到弗吉尼亚州的那所预科学校念完高中。

07 小伙子

勒布朗把安东尼当作自己的亲兄弟。虽然自己在冠军赛中击败了安东尼，并被所有人称赞为"下一个乔丹"，但安东尼并不嫉妒。多年之后，他回忆了和勒布朗初见的那段时光。"他见到我打球的时候非常激动，当我听说他的故事并见识到他的本领，我也感到很激动，"安东尼说道，"我们在一起打球的时光非常美好，我对勒布朗有种一见如故的感觉。"

勒布朗对安东尼的看法也如出一辙。回到阿克伦，勒布朗告诉所有朋友他遇见了一个叫"Melo"的孩子，那是他在活动遇见的最棒的篮球选手。勒布朗默默期望有朝一日他和安东尼能够成为队友。

在当时全美排行榜上，被大多数招募机构排在安东尼前面的唯一一位球员是兰尼·库克（Lenny Cooke）。18岁的他来自纽约，是同龄人中的佼佼者，有望从高中直接进入NBA并成为乐透秀。2001年夏天对勒布朗而言最重要的日子就是索尼·瓦卡罗的阿迪达斯ABCD训练营，地点是新泽西州。兰尼·库克也是其中的一分子。训练营吸引了各大篮球名校的教练和众多NBA球探。《体育画报》和大批全国篮球媒体来到现场。在场的所有人都期待着去年ABCD训练营的卫冕MVP库克和那位来自阿克伦、被训练营创办者称赞为"他所见过的最佳球员"的后起之秀一决雌雄。

"在他人生的这个阶段，勒布朗就成了场上最成熟、最有天赋的那个人，"瓦卡罗在赛前对媒体说道，"他有望成为篮球史上最伟大的球员。"

勒布朗并不知道瓦卡罗对他的评价。同时，勒布朗也不太了解库克，只知道他是个大人物，也是去年的MVP得主。在启程前往新泽西之前，勒布朗开始写日记。在第一页，勒布朗描述了自己来到ABCD训练营时的心境：

我会努力成为这里的MVP。我不认为我需要证明自己，但如果人们对我有所怀疑，那他们就等着瞧吧。

训练营在新泽西州蒂内克市菲尔莱狄更斯大学（Fairleigh Dickinson University）举行。开营前的一个晚上，科比·布莱恩特在一座体育馆里向在场的220位高中生发表了讲话。"我主要想告诉你们，"科比说道，"不要把所有鸡蛋放在同一个篮子里。"科比鼓励孩子们去上大学。他表示，为自己留一条退路是很有必要的。

勒布朗专心致志地听着。科比请听众们提问时，他并没有出声。兰尼·库克却立刻站了出来，公然向科比发起挑战。"你什么时候和我来场一对一呢？"他问科比。

库克不自量力的举动引起了所有人的注意。

"等你进入联盟，我会用各种办法击败你。"科比轻笑道。

库克是一个狂妄自大的家伙。他宣告自己对读大学毫无兴趣，甚至请来一个摄制组为他拍摄一部关于他如何成为 NBA 大明星的纪录片。

但是无论库克如何想方设法地出风头，报道此次邀请赛的全国媒体通通被勒布朗所吸引。他们对一个问题充满好奇：勒布朗是否会在高三赛季结束后就进入 NBA？瓦卡罗已经告诉篮球记者们勒布朗是多么地出色。其中一位与瓦卡罗交谈过的记者是《纽约时报》专栏作家伊拉·伯科（Ira Berkow），他也是全美最有影响力的体育记者之一。

伯科在邀请赛的开场采访了格洛丽亚，询问她对儿子有何期望。

"我只希望勒布朗过得开心，"格洛丽亚回答，"他热爱篮球，但我希望他至少能从高中毕业。等到时机成熟的时候，我们会做出决定。他是一个头脑清醒的孩子，从来没有给我惹过麻烦。他也很有礼貌，懂得尊重他人。"

伯科也采访了勒布朗，询问他有何打算。

"大学很重要，"勒布朗告诉他，"你不能一辈子都靠打篮球为生。你应当为其他事情做好准备。"

这是勒布朗和格洛丽亚第一次与全国性媒体的记者打交道，尤其是面对伯科这样声望颇高的记者。他的代表作《少数族裔四分卫》获得了普利策奖，该作品收录于《纽约时报》"少数族裔在美国如何生存"的系列专题。伯科深知勒布朗即将面对机遇与危机并存的境地，他向勒布朗提到，就在一个月之前，华盛顿奇才队历史性地用第一顺位选中了夸梅·布朗（Kwame Brown），使他成为第一个当选 NBA 状元的高中生。布朗刚刚签下了一份三年 1 200 万美元的合同。

07 小伙子

"这的确是一大笔钱，"勒布朗告诉伯科，"但我们都已经吃苦这么长时间了，再苦几年也没什么区别。"

参加此次邀请赛的众多球员都习惯于从"我"的视角看待所有问题，而勒布朗在回答中提及"我们"显得如此卓尔不群。采访完勒布朗和格洛丽亚，伯科写了一篇题为《高三生瞄准乐透？》的专栏文章。其中写道，有一个人从齐聚阿迪达斯ABCD训练营的全世界220位最强高中生之中脱颖而出：

他今年16岁，来自俄亥俄州阿克伦市的圣文森特-圣玛丽高中。这个秋天，他将成为一名高三生。许多亲临现场的业内专家相信，勒布朗·詹姆斯，也就是这位身高6.7英寸、体重210磅，司职控球后卫、得分后卫和小前锋——有时身兼三职，堪称篮球版的瑞士军刀——的小伙子，有望在下年NBA选秀大会的首轮被选中，甚至成为乐透秀。

这篇专栏是勒布朗第一次以主角身份登上拥有广泛读者的全国媒体。文章以如此响亮和风光的方式将勒布朗介绍给了整个体育界，格洛丽亚对此非常满意。在将勒布朗描述为一个"头发呈簇状、爱穿宽松裤子的孩子"的同时，伯科还引述了一些篮球界重量级人物的评语，其中一位认为勒布朗对比赛的理解甚至胜过文斯·卡特（Vince Carter）、特雷西·麦克格雷迪等NBA巨星。

伯科的专栏文章发布的几个小时后，勒布朗的球队将与兰尼·库克的球队进行一场焦点大战。数百名教练和球探带着笔记本和铅笔在最靠近球场的座位上就座，其中就包括了路易斯维尔大学（Louisville）的主教练里克·皮蒂诺（Rick Pitino）和密尔沃基雄鹿队的总经理厄尔尼·格伦菲尔德（Ernie Grunfeld）。邻近球场上的其他顶尖高中生们纷纷停下训练驻足观看。瓦卡罗在体育场边来回踱步，仿佛他就是一位祭司，而他的会众正聚在一起，见证他预言的实现。

赛前热身时，库克那些从纽约赶来的朋友声势浩大地为他助威。整个邀请赛期间，不断有人告诉勒布朗他不是库克的对手。列队上篮时，勒布朗转向他的队友莱昂·鲍威，低声说道："就让我们见识一下他，等待好戏开始吧。"

库克的球队赢得了跳球，球落在了库克手里。

勒布朗弯下腰，摆出防守的姿态。

库克秀了一番假动作和试探步，完全没把队友放在眼里。他拍了29次球，忽然拔起身子，迎着勒布朗跳投命中。他的支持者们顿时欢呼雀跃。

下一回合，库克再次拿到球。勒布朗继续防守他。库克依然对队友们视而不见，自己运了16次球，随后再次跳投得分。投中第二个球后，他一边跑回后场，一边对着人群呐喊，还号召他的朋友们躁动起来。他们开始嘲讽勒布朗。

另一边，勒布朗不甘示弱。他在弧顶投出一记三分，篮球空心入网。他继续要球，在底角再次尝试三分，又是一次空心命中，观众们集体发出"哇"的惊呼。随后他在快攻中扣篮得分，接着又摘下前场篮板，奉献一记双手反扣。一转眼的工夫，他已经拿下了10分。在防守端，勒布朗牢牢地盯住库克，让这位顶尖高中生的一大比赛弱点暴露无遗——当一位在身材和力量上与他旗鼓相当的球员对他进行严密防守时，他无法为自己或者队友创造进攻机会。同时，在球场的另一端，勒布朗在进攻方面的统治级表现更是揭露了库克一个更为致命的缺陷——他完全无法防守一位速度和控球能力俱佳的球员。

与勒布朗并肩作战的鲍威拿下20分，压制了库克身旁的二号得分手。勒布朗的表现让鲍威赞叹不已。在这场与库克的对决中，勒布朗毫不留情面——他冲击篮筐，随心所欲地得分，为队友送上声东击西的妙传，场边的大学教练和NBA球探们看得目瞪口呆。最终勒布朗得到全场最高的24分，而他出色的防守使得库克整场比赛仅拿下9分。

比赛剩下六秒，勒布朗的球队仍以82比83落后。在场所有人都知道，界外球将会发到勒布朗的手上。库克已经筋疲力尽。被勒布朗拷打了一整场比赛的他此刻并不想一对一防守他。但库克的队友也不愿防守勒布朗，这项任务终究还是落到库克的肩上。

勒布朗带球全速推进，将库克甩在身后。距离三分线还有一段距离，只见勒布朗蹬腿、提膝、腾空而起。他在空中滑翔，投出一记30英尺的超远三分。在比赛结束之际，篮球划过空中，径直坠入篮筐。整座球馆陷入了疯狂。85比83，勒布朗带队取得了胜利。

库克惊掉了下巴。"他是怎么做到的？"

这是神奇的一投。场边观战的瓦卡罗也惊呆了，他不敢相信刚才的那一幕。"那一投有如神助。"他日后回忆道。

在大学招募人员和职业球探们的注视下，勒布朗·詹姆斯将自己最好的一面展示了出来。只有16岁的他是如此沉稳，简直就是为了大场面而生。任何人都不再质疑，勒布朗是当之无愧的全美最强高中生。他不但击败了兰尼·库克，而且将他击垮了。

赛后，勒布朗看到库克和一群朋友在一起，于是向他们走去。见到勒布朗，库克迎了上去。勒布朗祝贺他打了一场好球，两人握了手。他告诉库克自己对他和他的表现十分敬佩。

库克点了点头。

勒布朗走远了。

库克回到朋友们身边。"那个孩子，"库克说，"他真是不简单！"

"勒布朗·詹姆斯？"一个朋友问道。

"对，勒布朗·詹姆斯，"库克回答，"这家伙太厉害了。"

在新泽西州的那个周末，勒布朗·詹姆斯荣升为全美第一高中生，兰尼·库克则迅速陨落。他最终未能进入NBA。

08 不平凡的球馆

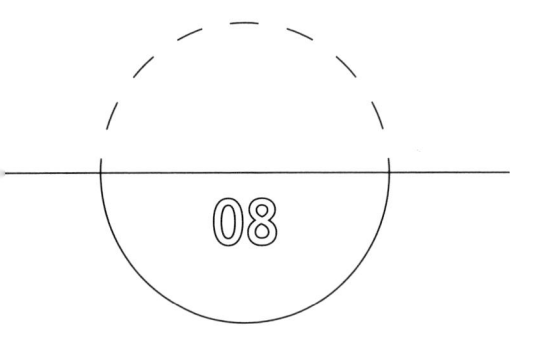

即将到来的一切让德鲁教练有些不知所措。首先是勒布朗加入一支顶尖的AAU球队，远赴西海岸打比赛。随后勒布朗吸引了索尼·瓦卡罗的兴趣，而圣文森特收到了各式各样的免费球鞋和装备。接着迈克尔·乔丹的跟班邀请勒布朗去训练。然后勒布朗登上《纽约时报》，夺走了全美第一高中生的头衔，又在全美最负盛名的夏季训练营当选为MVP。德鲁难以相信，一位脸上还没长出胡子，甚至连驾照都没有的16岁孩子，竟然可以掏出一部翻盖手机拨通瓦卡罗的电话，或是在迈克尔·乔丹的私人球馆安排一次训练。德鲁教练很少和这些圈子打交道。但他十分清楚，勒布朗已经是一件价格不菲的商品，越来越多的人正在千方百计地接近他。

丹姆布洛特在任教期间总是告诫勒布朗，高中就读期间不要接受任何人的金钱。他特别提醒勒布朗避免和那些引诱他上钩的不知名经纪人接触。

德鲁感到自己有责任接过丹姆布洛特留下的使命。当初正是他在阿克伦救世军组织一间冷冰冰的训练馆里栽培了勒布朗。为了保护这个萌芽中的超级巨星，德鲁教练不厌其烦地对勒布朗强调，必须远离向他提供金钱的任何人。

勒布朗对这个建议表示感激。他保证不会让德鲁教练担心。他从没有收过别人的哪怕一分钱，并且会继续保持下去。

考虑到关于勒布朗的种种传闻和随之而来的金钱诱惑，感到担忧的并不只有勒布朗的教练们。艾迪·杰克逊对此也有自己的看法。但他看待问题的角度有所不同。勒布朗将他视为父亲式的人物，甚至开始称呼他为爸爸。对杰克逊来说这是莫大的荣幸，如同得到一枚荣誉徽章。但这枚徽章未免有些沉重——他没有经历过摆在勒布朗面前的这些机遇，甚至没有和任何"财富500强"公司、媒体或是名人打过交道。

尽管如此，格洛丽亚希望杰克逊提供支持。杰克逊也想扮演好自己的角色——一个父亲般的角色——例如，为勒布朗负担前往各类训练营和邀请赛的费用。与阿迪达斯和耐克的会谈即将展开，他也希望参与其中。然而，杰克逊却囊中羞涩。扮演自己所预想的角色离不开金钱，比如差旅费，这一点他心知肚明。因此，在勒布朗前往阿迪达斯 ABCD 训练营的几天后，杰克逊去拜访了一位老友。

约瑟夫·贝里什（Joseph Berish）曾是切彭代尔斯（Chippendales）舞团的一员，这个舞团以男性脱衣舞而闻名。二十世纪九十年代早期，他们在阿克伦基督教青年会相识，一起打过篮球。两人成为朋友后不久，杰克逊将把贝里什介绍给了格洛丽亚和勒布朗认识，当时勒布朗才刚刚上初中。随后的几年，贝里什多次到格洛丽亚的公寓做客，和她也成了朋友。

2001 年 7 月初，杰克逊找到了贝里什，询问他能否向他和格洛丽亚提供经济援助，或者能否介绍一些门路。贝里什很乐意帮助杰克逊，于是向他介绍了自己的密友约瑟夫·马尔什（Joseph Marsh），后者是切彭代尔斯舞团的一位赞助人。马尔什是阿克伦本地居民，成立了一家位于俄亥俄州的娱乐公司

Magic Arts & Entertainment，也是魔术师大卫·科波菲尔（David Copperfield）的长期制作人。杰克逊得知后非常感动。

马尔什并不熟悉勒布朗。贝里什和杰克逊向他做了介绍。接着杰克逊向他提出借款 10 万美元的请求。

马尔什很快就意识到勒布朗是一个不折不扣的 NBA 潜力股。他同意向杰克逊借款。但他并不打算一次性全部借出，而是提议先借给杰克逊 2.5 万美元，到了秋季再借出相同份额。余下的 5 万美元将在随后按每月 2 500 美元发放，最后一期贷款定于 2003 年 6 月发放，届时勒布朗将从高中毕业。马尔什提出了 10% 的贷款利率。

作为回报，杰克逊承诺让马尔什参与勒布朗未来的代言合约。杰克逊还同意马尔什为勒布朗制作一部纪录片。

杰克逊签署了一份承诺书，并于 7 月底收到了 2.5 万美元。同期，杰克逊在阿克伦的一间酒吧与他人发生争执。他最终被指控扰乱社会治安并选择不予抗辩。但这个挫折并没有阻碍他的计划。

杰克逊和马尔什成为商业伙伴。

林恩·梅利特（Lynn Merritt）是耐克篮球业务的高级总监，负责与全世界的篮球运动员签订代言合约。耐克已签下大约 75 位职业篮球运动员成为其产品代言人。作为统领这个耐克最大部门的高管，梅利特的职责之一就是不断挖掘下一个篮球天才。站在他的视角，没有人比勒布朗更加出色了。当时，迈克尔·乔丹是耐克历史上最成功的人选。在梅利特的眼中，勒布朗·詹姆斯有望成为耐克在下一个世代的最佳代言人。

在索尼·瓦卡罗关注勒布朗不久之后，耐克也开始追踪这位年轻人。梅利特知道，耐克若想签下勒布朗，就必须击败瓦卡罗和阿迪达斯这组强大的竞争对手。梅利特做事情有条不紊。他提前做了功课，也造访过阿克伦。他不是一个急于求成的人。他逐渐走近勒布朗周围的人们，尝试了解他们。他对其中一个人格外感兴趣，那就是马弗里克·卡特。

马弗里克在意识到自己无法成为 NBA 球员的那段时间遇到了梅利特。马弗里克一直将耐克视为球鞋领域的"圣杯",不论在地位或是设计上都无与伦比。小时候,Air Jordan球鞋是他的梦想;青少年时期,当他穿着耐克鞋踏上球场,他顿时感觉自己充满能量。但他从未思考过那些在耐克工作的人会是什么模样,直到他遇到了梅利特。马弗里克的好奇心油然而生。他向梅利特抛出了许多关于公司的问题:"耐克怎样决定由谁来代言球鞋?广告是怎么制作的?球鞋由谁设计?是怎么设计的?……"

马弗里克抛出的种种问题打动了梅利特。它们代表了马弗里克的求知欲。梅利特注意到马弗里克非常善于倾听。他总是像一块海绵似的汲取信息。经过几次交流,梅利特为马弗里克提供了实习机会。

马弗里克受宠若惊。在梅利特这样的大人物手下实习让他紧张不安,但是能够与耐克建立联系犹如梦想成真,这也是和勒布朗成为朋友所带来的额外福利。马弗里克没有选择知难而退,而是决定把握这个机会。

2001年秋季,马弗里克开始在耐克实习。林恩·梅利特将成为他的导师。

夏天,有传言称38岁的迈克尔·乔丹打算第二次复出。在流言传得沸沸扬扬之际,勒布朗和马弗里克前往芝加哥,在"篮圈"球馆与格雷格·瑞安共度一周。当两人抵达时,他们邂逅了十多位NBA球员——"便士"安芬尼·哈达威(Anfernee Hardaway)、罗恩·阿泰斯特(Ron Artest)、保罗·皮尔斯(Paul Pierce)、杰里·斯塔克豪斯(Jerry Stackhouse)、安托万·沃克(Antoine Walker)、蒂姆·哈达威(Tim Hardaway)、迈克尔·芬利(Michael Finley)、朱万·霍华德(Juwan Howard)、查尔斯·奥克利(Charles Oakley)等等。他们之中既有联盟里最强壮的硬汉,也有最有天赋的得分高手。每天,他们都会花上一个小时和训练师们进行负重训练,随后分组进行对抗赛。

乔丹本人并没有到场。他的个人训练师蒂姆·格罗弗负责管理这个地方。到访乔丹的"秘密基地",观看全世界最出色的一些球员进行训练,对勒布朗来说是一个难得的机遇。这些家伙个个都是"真汉子",他们挥汗如雨,浑身的肌肉轮廓分明,与其说他们在打球,不如说他们在奔跑、碰撞,用别致的术语喷着垃圾话。

这些NBA球员没有过多留意勒布朗。在这一周的某个时间，格罗弗安排勒布朗参加了一场对抗赛。勒布朗系好球鞋。走上球场的他如同一个不请自来的闯入者。他立刻意识到这里不同于他以往踏上的任何一块球场。虽然尺寸一模一样，但球员们体格明显更加壮硕，通往篮筐的突破路径更加难以察觉。所有人的臂展都长得惊人，传球线路变得异常狭窄。整座球场好像缩小了似的。

勒布朗负责防守杰里·斯塔克豪斯，后者在他面前毫不留情地得分，这证明了勒布朗的防守还无法胜任这个级别的比赛。安托万·沃克不停说着垃圾话，也让勒布朗体验了一把在NBA中打球将会是何种滋味。

但是勒布朗依然镇定自若。虽然他防不住这群家伙，但他有能力在进攻端予以回应。他送出了多次妙传，并命中了好几个投篮。能够接到NBA明星的传球并将其转化为得分，这极大地提升了勒布朗的自信心。

勒布朗造访了这个他梦想中的世界，而他自己也即将成为其中的一分子。见到此景，马弗里克不由自主地为他感到骄傲。和他一同奔跑的那群人无不是百万富翁——他们开着豪车、娶了漂亮的姑娘、供养着自己的家庭。他们都是职业球员。目睹勒布朗和他们并肩作战之后，畅想勒布朗的未来再也不是一件难事。

在每天的尾声，当球员们离开后，勒布朗和马弗里克还会留下来帮助瑞安和格罗弗打扫球馆。这一周即将结束，一天下午，两人正在走出球馆，一辆法拉利从街上驶来。车子缓缓停下，他们见到了开车的那个人——迈克尔·乔丹。

"我的天啊！"马弗里克惊呼。

勒布朗愣在原地一动不动，目不转睛地看着乔丹走下车并且向他们走来。他从没有如此近距离地见到自己偶像。他激动得几乎要上天了。

那时的乔丹有不少心事。在退役三年之后，他正在为重返赛场做着准备。考虑到自己的年龄，他或许无法再拿出在他退役之前人们所习以为常的那种表现了。你永远无法满足别人的期望，这是他从自己的职业生涯收获的一条经验。他所能做的只是确立自己的期望，然后努力达成。他的另一条经验是"沉默是金"。他还没有将自己复出的计划告诉任何人，对此事守口如瓶。

乔丹走向球馆，和勒布朗打了招呼，并邀请他和马弗里克回到球馆里。

两人跟随乔丹走进了健身房。格罗弗和瑞安也加入了他们。除了他们之外，没有其他人在场。

乔丹冲勒布朗笑了笑，这个孩子被人们誉为他的接班人。

勒布朗和他目光对视。

此刻，他们被健身器材所包围。乔丹劝他放轻松，向他传授了NBA的一些基本法则，并告诉他成为一名职业球员意味着什么。

勒布朗一边听着，一边点头。

谈话持续了十五分钟。乔丹并没有向勒布朗提出什么建议，但他给了勒布朗一件比言语更有价值的东西：他的电话号码。

马弗里克在一旁目瞪口呆。

勒布朗不知该如何回应。他脚上穿的正是乔丹篮球鞋。现在，乔丹的电话号码装进了他的口袋里。在16岁的年纪，勒布朗加入了精英俱乐部，走进了一个可以和乔丹直接对话的世界里。

天色已晚，勒布朗和马弗里克告别了芝加哥，启程返回阿克伦，开始了五个多小时的公路之旅。勒布朗需要在第二天早晨返回圣文森特，那是开学的第一日。留给他睡觉的时间并不多。马弗里克负责开车，勒布朗在副驾驶上当起了DJ。音乐声从喇叭里响起，车子沿着I-90号公路驶过南本德（South Bend），向俄亥俄州疾驰而去。歌曲一首接一首播放着，与乔丹见面的激动之情依然在两人心头挥之不去。

"刚才我们好像在听上帝说话。"马弗里克感叹道。

勒布朗情绪高涨。过去的几个月堪称他人生之中的一段奇妙旅程。他希望这个夏天永远不会结束，这场旅程一直持续下去。

勒布朗在日记中匆匆总结了他在芝加哥的所见所闻：

我和许多NBA球员过了招，还和乔丹聊了几句，只可惜没能与他一起打球。他没有给我什么建议，只是告诉我继续前行。我们还去了他的餐厅吃饭，不过牛排和土豆泥的分量不大。

在瓦卡罗位于卡拉巴萨斯（Calabasas）的家里，帕姆的鸡肉意大利面香气四溢。这天是 2001 年 8 月 25 日，星期六。索尼来到客厅，在自己海量的唱片藏品中翻找着，为当下的场合挑选合适的艺人。格洛丽亚和艾迪·杰克逊从阿克伦飞往加州，即将来此做客并和他们共用午餐。此行是艾迪的主意，而索尼打算用对待自己家人的方式对待勒布朗的家人——敞开蓬门，烹饪一顿家常的意大利美食，再搭配美妙的音乐。为了营造氛围，索尼选定了雷·查尔斯（Ray Charles）。

格洛丽亚和艾迪抵达后，索尼领着他们参观了屋子。他炫耀了自己的原版猫王点唱机、室外按摩浴缸、泳池，还有菜园里一株株红彤彤的西红柿。索尼甚至邀请他们体验了后院的秋千。一曲曲悠扬的爵士乐从最先进的音响系统传来，歌声回荡在后院里，衬托着田园诗般的美景。其中一首《他们拥有什么》（*Them That Got*）这样唱道：

我见到人们开着豪车、穿着华服
他们被称作聪明人究竟为何
因为他们努力争取着
只有拥有什么才能收获什么
而我却一无所得。[1]

格洛丽亚直言她从未见过如此华丽的家园。
杰克逊也是头一次拜访一栋自带泳池和按摩浴缸的房子。
他们在瓦卡罗的家里待了一整个下午。午餐后，索尼和艾迪在后院聊天。

---

[1] 译者注：I see folk with long cars and fine clothes/ That's why they're called the smarter set/ Because they manage to get/ When only them that's got supposed to get/ And I ain't got nothin' yet.（原文）

格洛丽亚帮助帕姆清理盘子。两人谈到了勒布朗希望继续参加高中橄榄球赛。格洛丽亚拒绝了他的想法。她曾允许勒布朗在高一和高二期间打橄榄球，但是考虑到他的篮球生涯轨迹，她觉得是时候坚定自己的立场了。

勒布朗接受了母亲的决定。但就在格洛丽亚和艾迪去瓦卡罗家里做客的前一晚，圣文森特进行了那个赛季的第一场橄榄球比赛，勒布朗来到了现场。他眼睁睁看着希安、威利和罗密欧带领球队取胜。当看客的滋味并不好受。

格洛丽亚明白勒布朗的感受。她想听听帕姆的看法。

"还是别让他打橄榄球了。"帕姆告诉她。

格洛丽亚说自己太爱勒布朗了，不想让他失望。但她必须做对勒布朗最有利的事情。她坦言，有时候她不知道怎样做才是对的。

帕姆对她说，如果她决定同意勒布朗打橄榄球，她恐怕需要为他购买保险。

在与瓦卡罗夫妇共度一日之后，艾迪和格洛丽亚飞往了俄勒冈州。他们要会见耐克公司的主席菲尔·奈特（Phil Knight），同时拜访一下林恩·梅利特。他们来到耐克位于比弗顿（Beaverton）的总部，参观了耐克的园区。这里的一切让他们目不暇接。他们与梅利特相处得越久，就越钦佩他的专业精神。梅利特所构想的勒布朗和耐克的合作前景也让他们印象深刻。他们相信这将对勒布朗的发展非常有利。

当艾迪和格洛丽亚返回阿克伦，勒布朗和母亲提起了橄榄球的事情。在格洛丽亚的西部之旅期间，R&B 歌手阿丽雅（Aaliyah）乘坐的飞机在巴哈马群岛的一座岛屿起飞后不久便发生坠机事故。年仅 22 岁的她香消玉殒。勒布朗告诉母亲，这位流行歌手的死讯让他有了不一样的思考。人生苦短，这个词虽然是陈词滥调，却千真万确。

"谁也不敢保证明天一定会到来。"格洛丽亚告诉他。

勒布朗表示赞同，这就是为什么他不愿错过一个能给自己带来巨大喜悦并给予他一个更完整的高中生涯的机遇——他想和朋友们一起打橄榄球。

于是，格洛丽亚寻求艾迪的帮助。是时候搞定那份保险了。

艾迪找到一位北卡罗来纳州的保险经纪人。他曾为一些获得杜克大学

（Duke）篮球奖学金计划的 NBA 苗子投保，但从来没有为一位高三生投过保。尽管如此，他还是配合艾迪为勒布朗制定了一份价值数百万美元的保单。

当勒布朗告诉杰·布罗菲他即将加入球队并赶上赛季第二场比赛，布罗菲欣喜若狂。他还接到了格洛丽亚的电话，她说："杰，请照顾好我的宝贝。"为了将勒布朗受伤的风险降至最低，布罗菲规定其他队员不得在训练中冲撞勒布朗。布罗菲还明确表示，他不会为勒布朗安排中场附近的传球配合，因为那里是暴力冲撞的高发区。

勒布朗喜欢在布罗菲手下打球。当布罗菲在夏天被任命为橄榄球队的新任主帅，勒布朗开心极了。2001 赛季初，布罗菲决定安排两个四分卫轮流出场。其中一位正是威利·麦基。勒布朗重返球队后，布罗菲告诉两位四分卫，他们的战术手册里会增添一个战术：但凡遇事不决，请把命运交给勒布朗。

威利太熟悉这个战术了。他和勒布朗一起打橄榄球的日子可以追溯到 Pop Warner 青少年联盟。整个 2001 年赛季，两人多次完成传球配合。另一位四分卫也同勒布朗建立了良好的化学反应。

赛季初期，球队长途跋涉了一个小时，去往俄亥俄州阿米什[1]村附近和一所乡村学校交手。那一晚，勒布朗大放异彩，贡献了 6 次接球，接球码数接近 150 码。有一回合点燃了现场观众的热情。圣文森特的四分卫掷出了一记惨不忍睹的传球，皮球径直向界外飞去。布罗菲教练张开胳膊准备迎接来球，只见勒布朗忽然蹿到空中，单手把球摘下，双脚仍然落在界内。这记杂技般的接球让布罗菲联想到 NFL 的传奇人物兰迪·莫斯（Randy Moss）。

赛后，阿米什人将圣文森特的大巴车团团围住。人数之多，巴士司机几乎无法继续行驶。布罗菲教练弄清楚了这群人为什么舍不得他们离开，于是走向车厢后部。"L.J.，"他说道，"你介不介意给他们签一些名，好让我们启程离开。"

---

[1] 译者注：指阿米什人（Amish），即美国和加拿大安大略省的一群基督新教再洗礼派门诺会信徒，以拒绝使用现代技术并过着简朴生活而著称。

勒布朗头一次见到这么多阿米什人。罗密欧、希安和威利也是如此。在队友们的注视下，勒布朗站起身子，走下大巴车。

陌生人顿时向他涌来。

勒布朗的身形在人群中格外突出。他在人们递到自己面前的一切东西上签了名——赛事手册、衣服、纸条，甚至是他们的手。

看到这一幕，罗密欧大为震惊——那些以与世隔绝而著称的人竟然如此欢迎勒布朗，欢迎圣文森特的每一个人。"我们感受到了他们的热情，"罗密欧多年后回忆着当时的情景，"这证明勒布朗在当时已经是一个超乎寻常的运动员，他跨越了此前无论是谁都难以跨越的障碍。"

勒布朗神采奕奕地回到大巴，和那些被汗水浸湿了衣衫的队友又一次踏上回程的旅途。他希望这样的旅途永远不会结束。

尽管每周都要遭遇对手的包夹防守，但勒布朗在他参加的九场常规赛里依然拿下 13 次达阵，接球码数超过 1 200 码。他连续第二年入选俄亥俄州最佳阵容，来自大学的招募人员千方百计邀请他去试训。布罗菲教练接到了众多大学的来电，包括俄亥俄州立大学、阿拉巴马大学、迈阿密大学、佛罗里达州立大学、圣母大学、南加州大学、南卡罗来纳大学等等。布罗菲理所当然地认为勒布朗不会加入大学橄榄球队。但是勒布朗作为橄榄球选手引起的兴趣是布罗菲前所未见的。他觉得至少应当向勒布朗确认一下自己的理解是否准确——勒布朗对大学橄榄球奖学金项目不感兴趣。这样他就可以不再为那些招募人员而苦恼。

一天下午，他找到勒布朗，询问他是否有兴趣去大学打橄榄球。他告诉勒布朗自己接到了无数招募人员的电话。

"教练，我 99% 确定我会去 NBA 打球，但我还不能完全排除打橄榄球的可能性。"

不能完全排除？布罗菲心头一惊。

片刻之后,勒布朗严肃的表情忽然消失并开怀大笑。"不,不,教练,"他说,"我是开玩笑的，我要去打篮球。"

布罗菲也笑了。橄榄球赛季结束之时，他必定会无比想念勒布朗。他把勒布朗看作自己的"老友"。队伍里没有其他人能够和他深入地谈论二十世纪七十年代和八十年代的 NFL 球员。如果圣文森特开设一门 NFL 历史课，勒布朗无疑会得到"A+"的成绩。有一次，他滔滔不绝地聊着芝加哥熊队的名人堂跑卫沃尔特·佩顿（Walter Payton），布罗菲忍不住开口问他为什么如此熟悉这位球员，毕竟在佩顿退役的时候，勒布朗还只有 3 岁。

"教练，我喜欢看 ESPN 经典赛事重播（ESPN Classics）。"他笑着回答。

篮球赛季还未开幕，新岗位上的各种行政工作已经让德鲁教练忙得不可开交。首先，随着勒布朗和他的队友们声名鹊起，球票需求过于旺盛，学校因此决定将 2001—2002 赛季的 10 个主场比赛安排在阿克伦大学的詹姆斯·A. 罗德斯体育馆举行，那里能容纳 5 200 名观众。圣文森特甚至开始出售价值 120 美元的赛季套票。共有 1 700 份套票被卖出。特玛捷票务公司（Ticketmaster）也开始出售圣文森特客场比赛的球票。

同时，为了巩固圣文森特作为全美强队的地位，德鲁教练延续了丹姆布洛特教练安排的赛程。德鲁和队员们即将积累数千公里的飞行里程，不但与来自宾夕法尼亚、密苏里、纽约和弗吉尼亚的多支队伍较量，而且将参加一系列全国锦标赛。德鲁既要订酒店、订大巴车，还要把课程表安排妥当，确保孩子们不会经常缺勤。

但是在他执教的第一个赛季，最让德鲁感到焦虑的莫过于人们的期望。由于球队在丹姆布洛特手下的两个赛季取得了 53 胜 1 负的出色战绩，加之勒布朗已经被普遍认为是全美第一高中生，德鲁完全没有犯错的余地。如果他的队伍未能拿下全国冠军，他完全不能原谅自己。更加艰难的是，在赛季前三场比赛中，有两个对手在《今日美国》季前全国调查中排名前十。不仅如此，德鲁教练不清楚勒布朗、希安、罗密欧和威利能否在赛季开幕时赶上比赛。在那个赛季，圣文森特橄榄球队大获成功——晋级了俄亥俄州季后赛，因此在橄榄球赛季结束之前，他们四人都不被允许参加篮球队的训练，更别提参加篮球比赛了。

勒布朗知道德鲁教练并不希望自己打橄榄球。在率领橄榄球队闯过第一轮季后赛之后，勒布朗带给德鲁一个让他雪上加霜的消息。勒布朗把当时的局面写进了日记里。

在第一场季后赛里，我的左手食指骨折了——这是我第一次遭遇骨折。很多人被吓坏了，我却很淡定。我保守了这个秘密。这个消息直到篮球赛季开幕前一周才被公开。我戴上了一小块石膏以防再次受伤，但现在已经没事了。这点伤对打篮球来说算不上什么，因为那是我的左手，我的非投篮手。无论如何，德鲁教练知道，我还有足够的时间来让它痊愈。

勒布朗的公寓位于斯普林希尔的顶层。他可以从窗外眺望圣文森特的橄榄球场。他喜欢橄榄球，喜欢在那里打球的感觉。他简直是为这项运动而生的。然而，篮球对他而言已经超越了运动的范畴。他睡觉前所见到的最后一件东西和醒来时所见到的第一件东西，都是迈克尔·乔丹的照片，仿佛乔丹从卧室墙壁上俯视着他。在他心中，乔丹是运动员的最佳典范。在橄榄球赛季期间，勒布朗听到了ESPN的新闻："所有的猜想都告一段落，所有的传言均是现实。史上最伟大的球员回来了。他将身披奇才队的球衣。"一个月前，正当乔丹谋划着自己的复出计划，勒布朗就在乔丹的身边。如此独特的经历让勒布朗感受到了他和乔丹之间的纽带。于是，勒布朗下定决心去追赶自己的偶像。有朝一日，他的照片也会出现在孩子们的卧室墙壁上。橄榄球是他的爱好，篮球是他的生命。

几天之后，俄亥俄州橄榄球锦标赛半决赛即将打响。勒布朗和希安、罗密欧、威利以及其他队友来到了训练场。穿上运动套装和钉鞋、戴上头盔，他们投入了训练，一遍遍复习着战术安排。

勒布朗跟随橄榄球队一起行动之际，圣文森特篮球队来到了体育馆。距离赛季揭幕战只有不满一周的时间，德鲁教练组织了一场非正式的训练赛。由于四位最强球员的缺席，球馆里的氛围显得有些冷清。

这时，球馆的大门忽然被撞开，只见勒布朗快步冲了进来，罗密欧跟在他身后。勒布朗一边跑着，一边扯开运动裤、脱掉运动上衣。接着他迈入球场，示意正在防守小德鲁的一位队友向后退。橄榄球训练课一结束，勒布朗就丢下了他的钉鞋和头盔，马不停蹄地朝篮球馆飞奔。

小德鲁说起了垃圾话。"你能招架得住吗？"他挑衅道。

只见勒布朗一个箭步把球断下，运球冲到前场，接着蹬地起跳、张开胳膊，大力把球灌进篮筐。所有人开始欢呼和呐喊。整座球馆顿时充满了能量。

"我当然招架得住，你个浑蛋。"勒布朗冲着小德鲁的脸说道。

小德鲁拿到球，对勒布朗发起反击。

罗密欧也加入了比赛，开始把对手顶翻在地。

接下来，大家奋力地争抢篮板、争夺球权，为彼此挡拆。这样的活力正是德鲁教练和教练组所渴望的。

终于到了休息时间。一位队友走向勒布朗，和他探讨刚才某个回合的战术为什么会失败。

勒布朗很清楚他指的是哪个回合。

"那个战术为什么没奏效？"队友问道。

"那是因为你启动得太早了。"勒布朗回答，随后他当起了老师。

在教练们的注视下，球员们聚拢在勒布朗周围。勒布朗向所有人复盘了那个回合，然后同那位队友解释了战术失败的原因。"你刚才在低位，"勒布朗告诉他，"你本该出现在高位。"

那位队友点了点头，随后大家伸出拳头一起鼓劲。

德鲁教练盼望橄榄球赛季赶快结束。

秋天，艾迪·杰克逊从约瑟夫·马尔什那里拿到了第二期贷款，共计2.5万美元。马尔什已经在谋划那部关于勒布朗的纪录片了。由于马尔什提供了资金，他希望获得影片的相关权利，并且享有50%的分成。对杰克逊而言，这是一个完全陌生的领域。不过既然马尔什是出资人，一切都由他做主。

在马尔什的催促下，杰克逊同意与莱昂内尔·马丁（Lionel Martin）见面。马丁是一名位于纽约的电影制作人，曾为图派克、Snoop Dogg 和惠特尼·休斯顿（Whitney Houston）等众多唱片艺人的十多支音乐录影带担任导演。马尔什认为他很适合担任勒布朗纪录片的导演。

杰克逊和马丁正在构思计划，16岁的勒布朗则忙于应付他的日常任务，包括完成课堂作业、提升学业成绩、学开车，等等。成绩单下发了，他的成绩还不错，特别是地球科学——这是他最喜欢的一门课。橄榄球赛季末，他通过了驾驶考试并获得了驾照。

杰克逊用他从马尔什那里借来的钱为勒布朗购买了一辆福特探险者作为他的奖励。感恩节的夜晚，勒布朗开着它去往电影院，打算观看由马丁·劳伦斯（Martin Lawrence）主演的《黑骑士》(*Black Knight*)。勒布朗走向车子，忽然听见一旁有人低声议论："那就是勒布朗·詹姆斯。"

勒布朗终于体会到了独立的感觉——他拥有了属于自己的车，可以开着它去不同地方。在公共场合被人认出并且成为别人窃窃私语的话题，这也是一种新鲜的体验。能够得到他人的认可，这种感觉还不赖。他对篮球赛季的开幕更加迫不及待。

两天后，2001年11月24日，圣文森特在俄亥俄州橄榄球季后赛中不敌利金谷高中（Licking Valley）。勒布朗交还了头盔，挂起了钉鞋。他要彻底和橄榄球赛说再见了。

《阿克伦灯塔报》在其2001—2002篮球赛季展望栏目写道：

你几乎可以期待这样的场景：当你在清晨醒来并望向窗外，一幅勒布朗·詹姆斯跳跃的照片正悬挂在一栋写字楼的外墙上俯视着你。

今天，阿克伦。

明日，时代广场。

人们对勒布朗和他的队友抱有极高的期望，而对手对他们的嫉恨也水涨船高。圣文森特引起了每一个对手的厌恶。他们拥有全美最好的球员。他们的装备也最为精良——阿迪达斯球鞋、阿迪达斯队服和阿迪达斯定制头戴，一应俱全。他们还是媒体的宠儿。身为俄亥俄州的两连冠得主，他们被看好以不败战绩三度夺取桂冠。在体育领域，最强之队永远是其他队伍的眼中钉。

对此，勒布朗的态度是：无论人们把我们看作一群傲慢的胜利者，还是一帮自以为是的家伙，随他们吧。

赛前的更衣室里，圣文森特的球员们播放着Jay-Z的新专辑《蓝图》（*Blueprint*）为自己鼓劲。《掌控》（*Takeover*）等歌曲表达了圣文森特的球员们对比赛的看法。

你耍小拳头，我们将大刀挥舞，你的人生即将落幕
我们毫不留情，踩死你们这群蝼蚁之徒。[1]

圣文森特的球员们非常享受他们在对手的注视下走进球馆的那一刻。只需要那么一瞬间就可以看得出对手的态度——究竟视他们为崇拜对象，还是准备好和他们大战一场。那些对他们肃然起敬的对手往往不敢直视他们。那些想要与他们一决雌雄的对手总是对他们怒目圆睁。"不管对手摆出什么架势，我们毫不在乎，"勒布朗解释道，"因为我们知道在跳球之后会发生什么。"

赛季揭幕战，圣文森特狂胜了克利夫兰郊区的一所高中41分。接下来，他们背靠背挑战两所入围《今日美国》十强榜单的学校。第一个对手是杰曼镇学院（Germantown Academy）。这是一所位于费城郊外的私立学校，该队一名6.6英尺的高四生即将前往佛罗里达大学，另一名6.7英尺的高四生即将加入杜克大学，还有一位6.11英尺的高四生即将为范德比尔特大学效力。虽然身高不占上风，但勒布朗砍下了38分和6个篮板，而罗密欧和希安——两人体重相加足足有285磅——在篮下所向披靡。圣文森特最终以70比64取胜。

排名第七的圣路易斯瓦雄高中（Vashon High）也不是圣文森特的对手。勒布朗得到26分，圣文森特在防守端扼杀了对方，以49比41带走胜利。

---

[1] 译者注：*We bring knife to fistfight, kill your drama/ Uh, we kill you motherfuckin' ants with a sledgehammer.*（原文）

08 不平凡的球馆

先后击败杰曼镇学院和瓦雄高中之后，勒布朗发现圣文森特已被媒体形容为全美顶尖的队伍之一。对此，他没有异议，但他很清楚自己队伍和其他精英球队之间存在着一个显著区别。"我们可没有四名入选全美最佳阵容的球员，"他在日记里写道，"我们只有一个，那个人就是我。"不过，他依然热爱着自己的队友，欣赏他们打球的方式。

德鲁教练却对他们很不满意。每赢下一场比赛，他手下的球员就变得更加自满、更加无礼。在比赛中，球员们有时无视他的指令。在训练中，他们不但和教练争执，甚至相互斗嘴。只有他苦口婆心地劝说，球员们才会集中注意力并全力以赴。在一次训练中，他实在看不下去了，命令队员们跑起来。球员们竟然拒绝服从，于是他一气之下取消了训练。他不止一次因为球员们违反不准说脏话的规定而批评他们。有一次，罗密欧在训练中讲了一堆污言秽语，德鲁只好惩罚他做一百次俯卧撑。

甚至球员们选择的热场音乐也成了问题。科顿教练早就对那些毫无意义的内斗和无规无矩的行径感到不满。他向队员们明确，不准出现任何 F 字母开头的脏话，也不得提及"婊子""妓女"等词语。要不是看在希安的分上，他早就退出球队了。

队内的纷争在一定程度上源自德鲁的执教风格。勒布朗和队友们想念丹姆布洛特，尽管他们绝对不会承认。他们依然对丹姆布洛特的离开耿耿于怀，他们渴望那种直言不讳、咄咄逼人的执教方式。他们怀念他的叫喊，甚至他脱口而出的脏话。至少丹姆布洛特让他们觉得自己是在为一位深谙胜利之道的大学教练打球。对于德鲁，他们感觉自己面对的是一位父亲式的人物。如果他们还是孩子，这倒没什么问题。但他们已经长大，知道胜利是何种滋味。他们觉得自己不可战胜。所以，当德鲁教练反复提醒他们谨防被一支实力逊色的队伍爆冷击败时，他们完全不予理睬。

圣文森特带着 7 胜 0 负的战绩在特拉华州举行的假日邀请赛决赛中迎战阿米蒂维尔纪念碑高中（Amityville Memorial High）。这天恰逢勒布朗 17 岁生日，作为纽约州卫冕冠军的阿米蒂维尔打算搅黄他的生日派对。比赛还剩五秒，圣文森特落后三分，这时勒布朗投进一记三分球，并造成对手的犯规。加罚命中之后，圣文森特反超一分。德鲁教练喊了暂停。

队员们凑了上来，德鲁嘱咐他们去给对方发球的球员施加压力。但是队员们显然另有打算，他们想要采取不同的防守安排。

阿米蒂维尔发出界外球，他们那位行动敏捷的控球后卫摆脱了防守。勒布朗对他犯规。随着他两罚全中，圣文森特以一分之差不敌对手。

心灰意冷的德鲁教练希望这场失利可以为球员们的骄傲自大泼一盆冷水。

这只是他的痴心妄想罢了。

09 上车

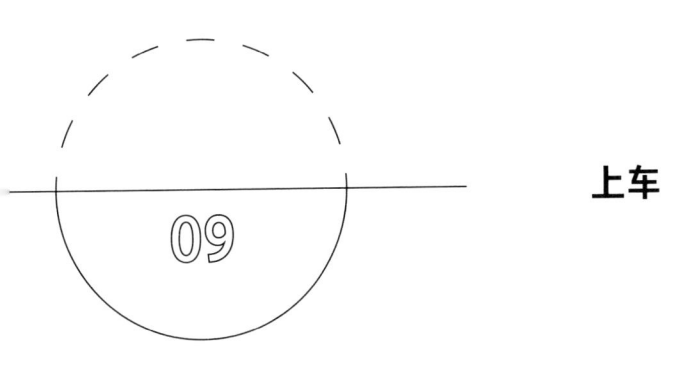

阿迪达斯在这场勒布朗争夺战之中稍占优势。耐克则把它当作一场持久战。迈克尔·乔丹才是耐克的王牌。2002年1月31日，华盛顿奇才队来到克利夫兰挑战骑士队。艾迪·杰克逊给克利夫兰骑士队的主教练约翰·卢卡斯（John Lucas）打去电话，请求他为勒布朗和他的朋友们预留几张球票。勒布朗还被安排在赛后和乔丹见面。

那天下午，勒布朗参加了篮球训练。一张陌生的面孔出现在球馆里。之后，圣文森特竞技部的一位成员来到了更衣室，向他介绍了28岁的格兰特·瓦尔（Grant Wahl），一位来自《体育画报》的记者。

瓦尔负责为该杂志报道足球和大学篮球新闻。他第一次听说勒布朗是在去年阿迪达斯ABCD训练营结束后不久。瓦尔的一位同事在专栏中提到了勒布朗对阵兰尼·库克时的表现。瓦尔被这段故事所吸引，于是做了调查。许多球探告诉他，勒布朗已经具备了状元秀的实力，即使他只是一名高三生。瓦尔得到的消息越多，就越迫切地想要为这个被篮球界人士描述为乔丹接班人的阿克伦孩子写一篇特别报道。在他的编辑批准他就这篇报道征求勒布朗的意见之后，瓦尔立刻就登上了飞往俄亥俄州的航班。日程安排得相当紧张，一切都取决于瓦尔能否说服勒布朗。

更衣室里，勒布朗的朋友们都在场。勒布朗疑惑地盯着这位忽然冒出来的陌生人，心想：这家伙是谁？他究竟想做什么？

瓦尔觉得自己和这个地方格格不入。他知道一间热闹的更衣室绝不是打交道的理想场所。他察觉到勒布朗有些不情愿，于是询问他能否私下和他谈几句。

勒布朗跟着瓦尔走到一个安静的角落。

瓦尔先是为他的不请自来向勒布朗道歉，接着他表明来意——写一篇报道，让《体育画报》的所有读者进一步了解勒布朗以及他的人生。"这篇故事一定非常棒。"瓦尔说道。

勒布朗继续听着瓦尔的解释。为了写出一篇恰如其分的故事，瓦尔希望两人能够多花一些时间共处。他提出一个别出心裁的想法。

"我听说今晚你们要去克利夫兰看球，"瓦尔说道，"我正好租了一辆车，我载你们过去吧。"

勒布朗犹豫了。他没想到瓦尔会提议开车载他和朋友们去克利夫兰。这种请求并不常见。勒布朗也不确定自己是否真的希望瓦尔跟随他们。他甚至不认识这个家伙。

"我十分感激这个机会。"瓦尔接着说。

机会？身为一名高中生，他考虑着搭一位陌生人的车是否合适。只有17岁出头的他还无法预见瓦尔的这个提议有可能改变他的人生。勒布朗没有同他的母亲、教练或任何成年人商量，他花了不到一分钟的时间将瓦尔打量了一番。登上全美最有影响力的体育杂志这个机遇最终战胜了他的疑虑。他决定上车。

那天晚上，勒布朗走出公寓，他头戴一顶阿迪达斯的毛线帽，身披一件

09 上车

黑色外套，手里拿着一个装得满满的 CD 包。他上了瓦尔租来的车，坐在副驾驶座，马弗里克和小弗兰基·沃克钻进后座。距离勒布朗到小弗兰基的卧室里借宿那段时光已经过去七年了，但他们的关系依然紧密，每当勒布朗做些有趣的事情，他总会喊上自己的老朋友。如果瓦尔想要一窥自己的生活，勒布朗心想，他不妨见一见自己的朋友，听一听他们日常训练时播放的音乐。勒布朗从 CD 包里拿出 Jay-Z 的《蓝图》，将它塞进汽车的播放器，然后调高音量。

车子刚刚起步，瓦尔的脑中忽然闪出一个念头：坐在他车上的是一位身价即将高达数千万美元的青少年。伴随着澎湃的音乐声，瓦尔像个新手一样小心翼翼地驾驶着汽车。他的内心紧张极了。他告诉自己：一定要确保这个家伙安然无恙地回来。

出城的途中，他们去了一家快餐店。在汽车通道排队等候时，瓦尔看向勒布朗。"这篇文章可能会成为封面故事。"他说道。

勒布朗睁大了眼睛。

对瓦尔来说，还有一个困难需要解决——他还不知道怎么进入比赛现场，他既没有媒体证，也没有球票。

一行人抵达了冈德体育馆（Gund Arena）。马弗里克带领他们来到一个指定区域，勒布朗和弗兰基出示了带有照片的身份证件，换取了场边座位的球票。接着马弗里克和勒布朗望向了瓦尔，对安保人员说了几句话，大意是他和我们是一伙儿的。

经历了几次来回对话，瓦尔也进来了。

勒布朗向场边座位走去，一路上他为旁人签了名，拍了几张合影。瓦尔则跟在他身后。

这场比赛以极具戏剧性的方式收尾，乔丹命中了压哨绝杀。不久，一位盛装打扮、外表神秘的男人同勒布朗和马弗里克打了招呼，请他们跟随自己走进通道，向奇才队的更衣室走去。

勒布朗和马弗里克同他叙着旧，好像他们是家里的一个老熟人。那个男人走开后，瓦尔问道："那家伙是谁？"

"韦斯叔叔。"勒布朗说道。

瓦尔此前从未见过威廉·韦斯利（William Wesley），他被许多人认为是NBA里最有影响力的幕后权贵。韦斯利同乔丹和耐克都有着紧密的联系，《芝加哥太阳报》（Chicago Sun-Times）的记者曾这样描述他："我怀疑他为某个秘密机构、FBI或是CIA工作，后来我又怀疑他是一个帮球员们找姑娘的皮条客，一个放高利贷的债主，一位保镖，或者是联盟的副总裁。"

但是对勒布朗来说，韦斯利仅仅是他的"韦斯叔叔"，是他不断壮大的人脉网里的新成员。韦斯利结识了艾迪·杰克逊，悄无声息地出席了几场勒布朗在圣文森特的比赛，甚至在过去的那个夏天把勒布朗介绍给了Jay-Z。关于这些，勒布朗对瓦尔只字未提。

终于，韦斯利和乔丹一起出现了。乔丹穿着一套专门定制的蓝色正装，朝勒布朗大步走来。

勒布朗笑着和乔丹握了手。

乔丹注意到格洛丽亚并没有来。"你妈妈呢？"他问道。

"她在新奥尔良。"勒布朗回答。

眼前的一幕让瓦尔惊讶不已。这幅场景让他联想到了那张大名鼎鼎的照片——1963年，16岁的比尔·克林顿在白宫玫瑰园与他的偶像肯尼迪总统见面。

和勒布朗聊了几分钟篮球话题之后，乔丹要去赶飞机了。

"运一次球，急停，干拔投篮，"乔丹说道，"期待你学会这一招。"

勒布朗点点头。

乔丹离开了。

"那是我的哥们儿。"勒布朗说道。

瓦尔的故事已经有眉目了。

返回阿克伦的途中，勒布朗向瓦尔抛出了许多问题："当作家是一种什么感觉？……你成家了吗？"

瓦尔对勒布朗又多了几分钦佩。他没有自命不凡或是高高在上的架势。他把自己的朋友当作亲兄弟来对待。

抵达阿克伦时已接近晚上11点了，而第二天依然是上学日。勒布朗表示自己饿了，于是提议所有人去Applebee's餐厅再吃一顿。

09 上车

瓦尔何乐而不为呢?

勒布朗很清楚,身为一名职业篮球运动员,在比赛和训练之余,还有更多事情要做。这份职业带来了诸多额外的责任,应付媒体就是其中之一,而许多运动员往往将其视为负担。从进入高中的那一刻起,勒布朗已经习惯了与各路体育记者打交道,不论他们来自《阿克伦灯塔报》或是《老实人报》。记者们报道了勒布朗的橄榄球和篮球比赛,他们的故事对提升勒布朗在俄亥俄州的知名度起到了重要作用。勒布朗很喜欢这帮家伙,也知道该如何和他们交谈。如今,勒布朗的合作伙伴换成了《体育画报》,而他即将得到一份更加宝贵的经验——在塑造形象这件事上,图片或许比文字更具有说服力。

早晨不到八点,勒布朗把车停在了圣文森特的停车场。这天是"超级碗星期日",校园里人烟稀少。勒布朗对稍后的那场对决充满期待——人气旺盛的圣路易斯公羊队迎战新英格兰爱国者队。爱国者队是一支黑马,队内有一位名不见经传的四分卫即将迎来自己人生中的第一场超级碗比赛,他叫作汤姆·布雷迪(Tom Brady)。但是在享受超级碗之前,勒布朗要把注意力放在一次摄影活动上,这是他第一次为一家全国性杂志拍摄照片。勒布朗走进一座昏暗的建筑。25岁的迈克尔·莱布雷希特(Michael LeBrecht)正在里头摆弄着他的照相机。他是一位初出茅庐的摄影师,此前一直担任设备助理。

莱布雷希特此前从未给杂志拍摄过封面照。他曾在夏天的阿迪达斯ABCD训练营期间见过勒布朗。他有一个最突出的优点,那就是擅长和年轻人相处,让他们放松下来。他懂得如何对待勒布朗和格洛丽亚,格洛丽亚对他刮目相看。他在拍摄肖像照片方面也很有心得。

勒布朗为莱布雷希特摆出各种造型,他们选择了各式各样的拍摄背景,时而在课桌前,时而在更衣室,还到体育馆尝试了运球和扣篮的动作。莱布雷希特的助理往勒布朗的脸上喷上水雾,塑造出他满头大汗的形象。拍摄进行了好几个小时。德鲁教练曾一度出现在拍摄现场。他头一次见到如此复杂的摄影场面。这简直是太疯狂了,他心想。

所有的工夫只为了一张照片——一张引人注目的封面照。它即将向全世界隆重介绍勒布朗·詹姆斯。最终，莱布雷希特让勒布朗举起了一个涂满金色颜料的篮球。

勒布朗身穿圣文森特的队服，套上一条绿色的头带。他右手托起那个金球，放在头部后方，做出一副准备灌篮的架势。左臂朝前伸直，五指张开，像是在指挥交通。他睁大眼睛，张开嘴，仿佛在大声宣告：当心！我来了！天性幽默的勒布朗无须过多的指示。

在一块黑色的背景板面前，只有两盏小型灯光将勒布朗照亮。咔嗒！莱布雷希特的封面照到手了。

在那个学年的开端，当勒布朗第一次看到篮球赛程，他喜出望外——圣文森特即将连续两年与橡树山学院交锋。这意味着他会同自己的新朋友卡梅隆·安东尼重逢。他圈出了那场他最期待的比赛。

橡树山学院的战绩为 24 胜 1 负，位居全美第四。

圣文森特则为 15 胜 1 负，全美第五。

来到宾夕法尼亚州的兰霍恩市（Langhorne），两支球队下榻同一家旅馆。比赛前一天夜晚，勒布朗在大堂见到了卡梅隆。两人立刻打开话匣子，聊起了上个夏天在科罗拉多州当室友时没能讲完的话题。那时的卡梅隆渴望找到一个可以称兄道弟的朋友。勒布朗预感他们之间的友谊将会一直维持下去。夜已深，两人已经滔滔不绝了两个多小时，直到橡树山学院的教练出现。

"我知道你们关系很好，"教练说道，"可是你们明天还要打比赛呢。"

第二天，在新泽西州特伦顿市的主权银行体育场（Sovereign Bank Arena），PrimeTime Shootout 锦标赛的气氛异常热烈，完全不像是一场高中篮球比赛。多达 11 000 名观众和大批篮球记者亲临现场，一睹两位全美最强高中生的正面对决。

去年夏天，在两人一同出席阿迪达斯 ABCD 训练营期间，NBA 全明星球员特雷西·麦克格雷迪向勒布朗传授了一些个人建议："当你走上球场，你将没有朋友。不论你与谁交手，一定要毫不留情地将他们击退。"对阵兰尼·库克时，勒布朗正是秉持了这样的心态。他还把这种心态用在了高三赛

09 上车

季圣文森特的每一场比赛。但卡梅隆是他的好朋友，他实在无法把他当作敌人看待。随着圣文森特和橡树山之间的较量拉开帷幕，这两位篮球智商超群的球员奉献了大师级别的表演，让在场所有人叹为观止。他们把赛场变成了自己的舞台。在这场决斗中，勒布朗砍下36分，卡梅隆得到34分。比分定格在72比66，勒布朗夺得了赛事的MVP，而卡梅隆则率队带走了胜利。这场比赛被认为是有史以来最精彩的高中篮球比赛之一。

圣文森特的战绩跌至15胜2负。勒布朗和队友们不认为这是个糟糕的结果：这一夜，在勒布朗之外的所有队员都手感不佳的情况下，他们只输了6分，何况对手阵中有六名球员已经拿到了NCAA一级联盟的奖学金。

就《体育画报》而言，将高中运动员作为封面人物是极为罕见的。在这家杂志42年的历史上，这种情况仅出现过7次。从编辑的角度考虑，避免让青少年登上一本面向数百万成年人的杂志的封面已成了一种共识。最重要的原因是，如果让一个未成年人登上一本阅读量位居世界前列的杂志，人们会因此产生过高的期望，而这些期望往往难以实现。这家杂志在1966年做了第一次尝试，当时他们报道了一位名叫里克·芒特（Rick Mount）的高四生，来自印第安纳州的黎巴嫩市。封面上，他站在一座农场里，身后是红色的谷仓和白色的栅栏。宣传语赫然写着："高中篮球界最闪亮的明星"。芒特去了普渡大学，后来经历了一段短暂而平庸的职业生涯。最近一次有高中生成为封面人物还要追溯到1989年，主角是18岁的棒球投手乔恩·彼得斯（Jon Peters），他来自得克萨斯州的布伦汉姆市，曾创下51胜0负高中最佳战绩。彼得斯的封面配文是"超级小子"，但他从未进入大联盟。在接受了得州农工大学的奖学金后，他的手臂遭遇了四次手术，未满21岁就告别了职业棒球生涯。

距离这家杂志上一次选用高中生作为封面人物已经过去20多年了。选用

111

一位高三生更是史无前例。勒布朗还是登上杂志封面第二年轻的运动员，仅次于被这家杂志冠以"下一个玛丽·卢（Mary Lou）"[1]称号的14岁体操选手克里斯蒂·菲利普斯（Kristie Phillips）——她落选了美国队，最终获得拉拉队队员奖学金并进入路易斯安那州立大学。

对编辑们来说，这是一项重大的决定。但当时即将离任的执行编辑比尔·科尔森（Bill Colson）支持了这个大胆而前卫的想法。勒布朗的个人魅力必将引起轰动。科尔森想出了一段封面配文："天选之子：高三生勒布朗·詹姆斯可即刻成为一名NBA乐透秀。"

格兰特·瓦尔开心极了。但他依然保留一丝谨慎。瓦尔心想：天啊，但愿我们不会毁了这个孩子的人生。

2月13日这天，勒布朗身在校园，但刊登着他面庞的杂志摆放在从纽约到洛杉矶的无数报摊上，投进了从基韦斯特到斯波坎的无数信箱里。这份封面引起了其他媒体的热烈讨论，大到ESPN，小至众多体育谈话广播。《今日秀》(Today Show)节目和《少年人》(Teen People)杂志先后致电询问。在俄亥俄州，格兰特·瓦尔接受了大批当地电台节目的采访。勒布朗正坐在学校的一间屋子里，他翻开杂志开始浏览，其中一行写道：

俄亥俄州高三生勒布朗·詹姆斯实力出众，已被誉为飞人乔丹的接班人。

这是一份沉重的褒奖。在《体育画报》的大力宣传下，勒布朗成了整个体育界的话题。

这期杂志的影响立竿见影。在圣文森特，当勒布朗穿过走廊，同学们纷纷向他投去崇拜的目光。学校竞技部被无数来电所淹没，全国各地的记者们争先恐后地想要采访他。球迷们涌向学校，闯进篮球训练场，只为一瞥勒布朗的

---

[1] 译者注：玛丽·卢·雷顿（Mary Lou Retton），美国体操选手，获1984年洛杉矶奥运会女子个人全能冠军，入选国际体操名人堂。

09 上车

风采。杂志虽形容他为"天选之子",但在圣文森特,他就是"国王"。勒布朗甚至开始把自己称为国王詹姆斯。

"我未免太天真了,我并不清楚登上《体育画报》封面到底意味着什么,"勒布朗多年之后谈起这次经历,"当时我很自大,把自己称为国王詹姆斯。我有些膨胀了。在事后看来,我应当低调一些,但毕竟我那时还是一个少年。全世界所有体育记者一瞬间似乎都冲着我而来。"

过高的吹捧对勒布朗和他的队友们来说或许并不是一件好事。在杂志发行的四天之后,圣文森特与宾夕法尼亚州的乔治少年共和学校(George Junior Republic)交手,这是一所收容困难青年的寄宿制学校。比赛在扬斯敦州立大学进行,仅设有站席的体育馆挤满了超过6 700名观众。对方的教练只向球队传达了两个简单的指令:攻守转换时对勒布朗犯规,绝不允许他冲击篮筐。

他的球员们立即执行了比赛计划。当勒布朗向篮下突破,对手采取了凶狠的犯规,将他撞倒在地。随后勒布朗又一次被撞倒,恶劣的犯规动作险些让勒布朗受伤。怒不可遏的格洛丽亚冲入场地,旁人不得不去制止她。

在那回合之后,勒布朗不再继续突破,而是选择跳投。圣文森特在加时赛中57比58爆冷告负。这场失利发生在他们输给橡树山学院之后,这也意味着勒布朗和他的队友们第一次在高中生涯遭遇两连败。赛后,更衣室的氛围格外消沉,德鲁教练不得不向大批记者表示他的队员们不接受采访。当勒布朗的身影出现,大约100人立刻涌了过来。他们手里举着《体育画报》杂志,想得到勒布朗的签名。原来,赛前有个人在体育馆门口售卖杂志,一本卖5美元。

第二天,又有一群索要签名的人闯进了圣文森特体育馆,打断了球队的训练。学校显然需要采取措施保护勒布朗和他的队友们。于是从下一个客场比赛起,球队大巴在警察的护送下开往体育馆。当他们走下大巴车,球迷们排着长队向他们打招呼。其中一些人甚至等待了好几个小时。"我们爱你,勒布朗!"球迷们叫喊着。女孩们大声尖叫,企图引起勒布朗的关注。

勒布朗的队友们被狂热的氛围所淹没。

"我感觉自己在打NBA,"希安·科顿解释道,"女孩们出现在旅馆里。人们千方百计地想要进入我们的房间。"

113

圣文森特的比赛场边开始出现名人的身影。在那份《体育画报》杂志发行的几周之后，湖人队做客克利夫兰挑战骑士队，沙奎尔·奥尼尔（Shaquille O'Neal）抽空观看了勒布朗的比赛。他的出现立刻引起一阵骚动，比赛只好被迫暂停。希安·科顿惊喜地望着自己崇拜的偶像。观众们如蚁群般涌向奥尼尔，想要和他握手。又过了几天，ESPN派出制作组来到圣文森特。他们将更衣室打造成了一个临时演播室，打算对勒布朗、他的队友以及德鲁教练进行一次出镜采访，这次特别报道将在2月底的 *SportsCenter* 节目[1]实况播出。

与此同时，来自其他队伍的嫉恨愈演愈烈。圣文森特与同城对手主教霍本高中的较量在罗德斯体育馆上演，这场比赛早已一票难求。赛前热身时，对手的所有球员都穿着一件印有"天选之子"的T恤衫。这样的把戏激起了勒布朗和队友们的斗志。比赛刚开始，他们就给对手一记下马威，早早建立起巨大的领先优势。随后霍本的主教练派上了一位身形酷似橄榄球中后卫的替补队员。他一登场就对勒布朗下狠手，通过一连串粗鲁的犯规把勒布朗掀翻在地。坐在圣文森特板凳席旁边的艾迪·杰克逊忍无可忍。他站起身，冲向霍本的板凳席，对着他们大发雷霆。当安保人员介入，艾迪的情绪更加激动。最后他在警察的护送下离开了球馆。圣文森特以39分的优势大获全胜。

球队虽然赢了球，德鲁教练却陷入迷茫。在接下主教练这份职务的时候，他绝对想不到自己将要面对《体育画报》和ESPN的采访。他从未预想球员们会得到名人般的待遇——为了拍摄照片而精心打扮，像大明星那样成为网络电视的话题，被球迷追赶着索要签名，被摄影师抓拍，被女孩们仰慕。他也不会预料到自己的队伍会被对手细致入微地研究，甚至遭到对手的仇视，这些都是丹姆布洛特教练在过去的两年未曾经历的。德鲁读过很多关于执教的书籍，但没有一本书指导他怎么应对这种让他无所适从的热闹场面。

随着媒体大肆报道，德鲁察觉到球队在训练时日渐散漫。尽管他们在两连败之后强势反弹，大比分击败了多支球队，但圣文森特已经失去了应有的紧迫感。训练中，每当德鲁下达指令，他们总是立刻质疑，好像他们懂得更多。

---

1 译者注：ESPN电视台的一档体育新闻类节目。

09 上车

在场外，队员们成了派对的常客。

勒布朗也意识到了事情不对劲，尽管他自己也身在其中。"《体育画报》的封面故事让我们所有人变成了摇滚明星，"他日后回忆道，"我们越来越觉得自己是不可战胜的。"

赛季末的一次事件证明了德鲁教练的处境是多么艰难。在一次训练中，罗密欧多次爆出"F"词粗口，德鲁教练惩罚他做俯卧撑。

罗密欧用他的口头禅反驳道："去你的。"

德鲁教练实在没辙了，只能把他赶出训练馆。

高一之后，帕特里克·瓦塞尔知道自己在圣文森特的篮球生涯走到了尽头。这支队伍人才济济，竞争实在过于激烈。相反，瓦塞尔把重心放在了自己的荣誉课程[1]上，参加学校的戏剧社，还对学生会工作萌生了兴趣。尽管如此，他依然经常在校园里遇见勒布朗。两人在走廊里的储物柜是紧挨着的。

瓦塞尔总是眉头紧锁，几乎每时每刻都在为自己的学习成绩和大学去向发愁，对自己未来的计划忧心忡忡。有太多事情需要他思考。当他看见勒布朗时，他羡慕那份从容和自信——勒布朗有目标、有方向，对自己未来的人生胸有成竹。一天，两人来到储物柜跟前，勒布朗不小心掉了一张纸。瓦塞尔低下头，立刻认出那是一份美国大学入学考试（ACT）预考成绩单。对准备大学入学考试的学生们来说，这是一份极其重要的文件。

瓦塞尔捡起那张纸，递到勒布朗手里。

勒布朗接过文件，看都没看一眼，就把它塞进了储物柜里，关上门。

如此洒脱的态度令瓦塞尔感到羡慕。

"当时我在学校上大学预修班[2]，我对一切都感到很焦虑，总是确保我的储物柜锁得牢牢的，"瓦塞尔解释说，"他和我完全相反。他对待 ACT 成绩单的态度是：'那张纸对我来说算不上什么，我根本不把它放在心上。'我实在无法

---

[1] 译者注：Honors classes，即为成绩优异的学生开设的高水平课程。
[2] 译者注：AP classes，美国高中开设的具有大学水平的课程，便于学生为攻读大学做准备。

领会。他很清楚什么东西对他来说是重要的，什么东西是不重要的。"

但是勒布朗也并非过得无忧无虑。他只是很擅长应对他人生中复杂的一面罢了。有时，似乎他所接触的任何事物都是一把双刃剑。例如，他乐于看见自己登上《体育画报》的封面。他对此无比自豪，甚至在自己的卧室里堆放了一摞杂志。但他如何看待自己被比作迈克尔·乔丹？他感觉这更像是一种诅咒而非赞美。最糟糕的一点是，对于他所经历的一切，没有人能够和他产生共鸣——毕竟没有任何其他人被描述为篮球史上第二伟大的球员。

勒布朗承受着无比巨大的压力。他甚至不止一次和朋友们一起尝试了大麻，但他并不喜欢这东西给他带来的感觉，尤其是当他登场比赛的时候，所以他很快就放弃了。尽管他热爱篮球，但是这种时刻觉得自己身处舞台之上的负担——即使是去自习室这样稀松平常的事情也是如此——让他备受煎熬。

观赏他人的表演是为数不多能让勒布朗感到解脱的事情，比如观看电影和电视剧。在高三那年，他甚至对校内的戏剧和音乐剧表演产生了兴趣。俄亥俄州篮球锦标赛将至，勒布朗前去观看了学校编排的音乐剧《安妮》(*Annie*)。

瓦塞尔参演了这部剧。勒布朗出现在观众席让他喜出望外。

这是勒布朗第一次现场观看音乐剧演出，这部剧讲述了一位女孩被亿万富翁奥利弗·沃巴克斯（Oliver Warbucks）收养的故事。勒布朗从自己匆忙的生活中暂时挣脱了。

当勒布朗为表演喝彩时，瓦塞尔心中的一股自豪感和使命感油然而生。

俄亥俄州锦标赛半决赛回合的球票早已售空，超过两万名球迷挤进了克利夫兰岗德体育场，创造了俄亥俄州高中篮球赛观众人数之最。上一次骑士队的比赛座无虚席还是乔丹和奇才队来此做客之时。勒布朗的吸引力几乎可以和乔丹相提并论。他刚刚获得 *Parade* 杂志评选的年度最佳球员奖，是第一位获此殊荣的高三生。他还被美联社评选为"俄亥俄州篮球先生"，这是他连续两年获得这一奖项。拜《体育画报》那篇封面故事所赐，球迷们已经把勒布朗和他的队友们当作一个说唱组合来对待，而不是一支高中篮球队。为了购买球票，球迷们在大街上扎营排队。双方跳球之前，票贩子更是把球票价格炒到了 200 美元。

09 上车

圣文森特狂胜对手 40 分。随后的几轮比赛，球迷们依旧热情不减，圣文森特继续高歌猛进。州锦标赛三连冠似乎已是十拿九稳。

德鲁教练警告队员们切勿过分自信。

勒布朗和队友们却认为他的担心是多余的。自从 2 月中旬遭遇两连败，圣文森特再也没输过球，几乎场场比赛都大胜对手。决赛里，他们即将接受罗杰贝肯高中（Roger Bacon）的挑战。圣文森特曾在赛季初期击败过这所天主教学校。勒布朗的态度十分明确："我们是不可一世的圣文森特 - 圣玛丽高中，谁也别想招惹我们。对手绝大部分球员是白人，只有少数几位黑人。他们怎么打得过我们呢？"

比赛前一天的夜晚，球员们和拉拉队员在酒店里待到了午夜过后。德鲁教练大发雷霆。他命令拉拉队员们回房间，斥责球员们毫无职业精神。即便如此，在德鲁返回房间后，球员们依然继续作乐，直至破晓。其中几个队员甚至将姑娘们偷偷带回房间。

比赛的进程并不如圣文森特所预想的那样顺利。无所畏惧的罗杰贝肯在半场结束时领先 1 分，并带着 5 分的优势进入末节。比赛尾声，罗密欧愤懑离场。最后 17 秒，罗杰贝肯领先 3 分。圣文森特的三分球投篮未能命中，只好对对手抢到篮板球的球员采取犯规战术。心情沮丧的小德鲁将篮球砸向篮板泄愤，领到了一次技术犯规。

"你在干什么啊？"勒布朗一边朝他大喊，一边摇晃他的身体，"我们明明还有时间。"

这次技术犯规送给罗杰贝肯两次罚球外加一次球权，比赛因此失去了悬念。德鲁对结果感到羞愧，禁不住湿了眼眶。希安张开他那巨大的胳膊抱住了教练。威利也哭了出来。罗密欧的眼中满是泪水，气急败坏的他恨不得找人打一架。

勒布朗是唯一一个没有哭泣的球员。这样的结局对他们来说无疑是自食其果。他们是实力更强的一方，却被自负所摧毁。他们的表现和浑蛋没有什么区别，总是不把教练放在眼里，连教练的警告都当作耳旁风。

勒布朗走向罗杰贝肯的球员们，和他们握手致意。

这个赛季格外漫长，令人精疲力竭。它总算在苦涩的滋味中落幕了。

骗子

勒布朗和马弗里克待在一起的时间越来越久。两人每天都会联系。当勒布朗需要外出透透气，他总会打电话给马弗里克。马弗里克则毫不迟疑地离开阿克伦大学的校园，开车接上他的朋友，带他兜兜风。他们谈到了越来越多人企图接近勒布朗，这是《体育画报》那篇封面故事带来的余波。2002年春季，勒布朗和马弗里克开始提起"核心圈"这个词，二者都认为勒布朗有必要建立自己的核心圈。在马弗里克看来，勒布朗如同一块黄金——触摸得越多，它的光泽越暗淡。马弗里克不希望太多人接近他的朋友。

勒布朗也表示赞同，是时候缩小自己的圈子了，只有他最亲密的朋友和家人才能靠近他。他的想法是：如果你没能在第一天进入这个圈子，那么你永远别想进入。他信任马弗里克，将他视作自己核心圈的理想"看

10 骗子

门人"。

2002年3月，两人决定前往亚特兰大观看NCAA"最终四强战"。刚刚过去的高中赛季让人疲惫不堪，他们希望暂时放松一下。他们没有选择从克利夫兰出发，而是来到了阿克伦肯顿机场（Akron-Canton Airport）。在等待地区航班的时候，勒布朗注意到了一位矮小健壮的年轻黑人男子，他穿着一件休斯敦油人队的复古橄榄球衣，背后印着"1"号，还有"MOON"[1]的名字，号码和名字均为白色字体搭配经典的红边。

勒布朗和马弗里克朝他走去。

"这球衣是从哪里买的？"勒布朗问他。

"我就是卖这个的。"那个人回答。

勒布朗为之惊叹，他提到自己喜欢收集球衣。

几分钟后，航班开始登机。

飞机降落在亚特兰大，勒布朗和马弗里克在行李领取处又遇见了这名男子。

他告诉二人："如果你们要在这里待上一阵子，务必去Distant Replays商店逛逛。"

勒布朗从没听说过这个名字。

男子解释说，那是一家复古球衣收藏店，也是他的供货商。他递给勒布朗一张印有商店地址的名片。男子在名片背面写下了他的电话和姓名：里奇·保罗。

"报我的名字，"保罗说，"他们就会给你打折。"

对试图接近勒布朗的每个陌生人，马弗里克总是持有怀疑的态度——那个穿着沃伦·穆恩球衣的小子竟然在行李处分发名片，有何企图？

---

[1] 译者注：前职业橄榄球运动员沃伦·穆恩（Warren Moon），出生于1956年，曾在休斯敦油人队效力九年。

勒布朗希望去 Distant Replays 瞧一瞧，于是在那个周末，他和马弗里克找到了这家商店。勒布朗相中了一件洛杉矶湖人队的复古球衣，他来到收银台，告诉店员他是里奇·保罗的朋友。

店员喊来了店主。店主怀疑地看着勒布朗和马弗里克，觉得他俩一定是在胡说八道，于是给保罗打了一通电话。"嘿，我这儿有两个小子，"店主告诉他，"他们提了你的名字。"

保罗确认自己认识他们，并向他们推荐了这家商店。

店主这才放心地给两人打了折。

马弗里克在心中默默记了下来——保罗这人是有些本事。

回到阿克伦的几天后，勒布朗给保罗拨去电话，告诉他自己非常喜欢那件魔术师约翰逊的球衣，多亏了他的推荐。

保罗很高兴自己帮上了忙。

勒布朗随即邀请他来阿克伦做客。

保罗决定带些球衣过去。

丢掉了州冠军之后，德鲁教练进行了大量的自我反省。他知道人们会怎么评价他——他无法胜任执教一支全美强队的任务，何况阵中还有一位全美最佳球员。当地的一位专栏作家写道："今年的圣文森特和过去两年的最大差别在于球队的领导者——德鲁·乔伊斯。"

且不提圣文森特取得了 23 胜 4 负的战绩，击败过几位全美顶尖的球员，挺进州锦标赛决赛，最终在《今日美国》"全美二十强"排行榜上高居第二，批评德鲁教练执教水平不过关的人们忽略了这项任务的艰巨性。他所继承下来的赛程比前两年更有挑战性。由勒布朗引起的史无前例的媒体曝光度分散了队伍的注意力，这是丹姆布洛特未曾面对的。德鲁手下的队员们也不再是丹姆布洛特时期那群听话的孩子了——他们一个个都变成了自我膨胀的年轻人，觉得自己不可一世。他们再也回不到新生时期了。德鲁这样告诉自己。他怀念以往那段单纯的时光。

当他回顾过去的一个赛季，德鲁还是禁不住感到自责。他过于计较球队的胜负，忽视了这群男孩的成长。他自忖着，我的责任是帮助他们长大成人。他后悔自己在这方面有所欠缺。

小德鲁很明白，在成为高三生之后，他和队友们变得难以管教。他知道别人对他父亲的评价，也听到了许多记者对他本人的评价。

"爸，别担心，下赛季让他们拭目以待。"小德鲁对父亲说。

德鲁教练的太太同意儿子的话。"让他们见识一下你的真本事。"她告诉德鲁。

得到家人支持的德鲁决定迎难而上。这群男孩是被他从小带大的，他发誓要在他们的高四赛季带给他们一次鼓舞人心的经历。他不打算制定一份可以确保他们轻松夺冠的简单赛程。相反，他决定打造球队有史以来最有难度的赛程安排。他要为队伍里的核心球员创造一次机会，让他们实现自孩童时期参加 AAU 比赛以来就一直追逐的梦想——全国冠军。

德鲁教练开始为了编排 2002—2003 赛季的赛程忙碌起来。他联系了一众全美强队，其中不乏全美排名前 25 的队伍：弗吉尼亚的橡树山学院、芝加哥的佩西·L. 朱利安高中（Percy L. Julian）、加州圣安娜的梅特德伊高中（Mater Dei）、底特律的雷德福高中（Redford High），以及北卡罗来纳州萨勒姆的理查德·J. 雷诺兹高中（Richard J. Reynolds High）。

所有人都看得出德鲁教练和圣文森特选择了一条困难的道路。

应勒布朗的邀请，里奇·保罗开始频繁造访阿克伦。勒布朗的朋友们起初并不欢迎他。在他们眼里，保罗是个局外人，企图利用勒布朗帮助他在阿克伦贩卖复古球衣。

勒布朗对保罗却有不同的看法——他懂得自力更生。虽然保罗只有 21 岁，还从大学辍了学，却在自己的汽车后备箱里做起了利润丰厚的生意。他从亚特兰大的批发商那里以每件 160 美元的价格购入复古球衣，再到克利夫兰按每件 300 美元出售。平常，他一周可以卖出价值 1 万 ~ 1.5 万美元的球衣，按照这个趋势，他一年就可以挣回 50 万美元。保罗的生意十分火爆，他甚至打算在克利夫兰的一座商场开设实体店铺。是否拥有商业学位对他来说无关紧要，他在16岁时拥有了两辆汽车，19岁时就买下了属于自己的第一套房屋。在21岁时开设一家自己的商店对他而言也算不上一件大事。

勒布朗头一次遇见保罗这样的人物，对他了解越多，就越希望和他待在一起。勒布朗始终相信，朋友再多也不嫌多。他拥有自己的"核心圈"，总是可以信赖这些人的意见——艾迪、德鲁教练和马弗里克。他还有几个"最亲密的朋友"——小德鲁、希安和威利。但他乐于结识新朋友，如同一个满世界游历的旅行者喜欢在护照上收集印章——奥克兰AAU球队的队友莱昂·鲍威、圣文森特的图书管理员芭芭拉·伍德，以及科罗拉多州夏令营的室友卡梅隆·安东尼。此外，勒布朗和外人相处也很有一套。除了勒布朗，没人能够说服罗密欧·特拉维斯加入圣文森特，也没人能够说服球队接纳他。

勒布朗不确定保罗最终会以何种身份走进他的生活，但他并不在意自己的朋友们如何看待保罗。每当他的日历上有重要活动，勒布朗总会通知保罗。虽然他经常临时发出邀请，保罗的回答始终如一："我会过去的。"

2002年6月，当勒布朗邀请保罗观看他在芝加哥参加的AAU锦标赛，保罗丢下手头的事务，立刻动身。但是比赛的过程却出乎他们的意料。在一场比赛中，勒布朗的队伍已遥遥领先。勒布朗准备起跳扣篮，但就在他腾空之时，对方的一名球员钻到了他的身下，撞向他的下半身。他失去平衡，手腕应声触地，骨折了。

裁判立即判罚恶意犯规，将对方球员驱逐出场。

勒布朗疼得在地板上直打滚。"为什么是我，为什么是我？"他哭喊道。

格洛丽亚受够了。现实是残酷的，围绕勒布朗的大肆宣传使他成了对手们的眼中钉。那些关于他的种种话题——无论是与乔丹同行还是被球鞋公司追逐——换来的是更多的嫉妒和仇视。但格洛丽亚的底线已经被触碰了——对手们正在糟蹋她儿子的未来，必须和这些破事情做个了结。

勒布朗被救护车送往当地医院。迈克尔·乔丹的私人骨科医生为他做了治疗。他骨折的左手腕被接上了，手臂打上了石膏。随后他被告知需要休战八周之久。

那个夏天余下的日子里，勒布朗沦为看客，无法再参加任何一场AAU比赛或邀请赛。但也正是因为这次受伤，勒布朗有更多时间和保罗相处，得以在个人层面更深入地了解他。

对于里奇·保罗，在芝加哥所目睹的那一幕让他见识到勒布朗身处的是一个多么残酷的世界。然而，这与他自己的遭遇相比可以说是平平无奇了。

1981年，保罗在克利夫兰出生，从小居住在民风彪悍的格伦威尔（Glenville）地区的一栋公寓里。其实他是在父亲的杂货店里长大的。这家商店名为"R & J Confectionery"，坐落在公寓的地下室。老里奇·保罗售卖人们渴望得到的一切东西——啤酒、香烟、彩票和零食，甚至还卖现做的甜甜圈。这家杂货店可谓整个街坊的中心，吸引了形形色色的人们——毒贩和瘾君子，妓女和嫖客，庄家和赌徒，甚至小偷和杀手也会光顾。老里奇·保罗随身带着一把枪是有原因的。但杂货店的这群顾客并没有欺凌他的孩子。相反，他们不但帮助照顾他，甚至守护着他。在他们眼中，那个孩子是给他爸爸帮忙的"小里奇"，总是躲在柜台后翻看高端生活杂志《罗博报告》（*Robb Report*），而且记得住每个人喜欢抽哪种香烟、玩哪种彩票。

老里奇·保罗不但教他的孩子怎么干活、怎么和形形色色的人相处，还在他8岁时教会他如何掷骰子和打牌。他告诉儿子，倘若日后生活拮据，这些都是可以用来挣钱的本领。小里奇小时候就很擅长玩骰子，到处赢钱，所以口袋里总有现金。在他13岁那年的一天，有人在赌局上用枪指着他，要打劫他的钱财。在那一刻，他让自己镇定下来，脑中想起别人传授给他的经验：盯着那个掏枪的家伙。如果杀手想要杀掉你，他必然会直视你的眼睛并扣动扳机。如果拿枪的人不敢直视你的眼睛，他大概没有能耐扣动扳机。那个持枪闯入赌局的家伙并没有直视里奇的眼睛。里奇把钱丢下，然后离开了。

勒布朗饶有兴致地听着里奇的故事。他还惊喜地得知，他俩念的高中类型相似。老里奇·保罗做的这一切只为了养家糊口。他希望自己的儿子过上更好的生活，接受正规的教育。为此他不惜负担高昂的学费，将小里奇送到位于城市另一头的本尼迪克廷高中（Benedictine High）。那也是一所白人居多的天主教学校，有着较高的学术要求，也执行着严格的着装规范。里奇并不喜欢那里，觉得自己格格不入。高一那年，他故意找借口想要退学。一天下午，他父亲开车到学校接他回家。途中，父亲问他是否知道马文·盖伊（Marvin Gaye）[1]是怎么死的。

"药物过量。"里奇答道。

"错，"老保罗告诉他，"是被他爸杀死的。如果你不尊重我，死不悔改，这也是你的下场。"

里奇第一次听到父亲这样对他说话。

"你给我振作起来，把成绩提上去，"父亲说，"否则我就让你从这个世界上消失。"

里奇带着3.7的平均绩点（GPA）顺利毕业了。在那之后不久，2000年，他的父亲因癌症离世。里奇一向把父亲视为英雄，父亲的离世在他的内心留下了一个巨大的空洞，即使是他母亲也无法填补。里奇和自己的母亲并不亲密，但这并不是他的过错。她在里奇小时候就染上了毒瘾，而且在他成长过程中一直未能戒掉。有时为了满足她的毒瘾，里奇和家人根本没有钱填饱肚子。里奇很担心他的母亲。他甚至无法接受电视剧或电影里有关性侵犯的情节，因为他害怕自己母亲流落街头的时候也会遭遇同样的事情。

勒布朗禁不住心想，他俩的共同点实在太多了。"他来自内城区，父亲离开了他，母亲有时候也不在身边——我立刻与他产生了共鸣。"勒布朗讲道。

里奇的工作态度也让勒布朗无比钦佩。里奇把自己形容为一个骗子。这个词大多数情形下具有贬义，但勒布朗知道里奇是什么样的骗子——他很早就学会怎样比别人付出更多，懂得自食其力。这些优点都是从他父亲那里继承的。勒布朗的骨子里似乎也有这样的干劲。当年幼的他在夜里孤身一人的时候，他比任何人都更有志向；从大弗兰基第一次将篮球交到他手里的那一刻，他比任何人都更加努力；在德鲁教练鼓励他分享篮球之后，他比任何人都更加无私。而且，勒布朗从不畏惧困难——不论是去一所白人为主的学校念书，为一位充

---

[1] 译者注：马文·盖伊（Marvin Gaye，1939年4月2日—1984年4月1日），美国传奇歌手、作曲家。

满争议的教练效力，或是对一名《体育画报》的记者敞开心扉。

2002年夏天，勒布朗觅得了一位知己，让他觉得自己并不孤独。多年之后，当他回忆起那段时光，勒布朗这样说道：

我们之间的对话远超篮球的范畴。我们聊的是人生。从时尚、生活态度、家庭到成长过程中接触到的音乐……我们无所不谈。我们并不仅仅是说"嘿，哥们儿，你今天打得真不错"。这样的话太俗套了。那家伙教会我的，是那些我以为自己很了解的东西——没想到他比我懂得更多。

勒布朗情不自禁地想到，也许他应当为自己的核心圈增添一个新名字：里奇·保罗。

伯克·马格努斯（Burke Magnus）是ESPN大学男子篮球节目的负责人。这位36岁的主管为所有该电视台播出的男子篮球比赛制订计划，并管理与转播相关的版权问题。2002年，ESPN并未转播高中篮球比赛。多年来不少人曾提议对高中体育比赛进行电视转播，但通通被否决了，主要原因是转播高中比赛来赚钱的做法似乎带有剥削性质。

马格努斯认为是时候用不同的眼光看待这个问题了。正是勒布朗登上《体育画报》封面给了他启发。在马格努斯看来，这件事为ESPN做一次大胆尝试提供了充足的理由——他们决定在黄金时段转播一场高中篮球赛事的常规赛。马格努斯认为："体育赛事直播是我们的生计，既然勒布朗是所有人谈论的对象，那么他就是我们的目标。我们理应直播他的比赛。"

在ESPN，并不是所有人都赞同他。马格努斯在一次节目编选会上提出了他的想法，却遭到了反对。"我不确定我们为什么要这么做，"一位同事反驳，"我们把那个孩子置于聚光灯之下，未免太过于着急了。"

过于着急？马格努斯不敢相信。"我的反应是，'你是认真的？'"他回想起那段经历，"我对他们说，'那小子已经登上《体育画报》封面了，你们难道没注意吗？'"

然而，考虑到这一做法的经济因素，ESPN的一些员工提出疑问："我们应当这么做吗？"

马格努斯的同事们也不知所措，他们怀疑勒布朗是否如此值得热捧。许多人感到好奇，这小子真有这么棒吗？

马格努斯依然笃定自己的主意。他不敢保证勒布朗一定会成为NBA球员，甚至从未现场看过他的比赛，对比赛战术也一知半解。但是马格努斯在勒布朗身上发现了一个令他赞赏的特质：他没有加入诸如橡树山学院这样的顶尖预科学校——这些学校一向是篮球潜力股的培养基地——而是选择留在家乡，和几个童年伙伴一道，为一所名不见经传的当地天主教学校效力。马格努斯心想：他没有选择当一名雇佣兵，而是选择留在家乡，和兄弟们并肩作战。

马格努斯曾在新泽西州的一所天主教高中念书，因此对勒布朗格外感兴趣。终于，上司为他开了绿灯，允许他直播一场勒布朗2002—2003赛季的比赛。马格努斯查阅了圣文森特的赛程，选出一场最有吸引力的比赛可谓易如反掌，那就是圣文森特对阵橡树山的比赛。

挑选比赛并不难，但搞清楚如何直播又是另一回事了。ESPN的所有人都不知道从何做起。要获得一场高中比赛的转播权，应当联系谁？马格努斯一头雾水。

艾迪·杰克逊对格兰特·瓦尔很有意见。他不满意瓦尔在勒布朗那篇封面故事里关于自己的描述。杰克逊给瓦尔打去电话，就文章里的两个段落表达了不满。第一个段落是勒布朗在采访中对童年生活的回忆。"我见过毒品、枪支、杀戮；这太疯狂了，"勒布朗告诉瓦尔，"但我母亲总能确保我衣食无忧。"这段引言被放在了文章里有关勒布朗"不安定的家庭生活"的部分。作为旁白，瓦尔写道：

杰克逊的遭遇让他们雪上加霜。他在勒布朗2岁时和格洛丽亚确定了关系，但1991年被指控具有非法交易毒品的严重情节，被判入狱三年。

杰克逊不明白自己不光彩的往事为什么会成为勒布朗故事里的一部分。有必要挖出这件十多年前的旧事吗？

另一处让杰克逊恼火的内容位于描绘他和格洛丽亚与耐克主席菲尔·奈特会面的段落之后。其中写道：

杰克逊知道，一切都由勒布朗做主。他也用自己的亲身经历证明，从监狱到跨国公司主席办公室之间的距离，比你所想象的更近。与奈特的会面结束后不久，杰克逊就对一项关于扰乱社会治安的指控不予抗辩，起因是他去年7月在阿克伦一间酒吧和他人发生争执。最终他被处以30天监禁，缓期执行。

格洛丽亚对这些关于杰克逊的内容也颇为不满。这篇故事本该聚焦于勒布朗，何须提起艾迪在当地酒吧发生的冲突？这么做只会让勒布朗受到牵连。而且，谁没有这样一个有案底或者有酗酒问题的朋友或亲戚呢？

勒布朗理解格洛丽亚和艾迪的感受。他自己的态度也发生了转变。勒布朗其实很喜欢这篇封面，甚至把"天选之子"文在后背的上方。但杂志里的一些文字侮辱了被他视为继父的那个男人。

但有一点是明确的——随着勒布朗成为聚光灯的焦点，和他亲近的每一个人都受到了影响。那个夏天发生的一件事就是最好的例子。杰克逊被联邦机构指控犯有抵押欺诈，针对他的指控还包括腐败行为、篡改记录、伪造证明和洗钱。如果杰克逊并不是一位公众人物，当地媒体压根儿不会对这桩案件感兴趣。但是正因为他和勒布朗之间的关联，杰克逊的官司没过多久就登上了全国媒体。

杰克逊担心自己又要被送进监狱。他告诉勒布朗，他那栋即将空置的房屋可随时供勒布朗使用。勒布朗对这个地方再熟悉不过了，这是一栋朴素的独户砖房，位于阿克伦市摩尔利大街573号，距离布克特尔高中仅一个街区。

杰克逊深陷麻烦,恐怕很难有办法改写命运了。但是当他最好的朋友兰迪·米姆斯来看望他，向他提出需要一个临时住所时，杰克逊没有一丝迟疑。他欢迎米姆斯搬进他位于摩尔利大街的房子里，但是有一件事需要注意——勒布朗可能会时不时地去那里，他去的时候会住在主卧。因此，米姆斯选择住在客房里。

得知他和米姆斯将共用杰克逊的房子，勒布朗感到欣喜。勒布朗在四五岁的时候就认识米姆斯。米姆斯比勒布朗大十岁，但勒布朗觉得他像是家里的一个远房亲戚。米姆斯身材敦实，是个谦逊可靠的人。他在辛格勒无线公司（Cingular Wireless）工作。在米姆斯搬进杰克逊的房子后不久，勒布朗注意到他总是一身西服搭配领带的打扮，而且没有一天休息过，一言一行都流露出商务人士的气质。

马弗里克也很喜欢米姆斯。他和米姆斯的祖母住在同一条街。他很少见到有人像米姆斯那样办事可靠、值得信赖。

勒布朗和米姆斯的相处时间越久，他内心的一个想法就越发强烈。"如果将来我加入了NBA，"有一天勒布朗告诉米姆斯，"我一定要请你为我工作。"

米姆斯不胜荣幸。但他无法想象为勒布朗工作会是什么样子。毕竟他只是无线公司的一名职员。

勒布朗并不在意。他寻找的是他可以信任的人。至于工作内容是什么，日后再说。

马弗里克表示赞同。

2002年夏天，科比·布莱恩特决定离开阿迪达斯阵营。随后，23岁的全明星球员特雷西·麦克格雷迪填补了科比留下的空缺，成为这家球鞋公司的头牌球星。对瓦卡罗来说，签下勒布朗就成了一项举足轻重的任务。为此，他指望自己曾经的一位学徒提供帮助。

瓦卡罗在耐克工作时，大卫·邦德（David Bond）曾在他手下学习球鞋业务。此后他一路晋升，最终成为篮球事业部的主管。在耐克期间，邦德将目光对准各大篮球训练营，密切关注其中的佼佼者。他还和许多AAU顶级教练保持着紧密联系，将他们视为接触精英球员的渠道。这一切皆源于耐克"谁是下一个"的理念，它已经深深地刻在了耐克的文化中。

10 骗子

瓦卡罗离开耐克不久，邦德也离开了。由于合同里的竞业禁止条款，他一年之内都不得从事这项业务。就在这一年，勒布朗在全美一炮走红。2002年秋季，邦德以高管的身份加入了阿迪达斯。来到公司的第一天，他发现了成堆的鞋子，看上去像特雷西·麦克格雷迪的签名鞋"T-Mac 2"。但这些鞋子全是绿色和金色相间，他认为这样的设计毫无道理——麦迪为奥兰多魔术队效力，他们球队的主色调应当是蓝色和白色。这些东西到底是什么？邦德望着这些鞋子，充满了好奇。

一位同事向他解释，这些鞋子是为勒布朗·詹姆斯和他的高中球队准备的。

"真的？"邦德疑惑道，"我们已经开始给高中生设计签名鞋了？"

瓦卡罗对邦德的加入表示欢迎，但他认为邦德的观念有必要与时俱进。在耐克，若要评估是否为某个篮球运动员提供球鞋合约，球员的外表和喜爱度是主要标准。乔丹就是其中的典范。他身高 6.6 英尺、运动能力超群、天赋异禀，连上篮和挑篮的动作都是那么优雅。不仅如此，乔丹还拥有标志性的笑容，相貌俊朗，即使他不是一名篮球运动员，他或许也可以当一名模特。还有一个重要因素——乔丹总是对政治和社会问题保持沉默，这使得他不至于被半数美国人所排挤。

邦德怀疑勒布朗是否具备这些特质。

"别在乎这些了，"瓦卡罗告诉邦德，"只要勒布朗足够出色、足够有统治力，这些问题都不重要。他已经登上《体育画报》的封面大概一百次了。Sportscenter 节目一个星期里有四晚都在播报关于他的头条新闻。"

邦德不想和这个被他视为篮球预言家的家伙争论。他只是好奇为什么瓦卡罗——这位在耐克的第一单就签下了乔丹的人物——认为勒布朗拥有足以和乔丹媲美的个人魅力。"签下他的代价比乔丹还要高昂。"邦德表示。

"嘿，大卫，你要相信我。我们必须把全部筹码押在他的身上。如果签下勒布朗，我们将改变整个行业的局面。"

"我会站在你这边的，"邦德说道，"我明白。"

为了让邦德真正领会这个道理，需要让他和勒布朗见一面。瓦卡罗提议两人一起去一趟阿克伦。既然邦德负责管理签名球鞋业务，而勒布朗成为职业球员之后注定会穿上签名球鞋，邦德理应去认识一下这位天才。

9月，正当勒布朗步入自己的高四学年，瓦卡罗和邦德来到了阿克伦。两人在机场租了一辆车，向城里驶去。途中，瓦卡罗停下来购买了12张大份的比萨。邦德不理解瓦卡罗为什么要买这么多。这小子到底有多能吃？

两人抵达了斯普林希尔公寓。走下车子，他们见到一群人在漫无目的地闲逛，大楼内外不时传来叫喊声。邦德注意到他和瓦卡罗是视野范围之内仅有的白人。在陌生人的注视下，他们一人端着一摞比萨，挤过停车场，向勒布朗居住的那栋房子走去。邦德跟着瓦卡罗走上一个个楼梯台阶，穿过一对对母子，他觉得自己和这里格格不入。35岁的他是三个孩子的父亲，一家人住在波特兰郊区的一座现代住房里。他从未造访过一栋保障性公寓，也从未走进过一个黑人青少年的家里。

勒布朗公寓的大门敞开着，仿佛半个社区的人们都挤在这里生活。

瓦卡罗看上去很快就熟悉了这个地方，他走进勒布朗的家里，像一个上门送礼的圣诞老人。

格洛丽亚拥抱了他，随后接过一盒比萨，招呼邻居们一起来用餐。

瓦卡罗刚刚将剩余的比萨盒子放下，人群一拥而上开始瓜分比萨。邦德立刻明白了为什么瓦卡罗要购买如此多的食物——他们要招待整栋楼的居民。

勒布朗身穿运动短裤，反戴着一顶棒球帽。他坐在沙发上，正对着一台50英寸的电视机。屏幕上正在播放着 *Sportscenter* 节目。邻居们和朋友们带来了几册《体育画报》杂志，勒布朗为他们签了名。房间极为狭窄，鞋盒在墙边堆积成山，锐步、耐克和阿迪达斯的名字赫然在列。

"索尼叔叔。"勒布朗抬起头笑着向他打招呼，手里还握着一支笔。

"嗨，勒布朗。"瓦卡罗回应。

勒布朗站起身，给了瓦卡罗一个拥抱。

"这位是大卫，"瓦卡罗提高嗓门，试图盖过噪声，"他是新来的。"

勒布朗向邦德点了点头。

"这个家伙负责制造产品，"瓦卡罗继续道，"他想和你认识一下。"

勒布朗伸出手，同邦德打了招呼。

勒布朗的身形让邦德感到紧张。他倒是在耐克邀请赛里见过不少又高又瘦的高中球员，但从未见过勒布朗这样的体格。他心想：我的天啊，这家伙看起来和保罗·班扬（Paul Bunyan）[1]似的。

瓦卡罗正在同马弗里克和勒布朗的其他朋友们聊天，邦德则与勒布朗简单攀谈了几句，询问他对签名鞋有什么期待。

终于，格洛丽亚将大伙儿都请了出去，邦德要开始干正事了。他在桌子上立起一座三脚架，架上一台摄像机，将取景框对准勒布朗的脸。

勒布朗嚼着一片比萨，显得格外放松。他盯着镜头。

邦德向他解释，这个访谈是为了收集信息，为阿迪达斯的幕后开发团队提供帮助。他准备了一连串问题，试图进一步了解勒布朗。他首先抛出一个做作的问题作为开场："你认为自己会在NBA里司职什么位置？"

勒布朗列举了亚特兰大老鹰队的五位首发球员，并说道："如果是这支球队，我会打三号位。"接着他又列举了波士顿凯尔特人队的五位首发球员。"如果在那里打球，我认为自己会打二号位或者三号位。"

他又先后讲出了芝加哥公牛队、克利夫兰骑士队和达拉斯独行侠队[2]的先发五虎。

瓦卡罗轻轻地点头表示满意。

邦德惊呆了。

接下来的几分钟，勒布朗把全部29支球队的首发阵容都复盘了一遍，并畅想了他自己适合在这些队伍中担当什么角色。讲到联盟中的一支弱旅时，勒布朗开起了玩笑："噢，我可以在这个队胜任任何位置。"

众人都笑了出来，邦德也赞叹不已。"这个家伙竟然按字母顺序把整个NBA都记了下来。"他自言自语道。

---

[1] 译者注：美国神话故事中的巨人樵夫。
[2] 译者注：Dallas Mavericks，曾用译名为达拉斯小牛队，2018年球队将官方中文译名更改为达拉斯独行侠队。

采访结束，勒布朗同邦德握手并拥抱，临别之前还拍了两下他的肩膀。

邦德试图把手绕到勒布朗身后，拍拍他的后背。"我的老天，他的后背真宽大。"他感叹着。

当两人返回车里，邦德对瓦卡罗说道："你说得没错，这孩子确实不一般。"

回到阿迪达斯总部，邦德和他的团队观看了访谈录像。其中一位员工收集了全部29支球队的首发阵容名单，和勒布朗说出的145个名字进行比对。

"天啊，"一位团队成员惊呼道，"他就是'雨人'[1]。"

"他的头脑确实非同寻常，"邦德说道，"他用一种与众不同的方式记忆信息。"

他开始明白了瓦卡罗的话："我们要不惜一切代价争取胜利，必须将勒布朗带到阿迪达斯。"

---

[1] 译者注：Rain Man，该词出自电影《雨人》，故事主角雷蒙（Raymond）记忆力超群，但患有自闭症。此后"雨人"一词专门用于指代缺乏自理能力但在某些领域拥有超乎常人能力的人群，亦称学者症候群。

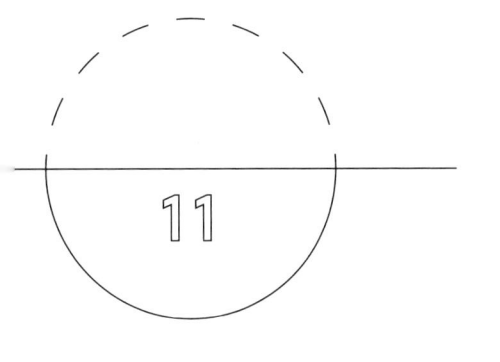

黄金时段

格洛丽亚·詹姆斯做起事来总是切中要害，特别是涉及她儿子的事情。2002年，女孩们看待勒布朗的方式开始引起她的警觉——她们把他视作一张通往财富的入场券。不仅仅是女孩，20多岁的女子也是如此，甚至不少30多岁的女性也企图和他约会。"很多女人愿意给他生孩子，把他绑在身边。"格洛丽亚在勒布朗刚上高四的时候对记者说道。

勒布朗对此并不担心。

格洛丽亚还提醒他提防那些企图利用他的人。他已经小有名气，而且很快他就会成为有钱人。名誉和财富的结合犹如一块危险的磁铁，尤其会吸引那些精明的女孩，她们知道如何把握机会。如果勒布朗在这个年纪把别人肚子搞大了，格洛丽亚认为，他的人生可能会毁于一旦。

勒布朗并不把女孩们的青睐当作一种风险。相反，他喜欢这种感受。早在八年级时，勒布朗就幻想过在高中赢得州冠军会是什么场面。最好的事情就是有机会认识布克特尔高中最漂亮的女孩，他本以为自己会去那里就读。但最终他加入了圣文森特，在那里他的经历远远超出了他曾经那些最疯狂的梦想。在他登上《体育画报》封面后，无论他走到哪里——俄亥俄州的乡村小镇、克利夫兰的郊区，或是遥远的芝加哥、洛杉矶和拉斯维加斯等城市——总有最美的姑娘试图接近他。就连勒布朗的队友们也沾了他的光，他们沉浸在女孩们的热情之中。

距离她儿子参加 NBA 选秀只剩下一年的高中时光，格洛丽亚认为接下来的几个月必将危机四伏。"保护好自己吧，"她提醒勒布朗，"放聪明点。"

勒布朗不介意受到女孩们的追捧，不论是去往其他城镇做客或者造访某个遥远的体育场，但是他心仪的女孩就住在阿克伦附近。高四学年之初，勒布朗在一场橄榄球比赛中注意到她的身影。她是布克特尔高中的拉拉队队长和垒球运动员，而且是那所学校里最漂亮的女孩，毋庸置疑。现实是如此讽刺——如果他按原计划加入布克特尔，她必然会为他加油助威，而他最初的梦想也会按部就班地实现。但愿现在与这位布克特尔最漂亮的女孩约会还不算太迟。

勒布朗的一位朋友知道这位拉拉队员的名字：萨瓦娜·布林森。她 16 岁，正在读高三。

勒布朗迫切地想要和她见面。他请朋友帮忙索要她的电话号码。

布林森拒绝了他。"不行，"她告诉勒布朗的朋友，"你把他的电话给我。"

布林森的回复让勒布朗更加蠢蠢欲动。他立刻交出了自己的电话号码。

但是几个星期过去了，布林森始终没有打来电话。

她的沉默向勒布朗传递了一些信息。她似乎并没有被他迷倒。甚至不确定她是否了解勒布朗，或者是否知道他即将前往 NBA。换言之，从萨瓦娜·布林森的表现可以看出，她并不是格洛丽亚担心的那种女孩。

勒布朗依然抱有期待。

经过一番调研，伯克·马格努斯和 ESPN 终于查明，只有获得圣文森特的许可，他们才能够对勒布朗的一场比赛进行电视直播，因为电视权利归学校所有。得益于勒布朗的吸引力，圣文森特已经与时代华纳有线电视（Time Warner Cable）达成一项利润分享协议，后者将为俄亥俄州东北部的订阅者转播 10 场比赛，按次付费，每场比赛 8.5 美元。不过，马格努斯只对圣文森特和橡树山之间的比赛感兴趣，两支队伍同意于 12 月 12 日在克利夫兰的一座中立球场一较高下。

在一位高中体育界业内人士的推动下，ESPN 与圣文森特达成了一项安排，使得这场与橡树山的对决可以在黄金时段播出。学校并未向 ESPN 收取转播费，但那位帮忙达成协议的中间人士获得了 1.5 万美元的酬金。

ESPN 为这场比赛派遣了两位大牌——迪克·维泰尔（Dick Vitale）和比尔·沃顿（Bill Walton）。马格努斯还为勒布朗制作了半个小时的特别节目。他还打算在 ESPN 的所有平台宣传这场比赛，包括在 *Sportscenter* 节目中多次预热。

由于此次转播意义重大，ESPN 旗下的 *The Magazine* 杂志应邀进行共同推广。该杂志计划将勒布朗放在其 12 月刊的封面上，它将在这场比赛开始的同一时间出现在报摊上。撰写封面故事的任务落在了汤姆·弗兰德（Tom Friend）的肩上，他在季前赛期间去了一趟阿克伦，采访了勒布朗和他的球队。与此同时，《纽约时报》也派出篮球记者迈克·怀斯（Mike Wise）前往阿克伦，为勒布朗写一篇特别报道。勒布朗将在下一届 NBA 选秀中当上状元已经是意料之中的事情。考虑到 ESPN 已经破例转播勒布朗的高中比赛，《纽约时报》打算捷足先登。

ESPN 的转播对勒布朗来说是个好消息。这将是他第一次为全国观众献上演出。勒布朗没想到，就连 *Sportscenter* 节目也在为这场比赛预热。不过他对接受汤姆·弗兰德和迈克·怀斯的采访持有谨慎态度。勒布朗询问了马弗里克的意见，后者也有所疑虑。

勒布朗勉强答应了两位记者的采访要求，但他出言谨慎，并未透露任何重要信息。在同迈克·怀斯的访谈中，马弗里克说的话比勒布朗还要多。当汤姆·弗兰德问到一个潜台词是"你对你的爸爸了解多少"的问题，勒布朗一句话也不想说了。他才不会和一位拿着纸笔的陌生人谈论这个甚至无法和自己母亲谈论的敏感话题。"这件事离我太遥远了。"勒布朗如此回应弗兰德。

格洛丽亚和艾迪也接受了两位记者的采访。当关于勒布朗父亲身份的问题被抛出，格洛丽亚告诉怀斯："艾迪就是他的父亲，而且一直是。他是一个好父亲，也是我的好朋友。勒布朗爱他并信任他。"怀斯接受了这个回答。

但汤姆·弗兰德是个固执的家伙。他调查了一位自称是格洛丽亚性伴侣的人，并查阅了阿克伦的法庭记录，企图找到格洛丽亚与执法部门打交道的历史。最终，他给格洛丽亚打去电话，将自己的发现告诉了她。弗兰德还调查了艾迪的犯罪记录，对他接近勒布朗的动机提出质疑。

勒布朗对故事的走向颇为不满。篮球赛季尚未开幕，他感觉自己的家人像是在接受审判。

勒布朗迎来了他在圣文森特的最后一年，学校官员们决定为他付出一切。更衣室里铺上了崭新的金黄色厚地毯，其上印着"FIGHTING IRISH"（爱尔兰斗士）的口号。房间里还配备了全新的储物柜，柜子被漆成色泽光亮的深绿色。球队把主场搬到了阿克伦大学，球员们每天参加训练时都打扮得有模有样。

尽管勒布朗不喜欢独来独往，但一天下午他独自钻进更衣室，想看看这里的新变化。新地毯和新油漆的气味扑面而来。有一个人正在往墙上喷涂球队吉祥物"小矮妖"[1]的形象。虽然勒布朗什么也没说，但喷绘吉祥物的场面让他大开眼界。

过了一会儿，鲜为人知的当地艺术家乔·菲利普斯（Joe Phillips）发现自己并不是一个人在场。他回过头，很惊讶地发现勒布朗在他的身后。勒布朗称赞了他的技艺和作品。菲利普斯很高兴，他没想到自己竟然在和阿克伦最出名的人物谈论艺术。

在勒布朗看来，更衣室的翻修预示着球队的新面貌——这正是他们所需要的。他为上赛季球队的表现和最终的结果感到羞愧。圣文森特绝不该丢掉州冠军。勒布朗和队友们进行了谈话，就如何实现赢得全国冠军这个梦想达成了共识，那就是全力以赴并服从德鲁的指挥。

德鲁教练决定考验几位高四生的决心。距离赛季揭幕战还有几天，他把几人叫到了他的办公室。门关上后，他直截了当地向他们求证自己听到过的谣

---

[1] 译者注：leprechaun，出自爱尔兰民间传说。

11 黄金时段

言——他们光顾了阿克伦的一家酒店,将女孩带回房间,喝酒,抽大麻。

勒布朗、威利、小德鲁和希安承认了抽大麻的事情。罗密欧则承认自己喝了酒。

"你们可以想象一下明天的新闻标题吗?'圣文森特先发五虎因持有大麻在酒店被捕。'"

球员们低下了头。他们知道德鲁教练说得没错。

"你们这帮家伙得学聪明点。"他说道。

球员们没有意见。

德鲁教练不依不饶。他早就厌倦了那些脏话,以及赛前热身时段的那些说唱音乐。因此他制定了一条新规:禁止赛前在更衣室播放音乐。那些日子彻底结束了。

德鲁教练随后向队员们宣布了2002—2003赛季的先发五虎,这才是令人最难接受的消息:

德鲁·乔伊斯

勒布朗·詹姆斯

希安·科顿

罗密欧·特拉维斯

科里·琼斯(Corey Jones)

科里·琼斯是阵容里的唯一一名高三生。作为新成员,他喜欢将自己描述为一个跳投水平还不错的6.1英尺白人小子。事实上,他的跳投远不只是"不错",他是俄亥俄州高中篮球界最优秀的纯射手之一。但琼斯和勒布朗一伙人并非在同一个地方长大。他和圣文森特之间的联系也并不紧密。在去年作为高二生转学来到这里并加入球队之前,琼斯甚至没有看过圣文森特的任何一场比赛。勒布朗和伙伴们此前非常欢迎琼斯加入球队,因为他球技不俗。但是顶替威利的首发席位可不是一件小事。

勒布朗好奇威利会对这个消息有何感想。前一个赛季,威利在球场上的表现有些挣扎。在圣文森特打球已成为一种难以承受的压力。在一场比赛之后，勒布朗撞见威利在大巴上哭泣。威利试图在队员们察觉之前让自己振作，但勒布朗察觉到了队友的伤心。"你还好吗？"他问道。

威利并没有说太多，但勒布朗明白了事情的缘由。希安拿到了橄榄球队的招募信。小德鲁和罗密欧也收到了篮球队的邀请。至于勒布朗，所有人都知道他的去向。威利是唯一一个没有受到青睐的队员。在这支全美最惹人注目的队伍效力让威利充满压力，遭受冷落的现实更是雪上加霜。

如果有什么事情能让威利感到宽慰，那就是他竞选学生会主席的决定。虽然机会不大，但他仍然希望向人们证明他不只是一位运动员。随着队友们卖力地为他拉票，威利最终如愿以偿，成了该校自二十世纪七十年代以来的首个非裔美国人学生会主席。

得知自己将在高四赛季无缘首发席位，威利也没有多说些什么。勒布朗和其他队友却忍不住为他担忧。

于是他们召集了一场只有球员参加的会议，威利第一个发言。他向勒布朗、希安和小德鲁敞开心扉。他们从小就是好伙伴，但今年将是他们并肩战斗的最后一年。这也是他们最后一次有机会实现自征战 AAU 联赛以来就一直追逐的梦想——全国冠军。

"这是我们在一起的最后一年，"威利说道，"如果有任何人对德鲁教练有任何意见，我是不会放过他的。我绝不容忍这样的事情。"

威利团队至上的态度鼓舞了所有人。

"当威利被撤下首发，"罗密欧说，"他有理由大哭一场或是大发雷霆，但他并没有这么做。威利的做法让我意识到，我们的个人得失根本算不上什么，有那么一件事情值得我们所有人为之奋斗。"

罗密欧被打动了，他站出来向全队发言。"今天是我们这辈子最伟大、最重要的时刻之一，"他说道，"只要一个环节出问题，一切都会崩溃。你永远骑不动一台缺少链条的单车。你们明白我的意思吗？请将'我们'摆在第一位，我们是一个集体！"

勒布朗和队员们从未见过罗密欧以这样的方式说话，威利的感染力不言

11 黄金时段

而喻。勒布朗环视着房间，所有人都被触动了。

希安第一次对罗密欧感到钦佩。所有人都对他刮目相看。

"那就让我们前进，做好每一件事，拿下全国冠军。"勒布朗告诉在场所有人。

球员会议结束，勒布朗、小德鲁、希安和威利聚在一起，决定把"神奇四人组"变成"神奇五人组"，罗密欧正式入伙。

几天之后，圣文森特遭遇乔治少年共和学校的挑战。去年正是这支队伍对勒布朗采取了粗野的恶意犯规，并最终让他们饮恨。德鲁教练提醒队员们，对手的教练还会使用那种肮脏的战术。

圣文森特刚开场就采用了全场紧逼防守，整场比赛没有丝毫懈怠。即使大比分领先，圣文森特依旧疯狂地压迫对手，直到最后一刻。比分最终定格在101 比 40。这次轮到对手的教练抱怨了。

但德鲁教练完全不在乎。他的队伍取得了开门红。这个自我救赎的赛季正式拉开序幕。

2002 年 11 月 20 日，勒布朗登上了《今日美国》的头版和 *ESPN The Magazine* 的封面。同一天，艾迪·杰克逊出现在了克利夫兰的一个法庭上，承认自己进行了抵押欺诈，并用一张偷来的价值 16.4 万美元的支票在所罗门美邦公司（Salomon Smith Barney Inc.）开设了一个个人管理账户。"似乎每当艾迪开始酗酒，"他的辩护律师在法庭上表示，"他就会做出糟糕的决定。"

法官判处杰克逊自明年 1 月起在一座联邦监狱服役三年。此前，杰克逊被命令在阿克伦软禁。

当杰克逊出庭时，勒布朗身在校园。在英语课上，他正在学习《麦克白》（Macbeth）。渴望权力的苏格兰领主通过谋杀国王夺取王位的故事对勒布朗来说倒是很新鲜。但和许多同龄人一样，他认为莎士比亚的话语晦涩难懂，以至于麦克白剖开一名奴隶的内脏，并将其斩首的暴力情节都逊色了几分。

……就挺剑从他的肚脐上刺了进去，把他的胸膛划破，一直划到下巴上；

他的头已经割下来挂在我们的城楼上了。[1]

勒布朗的老师肖恩-保罗·艾利森（Shawn-Paul Allison）绘声绘色地讲解了《麦克白》，特别是其中关于野心、权力和背叛的警示。但作为一位来自阿克伦的黑人青少年，勒布朗觉得没有什么比说唱艺术家的歌词更适合他了。在勒布朗9岁时，说唱歌手克里斯托弗·华莱士（Christopher Wallace）发行了那张极具开创性的专辑《准备好去死》（Ready to Die）。三年后，绰号"声名狼藉先生"（Notorious B.I.G.）的华莱士在洛杉矶的一起驾车枪击案中被枪杀，年仅24岁。没过多久，华莱士作品《不再改变》（Things Done Changed）中的歌词引起了勒布朗的注意。

如果我没有开始说唱事业
我或许深陷一个毒品世界
街头终究只是短暂的逗留
要么沦为毒贩，要么投篮神准
见鬼，从贫民窟走出的年轻人真不容易
嚼着五十美分的口香糖，不知道下一顿饭菜来自哪里。[2]

与莎士比亚的戏剧相比，华莱士只用了区区几个押韵就说出了勒布朗的心声。Biggie[3]对勒布朗来说简直是一位诗人。在那些艰难的日子里，譬如当他得知艾迪·杰克逊即将面临牢狱之灾的时候，勒布朗或许会孤身一人待在卧室里，调高音量播着Biggie Smalls的歌曲。他深知其中的奥妙——如果Biggie

---

1 译者注：Till he unseam'd him from the nave to the chaps/And fix'd his head upon our battlements（原文）译文摘录自《麦克白》朱生豪译版。
2 译者注：If I wasn't in the rap game/ I'd probably have a ki, knee-deep in the crack game/ Because the streets is a short stop/ Either you're slingin' crack rock or you got a wicked jump shot/ Shit, it's hard being young from the slum/ Eatin' five-cent gums, not knowing where your meal's coming from.（原文）
3 译者注：华莱士的另一个绰号，下同Biggie Smalls。

11 黄金时段

没能成为一位说唱歌手,他要么去贩毒,要么选择打篮球。勒布朗不需要老师的指点就可以领悟这个道理。他很清楚,正是篮球让他远离了流落街头的生活。

虽然再过几个月他就会成为一名职业篮球选手,但勒布朗仍然尽力让自己专注于学业。他按部就班地参加了 ACT 考试。尽管 NBA 球队不会在意他 3.2 分的 GPA,他还是试图提高自己的成绩。或许是出于愧疚,他总是在随队出征客场期间挤出时间完成作业。他甚至接受了英语老师的提议——如果他能画一幅麦克白的素描,就可以获得额外的学分。

自从格洛丽亚在他小时候送给他第一本素描本,勒布朗就爱上了绘画。最初,铅笔和画板是帮助他消遣的工具,而这次也没有什么不同。画出一位刚愎自用、疑神疑鬼的国王,与其说是一项学校作业,不如说是他排解压力的途径。

当勒布朗上交作业时,英语老师对这幅素描赞叹不已,还将它挂在了教室的墙壁上。直到多年之后,勒布朗成了广为人知的"国王詹姆斯",在全世界年轻人的眼中,他的名气甚至大于麦克白。也正是那个时候,英语老师将那幅画取了下来,存进了银行金库里。

在艾迪·杰克逊被判入狱后的第二天,勒布朗和队员们前往克利夫兰迎战橡树山学院。体育场外,身穿冬季外套的球迷们兴高采烈地涌入旋转门,工作人员忙着为他们检票。场地内,ESPN 转播团队的一名成员正在布置场景,这将是全国各地的观众打开频道时所见到的第一幕。"今晚,在克利夫兰举行的一场高中篮球赛吸引了一万名观众。这可不是一场普普通通的高中比赛。天才球员勒布朗·詹姆斯将迎战全美第一球队——橡树山。勒布朗的热度将从此刻席卷全国。"

队员们列队进行上篮热身的时候,勒布朗回头看去。迪克·维泰尔和比尔·沃顿出现在场地中央,他们手持麦克风,面对着一台摄影机。勒布朗知道他们谈论的对象正是自己。他立刻意识到了这场比赛的重要性。一名队友在热身时有些心不在焉,勒布朗凑到他耳边低声说道:"集中注意力。"随后,勒布朗对维泰尔点了点头。

见到维泰尔完成了面向电视观众的赛前播报,勒布朗向他走去,给了他一个拥抱,并感谢他的到来。

维泰尔惊讶于勒布朗的体形——宽厚的肩膀、强壮的胸膛、健硕的肱二头肌。但是勒布朗的成熟给他留下了更加深刻的印象。这位青少年竟然会感谢我的到来，他心想。

维泰尔看得出来，勒布朗是这群男孩中的男人。他不只是一位技艺高超的球员。他似乎很清楚电视的威力，知道在全国观众面前表现自己是多么重要。他还懂得感激维泰尔和其他在这场转播中扮演重要角色的人们。

对阵橡树山的这场比赛却格外悬殊。在连续输给这个对手两次之后，勒布朗和他的队员们有备而来。刚刚开场，勒布朗就送出一记不看人传球，让观众们大开眼界。

"这不是在开玩笑吧？"维泰尔在转播中惊呼，"这不是在开玩笑吧！有多少大学球员或NBA球员能够在攻守转换间送出这样的妙传？"面对多台摄像机的全视角追踪，勒布朗情绪高涨。他没有板着脸，没有说垃圾话，也没有装腔作势。聚光灯下，勒布朗犹如回家那般自在，尽情展现着自己与生俱来的天赋。在观众们的欢呼声中，他一次次在篮筐之上完成精彩动作。终于，勒布朗的黄金时段首秀告一段落，他交出了31分、13个篮板和6次助攻的表现。65比45，圣文森特击溃了全美第一。

"他就是真理，是全部的真理，除了真理，别无其他。"维泰尔在转播中这样评论道。

伯克·马格努斯看得如痴如醉。他不是一位篮球专家，对战术也一知半解，但是他绝对具有独到的眼光。见到勒布朗的第一眼，他就确信面前的这个人有朝一日将成为电视明星。勒布朗不仅是一位伟大的球员，更是一位伟大的表演者。他的魅力独树一帜。他是不可多得的天才——全世界的人们都会为了观看他而埋单。收视率就是最好的例子。圣文森特与橡树山的比赛是两年来ESPN二台的收视率冠军，也是这家网络电视公司历史上收视率第三高的篮球比赛。

但比赛过后，ESPN再次因为转播高中比赛而受到批评。哥伦比亚广播公司（CBS）的长期大学篮球评论员比利·帕克（Billy Packer）认为维泰尔和沃顿应当拒绝解说那场比赛。特纳电视网（TNT）的解说员查尔斯·巴克利（Charles Barkley）表示："他们不会向孩子们支付任何一笔钱……我认为我们不应该剥

11 黄金时段

削这群高中生。"《巴尔的摩太阳报》(*Baltimore Sun*)体育专栏作家劳拉·维希(Laura Vecsey)则评论道:"昨晚在全国电视台转播了一位17岁的高四生打高中篮球比赛,这有什么道理可言?"

甚至在ESPN旗下的广播频道,人们对ESPN转播勒布朗比赛的决定展开了辩论。回到康涅狄格州的家里,马格努斯看着电视机里的发言人对ESPN剥削美国年轻人的行为提出质疑,他的妻子坐在一旁。

"他们在谈论你呢。"妻子说道。

妻子是在开玩笑,但马格努斯知道这些评论说得并非没有道理。尽管如此,他还是费了一番工夫,拿下了勒布朗另一场比赛的转播权——与全美第四梅特德伊高中的比赛。这场对决将于1月初在洛杉矶上演。

短期来看,得益于与橡树山那场比赛的热度,ESPN将勒布朗作为电视节目的"常客"。从长远上看,勒布朗的试验最终促成ESPN在多年之后发布了ESPNU频道——一个专注于高中比赛的频道,而那些关于剥削孩子的论调渐渐烟消云散。

圣文森特的所有人都在热议本校篮球队登上ESPN的话题。图书馆里,勒布朗和一群同学围在图书管理员芭芭拉·伍德的电视前,一台录像机接入了电视。到某个时刻,勒布朗起身离开座位,将录像带快进到自己在那场比赛里最喜欢的一个回合。"看好了。"他一边说,一边按下播放键。屏幕里,他送出一记不看人传球,助攻队友上篮得分。

在电视机里见到自己的身影,勒布朗兴奋不已。

但是那篇与比赛同步推出的ESPN封面报道却令他在私底下很受伤。开篇的段落将他描述为一个"自恋"的人就已经足够糟糕了,但真正让勒布朗不满的是杂志对他家庭的刻画。格洛丽亚被形容为一个"性情急躁的小女子",她在"16岁时就怀孕了"。文章宣扬了那个推论——勒布朗的生父是格洛丽亚的一夜情对象,而这名因纵火罪和偷窃罪被判刑的男子"在州和县级刑事系统里已是众所周知的"。

勒布朗的父亲是格洛丽亚的一夜情对象这个未经证实的传闻听上去格外刺耳,这贬损了格洛丽亚的人格。没有人希望自己的母亲被这样无礼地提及,特别是在一本专注于体育和娱乐的全国性杂志上。

故事继续写道：

格洛丽亚总是晚睡晚起——"我没有早晨"——她也遭遇过麻烦，曾在县级监狱里度过七天。根据阿克伦的法庭记录，多年来她的事迹包括播放音乐过于大声、非法入侵、藐视法庭和扰乱治安。她对此不以为然——"又不是和毒品沾边"——但是对她的儿子来说，这些并不是小事情。出于羞愧，勒布朗不再上小学……"四年级的时候，我缺勤了82天，"勒布朗说道，"上学日总共有160天。"

最令勒布朗难受的地方在于，他向记者说过的话竟然被用来暗示他对母亲感到羞耻。勒布朗希望自己从未接受过 ESPN The Magazine 的采访。

格洛丽亚和艾迪同样怒不可遏。故事反复提及艾迪是一个"有前科"的人，他和格洛丽亚曾有羁绊，当勒布朗在八年级展现出篮球天赋的时候，他又恰到好处地现身，企图利用勒布朗的成功。记者将格洛丽亚和艾迪与沃克夫妇以及社区里的其他人作对比，以此暗示艾迪的重新出现让勒布朗的生活更加混乱。文章还声称，勒布朗邀请了艾迪担任他的财务顾问，并且勒布朗的生活是"一团糟"。

勒布朗想不通为什么 ESPN 在电视上大肆吹捧他，却又在纸媒上不停贬低他和他的家人。他不会再用过去的眼光看待记者了。

其实萨瓦娜·布林森并不是在玩欲擒故纵的把戏。她只是单纯忘记了圣文森特的一个家伙曾把自己电话号码告诉她这件事。篮球赛季开幕的几周之后，她发现了这个号码，决定拨过去试试看。

听到她的声音，勒布朗激动万分。但他故作镇定，邀请她前来观看自己的比赛。

布林森从未见过勒布朗打篮球。她接受了邀请，但对于勒布朗的篮球天赋和他在篮球界的地位，她还一无所知。走进体育馆，她只用了几分钟就意识到在场的数千人全是为了勒布朗而来，而这个家伙的电话号码就在她的口袋里。哇噢，这个家伙还挺受欢迎的嘛。她既震惊，又欣喜。

11 黄金时段

赛后，勒布朗和朋友们打算去 Applebee's 用餐，于是邀请她一同前往。大伙儿立刻向她表示欢迎。那天晚上，勒布朗在临别之前向她提出了约会的请求，希望多了解她一些。

萨瓦娜·布林森于 1986 年 8 月 27 日出生，是珍妮弗·布林森和 JK·布林森夫妇的小女儿。她的母亲是一位护士。父亲最初在普利司通（Bridgestone）公司担任管理员，随后为百路驰公司（BFGoodrich）工作了 19 年，之后又供职于阿克伦油漆清漆涂料公司（Akron Paint & Varnish Engineered Coatings）。两人都是工人阶级。由于他们总是帮助那些遭遇不幸或困难的人，夫妻俩在镇上有着不错的口碑。他们批准了萨瓦娜与勒布朗的约会。

勒布朗开车接萨瓦娜去 Outback 牛排馆吃晚餐。萨瓦娜穿着一套黑色与粉色搭配的两件套装束。她美丽的样子让勒布朗难以忘怀。或许当时太过激动，至于晚餐期间他们到底聊了什么话题，勒布朗已经记不起来了。但是萨瓦娜的那身打扮至今还刻在他的记忆里。

为了给她父亲留下好印象，那晚勒布朗确保萨瓦娜准时回家。

她的父母表示满意。

勒布朗只是想让他们知道自己是个遵守规矩的人。

萨瓦娜下车后，勒布朗发现她的打包盒还留在车里。

于是没过多久，萨瓦娜惊喜地发现勒布朗出现在她家门口。

勒布朗露出笑容，把东西递给了她。

这个小小的举动留给她的印象比她在球场上所见到的更加深刻。一个男孩在约会时能够留心那些不起眼的事情，这可并不常见。她等不及想要再次和他见面了。

勒布朗神采飞扬地开车离开了。一切进展得如此之快，他情不自禁地加速飞驰。

12 颠倒乾坤

这天,雪花飘落,费城 Palestra 体育场的售票窗口贴着一张白纸,"售罄"二字格外醒目。时值圣诞假期,在附近一间旅馆的房间里,勒布朗正在应付着他的家庭作业。有些事情使他心神不定。ESPN 的那篇故事不但惹恼了他的母亲和艾迪,而且在阿克伦掀起了不小的波澜。接受杂志采访的许多人,包括沃克夫妇在内,都对他们的决定感到后悔。勒布朗恐怕很难信任任何一个在纸媒工作的人了。诸如迪克·维泰尔这样的电视行业从业者倒是有所不同。他们更像是演艺人员。比尔·沃顿和杰伊·比拉斯(Jay Bilas)曾是篮球运动员,而现在他们通过解说比赛来挣得报酬。这些人是勒布朗所欣赏的。部分体育记者却是另一副模样——他们以揪住别人的缺点不放为荣。

《阿克伦灯塔报》的大卫·李·摩根(David Lee

Morgan）则是其中的例外。他对勒布朗和球队的报道可谓不偏不倚。在摩根的笔下，勒布朗仍是一位少年，只是恰好被赋予了篮球才华，因此每当他踏上球场，所有人都对他抱有期待。

如果有更多摩根这样的记者那该多好。勒布朗拿出一张节日贺卡，写道：

亲爱的摩根先生：

感谢您一直以来的支持。

勒布朗

随后他将贺卡放进费城的一个信箱里。在我的圈子里有这样一位记者也不是什么坏事，勒布朗心想。

没过多久，勒布朗和队友们就出现在9 000多名观众面前，迎接草莓庄园高中（Strawberry Mansion High School）的挑战。连76人队的全明星后卫阿伦·艾弗森也亲临现场，只为一睹勒布朗的真面貌。喧闹的费城球迷为家乡队伍呐喊助威，企图给勒布朗一个下马威。但勒布朗将压力化作动力，他一次次封盖对手的投篮，送出一个个让所有人叹为观止的传球，还表演了一记精彩扣篮，让全体观众起立欢呼。圣文森特紧追比分，终于在比赛剩下五分钟时，他们以74比73取得领先。没有一个观众提前离场。在这座威尔特·张伯伦（Wilt Chamberlain）曾经创下高中得分纪录的城市，篮球爱好者们为勒布朗送上了与国王的称号相匹配的掌声。

格洛丽亚决定为勒布朗的18岁生日做一番大事。她想给儿子一个惊喜。她一直与凯尔特人队球星安托万·沃克保持联系，沃克为他们母子俩扮演着参谋的角色。沃克是几位从洛杉矶一家精品汽车经销商购买豪华汽车的NBA球员之一，而那家店的客户包括了丹泽尔·华盛顿（Denzel Washington）、詹妮弗·洛佩兹（Jennifer Lopez）、艾斯·库珀（Ice Cube）、奎因·拉蒂法

（Queen Latifah）和贾斯汀·汀布莱克（Justin Timberlake）。格洛丽亚直接与经销商老板取得联系，订购了一辆青灰色的悍马 H2，并为其配备了电视屏幕、PlayStation 2、DVD 播放器、扬声器、真皮座椅和"King James"定制徽标。经销商安排了一辆卡车，将车子从洛杉矶运往阿克伦。这辆悍马车登记在了格洛丽亚名下。

一辆悍马车的基础价格为 5 万美元。加上所有附加功能、运费、税费和保险费，其总价接近 8 万美元。为了筹集购买资金，格洛丽亚联系了俄亥俄州哥伦布市的美国银行。她没有收入，也没有什么可供抵押的东西。但从《纽约时报》到《华尔街日报》（Wall Street Journal），再从《体育画报》到 ESPN，国内每一个可靠的新闻来源都援引了 NBA 消息人士的评价——勒布朗·詹姆斯将成为下一届 NBA 选秀大会的状元秀。根据当时的 NBA 劳资协议，选秀状元会自动获得一份为期三年、价值 1 300 万美元的合同。唯一的变数是勒布朗球鞋合约的金额，但毫无疑问这个数字将超过他在 NBA 的薪水。

勒布朗和他母亲在未来的几个月还清车贷是毫无问题的，这正是银行的底线。于是格洛丽亚的贷款申请获批，她签下了一份本票。

在他生日之前不久，当这辆装备精良的军用级车辆出现时，勒布朗目瞪口呆。圣文森特的学生停车场里有不少华丽的汽车，但从没有人开过如此张扬的一辆悍马车。开上它，载着朋友们在城里兜上一圈都像是一场冒险。如果车上的乘客是萨瓦娜就更好了。

弗雷德里克·R. 南斯（Frederick R. Nance）称得上克利夫兰最著名的律师。他也是这座城市最有经验的诉讼律师和生意人。他当时是翰宇国际律师事务所（Squire Patton Boggs）的高级合伙人。二十世纪六十年代，南斯曾目睹克利夫兰发生骚乱，载着机枪的车辆驶过街道，他由此受到启发，立志要当一名律师。南斯坚信必须用更好的方法来实现变革，于是前往密歇根大学攻读了法律学位。毕业后他返回家乡，在当地最知名的公司之一工作并且一路晋升，最终参加了帮助振兴克利夫兰经济的发展倡议。1995 年，克利夫兰布朗队老板阿特·莫德尔（Art Modell）决定将球队迁往巴尔的摩，此举对克利夫兰来说是一次沉重打击。为了帮助这座城市保留布朗队的名称和颜色，南斯成了不二人选。在这场激烈的法律战中，南斯促使克利夫兰市、巴尔的摩市、阿特·莫德尔和 NFL 进行谈判并达成了一项复杂的协议。最终，克利夫兰得到了一支新的橄榄球队以及一座全新的体育场，于 1999 年启用。

NFL 对南斯刮目相看，于是当联盟总裁保罗·塔利亚布（Paul Tagliabue）宣布退休时，多支球队的老板推荐南斯作为下一位总裁的候选人。若此事如愿发生，南斯将成为史上第一位担任该职务的非裔美国人。但他最终输给了罗杰·谷戴尔（Roger Goodell）。

2002 年 12 月底，南斯接到了一个不同寻常的请求——去会见一位需要律师的高中生。此人正是勒布朗。这份请求是由格洛丽亚提出的。艾迪·杰克逊的一位老朋友建议他们一家人考虑雇用南斯。

南斯并不熟悉勒布朗。他通常不会接受一位青少年客户的委托，更何况他很快就得知了勒布朗其实并没有遇上什么麻烦，也没有具体的法律事务等待他去处理。格洛丽亚解释，勒布朗即将年满 18 岁，而自己正在组建一支团队来帮助他签订球鞋合约并参加 NBA 选秀。她的儿子需要一位擅长处理复杂商业交易的好律师。格洛丽亚和艾迪被告知，在克利夫兰，找南斯准没错。

12 月 28 日，南斯怀着好奇心来到了俄亥俄州立大学哥伦布分校。他和格洛丽亚见了面，并第一次观看了勒布朗的比赛。在 18 000 名球迷的助威声中，勒布朗砍下 27 分，带领圣文森特在加时赛中取胜。

赛后，南斯答应了代理勒布朗的请求。

时间来到 2003 年 1 月 2 日。下午时分，当勒布朗和队友们从洛杉矶国际机场出来时，一辆 30 英尺长、装有磨砂玻璃的白色凯迪拉克凯雷德（Escalade）正在等候他们，身穿西装的司机打开了车门。勒布朗穿着一套锐步夹克和一双耐克运动鞋，背着一个阿迪达斯背包。他爬进车里，映入眼帘的是两座吧台、八扬声器立体声系统、卫星电视以及绒面皮革座椅，甚至还有一扇天窗。格洛丽亚和队员们在他身后依次进入，车内的景象让他们眼花缭乱。

当艾迪·墨菲（Eddie Murphy）在电影《颠倒乾坤》（Trading Places）中第一次登上豪华加长轿车，他扮演的是比利·雷·瓦伦丁（Billy Ray

Valentine）。在剧中，这位流落街头的穷人与富有的股票经纪人互换角色。对勒布朗而言，这不是电影，而是现实生活。他和母亲仍然住在作为政府保障性项目的那间狭小公寓里，但勒布朗不再需要为梦想而操心了。多亏了那位说服圣文森特参加"梦想经典"（Dream Classic）邀请赛的发起人，勒布朗得以坐进一辆将他从一种生活带向另一种生活的汽车。车子格外宽敞，足以容纳他的母亲和所有朋友。

一行人在圣莫妮卡的华馆餐厅（P. F. Chang's）停下来用晚餐。饭后，勒布朗把头伸出了天窗。他将手持摄像机对准大海，透过取景器观赏日落。当他还是一个胆小、孤独的小男孩，他无法想象世界上竟有如此美丽的地方。勒布朗将摄像机递给一位队友，随后解开了衬衫。太平洋的空气温暖着他的胸膛。这时，车内响起 Jay-Z 的歌曲，强烈的节拍将车窗震得直晃，勒布朗跟着音乐说唱起来，一旁的队友们为他欢呼雀跃。

格洛丽亚满心欢喜——那就是她的男孩。

大学橄榄球全国锦标赛激战正酣，电视上播放着俄亥俄州立大学与迈阿密大学的比赛，音量却被关闭了。索尼·瓦卡罗对此并不在意。这是"梦想经典"邀请赛的前一晚，索尼·瓦卡罗正在 UCLA 校园附近的酒店套房来回踱步，等待勒布朗和格洛丽亚敲门。过去两年，阿迪达斯一直在勒布朗争夺战中处于领先地位。然而，凭借迈克尔·乔丹的影响力和林恩·梅利特的人脉，耐克已经迎头赶上。锐步目前也参与了角逐。但瓦卡罗只关心耐克。见鬼，梅利特辅导马弗里克·卡特已有两年多的时间了，而且自勒布朗高四赛季开始，梅利特手下工作的一些耐克员工总是在阿克伦出没。"耐克的代表们在阿克伦生活了这么久，"瓦卡罗对一位同事打趣道，"他们需要在俄亥俄州缴税了。"

阿迪达斯依然做着全方位的努力。与瓦卡罗房间相邻的套房里堆满了亮闪闪的新款阿迪达斯运动服、运动鞋和绣着圣文森特-圣玛丽字样的毛巾，还有背后印着球员名字的定制款 T 恤。为对阵梅特德伊高中的比赛而专门定制的全新白色球衣挂在架子上，背面绣有每位球员的名字。当圣文森特踏上球场时，勒布朗和队友们装备齐全得可以和洛杉矶湖人队相媲美。

12 颠倒乾坤

然而,华丽的队伍和炫酷的商品都不是阿迪达斯的制胜法宝。瓦卡罗知道,若想胜过飞人乔丹的魅力,只有一件事情可以做,那就是孤注一掷。业内人士都清楚,耐克准备花费高达 2 500 万美元签下勒布朗。这个数字将创下球鞋公司为获得篮球运动员的代言而开出的最高昂价格,即使是迈克尔·乔丹也没有在他与耐克的合约中获得过与这笔钱相提并论的任何东西。对此,《华尔街日报》评价道:"总有人会为了这个孩子而倾家荡产。"

但瓦卡罗并不会就此罢休,他准备突破那个数字。他一直与他的同事大卫·邦德以及阿迪达斯的其他高管们商量如何才能让阿迪达斯成为赢家。

俄亥俄州立击败了迈阿密。不久之后,敲门声传来了。

勒布朗的这一天格外忙碌——随队进行投篮训练,参加新闻发布会,到比弗利山庄出席午宴,刚刚又花了三个小时观看一场橄榄球赛。时间已晚。当他穿着宽松的牛仔裤和 T 恤,跟着母亲走进索尼的套房,这个夜晚忽然变年轻了。

格洛丽亚不免感到紧张。这是一次商务会面,她通常会依赖于艾迪·杰克逊的支持。但此刻艾迪身在俄亥俄州。

索尼和帕姆带领他们和大卫·邦德擦身而过,随后进入一间私人房间,关上了门。勒布朗坐在床上,背靠着床头板。格洛丽亚在他身旁坐了下来。

在对阿迪达斯、耐克和锐步即将开出的正式报价来回讨论了几句之后,索尼决定开门见山。

"勒布朗,你有什么看法?"

"也许每年 500 万美元?"

"这就是你的想法吗?"索尼问道。

勒布朗点点头。

索尼笑出来:"勒布朗,你会让所有人透支的。"

勒布朗睁大了眼睛。

"你会得到的,远不止这个数字。"索尼继续说。

格洛丽亚看了看勒布朗。

"你值一亿美元。"索尼说。

一亿？勒布朗和格洛丽亚哑口无言。

"你配得上这个数字。"索尼告诉他。

勒布朗和格洛丽亚同时从床上弹了起来。他们拥抱了索尼和帕姆。

门外的大卫·邦德听见房间里有人在庆祝。天哪！索尼把事情办成了！他心想。

片刻之后，门开了。格洛丽亚走出房间，她的双手仍在颤抖。

"是时候喝一杯了。"格洛丽亚开口。

邦德点点头，于是领着她朝迷你吧走去。

UCLA 的更衣室里，勒布朗光着膀子坐在椅子上，正在更换比赛服装。在离他几英尺的地方，马弗里克·卡特手里握着一根棍子，棍子顶端是一幅勒布朗笑脸的剪贴画。马弗里克俏皮地把自己的脸藏在勒布朗笑脸的后面，场面颇为滑稽。此时的勒布朗意气风发，圣文森特迄今为止 7 胜 0 负，位居全国第九。来到洛杉矶的他们将迎战排名第四的梅特德伊高中。

赛前，勒布朗却板着脸。他有额外的动力去击败对面的这些家伙。梅特德伊阵容中的核心球员正是在八年级那年的 AAU 全国冠军赛中击败勒布朗、希安、小德鲁和威利的那伙人。当年也正是那伙人因为勒布朗等人来自阿克伦而对他们不屑一顾。

勒布朗想要报仇雪恨。但圣文森特遇到了一个难题，那就是希安的缺阵。全国仅有 78 位高中橄榄球运动员受邀参加那个周末举行的"All American Bowl"橄榄球高中全明星赛，希安正是其中之一。橄榄球奖学金是希安上大学的敲门砖，因此他不能错过这场比赛。这意味着球队需要在没有希安的情况下迎战强敌。

"伙计们，"德鲁教练向球队说道，"今晚不要指望有什么神奇的魔法了。"

魔法？勒布朗咧嘴笑了出来。他早已胸有成竹。

比赛在ESPN2台播出，由比尔·沃顿、丹·舒尔曼（Dan Shulman）和杰伊·比拉斯联手解说。开场不久，罗密欧就为梅特德伊的头号球员送出一记封盖。勒布朗在本方罚球线附近得到了球。他转过身，向前场飞驰，同时用余光观察到身后跟进的罗密欧。他继续运球至对方的半场，前方只剩下一名防守球员。勒布朗加速突向篮筐，在那位球员出现在自己身前之际，他忽然从双腿之间把球击地传向后方。随着勒布朗的惯性将对手带到了界外，罗密欧在罚球线内从容不迫地接住了传球。他没有运球，而是直接跳起，双手灌篮。观众们沸腾了。"这座城市见证过无数精彩的传球，从沃尔特·哈扎德（Walt Hazzard）、格雷格·李（Greg Lee）到魔术师约翰逊，"比尔·沃顿评论道，"这一刻，他们又见证了勒布朗·詹姆斯的妙传。"

场边，坐在林恩·梅利特身旁的耐克公司CEO菲尔·奈特叹为观止。教练可以教会一名球员传球的技巧，却教不会传球的视野。勒布朗如同脑后长了一对眼睛，他甚至没有回头观察，就用完美的击地传球找到了跟进的队友。在湖人队的鼎盛时期，洛杉矶的球迷们曾对魔术师约翰逊的此类表演习以为常，但这项篮球技艺几乎要失传了。

奈特痴迷地望着勒布朗，仿佛他是一个来自另一个星球的动画人物，拥有将队友变为明星的超能力。这一切都被同在场边的索尼·瓦卡罗看在眼里。

圣文森特又赢了。这是他们近三周以来第三次将全美十强挑落马下。

赛后，瓦卡罗走向奈特，在他耳边低声说道："准备好战斗吧。"

奈特笑了。

瓦卡罗却没有。

13 告别高中

里奇·保罗年龄不大，却有着一副成熟的样貌。"当你出生在这个世界上，你身处的境地是你无法控制的，你或许别无选择，"保罗曾这样说，"但是你所处的境地是什么，以及你如何面对它们，决定了你成年后如何在这个世界上生活。"

马弗里克·卡特不禁对勒布朗的这位新朋友感到钦佩。尽管从大学辍了学，保罗似乎比马弗里克遇到的大多数成年人都要聪明。与里奇相识还不满一年，马弗里克自己也即将从大学辍学，他打算以全职的身份为勒布朗工作，帮助他迈向NBA生涯。这段时间，马弗里克和里奇的关系日益紧密。他们因相似的生活经历和共同的未来愿景而建立了纽带。两人踌躇满志，决心打破限制他们的父亲在生活中走得更远的那堵围墙。他们也决心不遗余力地保护勒布朗并为他谋取

13 告别高中

利益。

两人联手成了勒布朗的后盾。早期的一次经历发生在勒布朗那次精彩绝伦的洛杉矶之旅后。勒布朗和格洛丽亚返回阿克伦的第二天,他们和艾迪·杰克逊做了告别,后者即将前往宾夕法尼亚州的一座监狱服刑,那里位于匹茨堡以东约 90 英里。接下来的三年,艾迪将被称作 38980-60 号囚犯。

艾迪答应会给他们写信。

格洛丽亚难以控制自己的情绪。在她儿子步步高升之际,她却失去了身边的知己。

勒布朗对即将发生的事情茫然无措。没有什么指导手册可以教会他如何抚平目睹自己亲人入狱所带来的创伤。

马弗里克和里奇都明白,勒布朗一直将艾迪当作父亲来看待。虽然他们无法弹指一挥间就让所有损失和愁苦通通消失,但是他们都有看着自己心爱之人受到司法系统刑事惩罚的经历,可与勒布朗感同身受。马弗里克的父亲曾蹲过大牢,他亲身体验过自己的父母之一身陷囹圄会是何种滋味。在里奇长大的那个街区,警察们粗暴地对待黑人的现象已经司空见惯。有一天,两位警员闯进了老里奇的店铺,带走了里奇的兄弟。经过一番争论,其中一位警员把手枪抵在他兄弟的脸上。只见老里奇从背后跳了出来,一只手分别举着一支手枪,与两位警察对峙,并大喊道:"休想搬出罗德尼·金(Rodney King)[1]的那一套。"警员最终退让了。

如今,轮到勒布朗遭遇这样的处境了。马弗里克和里奇为勒布朗传递了一致的信号:我们和你在一起。

艾迪·杰克逊入狱的同一天,《今日美国》公布了新排名。随着他们击败了梅特德伊高中,圣文森特登上了榜首。当圣文森特成为全美第一的消息传遍校园,热烈的庆祝一触即发。在校长通过广播宣读了这则喜讯之后,学校在放

---

[1] 译者注:一位非裔美国人,1991 年因超速被洛杉矶警方追逐、截停,其随后拒捕并袭警,被警方用警棍暴力制服;1992 年逮捕他的警察被判无罪,从而引发洛杉矶暴动。

学时临时举行了一次助威集会。学生们把脸涂成绿色和黄色。军乐队在长号手的带领下奏响了学校的战歌。篮球运动员们如凯旋的征服者般接受着人群的欢呼——他们挫败了一个个对手，将圣文森特的名字写进了篮球版图。

对希安、小德鲁、威利、罗密欧和其他队员来说，这是他们人生中最辉煌的一天。

勒布朗陶醉在前所未有的全校大团结时刻。但他的内心却很受伤。当欢呼声停歇，他拜访了德鲁教练。

德鲁知道勒布朗的心里在想些什么，他思索着有什么办法能让勒布朗振作起来。"你应当把余下的这个赛季献给你的父亲。"他告诉勒布朗。

勒布朗从未这么想过。

"这样你就可以向那些对你父亲怀有恶意的人们传递信息了。"德鲁教练继续说道。

那天晚上，圣文森特与克利夫兰的维拉安吉拉-圣约瑟夫高中（Villa Angela–St. Joseph）进行比赛。勒布朗将德鲁教练的话牢记于心。他砍下了40分，共上演7次扣篮，其中一次堪称是他高中生涯最精彩的扣篮。第三节末，勒布朗高高跃起，把球从两腿之间穿过，随后双手把球灌进篮筐，观众们立刻起立欢呼。赛后，《阿克伦灯塔报》的大卫·李·摩根这样写道："勒布朗·詹姆斯奉上的表现简直是……呃……嗯……难以形容。"

篮球一直是勒布朗的"魔毯"，将他带离身边的纷扰，去往他内心的极乐之地。这趟旅程的最佳风景是观众们专注的目光，没有什么比他们的喝彩更能够刺激肾上腺素。得到他人的肯定永远是那么美妙。

勒布朗这场40分表演带来的喜悦并没有维持太久。几天之后，俄亥俄州高中体育协会（OHSAA）联系了圣文森特，对勒布朗那辆悍马车提出了询问。得知格洛丽亚·詹姆斯还住在政府的保障性住房里，协会主席克莱尔·穆斯卡洛（Clair Muscaro）要求学校出具文件以澄清车辆的购买人和资金来源。根据该协会的规章制度，如果一位学生运动员"通过获得金钱和具有货币价值的礼品而将其作为运动员的名声变现"，其业余运动员的身份将作废。穆斯卡洛坚称他调查此事是为了其他学校着想。"如果他违反了任何规则，"穆斯卡洛对美联社表示，"他将从那辆车被送达的那一刻起放弃业余运动员的资格。"

那天下午，ESPN 的 *Sportscenter* 节目报道了勒布朗的悍马车被调查的新闻。此事很快就登上了各大媒体的体育版面。在美军深陷阿富汗战场而布什政府还在加大侵略伊拉克的力度以罢免萨达姆·侯赛因之际，2003 年 1 月 14 日的《纽约时报》头条却赫然写道："勒布朗·詹姆斯的 SUV 引发调查"。同日，美国有线电视新闻网（CNN）的"沃尔夫·布利策特别报道"（Wolf Blitzer Reports）节目报道了勒布朗的悍马车风波，如同这是一件牵涉国家利益的事件。

格洛丽亚被惹恼了。站在她的角度，明明所有人都在将她的儿子变现——赛事发起人、ESPN、《体育画报》、有线电视供应商及其他各种媒体，甚至是圣文森特，现在竟然有人因为她为儿子准备的那个特别礼物，扬言要剥夺她儿子的资格？这太离谱了，她心想。

格洛丽亚既气愤又尴尬，于是她给弗雷德·南斯律所打去电话。后者同意处理此事。

勒布朗也气坏了。《纽约时报》提及格洛丽亚住在保障性住房的事情。"当被问及她如何获得这笔贷款时，"该报写道，"一位了解这家人情况的匿名人士表示，'勒布朗本身就足以成为一件抵押品。'"勒布朗觉得媒体这么做是故意让他母亲难堪，但他对待侮辱和敌意的方式与他母亲不同。当格洛丽亚直言不讳地表达她的看法，勒布朗一直压抑着自己的情绪，直到他踏上木地板。

圣文森特来到阿克伦大学进行下一个主场比赛。勒布朗如期而至，还随身携带一辆遥控悍马玩具车。赛前热身时，他把玩具车带至球场，控制它在地板上四处乱窜，引得队友捧腹大笑。记者捕捉到了这一幕。勒布朗用如此诙谐的方式向 OHSAA 和其他任何质疑他母亲的人竖起了中指。

在一群 T 恤上印着 "I WISH MY MOMMY BOUGHT ME A HUMMER"（愿我妈给我悍马车）的对手球迷的注视下，勒布朗火力全开，在对手头上狂砍 50 分。那晚，勒布朗更是投进了创纪录的 11 记三分球。圣文森特领先对手多达 30 分，当比赛还剩一分钟，德鲁教练将勒布朗换下场，主场观众们起立为他送上了长时间的掌声。同时，格洛丽亚穿着一件印着 "LEBRON'S MOM"（勒布朗的妈妈）字样的夹克衫，一边向客队看台走去，一边用一张印有勒布朗面庞的图片给自己扇风。圣文森特的战绩攀升至 11 胜 0 负。

《阿克伦灯塔报》的记者大卫·李·摩根试图站在勒布朗和格洛丽亚的角度看待这场风波。赛后,他采访了德鲁教练。后者告诉他:"我认为这就是一个阶级问题。勒布朗只是拥有了与他年龄不相符的社会地位……我们即将开战,即将把许多年轻人送往一个可能让他们失去生命的地方,而人们却在关注勒布朗的生日礼物。"

南斯查阅了 OHSAA 的礼品管理规则并得出结论:穆斯卡洛的调查毫无根据。没有任何禁止父母给孩子送礼的规定。这份礼物虽然超出了格洛丽亚的经济能力,但这一事实无关紧要。唯一的问题是格洛丽亚是否确实购买了那辆车。哥伦布市美国银行副行长通过传真向 OHSAA 发的信函提供了答案,证实该银行已向格洛丽亚发放购车贷款。

OHSAA 收到银行文件后,穆斯卡洛仍然拒绝撤销对勒布朗的调查。"我只能说调查仍在进行中。"他对媒体表示。南斯则告诉格洛丽亚和勒布朗不必担心——他们没有做错任何事。在这场哗众取宠的表演结束之时,事情会以对他们有利的方式得到解决。

对于勒布朗和格洛丽亚来说,有一位强大的律师在他们身边不失为一种全新的体验。勒布朗还不太习惯于需要律师的局面。他从来没有惹过麻烦,甚至从未被调查过。尽管勒布朗事后意识到,他的母亲等上几个月再送给他一辆悍马车会或许更加明智,但他也明白,再过几个月他会变得富有,母亲送他一辆豪车当作惊喜的机会因此被剥夺。想到母亲表达自己爱意的举止竟被用来质疑他的资格,勒布朗气愤极了。记者们夸大事实的报道更是令他怒不可遏。

"全国媒体一个接一个地扑了上来,就像是车祸现场那些凑热闹的旁观者,"勒布朗在这场风波结束的几年后写道,"同样贪婪的俄亥俄州高中体育协会对我母亲的贷款做了细致审查,其严格程度堪比美国国税局审查一个歹徒的纳税表。"

追踪此事的并不只有那些全国性媒体。当地报社的一些记者加入了这场闹剧。在一篇题为《詹姆斯的麻烦始于误入歧途的母亲》的文章中,《阿克伦灯塔报》的一位专栏作家写道：

> 勒布朗·詹姆斯是一个好儿子，总是以充满爱意的眼神看待他的母亲，只用最美好的言语来形容她。但他却没有看到她眼中的美元符号。作为一个从未富裕过的人，即将成为百万富翁的前景蒙蔽了格洛丽亚·詹姆斯的判断力。

勒布朗并没有被悍马车的调查案所影响。他知道自己什么也没做错。但这次经历和媒体报道的方式足以让勒布朗和格洛丽亚明白，那些记者只希望从你的身上谋取利益而不会给予你任何回报。

虽然艾迪·杰克逊入狱服刑，他在外面仍有不少朋友，许多人依然通过信件和他保持联系，偶尔也会打电话联络。约瑟夫·哈索恩（Joseph Hathorn）就是其中之一。他供职于克利夫兰一家出售复古球衣的零售店 Next Urban Gear。他还是"Project: LEARN"的受托人，这是一个致力于提高成人识字率的非营利组织。在悍马车的调查期间，哈索恩联系了勒布朗。他听说勒布朗已经进入了荣誉榜[1]，向他表示祝贺，并邀请他和朋友们参观自己的商店。

几天之后，勒布朗开着悍马车，载上一群朋友去了克利夫兰。当他们走进商店，哈索恩告诉他们有不少职业运动员和名人也光顾过这里。他指向了墙上那一张张签名相片。

在哈索恩的建议下，勒布朗在一张自己的照片上签了名，将它贴在墙上。

勒布朗在店里转悠时，哈索恩抓起几件球衣并撕掉了价签。

告别时，哈索恩递给他一个袋子。"里面的东西是给你的。"哈索恩说。

勒布朗见到袋子里装着两件复古球衣，分别是盖尔·塞耶斯（Gale Sayers）和韦斯·昂塞尔德（Wes Unseld）的球衣。他抬头看向哈索恩。"你不必这么客气。"勒布朗告诉他。

哈索恩为勒布朗进入荣誉榜感到自豪，这些球衣是他的礼物。

"谢谢你，"勒布朗说，"我很高兴有人知道我是一个好学生。"

---

[1] 译者注：honor roll，美国高中为成绩优异的学生颁发的奖项。

出于礼貌，勒布朗并没有告诉哈索恩其实他已经有了一件韦斯·昂塞尔德的复古球衣。

2003年1月27日，OHSAA主席克莱尔·穆斯卡洛终于认定勒布朗从母亲那里获得一辆悍马车作为生日礼物一事并未违反任何规定。仅过了三天，穆斯卡洛就在《老实人报》读到一篇报道，其中提到勒布朗最近造访了Next Urban Gear商店。一位店员暗示勒布朗在商店墙壁上留下了自己的签名照片，以此换取两件复古球衣。

穆斯卡洛又坐不住了。他给商店打去电话，和那位接受采访的店员进行了交谈。店员表示向勒布朗赠送球衣的人并不是他，但他证实两件球衣价值845美元。他又补充说，自己并不确定勒布朗和那位赠送球衣的员工之间究竟发生了什么。穆斯卡洛又找到了这家商店的共同所有人。后者警告他，报纸上关于勒布朗光顾这家商店的报道可能并不准确。这位共同所有人表示自己会和手下的员工们谈谈，查明事情的真相，但需要一整天的时间才能和每一位员工取得联系。

穆斯卡洛又打给圣文森特，要求与勒布朗交谈。穆斯卡洛来电时，勒布朗正在上课。得知穆斯卡洛想要和他谈谈复古球衣以及报纸上的故事，勒布朗简直不敢相信。为了避免再次引发争议，他离开学校，开车回家，带上那两件复古球衣，然后前往克利夫兰将它们归还。

与此同时，格洛丽亚告知学校勒布朗不会和穆斯卡洛交谈。此事将由弗雷德·南斯负责。OHSAA的任何要求应当经由他处理。

当穆斯卡洛第二次致电学校试图联系勒布朗时，学校将上述这条信息转告了他。

尽管穆斯卡洛刚刚在悍马车的调查案中与南斯打过交道，但他并不打算通过南斯去征询勒布朗的看法。相反，当天下午三点刚过，穆斯卡洛就给南斯的办公室打去电话，通知后者他已经做出了决定。几分钟后，穆斯卡洛发表正式声明，宣布勒布朗·詹姆斯在本赛季剩余时间被禁赛。"通过与商店工作人员交谈，我确认，1月25日，商家将衣服直接免费赠予了勒布朗，"穆斯卡罗表示，"勒布朗接受了这些礼品，构成利用运动员名声变现的行为，因此直接违反了 OHSAA 业余运动员章程。"

这是该协会 14 年以来首次执行礼品禁令并取消学生运动员的资格。

勒布朗接到南斯来电时刚刚离开商店，正在开车返回阿克伦的途中。听到南斯带来的消息，勒布朗无言以对。

勒布朗努力消化着这个消息——他的高中生涯就这么结束了。

南斯很清楚，穆斯卡洛已经急不可耐。悍马车的调查案本可在几天之内下定论，穆斯卡洛却花了近三周的时间，而在读完报纸上那篇关于两件复古球衣的简短报道仅仅 24 小时之后，他就对勒布朗重拳出击。但是在南斯制订下一步行动计划之前，他需要花些时间去完成穆斯卡洛未能完成的事情——查明所有事实。

圣文森特的训练安排在了下午五点半。在此之前，穆斯卡洛对勒布朗禁赛的决定已经传遍全国。从纽约到洛杉矶，大大小小的体育电台都在讨论这个话题。ESPN 的 *Sportscenter* 节目更是将它作为头条新闻。当勒布朗开车驶进学校停车场，他看见电视转播车在街道对面排成一排，体育馆外聚集着成群的记者和形形色色的人们。其中一名男子身穿风衣，头上顶着一个挖了眼孔的盒子。他手里举着一块手工制作的牌子，上面赫然写着"OHSAA SUCKS"（OHSAA 烂透了）。

勒布朗擦掉眼里的泪水，踏出悍马车，朝着骚动的人群走去。一小群扛着照相机和摄影机的记者们向他涌来。勒布朗躲开了他们，从后门窜进了学校。

球队聚在更衣室里。

勒布朗走进更衣室时，德鲁教练正在告诉队员们究竟发生了什么。除了剥夺勒布朗余下赛季的参赛资格，OHSAA 还宣布圣文森特最近一场战胜布克特尔的比赛被判定为弃权，因为这场比赛发生在勒布朗被赠予球衣的第二天。所以圣文森特的战绩从 14 胜 0 负变成了 13 胜 1 负。

球员们一脸困惑。没有对手能够战胜他们，但某个家伙却剥夺了他们的不败赛季。

勒布朗将脸埋进了双手里。

德鲁教练觉得球队在各个方面都被针对了。他告诉队员们现在必须专注于球队，必须学会在没有勒布朗的情况下比赛。至于如何对付那些等待训练结束的记者，德鲁教练给出他的建议："不要和任何人说话。"

那天晚上，勒布朗心烦意乱。他觉得穆斯卡洛简直就是个恶棍，不但搅黄了他那辉煌的高四赛季，而且扼杀了他和儿时伙伴们一起赢得全国冠军的梦想。但勒布朗望着镜子，不禁为辜负了队友而感到内疚。他对自己感到气愤，当初就不该收下那该死的球衣。他恨自己应当早点预料到这样的结果。

谁也想不到勒布朗的篮球赛季竟会戛然而止。马弗里克和里奇都不知道该如何扭转局势。艾迪或许有一些高见，但他目前身陷囹圄。格洛丽亚简直气疯了。最糟糕的是，学校官员们似乎心甘情愿地接受 OHSAA 的决定。一天之内，一切似乎都乱了套。

弗雷德·南斯却持有不同的观点，这源于他多年以来处理重大矛盾并应对那些自负之人的丰富经验。他依然记得在克利夫兰布朗队趁着夜色装满了几辆半挂式卡车并连夜前往巴尔的摩之后，第二天早晨是什么样的场景——大门紧闭的办公室、空荡荡的体育场和被伤透了心的球迷。当时，布朗队的老板阿特·莫德尔只凭一己之力就重创了这座城市的灵魂和经济。总体上看，勒布朗的风波算不上什么大事。但南斯很清楚勒布朗取得了超乎寻常的成就，特别是对一个高中生来说。而且全国性媒体纷纷把这一件事当作体育大赛来报道。

从法律的角度看待勒布朗被禁赛一事，南斯确信他的委托人受到了侵害——穆斯卡洛操之过急的判断导致了过度的惩罚。在南斯的观念里，穆斯卡洛的决定在法律上既武断又反复无常。勒布朗的补救措施并不太复杂，但是第一步，勒布朗要做一件对任何感觉自己受到冤屈的人来说都不容易做到的事情——表达悔悟。

于是当晚睡觉前，勒布朗给穆斯卡洛写了一封信：

首先，我要为此事以及任何其他与我相关的争议道歉。正如您所想象的那样，成为名人既有诸多好处，也有不少弊端。因此，我不得不对我的个人生活方式做出一些非常重要的调整。

13 告别高中

在信中，勒布朗表示他会为自己的行为负责。他承认曾去过那家商店，并接受了两件球衣。他表示自己并不知晓球衣的价值，并解释他在意识到自己可能违反规定之后立刻归还了球衣。结尾，他发自内心地写道：

穆斯卡洛主席，我坚持不懈地努力，为的是实现自己的两个梦想——成为一名好学生和一名杰出的运动员。篮球就是我的人生。高四对我来说非常非常重要，我希望以荣誉和优等成绩结束这一年。

南斯对此佩服不已。他认识的许多成年人都不愿意谦虚地写下这样一封信。

勒布朗希望这么做会奏效。

但事实却恰恰相反。OHSAA 揪住了勒布朗在信中承认收到球衣的这句话，这代表他坦白了自己利用体育成就获益的事实。换言之，OHSAA 将这封信视为他的认罪。穆斯卡洛并未做出半点让步。

勒布朗明白，这封信没有起到任何作用。

然而，南斯关注的是法官会如何看待勒布朗的信，更重要的是，如何看待穆斯卡洛对此的反应。如此严厉的惩罚，加之对一名青少年书面道歉做出的傲慢回应，这些都是发起法律质疑程序的依据。

南斯准备提出一项临时限制令和初步禁令动议，以阻止 OHSAA 撤销勒布朗的资格。

圣文森特的图书馆管理员芭芭拉·伍德并不是那种渴望被媒体关注的人。她总是让自己远离纷争。但是当她得知 OHSAA 对勒布朗禁赛，她再也无法保持沉默。"人们迫不及待地想要看到他失败的样子，"她告诉《阿克伦灯塔报》的大卫·李·摩根，"他们迫不及待地想要将他击倒。真是太令人伤心了，因为我见到他每天都不会缺勤，见到他每天在课堂上是多么刻苦。当我得知这件事，我感到恶心至极。"

帕特里克·瓦塞尔也有相同的感觉。他从初中起就开始关注勒布朗，当时他们一起参加丹姆布洛特教练的篮球夏令营。年复一年，他那位储物柜邻居周遭发生的事情一件比一件重大，令瓦塞尔越来越难以理解。在瓦塞尔眼里，勒布朗将圣文森特带到了新的高度，使学校声名大噪。他个人的成功也为学校里的许多其他人提供了发光发热的机会。瓦塞尔就是其中之一。代表全国性媒体到圣文森特报道勒布朗的记者们络绎不绝，而作为学生会的主要成员，瓦塞尔经常被邀请与这些人打交道。那年早些时候，当《纽约时报》的一位特约作者到访阿克伦时，瓦塞尔负责担当陪同。他最终接受了《纽约时报》的采访，他的话也被文章所引述。瓦塞尔觉得这样的经历简直超乎现实。

对瓦塞尔而言，与全美最负盛名的一些刊物的记者见面所学到的东西，比课本上所学的更有意义。2月2日，瓦塞尔前往罗德斯体育馆为篮球队助威。场馆里挤满了人，勒布朗身穿便装。众多记者前来报道圣文森特在本队明星球员缺席后的第一场比赛。开场后不久，一位学校管理人员拍了拍瓦塞尔的肩膀。

"中场休息时你想和迪昂·桑德斯（Deion Sanders）坐一坐吗？"她问道。

瓦塞尔目瞪口呆。二十世纪九十年代，桑德斯身兼职业棒球手和职业橄榄球手两职，享有"黄金时段"（Prime Time）"霓虹迪昂"（Neon Deion）的绰号。瓦塞尔很喜欢看他打球。

管理员继续解释道，桑德斯受 CBS 新闻频道委托，计划对勒布朗进行采访。这段采访作为 Early Show 节目的一个片段播出。学校正在寻找一名可以在比赛期间陪同桑德斯的学生。

"当然啦。"瓦塞尔答应道。

勒布朗天生就不是一个看客。他身穿米色西装搭配黑色衬衫，坐在第二排的替补席上，在这场激烈的较量中为队友加油。圣文森特的对手是肯顿麦金利高中斗牛犬队（Canton McKinley Bulldogs）。比赛的大部分时间里，圣文森特似乎都是输家。但最终他们以一分之差险胜。

赛后，勒布朗跟随迪昂和 CBS 摄制组一起离开。勒布朗小时候很喜欢观看桑德斯的比赛。这是他最喜爱的球员之一。如今，他正在接受桑德斯的采访。

桑德斯不像勒布朗此前交谈过的记者。1989 年，22 岁的桑德斯先是身穿洋基队的队服轰出全垒打，接着又身穿猎鹰队的队服达阵得分，这一切都发生在同一个星期。作为一位曾在聚光灯下度过职业生涯的前运动员，桑德斯的出发点与其他记者完全不同。他没有抛出那些试探性的问题，而是先提及勒布朗的经历，并为他提供一个畅所欲言的机会。

勒布朗感觉十分自在。他告诉桑德斯："如果我知道自己违反了任何规定，我一定不会这么做。我绝不会拿我的参赛资格和我的团队来冒险。当时只有我和我的一群朋友进去，然后那个人说：'你知道，我会给你几件球衣，作为你登上荣誉榜的奖励。'"

桑德斯理解勒布朗的处境。

勒布朗与桑德斯的谈话在 CBS 播出的同一天，一则新标题登上了 ESPN.com 网站："请不要为勒布朗·詹姆斯哭泣。" *ESPN The Magazine* 杂志的汤姆·弗兰德卷土重来，这次他带来了一篇毫不留情的评论文章。弗兰德坚称勒布朗并不是受害者，他写道："别告诉我勒布朗从未伸出手。其实他伸出手了。"他还呼吁俄亥俄州法院调查勒布朗的财务状况。"背后的东西比看起来还要多，"他继续道，"甚至比我们已知的更多。"

一个月前，弗兰德的封面故事让勒布朗和格洛丽亚受到伤害。这篇评论文章如同在伤口上撒盐。"仅仅因为他缺少一个强有力的父母教导他学会拒绝，"弗兰德接着写道，"这并不意味着他是个骗子，只是表明了他的本性罢了。"

这样的文字让勒布朗更加不信任纸媒记者。*ESPN The Magazine* 已被列入了他的黑名单。

詹姆斯·R. 威廉姆斯（James R. Williams）是第一位担任萨米特县民事诉

讼法院法官的非裔美国人。在职业生涯早期,他曾被吉米·卡特总统任命为俄亥俄州北区的美国联邦检察官。作为民权领袖,他有着光辉的履历。如今,勒布朗恢复参赛资格的请求将由他负责判定。

法庭上挤满了记者们,弗雷德·南斯论证了他的观点:

穆斯卡洛未通知勒布朗一项调查正在进行。

穆斯卡洛未将针对勒布朗的指控通知勒布朗。

穆斯卡洛未能为勒布朗提供听证的机会。

穆斯卡洛未与向勒布朗提供球衣的约瑟夫·哈索恩交谈,而是选择相信一位未参与交易的店员的说辞。

南斯随后拿出了克利夫兰服装店多位员工的宣誓证词,其中包括了约瑟夫·哈索恩,他对所发生之事的证词比OHSAA提出的猜想更加完整。

最后,南斯认为勒布朗只是从一位家庭朋友那里收到了一份礼物,而这位朋友只是为了祝贺勒布朗的学术成就。"穆斯卡洛没有在购买悍马车那件事上发现任何违规行为,必然受到了公众压力,这必然促使他在本案中无可否认地做出了操之过急的判断。"南斯说道,"这两起事件相隔仅四天,穆斯卡洛的判断显然受到了影响。"

代理OHSAA的律师辩称,穆斯卡洛的决定是出于规则。他还声称穆斯卡洛的决定并未让勒布朗受到"无法弥补的伤害",这正是批准勒布朗的限制令请求的条件。"他在NBA的前景是众所周知的,这一点不会因为失去业余球员身份而受到不利影响。"OHSAA的律师表示。

24小时之后,威廉姆斯法官下达了裁决:"勒布朗·詹姆斯的参赛资格自2003年2月5日起恢复,他可以开始随队训练。"

南斯对付穆斯卡洛简直是轻而易举。对勒布朗来说,这次经历可谓一堂教他如何应对逆境的大师课。它也让勒布朗见识到,他的运动天赋和随之而来的非凡财富将如何为他带来强大的权力杠杆,以及如何利用这些杠杆驱使正义的车轮快速转动,进而创造有利的结果。展望即将开始的球鞋合同谈判以及他的NBA职业生涯,勒布朗不禁对艾迪·杰克逊充满了感激——感谢他将南斯带入这个大家庭。勒布朗把南斯视作他的守门员。

13 告别高中

马弗里克也很崇拜南斯。他感激南斯帮助勒布朗重返球队,而且恰好赶上圣文森特与威斯特切斯特高中(Westchester High)之间那场万众期待的比赛。对手是一支来自洛杉矶的球队,全美排名第七,由特雷沃·阿里扎(Trevor Ariza)领衔,这位明星高中生即将加入UCLA篮球队。马弗里克知道威斯特切斯特是余下赛程里唯一一支有实力击败圣文森特的球队。

勒布朗跃跃欲试。赛前,马弗里克告诉勒布朗,阿里扎的母亲一直在对勒布朗说三道四。按照马弗里克的说法,阿里扎太太对一家洛杉矶报纸说道:"这个叫勒布朗的家伙被禁赛,那可太好了。现在我的儿子终于可以尽情表现了。他才是全美头号球员。他自始至终都比勒布朗要强。"马弗里克记不清他是从哪里得知这条消息的,但这并不重要。他特意向勒布朗传达此事,而且得到了预想的效果。

位于新泽西州特伦顿的主权银行体育场一票难求,当勒布朗溜进赛场进行热身时,照相机的快门按个不停。为了这场勒布朗的回归之战,大批来自阿克伦的球迷乘大巴到场为他呐喊助威,他们之中有退休汽车维修工、机械师、管理员、蓝领工人等,不惜将辛苦挣得的70美元花在往返路费上。上百位获得执照的记者为了接近勒布朗而相互推挤着。大街上,票贩子为一张门票开价2 500美金;赛场内,勒布朗试图让自己进入状态。他哼唱着埃米纳姆(Eminem)的最新热歌《失去自我》(*Lose Yourself*):

这个世界为我所有,待我征服
成为王者,迈向新的世界秩序
平凡的生活乏味无趣,超级明星亦如行尸一具
纵使艰难险阻,也要继续走下去。[1]

---

[1] 译者注:*This world is mine for the taking/ Make me king as we move toward a new world order/ A normal life is borin', but superstardom's close to postmortem/ It only grows harder, homie grows hotter.*(原文)

"成败就在今晚了。"勒布朗告诉队友们。

在他踏上球场之际,一位球迷高喊:"拿出点表现让我瞧瞧,勒布朗。"

第一节比赛风驰电掣般进行,勒布朗跳投命中、上篮得分、一分钟之内扣了三次篮,甚至投中一记37尺的超远三分。上半场比赛结束,他已经砍下31分。

德鲁教练决定不插手,任由勒布朗发挥。

这是勒布朗高中生涯在进攻端最炸裂的一场表演。他独得52分,全凭一己之力就胜过了对面所有人——当勒布朗在比赛还剩两分半钟时被替换下场,对手的比分还停留在43分。当精疲力竭的勒布朗走向替补席,观众们为他喝彩。

大弗兰基·沃克是从阿克伦前来助威的观众之一。他满怀自豪地向那个五年级时曾在自己家里借宿的大男孩喊道:"篮球就该这么打!"

赛后,记者们将勒布朗团团围住。

"勒布朗,请告诉我们,你和你的队友今晚感到有压力吗?"一位记者提出了问题。

"完全没有压力。很多人质疑我们是否配得上全美第一的排名,今晚我们证明了自己。"勒布朗答道。

"我指的是那些争议事件,"记者继续道,"关于争议的种种报道是否让你们感受到了压力?"

"没有。"

"你之前抱怨过媒体,"另一位记者问道,"你认为你有权利抱怨吗?毕竟是媒体让你出名的。"

"我从来没抱怨过媒体,从没有过。我每时每刻都在努力付出,无论如何,并不是你们让我出名,而是我让自己出名。"

余下的比赛里,圣文森特势不可当。与凯特灵市大主教阿特尔高中(Archbishop Alter)的州冠军之战,与其说是比赛,不如说是一场加冕典礼。勒布朗又一次奉上统治级的表现,夺取了全场最高分。当终场哨音响起,小德鲁将球抛向空中,德鲁教练眼含泪水。球员们聚在一起,相互拥抱。他们是《今日美国》排行榜上无可争议的全美第一，是全国冠军。

望着身边的小德鲁、威利、希安和罗密欧，无数回忆涌上勒布朗的心头——他自幼无父，曾害怕有一天母亲不再回家，害怕自己会孤独终老，而后他的生命里有了沃克一家、有了德鲁教练、有了"神奇五人组"的兄弟情。他不禁想到，当阿克伦黑人社区指责他们选择加入一所以白人为主的私立学校而非以黑人为主的公立学校时，他们依然团结在一起。现在来看，这段经历是多么关键。

在他剪下篮网留作纪念之后，勒布朗被评为冠军赛的 MVP。

"很高兴我被评为 MVP，"勒布朗在领奖时说道，"但是有一个人打得比我好得多，所以我要把这个奖给科里，因为这是他应得的。"

科里·琼斯砍下全场第二高分并打出了一场完美无瑕的比赛。

他一脸震惊地走向勒布朗。

在他高中生涯的最后一幕，男主角将奖杯传给了一位配角。

神奇五人组一起伸出手臂，拥抱着这位投篮神准的白人小个子。

次日，《阿克伦灯塔报》的头条新闻这样写道："勒布朗用胜利告别高中"。

14 代言合同

这是3月下旬的一个周一早晨。往常，勒布朗总是身穿校服，背着装满书本的背包，走进圣文森特的大教室。今天却有些不同——他身穿运动服，出现在了克利夫兰郊区一家活动中心的更衣室里。没过多久，他踏上球场参加训练，为第二天举行的麦当劳全美高中全明星赛进行准备。

这场训练吸引了29支NBA球队的球探到场观看。由于其他全明星高中生都尚未抵达球馆，所有目光都集中到了身穿红色麦当劳球衣的勒布朗身上。身高6.8英尺、体重240磅的勒布朗体格宽大，肩膀、胸膛和大腿尽是健壮的肌肉。那副轮廓分明的身材，似乎没有一丁点儿的脂肪。见过他的人，很难不被他那超自然的运动天赋所震撼。凭借44英寸的纵跳高度，当勒布朗扣篮时，他的脑袋可以轻易超过篮筐。在18岁的

14 代言合同

年纪，他可以跳得比 NBA 任何一个球员都高。

当其他高中全明星陆续走上球场，勒布朗和他们之间的对比格外鲜明。他们都具备职业球员的潜能，身材高大，球技娴熟。但勒布朗的体格更加雄伟，在球员之中显得鹤立鸡群。球探们还察觉到了更微妙的差异，他们注意到勒布朗有一个习惯——第一个到场训练，最后一个离开。兼备高超的技术和坚韧不拔的进取心是极为罕见的，在职业体育界，这称得上是无价之宝。

球探们最难查明的事情恐怕就是一名潜力股球员的脑子里究竟在想些什么。当一些麦当劳全明星球员还在为秋季到哪所大学效力而发愁时，勒布朗已经在思索一些更重要的问题了。很长一段时间，他认为自己有责任为母亲提供一个舒适的家、一辆汽车，以及终生的经济保障。现在是时候了——他需要以书面形式正式通知 NBA 他将参加选秀的决定，而他将注定成为当届的状元秀。他还需要在三家向他抛出橄榄枝的球鞋公司之间做出选择，这个决定对他净资产的影响远胜于他在 NBA 的落脚点。但是，在与 NBA 或是那些排队为他送来丰厚代言合同的公司打交道之前，勒布朗必须选择一位体育经纪人为他的下一步行动提供指引。站在一个高中生的视角，需要思考的事情未免有些太多了。

第二天，当勒布朗登上全明星的赛场时，一切令他分心的因素都被他抛在了脑后。在创纪录的近两万名观众面前——其中就包括 Jay-Z，他的音乐是勒布朗人生的配乐，如今他亲临现场为勒布朗加油，勒布朗高度专注，将球技展现得淋漓尽致，并赢得了 MVP 的荣誉。赛后仪式在 ESPN 上播出，UCLA 传奇篮球教练约翰·伍登向勒布朗表示祝贺并为他颁发奖杯。当被问及如何评价自己的表现时，勒布朗说道："首先，我想向我的父亲致敬。"

此时距离艾迪·杰克逊入狱已经过去了三个月，但勒布朗并没有忘记他。他们通过电话保持联系。艾迪也给勒布朗和格洛丽亚写了信。

艾迪渴望得知勒布朗的最新消息。在勒布朗面临他人生的重大决定之际，他不甘心沦为看客。为了继续发挥作用，艾迪不停地给耐克、锐步和阿迪达斯的代表打电话。他还一直为勒布朗的经纪人人选提供意见。

大多数 NBA 内部人士都认为勒布朗会选择一位像阿恩·泰勒姆（Arn Tellem）那样的经纪人——他被认为是联盟里最有权势的经纪人之一。泰勒姆与联盟里 15% 的球员建立了合作，其中不乏大牌球员。他与索尼·瓦卡罗相好，瓦卡罗也认为泰勒姆对勒布朗来说是合适的人选。莱昂·罗斯（Leon Rose）是另一位主要候选人，他与 NBA 权贵经纪人威廉·韦斯利关系紧密。虽然勒布朗很崇敬瓦卡罗和韦斯利，但两人都没有试图影响他对经纪人的想法。

勒布朗却另辟蹊径。那年春天，他不声不响地选择了 42 岁的亚伦·古德温（Aaron Goodwin）作为自己的经纪人。从表面上看，勒布朗的选择有悖于常理。古德温的客户数量相对较少，而且从未代理过任何一位状元秀。他与大牌公司谈判代言合约的经验也十分有限。与那些更加老练的经纪人相比，古德温仍然是后起之秀。尽管如此，古德温在这场勒布朗追逐战之中始终领先竞争对手两步。早在 2001 年，他就观看了勒布朗在奥克兰的一场 AAU 比赛。大约在那个时候，他遇到了艾迪·杰克逊，两人开始商讨古德温代理勒布朗的可能性。这次对话持续了 18 个月。

"我招募勒布朗·詹姆斯已有一年多的时间了，而人们都没有意识到我的存在，"2003 年，古德温罕见地接受了一次采访，"人们想知道我是谁，记者们也在寻找我，但他们根本不知道我长什么样。这就是我喜欢的方式。我喜欢我所做的一切。"

在勒布朗高四的时候，古德温实际上已经成了阿克伦的居民。他在那里和格洛丽亚建立关系并获得了她的信任。与艾迪和格洛丽亚打成一片后，古德温还安排他的几位 NBA 客户与勒布朗结识。最终，弗雷德·南斯对古德温做了调查，相信他有能力代理勒布朗。

古德温在正式加入勒布朗的团队后表示："我始终对格洛丽亚和艾迪充满感激，他们给了我这个千载难逢的机会。"

古德温要面临一个史无前例的局面——勒布朗一场 NBA 比赛还未参加，就有可能成为全世界最富有的运动员之一。经纪人每达成一笔代言交易都会收取佣金。随着与耐克、锐步和阿迪达斯的谈判不断深入，古德温请求弗雷德·施雷尔（Fred Schreyer）律师来帮助他浏览这些公司的出价。这对古德温来说绝对是个明智之举。

施雷尔曾是职业保龄球协会（Professional Bowlers Association）的法律总顾问和首席财务官。但在加入职业保龄球协会之前，施雷尔曾担任耐克的高管，职责就是处理耐克与运动员之间的大额球鞋合同。没有人比施雷尔更熟悉如何与耐克打交道。同时，施雷尔将在仔细研究阿迪达斯和锐步的竞价方面发挥不可估量的作用。

在古德温加紧与球鞋公司安排一系列推销会议的同时，他还要应对一个有可能使勒布朗受到牵连的棘手问题。艾迪·杰克逊入狱时，他和约瑟夫·马尔什以及 Magic Arts & Entertainment 公司之间还有许多未结清的账。自从艾迪与马尔什商讨贷款事宜以来，已经过去了近两年的时间。这笔贷款是为了负担艾迪和格洛丽亚代表勒布朗同球鞋公司高管会面所需的差旅费。在此期间，勒布朗的名气扶摇直上。因此，那部以勒布朗的人生为题材的影片版权也大幅增值。对马尔什来说，制作这部影片创造的回报将远超他借给杰克逊那10万美金贷款所带来的利息。

艾迪入狱后，马尔什更加频繁地与格洛丽亚直接联系。马尔什急于将这部纪录片投入制作，他已经为影片制订了商业和营销计划，甚至暂定了一个片名：《国王詹姆斯：勒布朗·詹姆斯的故事》（King James: The LeBron James Story）。马尔什最初推荐的几位导演人选均未能达成合作。在与格洛丽亚协商后，马尔什将影片的计划寄给了电影制片人斯派克·李（Spike Lee），并告知他 Magic Arts & Entertainment 将代表勒布朗拍摄一部纪录片。2003年4月，马尔什在寄给斯派克·李的信中写道："詹姆斯的母亲格洛丽亚·詹姆斯有意诚邀您担任这部纪录片的重要角色，您或许可以成为导演或者制片人。"

一个月之后，马尔什写信向格洛丽亚报告进展：

按照您的要求，我们联系了斯派克·李，请他执导我们即将推出的关于您儿子勒布朗的纪录片。不幸的是，我们被告知，斯派克·李目前无法执导该项目。您之前提到，您曾与斯派克直接谈过……您可否试着给他打个电话，说服他参与进来？

若斯派克·李无法出面，您和勒布朗是否有其他可供我们邀请的导演人选？若无，我们可推荐几位我们认为非常有才华的候选人，他们可以立即着手这个项目。

马尔什试图在夏天到来之前为纪录片找到一名导演，同时他继续向格洛丽亚发放了两笔款项。一笔在4月，另一笔在5月，共计5 000美元。由此，马尔什对艾迪·杰克逊发放贷款的义务全部完成，他也更加坚信自己被授予了制作勒布朗纪录片的独家权利。

古德温预感到此事可能引起争议，但他需要把注意力集中到手头的事情上，那就是敲定勒布朗的第一份代言合同。

勒布朗知道艾迪与马尔什之间的交易，也知道他的母亲与马尔什有联系。但勒布朗要操心的事情已经够多了。他更愿意把有限的自由时间花在萨瓦娜·布林森身上，而不是去拍摄一部纪录片。

勒布朗和萨瓦娜只约会了大约六个月的时间，但这足以让勒布朗发现她的一项最具魅力的特质——她拥有超乎年龄的冷静头脑。勒布朗见过不少爱作秀的女子，但萨瓦娜与她们截然不同。对勒布朗来说，两人在一起的时光犹如他的避风港。在她身边，勒布朗可以放下戒备、做回少年，也可以尽情地倾诉。

对于萨瓦娜，与勒布朗约会的体验在某些方面是超现实的，特别是那些不断出现的摄影师、摄像师，以及寻求签名的人们。乘坐那辆价值8万美元的豪车约会如同一次旅行。在杂志封面和电视屏幕屡屡见到自己男友也不失为一段神奇的经历。而且勒布朗是她见过的唯一一个在克利夫兰自带资深律师的男孩。

然而，这些都不是勒布朗吸引萨瓦娜的原因。她最欣赏的是他的自信心和使命感，同这样一个目标明确的少年在一起让她感到安心，他对生活有着清晰的规划。虽然有很多女孩想方设法地吸引勒布朗的眼球，但他的内心始终钟情于那个当初拒绝给他电话号码的女孩。勒布朗永远不会让她失望。

但是出于许多理由，勒布朗必须对他们之间的关系予以保密。勒布朗一直生活在显微镜下。任何与他亲近的人都容易遭到媒体的曝光，而他最不希望的就是让萨瓦娜受到他母亲那样的待遇——总是被他人严厉审视。最好不要让

14 代言合同

媒体知道他交了女朋友。为了她好，萨瓦娜需要隐姓埋名。

摆在两个少年面前的未来不免令人生畏。勒布朗即将驶上人生的快车道，而萨瓦娜还要在阿克伦度过一年高中。今后的日子将何去何从？他们会迎来什么结局？两人的关系能持续下去吗？

勒布朗的格言非常简单：别担心。

4月底，勒布朗站在圣文森特体育馆的领奖台上宣布了他将放弃大学并参加 NBA 选秀的决定。望着他的朋友、同学，以及来自全国各地的 50 多位记者，他停顿了一下，回忆起自己初中时代的一幕，当老师让他列出三个最感兴趣的职业，他在一张3厘米×5厘米大小的卡片上写了三次"NBA"。"这是一个由来已久的目标，"勒布朗告诉观众，"我很高兴它终于实现了。"

几天后，勒布朗走进了波士顿郊外锐步公司总部的会议室。在经纪人和律师的陪同下，勒布朗坐在他母亲身旁，面前是一张他所见过的最长的桌子。马弗里克也在桌子旁就座。

锐步的 CEO 保罗·法尔曼（Paul Fireman）向所有人表示欢迎。他开门见山地向勒布朗表明，他的公司已经准备好将他视为锐步历史上最重要的运动员。这段话道出了锐步和耐克的区别。在耐克，勒布朗的周围还有一众超级体育巨星。

锐步服装和鞋类部门的高管托德·克林斯基（Todd Krinsky）介绍了公司的新举措——将音乐和运动融合，以期吸引更时尚、更年轻的消费者。锐步刚刚与 Jay-Z 签订了代言协议，将为他推出专属签名运动鞋"S. Carter"，并且还在尝试与法瑞尔·威廉姆斯（Pharrell Williams）达成合作。锐步将勒布朗与这些艺人归为一类。作为新一代运动员，勒布朗拥有巨大的跨界吸引力。

演示结束后，锐步将报价摆上了台面：10 年 1 亿美元。

房间里顿时鸦雀无声。

勒布朗目瞪口呆。索尼·瓦卡罗曾告诉他，他值 1 亿美元。但这个数字总让人觉得是修辞而非现实。

格洛丽亚眼眶里泛着光。

亚伦·古德温努力保持镇定。他没想到锐步公司竟然开出九位数的报价。

这份报价也让弗雷德·施雷尔始料未及。他还记得1996年泰格·伍兹转为职业运动员时，耐克公司与他签订了一份为期五年、价值4 000万美元的代言合同。这是有史以来向业余运动员开出的最丰厚的一份球鞋合约。如今，锐步对勒布朗的报价远远超过了伍兹。

为了敲定交易，保罗·法尔曼掏出一支笔，又取来一张支票。

勒布朗并不知道桌子另一头的法尔曼在做什么。

只见法尔曼在右下角签了名，随后将支票滑过桌子。

古德温拿起支票并注意到了金额——1 000万美元，收款人是勒布朗·詹姆斯。

接着，古德温向勒布朗和格洛丽亚展示了支票。

格洛丽亚喊了出来。

勒布朗直愣愣地盯着支票上的那些"零"。

法尔曼对勒布朗的提议很简单——现在与锐步签约，他就可以带着1 000万美元的预付款出门。

马弗里克浑身直冒汗，他站起身子，解开了衬衫最上面的纽扣。我的妈呀，这竟然是真的，他心想。

古德温和施雷尔表示需要一点时间与他们的客户商议。

法尔曼将房间让给了他们。他和克林斯基走出会议室，门在他们身后咔嗒一声关上了。

格洛丽亚发表了意见。她不明白有什么好商量的。锐步的报价超出了所有人的预期。当勒布朗走出这扇门，他瞬间就会成为千万富翁。

勒布朗无言以对。他刚从阿克伦飞来。他住在保障性住房里，每个月享受22美元的房租补贴。他的母亲失业了，只能靠食品券购买日用品。但他手中的支票足以使他摆脱这一切。这是一张通往新生活的入场券。他所要做的就是说一声"yes"。

格洛丽亚打算拿上支票走出去。

古德温却劝所有人坐下来冷静一下。锐步的出价高得离谱，法尔曼更是大胆地抛出了1 000万美元的支票。这个出价为的是先发制人，阻止勒布朗与阿迪达斯和耐克进行谈判。古德温提醒勒布朗，原订的"比赛计划"是先与全部三家公司进行会面，再做出决定。

施雷尔表示同意。尽管拒绝1亿美元的报价听上去简直是疯了，但他认为谨慎的做法是保持冷静并等待阿迪达斯和耐克的报价。

勒布朗手里握着支票，内心无比纠结。

法尔曼和克林斯基又回到了会议室，在自己的座位坐下。

勒布朗不为所动地将支票推回给法尔曼。

法尔曼和他的团队失望不已。但他们也不由自主地感到钦佩。那天晚上，托德·克林斯基怀着惊讶的心情目送勒布朗离开锐步总部。他已经是个男子汉了，克林斯基心想。他知道自己将要面对什么。

第二天上午，走向大教室的勒布朗内心依然激动：我的天啊！真不敢相信我把那张支票留在了桌面上。

但他并没有纠结于这件事情。这天是星期五，勒布朗的同学们正在筹备周末的毕业舞会，但勒布朗另有计划。一放学，他就匆匆赶往机场，一架私人飞机正在等待他。这架豪华飞机是索尼·瓦卡罗特意租下的，目的是将勒布朗送往洛杉矶参加与阿迪达斯的推介会。机上有足够的座位，可以容纳勒布朗的朋友和顾问。所有人都登上了飞机。

勒布朗总是试图让他的高中队友们参与到他所做的每一件事当中，索尼对此感到钦佩。在勒布朗的请求下，索尼为他们安排了场边座位，观看当晚马刺和湖人的季后赛。一辆豪华轿车在洛杉矶国际机场接上了勒布朗和他的朋友们，载着他们来到了斯台普斯中心（Staples Center）。勒布朗耳朵上佩戴着仿真钻石，头顶反戴一顶湖人队的帽子，白色T恤衫外面套着一件敞开拉链的棒球夹克。当他走进球馆，他仿佛走进了自己未来的家。众多好莱坞大亨、流行歌星、演员和运动员占据了最靠近球场的座位。湖人啦啦队女郎跳起舞蹈，动感的音乐响起。科比·布莱恩特和沙奎尔·奥尼尔正在带领湖人队冲击NBA四连冠，但大卫·罗宾逊（David Robinson）和蒂姆·邓肯（Tim

Duncan）率领的马刺队挡在了他们前进的道路上。现场的气氛引人入胜。

第二节期间的某个时刻，"大鲨鱼"奥尼尔被吹了第二次个人犯规。一身黑衣、佩戴雷朋眼镜的杰克·尼科尔森忽然从场边的座位站起，怒喷裁判。巧合的是，当时他的新片《愤怒管理》（*Anger Management*）刚刚登上票房榜榜首。他一边指着裁判大喊大叫，一边煽动现场观众，像是在表演某个角色。裁判让尼科尔森坐下，他的嗓门却变得更大。"这是 NBA！"他叫喊着，"你休想叫我坐下。"

球迷们被尼科尔森的挑衅所感染，纷纷站起身来为他欢呼，并冲着裁判发出嘘声。场内的紧张气氛促使工作人员向安保人员询问是否应当将这位奥斯卡奖得主驱逐出场。但安保人员建议不要这样做——此举可能会引发骚乱。工作人员只好警告尼科尔森最好不要再踏入球场。

"他们没本事把我赶出去，"尼科尔森冷笑道，"他们不可能把我怎么样。如果我愿意，我可以一直站在这里。我可是花了大价钱过来的。"

这一切都被勒布朗看在眼里——尼科尔森的暴怒点燃了全场观众的热情，科比带领湖人队打出一段得分高潮。勒布朗渴望在这样的时刻成为主角，他渴望成为 NBA 最佳球员，渴望登上如此盛大的舞台，在众多世界知名艺人的注视下追逐胜利，让全场观众为他疯狂。与此同时，勒布朗也明白了一个道理——职业体育的核心不仅仅是比赛，它还是一门生意。

突然，TNT 的一位制片人找到了勒布朗。场边记者克雷格·萨格（Craig Sager）想要采访他。

勒布朗同意了。当他步入白色的灯光下、面对镜头，他感觉到湖人球迷的目光纷纷投向了自己。

"在我身边的，或许是高中篮球界有史以来最被看好的球员，"萨格介绍道，"勒布朗·詹姆斯，首先祝贺你打出精彩的表现并夺得全国冠军。应对铺天盖地的舆论关注有多难？"

"我认为对于任何一个普通人来说，这都是非常困难的，"勒布朗回答，"你知道的，在成长的过程中，我经历了太多的逆境，所以这算不上什么。队友和教练的陪伴让我轻松了许多。"

14 代言合同

"你将参加选秀,但你并不知道自己会为哪支队伍效力。你希望加入哪支队伍?"

"先生,这是我的长期目标。我愿意为任何队伍效力。"

在阿克伦,观看比赛的圣文森特师生们不敢相信勒布朗已经远在洛杉矶并登上电视直播。在"9·11"事件之后,乘坐商业航班从阿克伦飞往洛杉矶是不可能那么迅速的。

但勒布朗已经习惯了高速旅行式的生活,这通常是企业大亨们的专属。他在接受现场采访时也变得相当娴熟。

"你今晚为什么来到这里?"萨格问勒布朗。

这是一个含沙射影的问题,需要勒布朗斟酌他的字句。

"我是来看科比和沙克的,"勒布朗说道,"两年前,沙克来看过我的比赛,而现在我来到这里,看他们如何争取胜利。"

勒布朗所说的一切并不假。但他巧妙地绕开话题,没有透露阿迪达斯是促使他拜访洛杉矶并观看比赛的原因。

电视前的索尼·瓦卡罗点了点头。真是个聪明的孩子,他心想。

当勒布朗回到座位上时,科比突破到篮下,用杂耍般的动作将球投进。但TNT的播报员迈克·弗拉特罗(Mike Fratello)和马夫·阿尔伯特(Marv Albert)却依然在谈论勒布朗。

"马夫,克雷格刚刚采访的那个年轻人,"弗拉特罗说,"他极为出色地应对了他今年面对的那些压力。"

明媚的阳光、温暖的空气和美丽的海景将勒布朗唤醒。索尼将母子俩安排在圣莫尼卡的一家海滨酒店。勒布朗认识到,索尼总是想方设法把格洛丽亚当作贵宾招待。他也知道,当记者将格洛丽亚描绘成贪财之人,索尼曾公开为她辩护。

大多数抨击格洛丽亚的报道都是由那些没有亲历过贫穷的记者撰写的。这些体育记者主要是白人,他们不知道一位16岁的黑人女孩独自抚养孩子是什么滋味。其实索尼也不知道,但他足够了解格洛丽亚,并洞察到她被媒体忽视的一面。"她本可以从各式各样的人那里拿走数十万美元,"2003年春季,索尼对《阿克伦灯塔报》说道,"从经纪人到财务经理,再到潜在投资人,没有人不为他们提供任何他们想要或需要的东西,但格洛丽亚从未要求或接受任何东西。"

索尼与他们母子俩的关系就是阿迪达斯争取勒布朗的最大筹码。

中午时分,勒布朗和格洛丽亚坐上了一辆豪华轿车,车子将他们送到了马里布的一处豪华宅邸。这栋豪宅属于一位音乐界大佬,这个周末它被索尼租下了。为此,索尼特意布置了一番。当他开门迎接勒布朗和格洛丽亚,背景音乐响起了鲍比·达林(Bobby Darin)的《飞跃海洋》(*Beyond the Sea*)。

"来吧,"索尼欢迎道,"看看这里的海景。"

勒布朗和格洛丽亚穿过大理石地板,经过琳琅满目的招待食品和数不尽的冰镇饮料,向一个宽敞的房间走去。房间装有落地窗,既可俯瞰游泳池,又可远眺太平洋的全景。这里仿佛就是他们的未来。

阿迪达斯推介会的气氛比锐步要轻松得多。勒布朗坐在面朝大海的沙发上,两侧分别是格洛丽亚和古德温。阿迪达斯团队坐在他对面。双方中间摆着一张长长的玻璃咖啡桌。

瓦卡罗把时间交给他的同事大卫·邦德,由他介绍品牌计划、营销计划和产品计划。最后,话题转移到了金钱上。阿迪达斯的一位律师拿着文件走进房间。他抽出一份合同请古德温过目。与锐步的报价相比,这份合同包含了更多的法律条文。

阿迪达斯看似为勒布朗开出了七年、价值一亿美元的合同,但仔细阅读条款后可发现,这笔钱的大部分与版权费挂钩,并且取决于勒布朗能否达成各式各样的指标,比如参加一定数量的比赛,得到一定数量的分数。保障金额接近7 000万美元,但这与索尼此前向勒布朗和格洛丽亚提及的金额相去甚远。

古德温望向索尼,指着报价中的条款。"这和我们之前谈的不一样。"古德温告诉他。

索尼见到这些条款,惊讶得下巴都快掉了下来。他站起身,示意阿迪达斯律师和邦德跟他走。

14 代言合同

"你们在干什么?"索尼对律师说道。

经过一番激烈的交流,索尼和邦德得知,公司的德国总部在最后一刻做出了决定。为了降低阿迪达斯的风险,他们在合同中加入了基于表现的条款。

邦德不敢相信自己的耳朵。他们此前曾答应为勒布朗提供一亿美元的保障金额。

然而,阿迪达斯的 CEO 并不像索尼和邦德那样确信将一亿美元投入到一个年仅 18 岁且一场 NBA 都没参加过的年轻人身上是明智之举。这份报价因此发生了改变。

这个重大的决定或将改变这家公司的历史。

索尼火冒三丈,他知道这意味着什么——阿迪达斯被淘汰出局。锐步的报价为全额保障,不含任何附加条件。阿迪达斯却开出一份附带条件的报价,完全没有胜算。

索尼满面尴尬地找到古德温,和他私下商量着什么。

沙发上只剩下了勒布朗和格洛丽亚。两人走到房间外眺望海景。他们感觉自己脚下的土地似乎变了样,原本乐观的氛围变得无比难堪。

几分钟后,双方再次碰头。索尼向所有人宣告:"我们到此为止。"

随后,索尼、帕姆与勒布朗、格洛丽亚私下交谈。索尼为阿迪达斯的报价感到抱歉,失望的表情挂在脸上。"事情不该是这样的。"他说。

勒布朗点了点头。

为了让勒布朗的职业生涯顺利起飞,索尼花了足足三年的时间做准备。在这段足以改写球鞋行业面貌的旅程之中,索尼一直以为自己将成为一分子。而就在点火的那一刻,索尼却意识到他再也无法陪伴在勒布朗身边了,尽管他对这个孩子的情感超越了任何他招募过的运动员。这种感觉就像和一个不会重逢的家人道别。

格洛丽亚有同感。帕姆也是如此。

索尼看着勒布朗。"去参加下一场会议吧,"他说,"但请不要把我们的开价告诉他们。去谈尽可能高的价格。做对你最有利的事。"

勒布朗送给他一个拥抱。

"我们知道你为我们做了什么，索尼，"格洛丽亚说道，"我们永远不会忘记的。"

帕姆也拥抱了格洛丽亚。"我爱你。"她说。

那天开车回家的路上，索尼甚至不屑于说出阿迪达斯的名字。

"他们欺骗了我。"他说道。

帕姆点了点头。

"你知道我打算怎么做。"索尼说。

"你打算辞职，是吗？"

"没错，我不干了。"

一周之后，一架耐克公司派出的私人飞机将勒布朗、格洛丽亚和马弗里克接到了俄勒冈州的比弗顿。耐克总部的景致显然不如海滨豪宅那般迷人。但对勒布朗来说，来到耐克园区仿佛进入了梦幻乐园。这里的许多建筑都以传奇人物命名——迈克尔·乔丹、泰格·伍兹、博·杰克逊（Bo Jackson）[1]，等等。勒布朗走进米娅·哈姆（Mia Hamm）[2]大楼，穿过一条长长的走廊，两侧的玻璃柜里陈列着无数 Air Jordan 战靴，以及其他 NBA 球星穿过的标志性运动鞋。走廊的尽头是一个空箱子，一盏灯将它照亮，勒布朗不难想象他的球鞋摆放在这条神圣通道里的样子。

走进菲尔·奈特的会议室，勒布朗见到里面装扮着各式各样的商品：运动服、游泳衣、浴袍、毛巾、袜子、内衣、篮球、运动包和太阳镜——所有商品都印上了勒布朗的名字。耐克还在房间里摆满了勒布朗最喜欢的早餐麦片——Fruity Pebbles。

这一切是林恩·梅里特的主意。在运动鞋方面，他也比锐步和阿迪达斯领先一步。他没有向勒布朗展示球鞋草图，而是直接拿出了样品让勒布朗试穿。

---

[1] 译者注：美国前棒球与美式橄榄球运动员，首位在这两项美国主流运动职业比赛中都入选全明星的球员。

[2] 译者注：美国前女子足球运动员，曾两度当选世界足球小姐。

14 代言合同

耐克为勒布朗设计的签名鞋被命名为 Zoom Generation I,它以勒布朗的悍马车为原型——耐克的条纹看起来就像悍马车轮毂罩上的饰条,鞋带的孔眼仿佛是汽车的门把手。

格洛丽亚很喜欢这个设计。

勒布朗把鞋穿上。鞋子恰好合脚,简直是量身打造的。他可以想象自己穿着这双鞋出现在 NBA 的赛场上的画面。

如此有说服力的推销,古德温还是头一次见到。

谈到价格时,耐克原本希望勒布朗和格洛丽亚回避。按照惯例,当公司与经纪人商讨条款时,运动员不应在场。

但勒布朗坚持要留在房间里,他也希望自己母亲在场,还有马弗里克。

耐克 CEO 菲尔·奈特意识到勒布朗想要参与这一过程的每个步骤,于是答应了。他邀请勒布朗和律师们进入一个私人房间。

最终的结果并不尽如人意。耐克的报价约为 7 000 万美元,包括 500 万美元的签字奖金。但奈特没有当场开出支票。即使勒布朗接受了耐克的报价,他将空手而归。至于奖金,嗯……稍后发放。

于是古德温直言道,耐克的报价并未达到预期。

当晚,勒布朗和他的团队在林恩·梅里特的家中用晚餐。晚餐后,勒布朗和梅里特十几岁的儿子玩电子游戏,古德温和施雷尔则与梅里特进行协商。显然,双方之间存在着较大分歧。

在从比弗顿返回的飞机上,所有人的心情都很低落。

马弗里克·卡特已在耐克公司实习了两年之久。他从林恩·梅里特那里学到了很多。马弗里克既没有商科学位,也没有法律或金融背景。对于交易这门艺术,他毫无经验。然而,在与锐步、阿迪达斯和耐克谈判中,马弗里克一直在场。勒布朗坚持要给他的朋友一个席位。这是一次非同寻常的机会,马弗里克可以见识到保罗·法尔曼和菲尔·奈特这类 CEO 是如何工作的。马弗里克也更深刻地体会到勒布朗承受着多大的压力。当法尔曼将那张 1 000 万美元的支票摆在桌上时,马弗里克惊呆了。"如果是我,我绝不会拒绝。"马弗里克后来对勒布朗坦言。在那一刻，马弗里克的想法很简单：让我们拿上支票，赶快离开这里吧。

目睹勒布朗如何度过他人生之中如此关键的时刻，马弗里克深受鼓舞，他希望尽更多努力来帮助他最好的朋友取得成功。这次经历也激起了马弗里克的欲望——有朝一日，他也能成为一位掌权者。但在那之前，他愿意坐在谈判桌旁虚心学习。

勒布朗明白，马弗里克虽然还是个新手，但他值得信赖，而且对自己忠心耿耿。勒布朗有律师和经纪人为他提供法律和财务建议。因此他把马弗里克当作自己的知己，总是与他分享一些不愿与律师或经纪人讨论的事情。当他们从俄勒冈返回，两人谈论了耐克和锐步，并谋划着未来。

同时，勒布朗也明白自己面临着一个至关重要的抉择。

马弗里克也感受到了压力。

勒布朗钟情于耐克，他无法拒绝锐步。如果耐克开出更高的价格，这将是一个轻松的选择。可惜，耐克并没有这么做。

同时，古德温重新与锐步进行接触。勒布朗从俄勒冈返回的两天后，锐步公司派遣了一支由高管和律师组成的团队前往阿克伦，意图达成交易。在一间酒店房间里，锐步团队着手拟定了一份新的条款清单，将最终报价提高到七年1.15亿美元。

在同一家酒店的另一个房间里，勒布朗会见了古德温和施雷尔。在勒布朗的要求下，古德温与耐克展开了最终谈判。古德温给耐克公司的期限是5月21日当天结束。当晚，耐克公司通过传真发来一份新报价——七年9 000万美元。签约时，勒布朗将获得1 000万美元。

耐克的报价大幅增长，锐步也不甘示弱。后者愿意跟进对手的任何报价，并在此基础上再涨2 500万美元，只要勒布朗同锐步签约。

那天深夜，勒布朗在马弗里克的陪同下到酒店后方的一家餐厅思考他的选择。在18岁的年纪，实现梦想的机会就摆在勒布朗的眼前。一直以来，勒布朗都幻想自己攀升到与偶像齐平的高度，达成鲜有人触及的成就。在他成长的过程中，迈克尔·乔丹堪称是现实生活中的超级英雄。耐克在其中功不可没，

14 代言合同

它们为乔丹设计了标志性的徽标，制作了史诗般的商业广告，使他成为体育界最耀眼的明星。

勒布朗渴望像乔丹一样光芒四射。但为了走上这条路，这个自幼就生活在贫穷之中的男孩不得不把 2 500 万美元留在台面上。吃着薯条的勒布朗已经下定了决心。这是一个至关重要的时刻。

午夜刚过，古德温和施雷尔走进餐厅，钻进了勒布朗的包间。他们需要知晓他的决定。

"我要选择耐克。"勒布朗对他们说。

15 此刻疯狂

自1964年克利夫兰布朗队赢得NFL冠军以来，克利夫兰体育队伍再也没有赢得过冠军，而当时距第一届超级碗的举办还有两个赛季。从那时起，这座城市经历了长达39年的冠军荒，而且遭遇了几次现代体育史上最惨痛的失利。1987年，在布朗队即将问鼎美国橄榄球联合会（AFC）冠军并打入超级碗之际，野马队四分卫约翰·埃尔维（John Elway）在15次进攻中为球队累计推进98码，并在比赛还有几秒钟结束之时扳平比分——这个令克利夫兰不堪回首的画面史称"the Drive"。布朗队最终在加时赛中告负，克利夫兰败兴而归。

一年后的AFC冠军战，布朗队眼看就要完成制胜达阵，但在比赛还剩一分钟时，球队的头号跑锋在球门线上被对手断球——史称"the Fumble"。结果布朗

15 此刻疯狂

队再次丧失了进军超级碗的机会。1989年，克利夫兰骑士队只须再坚持一秒钟就可以在五局三胜的季后赛系列赛中淘汰公牛队，但迈克尔·乔丹命中了那记标志性的绝杀，帮助球队一分险胜，史称"the Shot"。1997年，后援投手何塞·梅萨（José Mesa）的失误让克利夫兰印第安人队（Cleveland Indians）痛失美国职业棒球大联盟（MLB）世界大赛冠军，史称"the Blown Save"。

勒布朗在克利夫兰以南40英里的地方长大，对这座城市伤痕累累的体育史了如指掌。他也很清楚，克利夫兰人都期望他扭转这座城市的厄运，带领骑士队在篮球界创造辉煌。他们的梦想能否实现，取决于NBA乐透抽签仪式。抽签时，战绩最差的球队最有机会抽中状元签。骑士队上赛季的战绩为17胜65负，与丹佛掘金队并列联盟倒数第一。在缺席季后赛并因此获得乐透资格的13支球队中，骑士队和掘金队各有22.5%的机会来获得选择勒布朗的权利。

"骑士队球迷充满期待，"一位体育专栏记者在乐透抽签前夕写道，"如果这支霉运缠身的球队最终积攒了足够的运气，凭借22.5%的概率抽中状元签，或许一切皆有可能——比如，在你有生之年闯入NBA总决赛。"

与耐克签约的仅仅几小时后，勒布朗在阿克伦一家酒店为他的高中队友和教练举办了派对，并打算一同观看乐透抽签仪式。这是他们从高中毕业并步入人生下一阶段之前的最后一次狂欢。希安和威利分别拿到了俄亥俄州立大学和西弗吉尼亚州费尔蒙特州立大学（Fairmont State University）的橄榄球奖学金。罗密欧和小德鲁将为阿克伦大学篮球队效力，与基思·丹姆布洛特教练重聚。被《今日美国》评选为年度最佳教练的德鲁教练巩固了自己在圣文森特的职位。唯有勒布朗的去处还是个未知数。

当美国广播公司（ABC）体育主持人迈克·蒂里科（Mike Tirico）从位于新泽西州塞考克斯市（Secaucus）的NBA演播室开始现场直播，所有人都挤在电视机旁。"今天早些时候，勒布朗·詹姆斯签下了一份球鞋代言合同，价值9 000……万……美元，"蒂里科说道，"毫无疑问，他在各个方面都被人寄予厚望。"

格洛丽亚也在酒店房间里。她的身边是圣文森特的图书馆管理员芭芭拉·伍德——她始终坚信勒布朗会有一番大作为，但即将发生的一切或许令她难以理解。

随着乐透球队的代表们来到演播室,一位联盟官员登上讲台,有条不紊地依次拆开一叠密封的信封,共有 13 个。只剩下最后一个信封时,阿克伦这家酒店的宴会厅迸发出热烈的欢呼,NBA 官员随即宣布:"2003 年 NBA 选秀大会的第一顺位属于克利夫兰骑士队。"

伴随演播室里的掌声,迈克·蒂里科来到欣喜若狂的骑士队老板戈登·冈德(Gordon Gund)面前。

"冈德先生,恭喜你,"蒂里科祝贺道,"勒布朗·詹姆斯正是来自俄亥俄州的阿克伦,我相信你们队内一定非常高兴吧。"

"老实说,"冈德板着脸说道,"我们还不知道会选谁呢。"

演播室里的所有人都笑了出来。

冈德自己也笑了。"我为克利夫兰的球迷感到激动,"他继续道,"这是伟大的一天,不论对于他们,还是对于我们的所有市场——阿克伦,克利夫兰,或是整个俄亥俄州东北部。这是克利夫兰体育界的大日子。"

次日早晨,骑士队办公室的电话就被打爆了。这支 NBA 上座率最低的球队的球票忽然成了备受追捧的商品。接下来的三周,骑士队售出了数以千计的赛季套票。甚至在这个来自阿克伦的孩子正式成为骑士队一员之前,克利夫兰的球迷就把他当作了这座城市的救世主。

面对沉甸甸的期望,勒布朗显得举重若轻。年少时,他曾幻想自己是超级英雄,守护着一座城市,铲奸除恶。他最喜欢的漫画人物是蝙蝠侠。怀着成为布鲁斯·韦恩的渴望,勒布朗来到纽约参加 NBA 选秀。他和一些具有首轮前景的球员——包括卡梅隆·安东尼、德怀恩·韦德(Dwyane Wade)、克里斯·波什(Chris Bosh)等人——共同参加了联盟安排的一次活动。一行人参观了纽约证券交易所,并会见了主席理查德·格拉索(Richard Grasso)。当勒布朗跟着格拉索穿过交易大厅,交易员们高喊勒布朗的名字,并激动地向他索要签名。

"你觉得自己会在哪一轮被选中,第一轮还是第二轮?"格拉索笑着问道。

"大概是第二轮吧。"勒布朗调侃道。

几分钟后,勒布朗登上了交易大厅的露台,敲响了开市钟。尽管他高中毕业证书上的墨迹还未干透,勒布朗的净资产已经可以与纽约证券交易所的

CEO 相提并论。钟声响起，欢呼声萦绕在整个证券交易所，勒布朗微笑着望向台下沸腾的交易员们。

勒布朗无法否认纽约是一个好去处，毕竟这里是篮球圣地。艾迪·杰克逊一直希望勒布朗为尼克斯队效力，这支历史悠久的球队以全世界最知名的体育场作为主场。然而，2003 年 6 月 26 日，当勒布朗步入麦迪逊广场花园时，他扮演的是克利夫兰的"白马王子"。他将接过新鲜出炉的骑士队战袍，日后将与尼克斯队和联盟里的其他球队一决高下。他立志要让俄亥俄州北部变成篮球宇宙的中心。

勒布朗身穿白色西装、白色衬衫，系着白色丝质领带，坐在现场的一张主桌前，母亲陪伴在他的身边。他一边啃着指甲，一边等待状元秀的宣布。当总裁大卫·斯特恩（David Stern）喊到他的名字，勒布朗站起身，亲吻了格洛丽亚，在刺耳的欢呼声中走向舞台。与斯特恩握过手后，勒布朗来到了 ESPN 记者米歇尔·塔福亚（Michele Tafoya）面前。

"你称得上是 NBA 历史上最受关注的新秀。"她说道。

此时，看台上的纽约球迷喊起口号："O-VER-RA-TED! O-VER-RA-TED!"[1]

勒布朗不为所动。他露出笑容，用一只手举起他的克利夫兰骑士队球衣，看向镜头，指了指球衣。"家乡的克利夫兰球迷们，你们好吗？"他一边说，一边用拳头捶了捶胸口。

自 1966 年吉姆·布朗（Jim Brown）从 NFL 退役并转而投身演艺事业以来，克利夫兰终于又迎来了一位名副其实的体育巨星。

距离选秀夜已经过去了一周。勒布朗又在 Jay-Z 的邀请下返回了纽约。他将和 Jay-Z 共度一周，并出席全美最具观赏性的街头篮球锦标赛——"艺人篮球经典赛"（Entertainers Basketball Classic）。这项赛事每年夏天在位于哈林区久负盛名的洛克公园（Rucker Park）举办。Jay-Z 的原名为肖恩·卡特（Shawn Carter），他拥有一支名为"S. Carter 之队"的参赛球队，其被认为是冠军的有

---

1 译者注：指勒布朗被高估了。

力争夺者——冠军在街头被称为"the Chip"。勒布朗与Jay-Z一直保持着联系，两人在当年春季举行的麦当劳高中全明星赛就打过交道。他欣然接受了Jay-Z的邀请，并把马弗里克一起喊了过来。

Jay-Z总是认为说唱艺术家和篮球运动员密不可分。但他与勒布朗的关系却不同寻常。两人的关系远不只是名人之间的互动，而是有着更深厚的情谊。Jay-Z在布鲁克林贝德福德—斯图维森特区一处占据六个街区、名为"马西房屋"（Marcy Houses）的保障性住房项目中长大。Jay-Z与自己的父亲毫无关系，在他小时候，父亲就抛弃了母子二人。Jay-Z与母亲关系亲密，母亲的名字恰好也叫格洛丽亚。他既要保护她，也要供养她。这一切都与勒布朗不谋而合。

勒布朗也发现自己与Jay-Z志同道合，只不过后者比自己年长15岁。当勒布朗开始了解Jay-Z时，这位33岁的艺术家正在回忆自己的年少时光。两人相处的时候，Jay-Z正在创作一首名为《12月4日》（December 4th）的新歌，这天是他的生日。歌曲中提到了他内心的"恶魔"——"一旦流行音乐消失，他只是一个被撕碎了心的孩子"。这首歌用质朴的自传体式的歌词揭示了Jay-Z年少时期的心境：

再多痛苦也不及父亲把我抛弃
将这份鄙夷注入我的身体
做起了拉皮条的生意
"去他的世界"是我保护自己的武器。[1]

勒布朗得知，Jay-Z从小就喜欢阅读和创作押韵的字句。他喜欢模仿迈克尔·杰克逊，而且文采出众，于是住在保障房项目里的其他孩子为他起了一个绰号——"Jazzy"。然而，在父亲离家出走后，Jay-Z干起了毒品的勾当，直到26岁时才走上正轨，录制了他的第一张唱片。他告诉勒布朗，是音乐拯救

---

[1] 译者注：Hard enough to match the pain of my pop not seein' me/ So with that disdain in my membrane/ Got on my pimp game/ Fuck the world, my defense came.（原文）

了他。但 Jay-Z 得到了惨痛的教训。"不论你走到哪里,你的简历都会跟随着你,"Jay-Z 曾对一位记者坦承,"即使是现在,我仍然会听到人们说'他以前在马西房屋当过毒贩子'。"虽然他已经学会了无视这些评论,但它们依然存在。

勒布朗从未那样看待 Jay-Z。他崇敬 Jay-Z 的艺术成就,更尊重他的坦率。

Jay-Z 最钦佩勒布朗的一点在于,他从未表露出对父亲的蔑视,也没有因为在成长过程中缺乏父爱而饱受痛苦。虽然勒布朗和他的母亲过得很艰苦,但他在年少时并没有用那种厌世心态来保护自己。相反,在他五年级时,一位父亲式的人物将篮球递到了他的手中,勒布朗从此找到属于自己的道路。他勇往直前,从未偏航。在 18 岁的年纪,勒布朗的简历有且只有一行字:出类拔萃的篮球运动员。

在勒布朗和 Jay-Z 的人生产生交集之际,Jay-Z 正处在自己职业生涯的十字路口。作为全世界最成功的说唱歌手,Jay-Z 与他人共同创立了自己的唱片厂牌 Roc-A-Fella Records,这使他得以从自己的音乐中获得份额巨大的利润和版税,远胜于其他唱片艺人。他与坎耶·韦斯特等后起之秀进行合作,后者的首张录音室专辑正在制作当中。同时,Jay-Z 涉足其他领域,推出了服装品牌 Rocawear,将自己的商业利益拓展至音乐行业之外。他还与 21 岁的流行歌星碧昂丝(Beyoncé)谈了恋爱,两人成为地球上最引人注目的情侣之一。在很多方面,Jay-Z 的生活比勒布朗更复杂。

然而,Jay-Z 可以预见勒布朗的生活注定会更加复杂。与他相比,勒布朗只用了更短的时间就体会到了成名的滋味。Jay-Z 愿意将勒布朗置于自己的羽翼之下。

勒布朗很感激自己有机会以门徒的身份走进 Jay-Z 的世界。抵达纽约的几天之后,勒布朗与 Jay-Z 并排坐在 S. Carter 之队的大巴上。大巴沿着蜿蜒的道路从布鲁克林驶向布朗克斯。由于下雨,赛事组织者不得不临时将比赛改到标志性的高乔体育馆(Gaucho Gym)举行。大巴即将停靠,透过有色车窗,勒布朗见到一大群人正在等候。球员们纷纷走下车,当勒布朗迈出大巴,人群迅速向他涌来。

Jay-Z 领着勒布朗穿过一条狭窄的过道,仿佛是在带领一名职业拳手通往擂台,成群的球迷、摄影机和安保人员夹道而立。这是两位明星第一次在公开场合聚首，尽管场面有些混乱。来到体育馆内，两人并排坐在替补席上，为 S. Carter 之队加油助威。见到 NBA 状元秀与嘻哈巨星共同亮相，球迷们无不为之惊叹。

勒布朗在纽约期间，Jay-Z 带他参加了自己位于曼哈顿的豪华体育酒吧"40/40 俱乐部"的盛大开业典礼。大厅里挤满了高贵的宾客，吧台上方悬挂着多台巨型等离子电视，玻璃罩内陈列着众多体育藏品，令人叹为观止。勒布朗来到了楼上的贵宾休息室，许多名人正在那里打台球，还有几位 NBA 球星坐在绒面皮革家具上玩纸牌。一位穿着短裙、曲线玲珑的女招待为宾客端上白兰地和雪茄。勒布朗和 Jay-Z 待在一起，后者正在和蒂莫西·扎切里·莫斯利（Timothy Zachery Mosley）进行着私人谈话，这位颇具影响力的唱片制作人正是闻名于说唱界的提姆巴兰（Timbaland）。时间已过午夜，Jay-Z 感叹着自 Notorious B.I.G. 和图派克英年早逝之后——两人都在二十世纪九十年代的驾车枪击案中遇害——嘻哈产业经历了怎样的改变。

"他们所在的那个时代已经变了。"Jay-Z 说道。

雪茄的烟雾在空气中飘散，勒布朗翻看着他的手机。即使身处贵宾室，他依然坐在自己的小空间里，饶有兴致地聆听两位嘻哈界天王的私人谈话。

还有不少事情值得庆祝——就在几天之前，碧昂丝完成了她第一张个人专辑《危险爱情》（*Dangerously in Love*）的歌曲首演，其中就包括那首热门单曲《为爱疯狂》（*Crazy in Love*）。这首歌的音乐录影带以 Jay-Z 的说唱 "Yes! Whoo, ow! So crazy right now"（哇噢！此刻多么疯狂！）拉开帷幕。打扮性感的碧昂丝以红色高跟鞋、紧身牛仔短裤、白色吊带上衣亮相，大摇大摆地走在一条城市街道的中央，用诱惑的语气说着 "You ready?"（准备好了吗？），接着唱道 "Uh-oh, uh-oh, uh-oh"。随着画面慢放、镜头拉近，碧昂丝走上一座装卸平台，忽然弯下腰，左右扭动身子。这首歌的歌词由 Jay-Z 和碧昂丝共同创作，张扬地宣示着他们的恋情。

Jay-Z 为他与碧昂丝的恋爱进展和她如日中天的事业而欢欣鼓舞。与此同时，他已准备好对自己的生涯做出一些改变。他已经登上了嘻哈音乐的顶峰。

事实上，他自己就是那座山。但是此山之外，更有无数高峰，Jay-Z 深知这一点。他迫不及待地想去攀登它们。

"嘻哈音乐已经过时了。"他对提姆巴兰说道。他坦白，即将发行的专辑将是他最后一张唱片。

勒布朗决心对他的所见所闻守口如瓶。他已经领会到，言行谨慎是游走于权力和名声之间的秘诀。

勒布朗即将离开纽约返回阿克伦之际，Jay-Z 明确告诉他，他们现在是一家人了。

当耐克开出的第一张支票送达他的手中，勒布朗第一时间就告诉自己母亲，无论她需要什么，他都会送给她。

首先，勒布朗告诉她，他要买一栋新房子送给她，而且绝不是一栋普通的房子。"是一栋带草坪的房子。"他笑着告诉母亲。

这是格洛丽亚·詹姆斯有生之年第一次不必为钱而发愁。

对于马弗里克·卡特、里奇·保罗以及兰迪·米姆斯，勒布朗早有安排。他分别与三人会面，和他们商讨了未来。

勒布朗首先找到了马弗里克，他们的话题围绕着耐克展开。

"我希望你去那里工作。"勒布朗告诉他。

此话出乎马弗里克的意料。

但是对勒布朗而言，这项安排有多方面的意义。首先，勒布朗想让一个他的伙计——一个值得他信任之人——成为他在耐克的耳目。马弗里克是不二人选。他曾在耐克工作过一段时间，在那里他学会了不少门道，并与林恩·梅里特建立了可靠的关系。其次，勒布朗相信马弗里克将在未来扮演更重要的角色，因此希望帮助他的朋友获得宝贵的工作经验。

"我已经帮你搞定了，他们会聘用你的。"勒布朗告诉马弗里克。

拥有这样一位有能耐帮他"搞定"耐克的好友，马弗里克觉得自己无比幸运。耐克园区简直是马弗里克的"游乐场"，在那里得到一份全职工作可谓梦想成真。但是这份工作也让他望而生畏。实习是一回事，而搬到比弗顿并成为一名耐克员工则是另一回事。他将与业内最有才华、最有经验的一些营销人员和设计师共事。如果他无法胜任这项工作该怎么办？

勒布朗对此并不担心。

得到勒布朗的支持，马弗里克不禁回想起祖母常说的一句话："如果你有预感，不妨赌一把。"马弗里克越发强烈地感到，加入耐克是最稳妥的赌注。于是他从大学退学，收拾行囊，向俄勒冈州出发。

勒布朗早在一年前就告诉米姆斯，他希望有朝一日能雇用他。因此，勒布朗与兰迪·米姆斯的此次交谈更像是一年前那场对话的延续。这一天终于到来了，勒布朗对他说，邀请他担任自己的全职私人助理。勒布朗希望米姆斯跟随自己去往任何地方——无论是去纽约拍摄广告，去俄勒冈与耐克人员会面，还是在NBA赛季期间参加客场比赛。

对于自己能成为勒布朗的助手，负责把他送去任何他需要去的地方，米姆斯不胜荣幸。他辞去自己的工作，成了勒布朗工资单上的一员。

勒布朗也希望里奇·保罗为自己效劳。至于后者将扮演什么具体角色，勒布朗表示自己还没有计划，但两人会一起找到办法的。他给里奇开出了5万美元的年薪，同时递给他一张预付前两周薪水的支票。

里奇知道勒布朗现在已经是千万富翁了。负担一份远高于5万美元的年薪，对勒布朗来说只是小菜一碟。见鬼，勒布朗如此富有，他本可以满足朋友们提出的任何要求。相反，他却怂恿马弗里克背井离乡去耐克担任一个入门岗位，这份职位的工作时长不短，工资却不高。他还希望用微薄的工资换取兰迪几乎是全天候的工作。现在，勒布朗又请求里奇丢下自己的生意，开出的工资还不如他售卖复古球衣挣得多。

但里奇并没有怨恨勒布朗，反而被这份工作所吸引。在里奇看来，把一切都视为理所应当是一种危险的想法——它会滋生懒惰，让人丧失努力工作的动力。与其说勒布朗为朋友们送上了特殊的待遇，不如说为他们提供了特殊的机会。倘若勒布朗采取的是另一种做法，里奇必定会予以拒绝。所以，尽管复古球衣的生意蒸蒸日上，里奇还是同意为勒布朗工作。

那年，马弗里克22岁，里奇21岁，兰迪24岁。他们一致相信，勒布朗为他们每个人都提供了难能可贵的机会，而他们也愿意继续忠于这位 18 岁的好友。"四骑士"的称号由此诞生。

勒布朗与骑士队签订了一份三年 1 300 万美元的合同，附带第四年的选项，这将使勒布朗的收入达到 1 900 万美元。签署合同文书的时间恰到好处，勒布朗得以赶上 7 月中旬在波士顿举行的锐步职业夏季联赛。这是 NBA 为新秀和自由球员打造的一项职业发展性赛事。与凯尔特人队比赛的赛前热身期间，勒布朗发现了坐在场边的锐步公司高管托德·克林斯基。

勒布朗知道，他的经纪人和锐步之间的谈判并不愉快。那天在阿克伦的酒店里，当亚伦·古德温来到锐步的房间，告诉他们尽管锐步的开价更高但勒布朗依然选择耐克时，双方曾剑拔弩张。

见到勒布朗穿着一双耐克鞋热身时，克林斯基的内心依然隐隐作痛。

没想到，勒布朗忽然离开了热身上篮的队列，朝他走来。

"听着，伙计，我只是想告诉你，你们的演说相当出色。"勒布朗说道。

克林斯基解开了心结。

"我不是针对某个人，"勒布朗继续道，"我最终只是遵从了自己的内心，做出了我认为适合自己的选择。"

克林斯基被勒布朗的坦率和真诚打动了。该死，他其实没必要这么做。望着勒布朗返回球场，他不禁心想：这孩子只有 18 岁。

林恩·梅里特也对勒布朗的老练沉稳刮目相看。在耐克，没有人比梅里特更看好签下勒布朗这笔交易。2003 年，耐克共计与 75 名篮球运动员签订了价值 2.74 亿美元的代言合同。从耐克的视角出发，耐克对勒布朗的投入远比锐步提供的金钱更有意义。这份 9 000 万美元的合同让勒布朗在耐克大家庭中独树一帜。梅里特坚信，为勒布朗付出不成比例的投资绝对是一个正确的决定。仅仅是高中时期，勒布朗就让全国各地的体育馆一票难求，其电视收视率超过大多数大学比赛，甚至与许多职业比赛不相上下。在梅里特眼里，勒布朗已经证明了他的球风和个性足以吸引广大观众。迈克尔·乔丹在进入 NBA 之时也未曾像勒布朗那样吸引眼球。"迈克尔直到第二年才得到赏识，而勒布朗从一开始就备受关注，"梅里特接受《纽约时报》采访时评价道,"他是带着巨大的声望进入联盟的。"

在乔丹宣布退役的一个月之后,耐克就向勒布朗开出了史上最丰厚的球鞋合同,这绝非巧合。乔丹助力耐克登上了世界舞台,让这家公司在运动鞋行业里呼风唤雨长达二十年的时间。Air Jordan 品牌在全球无与伦比。然而,耐克的商业计划始终离不开两大关键词——"过去"和"将来"。乔丹的时代已成过去,勒布朗的时代即将来临。

另一件事情也绝非巧合——在与勒布朗达成协议一个月之后,耐克又与科比·布莱恩特签订了代言合同。在耐克看来,科比是连接乔丹时代和勒布朗时代之间的桥梁。乔丹退役后,科比接过了 NBA 最佳球员的称号。24 岁的他已经三度夺得 NBA 总冠军,他的球风也与乔丹如出一辙。在 2003 年,没有人会认为勒布朗是一位比科比更好的球员。但显然,勒布朗比刚进入联盟时的科比更加成熟。大多数 NBA 内部人士都预感,勒布朗超越科比成为联盟最佳球员只是时间问题。耐克已经认为勒布朗是比科比更优秀的代言人,这一点从耐克为科比开出的那份四年 4 000 万美元的代言合同就能看出。勒布朗的签约金额是科比的两倍不止,签约年限也近乎后者的两倍。

"布莱恩特作为运动鞋代言人的业绩时好时坏,"《华尔街日报》写道,"他与阿迪达斯合作推出的上一款签名鞋,那款让人联想到'冰屋'的未来派运动鞋,在商店里销量惨淡。其中部分原因在于,'布莱恩特先生'在城市青少年眼中少了一些街头范儿,而他们才是运动鞋的最大买家群体。"

另外,勒布朗堪称城市青少年的代表。他勇于表现自己的城市根源,时常在发布会和采访中不厌其烦地谈论他的邻居、他的母亲以及他们在阿克伦所经历的困难。此外,勒布朗与 Jay-Z 的友谊也进一步提升了他的地位——作为一名运动员,他罕见地在音乐圈也日渐出名。7 月中旬,Jay-Z 的"Roc the Mic"巡演途经克利夫兰。勒布朗到 Jay-Z 的巡演大巴做客。两人坐在沙发上闲聊,Jay-Z 身穿绿色 T 恤,头戴绿色棒球帽;勒布朗在白色 T 恤之上套了一件阿历克斯·英格利什(Alex English)的复古球衣,脖子上垂着一条金色的耶稣挂坠。MTV 的嘻哈记者斯威(Sway)拜访了他们。

"看看是谁来了,"斯威说道,"Jay-Z 身边总有各式各样的人,他们随机出现在大巴上。全美最火的人来了,勒布朗·詹姆斯。"

"没错。"Jay-Z 接话道。

"是什么风把你吹来的?"斯威问道。

"拜托,"勒布朗回答,"你知道我为什么来这里。因为坐在我旁边这个人。"

Jay-Z 笑了出来,对勒布朗点了点头。"他是我大家庭中的一员了。"他说道。

"你最期望和谁对决?"斯威继续提问,"科比·布莱恩特?特雷西·麦克格雷迪?"

"我已经为 NBA 做好了准备,"勒布朗回答,"无论骑士队和谁对阵,我都会全力以赴。我们要力争进入季后赛。我个人的表现并不重要,一切以团队为重。"

"这就是我为什么喜欢这个家伙。"Jay-Z 附和道。

"沙克、科比、克里斯·韦伯(Chris Webber),不少 NBA 球员都在尝试制作说唱唱片,"斯威说,"现在,我见到你和 Jay-Z 在一起。"

勒布朗咧嘴笑了出来。

"拜托,老兄,这可是 MTV。你既然都来这里了,有没有可能出一张专辑?"

勒布朗一脸吃惊地盯着他:"不,不可能,完全不可能。"

"真的不考虑?"

"上天赐予我一个本领,那就是打篮球。"勒布朗说道。他又指了指 Jay-Z:"其他的事情还是交给这个人吧。"

Jay-Z 笑了。"这才是真正的一家人嘛,"他说,"这就是我的小兄弟。"

勒布朗一场 NBA 还没有打过,但他在嘻哈界的地位却突飞猛进。这样的局面也让耐克的林恩·梅里特吃了一颗定心丸。耐克成立了焦点小组并开展了消费者调查,结果显示勒布朗在消费者中的吸引力跨越了年龄、种族和国界。

在耐克看来,迈克尔·乔丹是难以复制的现象级人物,但科比和勒布朗是下一代最耀眼的明星。

在乔丹退役之后,NBA 也有类似的看法——科比和勒布朗才是联盟的未来门面。

耐克和 NBA 对勒布朗的期待注定会越来越高。

16 压力

2003 年 7 月 18 日，科罗拉多州主管机关指控科比·布莱恩特性侵一名 19 岁的女子，该女子曾在布莱恩特下榻的一家度假酒店工作。布莱恩特的原告曾在当地医院接受治疗，并向警方提供了清楚的证词。对布莱恩特提出指控的地方检察官称，科罗拉多州性侵犯重罪的法律定义为"性侵入或性插入"以及"通过实际使用身体力量或身体暴力使受害者屈服"。如果罪名成立，科比将面临四年至终身监禁。

被指控的数个小时之后，科比在洛杉矶召开了新闻发布会。"我是无辜的，"他表示，"我并未强迫她做任何违背她意愿的事情。我是无辜的。"科比的妻子不久前生下了他们第一个孩子，她补充道："我知道我的丈夫犯了一个错误——通奸的错误。我和他必须在婚姻的范畴处理好这件事情，我们也打算这么做。但他

16 压力

绝不是罪犯。"

此消息一出，立刻在 NBA 引起了巨大反响。将这位联盟顶级球员与强奸指控关联在一起的标题充斥着互联网，并登上了世界各地的报纸。《体育画报》将科比的大头照作为封面，在他的面庞下方赫然写着"被指控"的大字。然而，此事已经远超体育新闻的范畴。

总裁大卫·斯特恩发表了一份声明："对于所有刑事性质的指控，NBA 的一贯政策是等待司法程序的结果，之后再采取任何行动。"但舆论才不会如此耐心。科比的代言合作方第一时间就取消了广告宣传。例如，可口可乐决定不再播放科比出演的商业广告。几周之后，这家公司就与勒布朗签订了一份为期六年、价值 1 200 万美元的代言合约。

NBA 的形象也遭受了影响。

"除了对布莱恩特先生曾经完美无瑕的代言声誉造成无法估量的损害之外，"《纽约时报》写道，"这些指控加剧了 NBA 的形象危机。过去两个夏天，联盟里一些招牌球员不断惹上法律麻烦，费城 76 人队的阿伦·艾弗森就是其中之一。"

在科比的声誉变得千疮百孔之际，勒布朗飞往西海岸拍摄自己的首支商业广告。按照赛程安排，骑士队将在秋季上演的常规赛揭幕战中做客萨克拉门托的阿科体育场（Arco Arena）挑战国王队。为了这支商业广告，耐克不惜将骑士队和国王队的几位球员请到了阿科体育场，又招募了数百人到场扮演球迷。国王队的播报员也参加了广告拍摄。

耐克为这支广告取名为"压力"。在广告的开篇，勒布朗在自己的 NBA 处子秀里第一次运球。在国王队控球后卫迈克·毕比（Mike Bibby）的防守下，勒布朗停下来观察球场。忽然，勒布朗一动不动，镜头向他的面庞拉近。一位播报员对另一位播报员说："他能应付得了吗？"这是电视广告史上的经典画面，在接下来的 52 秒里，勒布朗如静止般地站在原地，全场观众一片寂静。"你指的是，他无法应付压力吗？"另一位播报员低声说道。"你是个笑话！"看台上的某个球迷尖声喊道。"加油吧，年轻人。"名人堂球员"冰人"乔治·格文（George Gervin）坐在场边自言自语。最后，勒布朗竟然哈哈大笑起来。

随着画面转为黑色，耐克的标志闪现在屏幕上。

这则广告和它抛出的问题——他能应付得了压力吗——轻描淡写地点出了勒布朗所承受的负担。即使在科比深陷法律麻烦之前，NBA对勒布朗的期待也已经超过了联盟历史上任何一位新秀。那个夏天，勒布朗的球衣成为所有NBA授权商品中最畅销的产品。就球队而言，只有洛杉矶湖人队的商品在NBA商店的销量超过了骑士队。在电视转播方面，2003—2004赛季，NBA为骑士队安排了13场全美电视直播，而上赛季，骑士队一场都没有。解说员查尔斯·巴克利（Charles Barkley）并不赞同联盟对待勒布朗的方式。"我认为NBA过早地展示他，让他频繁出现在电视画面里，反而会害了他，"巴克利表示，"他确实有机会在三年或四年之后成为巨星，但现在他还有很长的路要走。"

在那个夏天的尾声，勒布朗前往纽约，为联盟的长期转播合作伙伴TNT拍摄电视广告。NBA选择了电影制片人斯派克·李来拍摄这部广告。片中，勒布朗躺在一张婴儿摇篮里，孩子围着他唱着摇篮曲《Rock-a-Bye Baby》。勒布朗有机会接触到他最崇拜的电影制片人。李曾执导了《单挑》（*He Got Game*）、《为所应为》（*Do the Right Thing*）和《爵士风情》（*Mo' Better Blues*）等电影，还与迈克尔·乔丹合作并出演了标志性的耐克广告。在他1986年的电影《稳操胜券》（*She's Gotta Have It*）中，李虚构了一个名叫马尔斯·布莱克蒙（Mars Blackmon）的角色，他是出生在布鲁克林的纽约尼克斯队球迷，钟爱Air Jordan运动鞋。影片上映后不久，李在与乔丹合作的一系列耐克广告中扮演了马尔斯·布莱克蒙。斯派克·李与迈克尔·乔丹的强强联合，除了让"It's gotta be da shoes"（一定是因为这双鞋）这句广告语深入人心，更是被誉为一项颠覆运动鞋行业的创举，将Air Jordan打造为全球时尚品牌。

李提醒勒布朗当下那个时刻的重要性。见到科比·布莱恩特因性侵案而登上头条，李感到十分难过。在李看来，勒布朗在这个节骨眼儿进入NBA，对非裔美国运动员群体而言意义重大。因为科比的案子，黑人运动员的形象在一定程度上受到了影响。

勒布朗认真聆听李的教诲。李对他强调，必须在球场上拿出真本事，但场外的表现也同样重要。

16 压力

勒布朗意识到李是以朋友的身份同他谈话，他的话说进了自己的心坎儿里。在参观耐克总部时，勒布朗曾观看1993年那段臭名昭著的广告并大受震惊。片中，查尔斯·巴克利宣告着："我不是榜样……父母才是榜样。我会扣篮并不意味着我就要帮你们抚养孩子。"对此，勒布朗不同意。"太荒唐了，"勒布朗后来评价道，"我不介意做榜样。我喜欢这么做。既然孩子们仰慕我，我也希望激励孩子们去做好事。"

勒布朗的看法让斯派克·李耳目一新。长久以来，李在名人世界里摸爬滚打，见识过太多事情。但他预感眼前的这个年轻人即将经历的一切，远比自己所经历的要多——可能比他这一代的任何其他黑人运动员所经历的都要多。他的未来有多广阔，路途就有多艰险。

男性名人的陷阱不外乎是沾染毒品、交友不慎、风流成性，最后一项尤甚。勒布朗时刻提醒自己远离这些诱惑。他在高中时期试过大麻，但并不喜欢这东西。而且他从来没有兴趣接触药效更强的毒品，或是会影响他追逐竞技巅峰的任何其他东西。在交友方面，勒布朗身边有马弗里克、里奇和兰迪，三人都对勒布朗洁身自好、珍惜声誉的决心感到钦佩。说到女人，在勒布朗身边总有不少迷人的女子。虽然他也会和一旁的兄弟们聊起美女，但他的眼里只有萨瓦娜。由于篮球和各式各样的事务占据了他的日程，勒布朗和萨瓦娜相处的时间并不如自己期望的那样多，但他的心始终属于自己那位17岁的高中知音。

勒布朗没有对李说起这些。勒布朗经常提醒自己：孩子们仰慕我。

尽管如此，在科比被捕后，李还特意向勒布朗的经纪人亚伦·古德温传达了自己的观点。

"这件事一定不能搞砸。"李告诉古德温。

艾迪·杰克逊在狱中越加感到孤独和沮丧。勒布朗的职业生涯正在起飞。格洛丽亚的经济状况发生了翻天覆地的变化。亚伦·古德温四处商讨合约。似乎每个人的人生都在蓬勃向上，除了杰克逊之外。球鞋公司的代表们不再和他联系，那些想接近勒布朗的人也不再搭理他了。他甚至三个多月没有收到格洛丽亚的消息了。唯一急不可耐试图寻找杰克逊的是约瑟夫·马尔什。

马尔什认为自己已经完成了他在那笔交易里的义务——借给杰克逊和格洛丽亚10万美元，但那部纪录片却毫无进展。如今，勒布朗成了职业球员，马尔什越来越难以联系上格洛丽亚。对马尔什来说，事情已经到了不可收拾的地步。他写信给杰克逊，明确通知他该付钱了。

7月底，杰克逊给马尔什回信，为眼下的局面向他致歉，并解释说他自己已经几个月没和格洛丽亚联系了。他还写道：

我给她写了信，让她给你打电话，把事情处理好。我刚给经纪人亚伦·古德温打了电话，询问他能否尽快来见我，好让我跟他谈谈。把这些事情交给我吧。

兄弟，很抱歉事情到现在还没处理好。但愿它能尽快解决，因为我由衷感激你为我和我的家人所做的一切。

杰克逊终于和古德温取得了联系。古德温也联系了马尔什。经过几番沟通，双方很快就陷入了僵局。9月，马尔什要求杰克逊全额支付贷款本金和利息——11.5万余美元。

几天后，杰克逊又给马尔什写了一封信：

正如我在电话中所说，我们正在努力处理此事。我以为事情已经办妥了。我和亚伦谈过了。他对我说，他只是想让你签一份合同，保证在你拿到钱之后，不会向媒体透露消息。

很抱歉让你经历这些，因为我真的很感激你所做的一切。

10月，马尔什以合同违约和不当得利为由起诉杰克逊和格洛丽亚。不久之后，马尔什也起诉了勒布朗，理由是后者拒绝配合制作纪录片或参与马尔什的任何其他商业关系，因而违反了口头契约。马尔什要求勒布朗就纪录片赔偿1 000万美元，就其他商业关系赔偿500万美元。

训练营前夕，勒布朗忽然成了被告。这场官司不免让勒布朗分心。他把

16 压力

此事交给弗雷德·南斯处理，后者提交了一份答辩状。勒布朗否认艾迪·杰克逊代理自己行事，也否认格洛丽亚担任过他的经纪人或代理他行事。

保罗·塞拉斯（Paul Silas）曾在六七十年代有过显赫的 NBA 生涯。他是联盟里最出色的防守球员之一，曾三次赢得总冠军。球员生涯结束之后，塞拉斯担任 NBA 教练长达 15 年。2003 年，骑士队聘请塞拉斯成为新任主教练。他的一项主要角色就是指导勒布朗。

塞拉斯见过不少世面，但他从未见过一个新秀带着如此高的热度和期望进入联盟，也从未见过一个新秀如此富有。当勒布朗第一次出席球队训练时，塞拉斯观察到老队员们都在谈论他。"他被吹得天花乱坠，他到底做过什么？"他们说道。

塞拉斯告诉勒布朗，所有人都会对他虎视眈眈。塞拉斯口中的"所有人"也包括勒布朗的一些队友。即使在选秀之前，塞拉斯就察觉到球队内部的不满情绪。"在这个位置上，我们队伍里已经有一位更好的球员了。"当时骑士队前锋卡洛斯·布泽尔（Carlos Boozer）说道。

塞拉斯想到，最有可能被勒布朗威胁的球员是里基·戴维斯（Ricky Davis）。他是队内的得分王，也被认为是阵容里的最佳球员。而且，戴维斯把自己视为球队领袖。季前赛期间，他接受了《体育画报》作者杰克·麦卡勒姆（Jack McCallum）的采访，后者正在为这份杂志的 NBA 展望特刊撰写专题报道。"勒布朗会成为我的帮手，"戴维斯告诉麦卡勒姆，"有了像我这样出色的球员，再加上像他那样出色的球员，我们一定会取得成功。"

戴维斯习惯了自己是骑士队阵中的头号人物。但是当 NBA 展望特刊出版时，封面人物却是勒布朗，标题"勒布朗的抱负"格外醒目。这无疑向戴维斯乃至其他人传达一个清晰的信息：勒布朗不仅仅是骑士队最重要的一员，也是

NBA 最重要的一员。

在训练营期间，塞拉斯时常与勒布朗一对一交流。勒布朗势必会成为对手的进攻目标，塞拉斯帮助他做好准备。"你不能当个懦夫，"塞拉斯告诉勒布朗，"如果对手进攻你，你必须以牙还牙。"

勒布朗知道自己已是别人的眼中钉。但他告诉自己：这就是我选择的生活。

通常，萨克拉门托国王队会为一场常规赛发放几十张媒体证。但在 2003 年 10 月 29 日对阵骑士队的新赛季揭幕战中，国王队发放了 340 张。媒体对勒布朗首秀的关注远胜于一场普通常规赛。

当天早些时候，勒布朗向远在故乡的圣文森特队友们打去电话。一群队友聚在阿克伦观看比赛。尽管身在联盟，勒布朗依然与他最好的朋友们保持密切的联系，同他们的关系比骑士队中的任何人都更亲近。勒布朗告诉他们，自己早已蓄势待发。

当勒布朗被介绍出场，高朋满座的阿科体育场嘘声四起。

勒布朗试图不去理会这些噪声。他告诫自己：保持镇定，专注于比赛，拼搏每一分钟。

跳球之前，耐克播放了勒布朗的广告。开赛一分多钟后，勒布朗第一次在场上触球。不同于广告里的情节，勒布朗并没有待在原地一动不动，而是全力加速。"他最擅长在跑动中打球。"解说员介绍道。只见勒布朗穿过国王队的夹击，在弧顶处为奔跑中的里基·戴维斯送出一记不看人空中接力传球，后者高高跃起，接住传球，扣篮得手。观众们为之振奋。"这是他的第一次助攻，太漂亮了！"解说员感叹道。

"那是我们的兄弟。"身在阿克伦的队友们自豪地宣告。

骑士队的下一个回合，勒布朗进行挡拆配合，并错位对上了国王队 6.11

16 压力

英尺的中锋布拉德·米勒（Brad Miller）。勒布朗有信心一对一击败米勒，他向底线突破，来到骑士队替补席面前的底角。在米勒向他逼近之际，勒布朗忽然拔起，后仰跳投。他的身体在惯性的作用下向后方的边线漂移，右脚向前伸，在最后时刻把球投出。当篮球划过米勒的手指尖，飞向高空，解说员评论道："噢，在7尺长人面前，一记超级后仰投篮。"

在外行眼里，勒布朗的投篮看起来不太靠谱儿。新秀们常犯的一个错误就是尝试高难度杂耍投篮，有些动作简直和操场上打野球的孩子没有什么分别。但勒布朗可不是在操场上学会打球的。虽然他在城市环境里长大，但他很少在沥青场地里打野球，而是花了数千小时在体育馆的硬木地板上训练。大多数人没有意识到，几位教练在勒布朗的人生中扮演了至关重要的幕后角色。在献身于家庭、信仰和职业的同时，德鲁教练、弗兰克·沃克、李·科顿和基思·丹姆布洛特无不是篮球纯粹主义者。他们信奉传球胜过得分，重视团队合作胜过个人主义。但他们最终都意识到，勒布朗是一个篮球神童，他的篮球本领是他人无法教会的，他的本能和身体天赋也前所未见。德鲁和勒布朗的其他教练所做的最重要的一件事，就是让勒布朗和他的朋友们远离街头、走进球馆，为勒布朗提供了一个练习、练习、再练习的地方。勒布朗的魅力在于，他总是让极其困难的事情看起来轻而易举。

勒布朗降落在了界外，甚至被坐在替补席上的队友绊了个跟跄，篮球却划出完美弧线，应声入网。"他投进了！"解说员惊呼。

在阿克伦，勒布朗的队友们对这一幕丝毫不感到意外。他们心中唯有自豪之情。

"在训练中，他总是迎着威利投进这样的球。"其中一人说道。

其他队友开怀大笑。他们想起勒布朗一遍又一遍在威利·麦基面前练习后仰投篮。所以勒布朗在国王队面前的表演并不是胡闹。那是无数次刻苦训练的结果。

勒布朗势不可当。他在本方篮底拦截了一记偏离目标的传球，加速过掉防守球员，送出声东击西的击地传球，助攻队友卡洛斯·布泽尔扣篮得分。国王队的下一个进攻回合，勒布朗在中场抢断了对手的传球。他冲向对手阵地，从罚球线高高跃起，脑袋与篮筐齐平，单手完成一记势大力沉的灌篮。下一回合，勒布朗又一次抢断成功，单枪匹马奔向对手篮筐。但这一次，他没有独享扣篮的契机，而是慢下来，把球递给了跟进的队友里基·戴维斯，后者表演了一记华丽的反手扣篮。

这一幕令塞拉斯教练欣喜。骑士队最终输掉了比赛。勒布朗拿下了全场最高的 25 分，外加 9 助攻、6 篮板和 4 抢断。

ESPN 记者吉姆·格雷（Jim Gray）采访了走下球场的勒布朗。

"就你个人而言，你是否超越了自己的预期？"格雷问道。

"我不会这么想，毕竟球队输球了。我认为我们今晚有机会赢下比赛，但结果未能如愿。"

格洛丽亚一身时髦的黑色西装，正在骑士队更衣室外等候。当球员们离开更衣室、走向球队大巴，她喊住了勒布朗，双臂紧紧抱住他。

勒布朗也紧紧抱住了她。随后，他登上了开往机场的大巴。

凌晨两点半，球队降落在菲尼克斯。

勒布朗的 NBA 生涯正式开始了。

勒布朗 NBA 首秀的收视率高得惊人。在俄亥俄州北部，骑士队的收视率相比上赛季首秀提高了 433%。放眼全国，这场比赛的收视率在去年 ESPN 转播的所有比赛里可以跻身第二位。对于这样一场在东海岸晚上 10 点 30 分开播的比赛，这个成绩已经相当可观。

骑士队来到美西球馆（America West Arena）挑战太阳队。赛前的更衣室里，勒布朗注意到 TNT 演播室的专家们正在谈论他在对阵国王队时的表现。勒布朗调高了音量，电视里播放了他抢断后助攻里基·戴维斯扣篮的精彩集锦，他饶有兴致地观看着。

"看到了吗？"勒布朗指了指更衣室里的几位记者，说道，"这就叫无私。"

又有几位记者跟着塞拉斯走进了房间。

勒布朗赶忙低下头，示意由塞拉斯发言。

"别担心了。"塞拉斯对勒布朗说道。

随后，塞拉斯看向记者们。"他想发表意见，我没问题。尽管说吧，国王詹姆斯先生。"

那晚，勒布朗在太阳队头上砍下了 21 分，还拿到 12 个篮板和 8 次助攻。但他的球队再次吃到败仗。

在骑士队的第三场比赛里，里基·戴维斯因为勒布朗没有把球传给自己而斥责了他。在那之后，塞拉斯发现勒布朗在进攻端畏手畏脚，似乎在压抑自己，以免抢走戴维斯的风头。这是塞拉斯和骑士队管理层最不愿意见到的一幕。

于是，2003 年 12 月 15 日，骑士队将里基·戴维斯和另外两名球员交易至波士顿凯尔特人队。骑士队打算重塑阵容，打造一支以勒布朗为核心的班底。

戴维斯的交易恰逢耐克正式发布勒布朗签名球鞋，其定名为 Air Zoom Generation。为了宣传这款签名鞋，耐克揭晓了勒布朗的第二支商业广告，标题为"传球圣经"（Book of Dimes）。这部广告片以一座被改建为教堂的体育馆为背景，由喜剧演员伯尼·马克（Bernie Mac）扮演牧师，他的会众由众多 NBA 名人堂成员组成——杰里·韦斯特（Jerry West）、摩西·马龙（Moses Malone）、朱利叶斯·欧文（Julius Erving）和乔治·格文。唱诗班则由 WNBA 一众巨星担任——休·伯德（Sue Bird）、塔米卡·卡奇斯（Tamika Catchings）、谢莉·斯伍普斯（Sheryl Swoopes）、查米克·霍德斯克劳（Chamique Holdsclaw）和道恩·斯特莉（Dawn Staley）。

"篮球界的天选之子向篮球之灵祈求球场视野，他得偿所愿，"马克说，"可否赐予我上篮得分？"

"上篮！"会众附和。

片刻之后，马克高声呼唤，他感受到篮球之灵正在靠近。只见体育馆的大门忽然打开，勒布朗运球进入教堂，向教徒们送上一个又一个不看人的妙传，凡接到他传球者，无不被赐予了得分能力。他们纷纷在空中飞翔、扣篮。"传球！传球！传球！传球！传球！"伴随唱诗班的吟唱，广告结束。

这部广告更多源自勒布朗的创意而非耐克。勒布朗经常与林恩·梅里特商谈，希望耐克制作符合他个性的广告。他酷爱传球，也喜欢幽默。请几位他从小就崇拜的球员——J博士、冰人——出镜，再请一些女篮巨星参演，这个主意妙极了。更让他高兴的是，牧师是由他最喜欢的喜剧演员之一所扮演的。

这部广告定于12月的NFL比赛期间首次亮相，以确保最大曝光率。广告带来的良好反响让NBA感到欣喜。"耐克竟然变得如此高雅了，"Slate杂志评价道，"他们让勒布朗微笑出镜，和以往的黑帮风格大相径庭。也许最有趣之处是，整部片子突出了勒布朗对团队的无私奉献，而不是像以往的球鞋广告那样，用一些眼花缭乱的街球动作吸引消费者。"

勒布朗战靴的定价为每双110美元。它于12月中旬在全美上市销售，然而还没到圣诞节战靴就被抢购一空。与此同时，勒布朗的球衣销量仅在他新秀赛季的前几个月就突破了60万件，预计将带来6 900万美元的回报。在NBA收视率方面，ESPN提高了15%，TNT则上涨超过20%。

勒布朗才刚满19岁不久，但就在他新秀赛季的中期，萨瓦娜·布林森得知自己怀孕了。眼下的局面立刻让她惊慌失措。我要如何跟父母交代？她惶恐不安。她也担心这件事对勒布朗产生影响。勒布朗的职业生涯又会怎么样？

萨瓦娜哭着告诉勒布朗，她怀了他的孩子。

两人如梦方醒。事情的发展令他们措手不及。勒布朗肩负着耐克和联盟的重任，而萨瓦娜只是一个17岁的高四生，她害怕极了。但是他们的想法很坚定——他们要留下这个孩子。

尽管情况很复杂，但勒布朗坚信自己可以应对。

"这件事不会拖累我的，"他安慰萨瓦娜，"你也不会被拖累。"

萨瓦娜不免感到迷茫。

"我们继续做我们该做的事。"勒布朗告诉她。

接下来的几个月，勒布朗率领骑士队强势收官。球队最终以35胜47负的战绩告别了那个赛季，仅以一场胜利之差无缘季后赛。勒布朗的出场时间、得分、助攻和抢断皆为球队最高，并当选NBA史上最年轻的年度最佳新秀。

赛季一结束，勒布朗就立刻返回阿克伦，带萨瓦娜参加了她的高中毕业舞会。萨瓦娜穿着自己设计的礼服出现在勒布朗的面前——吊带上衣，鱼尾裙，闪亮的水钻镶嵌其中。勒布朗夸赞她美极了。那时的她已经怀孕五个月了。他们即将为人父母。

17　一点儿也不难过

　　距离 2004 年雅典夏季奥运会还有几个月的时间，勒布朗意想不到地得到了美国男子篮球队的征召。这支奥运代表队凌乱不堪。去年，一支由 12 名 NBA 老将组成的队伍参加了奥运会美洲区预选赛并夺得冠军，但其中的 9 名队员决定不去往希腊。大多数被招募来填补名单空缺的 NBA 球星最终也出于各种原因予以拒绝：科比·布莱恩特疲于应对即将到来的审判；其他人则更愿意在 NBA 休赛期待在本土休养身体；更有一些 NBA 大牌球员对参加"9·11"事件后的首届奥运会存在安全方面的顾虑。在乔治·W. 布什总统宣布入侵伊拉克之后，全欧洲和中东地区的反美情绪日渐高涨。

　　勒布朗对安全问题倒不是特别担忧。他也没怎么考虑过美国的外交政策，以及布什政府发动反恐战争的政治后果。他对参加奥运会并没有太多想法。"作为一位非裔美国人,你在成长过程中的心态更多是'我想进入NBA',"勒布朗后来回忆道,"你不会真正领会为国效力的重要性。它没有被宣扬,没有被谈论,也没有被展示。"

不过勒布朗了解忠诚和团队精神的重要性。他坚信美国队需要他。前往雅典的队伍里,只有两位球员上赛季入选了全明星——蒂姆·邓肯和阿伦·艾弗森。勒布朗认为自己可以扮演重要角色,帮助他们将金牌带回家。此外,自1992年NBA球员开始参加奥运会以来,19岁的勒布朗将是美国男篮队史上最年轻的球员。勒布朗对此无比荣幸,他也渴望自己能与美国同胞们共同出征,与全世界最好的篮球运动员们同场竞技。于是勒布朗动身前往佛罗里达州杰克逊维尔(Jacksonville)的训练营。但他还不知道自己将陷入怎样的境地。

当勒布朗抵达训练营,他惊喜地发现他并不是队伍里唯一的新秀。他的朋友卡梅隆·安东尼和迈阿密热火队的控卫德怀恩·韦德在最后时刻入选了美国队阵容。他们三人是当年NBA新秀中的佼佼者,以"年轻的枪手"自居。看着周围的老将们,勒布朗和卡梅隆认为他们很有机会加入邓肯和艾弗森的行列,成为首发阵容的一员。

"我们加油干吧。"勒布朗鼓励安东尼。

并不是所有老将都欣赏这群新秀的态度。纽约尼克斯队控球后卫斯蒂芬·马布里(Stephon Marbury)认为勒布朗和卡梅隆有些过于自大了,而且他们过于亲密。和勒布朗一样,马布里也曾在高中时期红极一时。二十世纪九十年代,他曾是科尼岛球场上的传奇人物。但来到NBA,他从未转型成为超级巨星。八年间,马布里辗转四支球队,却从未品尝过勒布朗那种名利双收的滋味。在纽约,他的人气甚至不敌卡梅隆。如果尼克斯球迷说了算,他们会毫不犹豫地把马布里换成梅罗。

几位老将和新秀之间的怨恨是双向的。勒布朗和卡梅隆觉得老将们应当营造团结的氛围。"他们太傲慢了,"卡梅隆在回顾那段经历时说道,"他们没有说'我挺你,年轻人,我会照顾好你的',现实并非那样。你在那里孤立无援。"

主教练拉里·布朗(Larry Brown)也很沮丧。一年前他在预选赛中执教的球员皆是经验丰富的老将,他们组成了一个充满凝聚力的集体。如今的阵容则是由一个委员会组建的。布朗接手的基本上是一群东拼西凑的球员，他们之间毫无化学反应。美国队在出征奥运会之前只有15节训练课。于是布朗秉承自己的执教风格，将大部分出场时间交到老队员的手里。经过了与德国、塞尔维亚和土耳其进行的一系列热身赛，布朗确定了一套首发阵容，包括：

阿伦·艾弗森，后卫

斯蒂芬·马布里，后卫

蒂姆·邓肯，中锋

理查德·杰弗森，前锋

肖恩·马里昂，前锋

  勒布朗并不开心。自年幼时参加正式篮球比赛开始，他从来没有离开过球队的首发名单。他来奥运会的目的显然不是当陪练。

  卡梅隆也很不满意。他和勒布朗都司职前锋。卡梅隆相信他们比理查德·杰弗森（Richard Jefferson）和肖恩·马里昂（Shawn Marion）更加出色。"他们的地位竟然先于我们？"卡梅隆对勒布朗说道，"没搞错吧？"

  从勒布朗和卡梅隆发现自己并非首发球员的那一刻，他们就在每场训练之前达成约定——如果那些首发球队今天不在状态，让我们把这帮家伙打得落花流水。

  在去往雅典前的最后一场热身赛前夕，勒布朗和球队的其他成员下榻伊斯坦布尔的一家豪华酒店。在他们熟睡之际，该市另一个区域的两家旅游酒店发生了炸弹爆炸，造成两人死亡，11人受伤。库尔德分离主义分子疑似对此事负责。一天前，湖人队前锋拉马尔·奥多姆（Lamar Odom）和美国队的一群球员曾去过发生爆炸的那个区域观光。得知恐怖袭击消息的奥多姆顿时不寒而栗。

  勒布朗并未与奥多姆一同观光。但在爆炸发生后的第二天早上，当美国官员向球队介绍情况时，勒布朗提出的问题比任何人都多。他想知道究竟发生了什么，保障球队安全的计划又是什么。当天晚些时候，一队警车护送美国奥

17 一点儿也不难过

运代表队的大巴离开酒店。来到体育馆，勒布朗和他的队友们在入场时从两排身穿防暴装备的警察中间穿过。最终在蒂姆·邓肯的率领下，美国队赢得了这场热身赛，但土耳其球迷为他们送上了刺耳的嘘声。

在雅典，美国队遭遇的敌意更加强烈。在希腊逗留期间，美国队住在停靠于比雷埃夫斯港的"玛丽女王二世"号邮轮，那是世界上最大的远洋邮轮。当时，若要乘坐这艘豪华邮轮的头等舱横跨大西洋，住宿费用大约为每人2.7万美元。之所以选择下榻在那里，是因为它能够为球员们提供最大程度的安全保障。然而，入住豪华邮轮加剧了在奥运会前夕人们的普遍看法——美国男篮尽是一群态度傲慢、娇生惯养的球星。

奥运会揭幕战中，波多黎各以92比73教训了被寄予厚望的美国队。这是自1992年NBA球员参加奥运会以来美国队的首场失利。希腊的观众们纷纷为波多黎各喝彩。

在这场比赛里，勒布朗仅登场13分钟，出手3次，得到5分。比赛的最后几分钟里，球场内的喧闹声胜过勒布朗此前参加过的任何一场比赛。勒布朗坐在替补席的最远端，他将毛巾披在头上，双手掩面。

赛后，布朗教练对他的球队破口大骂。他质疑球员们不够努力，并指责他们没有意识到其他球队是多么渴望击败他们。远在美国的体育记者发出了嘲讽，一位知名篮球作家给他们贴上了"笑话"的标签。美国队的沉沦让齐聚希腊的世界各地球迷们欣喜若狂。"人们不再支持美国队了，"一位立陶宛球迷告诉ESPN，"因为人人都不喜欢美国在世界各地的所作所为。"

勒布朗痛苦不堪。在世界的另一头，他大部分时间都被困在船上，独自一人待在房间里。到了比赛时间，他只能坐在替补席上，球队教练则越加倚重斯蒂芬·马布里、理查德·杰弗森和肖恩·马里昂等球员。与此同时，希腊球迷为美国队的失利欢欣鼓舞。勒布朗加入球队不是为了忍受这一切。他想念家人，想念朋友，想念俄亥俄州。

美国队后来又输给了立陶宛队，但他们赢下了三场比赛，获得了争夺奖牌的资格。然而，随着他们以81比89不敌阿根廷，美国队正式无缘金牌。对勒布朗来说，输给阿根廷队的比赛尤其难以接受。球队整场比赛都处于下风，勒布朗却长时间被摁在替补席上，只出场了 3 分钟。就连阿伦·艾弗森也无法理解，为什么队伍里最有运动天赋的篮球运动员几乎没有登场。

美国男篮的奥运之旅最终以铜牌收场。

勒布朗灰头土脸地登上了前往机场的球队大巴。在奥运会期间，他场均仅出场 11 分钟，得到 5 分。正当勒布朗和卡梅隆聊天，斯蒂芬·马布里登上了大巴，并立刻走向他们。

"你们什么都不是！"马布里喊道，"你们对球队毫无帮助。"

勒布朗和卡梅隆马上予以反击，口角迅速升级。

"你们哥俩好是吧，"马布里说，"去他的兄弟情。"

勒布朗和卡梅罗不再理会马布里，马布里对他们也不屑一顾。

"你不会有出息的。"马布里大喊。

勒布朗受够了。在海外漂泊了 35 天之后，他迫不及待想回到 NBA 了。

2004 年秋天，*GQ* 杂志希望推出一篇勒布朗专题。这本广受欢迎的男性时尚杂志常以好莱坞演员作为封面人物，极少介绍 NBA 球员。但是有一位编辑是个篮球迷，他想了解 19 岁的勒布朗如何在 NBA 的压力之下游刃有余。亚伦·古德温觉得勒布朗与这本杂志合作是个好主意。

勒布朗同意了。在前往洛杉矶拍摄下一支耐克广告之后，勒布朗赶往纽约，在骑士队开始训练营之前完成了 *GQ* 采访。马弗里克·卡特、里奇·保罗和兰迪·米姆斯跟随勒布朗一起行动。与他们同行的还有亚伦·古德温经纪公司的公关总监玛丽·福特（Mary Ford）。勒布朗嚼着泡泡糖，穿着宽松的短裤、T 恤和黑色耐克头巾。他和福特站在曼哈顿中城 W 酒店的大厅里，等待记者的到来。

GQ 请来拉里·普拉特（Larry Platt）撰写勒布朗的专题文章。普拉特是《费城》(*Philadelphia*) 杂志的编辑，最近才完成一本关于 76 人队控球后卫阿伦·艾弗森的传记。对 NBA 有着敏锐观察力的普拉特接受了为 *GQ* 撰写勒布朗专题文章的邀请。普拉特认为 NBA 确实遭遇了麻烦。今年夏末，科比·布莱恩特洗脱了性侵指控，他的原告最终决定不出庭作证，致使检察官撤诉。但在长达

17 一点儿也不难过

一年的法律纠纷中,那些卑劣的新闻标题给科比和联盟蒙上了一层阴影。与此同时,科比和沙奎尔·奥尼尔之间的矛盾促使湖人队将奥尼尔交易至迈阿密热火队,联盟的招牌二人组就此分道扬镳。另外,美国男篮在雅典奥运会的表现堪称灾难。普拉特想知道勒布朗能否成为 NBA 的救世主。

当福特把勒布朗介绍给普拉特时,勒布朗并不打算对后者敞开心扉。他一向对自己的私生活格外慎重,尤其是在记者面前。

为了快速拉近关系,普拉特尝试了一个老把戏——点名。他提起威廉·韦斯利。

勒布朗打起精神。"你认识韦斯?"他问道。

"我们是在费城认识的。"普拉特说。

勒布朗笑了出来,并望向大厅另一头的朋友们。"哟,哟,哟,"他对朋友们说,"这个家伙认识韦斯!"

马弗里克和里奇走了过来,开始讲起韦斯的趣事。

普拉特的计划奏效了。

于是,一行人去往隔壁时代广场的 Blue Fin 餐厅,普拉特打算在午餐时采访勒布朗。当他们抵达时,餐厅里空无一人,一位女招待告诉他们,厨房下午不营业。

勒布朗用口香糖吹了一个大泡泡,走上前去。"让我见一见主厨吧。"他说。

不一会儿,一位经理出现了。见到是勒布朗·詹姆斯光临餐厅,经理安排手下摆好了餐桌。一位厨师被召来。菜单也被递了上来。虽然是中午,但勒布朗却点了早餐,其他人都点了午餐。

在等待上菜的过程中,勒布朗毫不留情地拿里奇开涮。

里奇不甘示弱,掏出一本即将发行的漫画样书,主角正是勒布朗。里奇指着勒布朗的画像说:"瞧瞧他,脑袋很小,耳朵却巨大无比。"

所有人都大笑起来。

"这个小家伙,"勒布朗指着里奇对普拉特说道,"他还真是个喜剧演员。"

普拉特对马弗里克、里奇和兰迪一无所知。但是看着他们,再想到阿伦·艾弗森的核心圈,普拉提对两者的差别感到震惊。在撰写艾弗森的传记时,普拉特总结道,艾弗森身边的一些人对他产生了负面影响。其中一人有很长的前科,另一人被发现偷窃艾弗森的私人财产并转卖给当铺,还有一人被艾弗森以不忠诚为由开除。在普拉特看来,勒布朗的朋友们就像一群胡闹的孩子。里奇看起来就像个傻瓜。与艾弗森的伙计们相比,勒布朗一行人要讨喜得多,尽管普拉特发现自己很难让他们认真对待此次访谈。

　　普拉特还留意到另一个关键差别。艾弗森从来没有平等地对待过他的核心圈。他们只是领工资的,他们和艾弗森之间的氛围也反映了这一点。勒布朗的核心圈更像是一个平等相待的兄弟会。

　　一位侍者出现了,他在勒布朗面前放了满满一盘煎饼和香肠,还有一堆切好的香蕉。在吃东西的间隙,勒布朗抬起屁股,放了一个声势浩大的屁。"该死,玛丽,"勒布朗看向玛丽·福特,"别放屁了。"

　　马弗里克和里奇忽然放声大笑,互相击掌。

　　玛丽·福特面无表情。普拉特也忍不住咯咯地笑了起来。勒布朗和朋友们兄弟会般的互动让这次采访任务充满了欢乐。但普拉特怀疑自己能否从勒布朗身上得到什么正经的东西。于是,普拉特问了他一个篮球问题。

　　勒布朗的笑容立即消失了。他盯着普拉特。

　　"一旦我适应了场上的环境,一切似乎都慢了下来,"勒布朗解释道,"我不想表现得太过于自大,但我感觉自己可以预知即将发生的事情。我知道防守者会在哪里,知道我的队友会在哪里,有时甚至连他们自己都不知道。"

　　录音机正打开着,普拉特为勒布朗的语气骤变感到震惊。他的声音变得更加低沉。在短短几秒钟内,他就从嬉皮笑脸的少年变成了一本正经的专家。

　　"每当我比赛时,我会和时间赛跑。"勒布朗继续说,"我并不是说自己可以驾驭时间。我的意思是,如果我在球场上传球,那么我传出的球可以引领队友去到他需要去的地方,而他甚至不知道自己该去那里。我只是让事情慢下来,慢到我可以去掌控它们。"

　　哇,这家伙可真是天才,普拉特心想。

　　采访告一段落,普拉特总结:NBA 的未来将掌握在勒布朗手中。尽管背

17 一点儿也不难过

负着成为联盟领军人物的压力，但在普拉特看来，19 岁的勒布朗显得无忧无虑。当普拉特做出这样的判断时，他并不知道勒布朗身边已经有了一位高中恋人，而且他们即将为人父母。

几周后，勒布朗回到纽约，在翠贝卡街区的一座阁楼为 *GQ* 拍摄照片。普拉特也来到现场，打算进行后续采访。当勒布朗摆出各种姿势时，普拉特注意到午餐台上摆放了很多盒 Fruity Pebbles。普拉特询问后得知，这款早餐麦片是勒布朗唯一的要求。普拉特在心里默默记下——如果是为阿伦·艾弗森拍摄照片，他一定会要几瓶水晶香槟。

新秀之年的勒布朗从高中生一跃成了 NBA 球星，骑士队主教练保罗·塞拉斯对此刮目相看。然而，当塞拉斯在 2004 年训练营开营时见到勒布朗在休赛期的变化时，他更是赞叹不已。他的肌肉又增加了几磅，外线投篮有了巨大进步。面对双人包夹时，他能更好地找到空位。他在球场上也更加敢于发言，能够指挥和引导队友。在他执教的这些年里，塞拉斯从未见过一个球员在如此短的时间内发生如此巨大的转变。他告诉勒布朗，他打算将勒布朗的位置从得分后卫变成小前锋。他还允许勒布朗在进攻端大展身手。这支球队是属于他的。

回到骑士队，回到自己习惯的地方，勒布朗感觉好多了。他喜欢为塞拉斯打球。塞拉斯也欣赏他的天赋，并不遗余力地在球场上指导勒布朗。勒布朗告诉塞拉斯自己有多么感激他，并向教练保证绝不会让他失望。

但是在训练营即将结束之时，勒布朗需要短暂离开球队，回到萨瓦娜身边。2004 年 10 月 6 日，在勒布朗陪伴下，萨瓦娜生下一个男孩。对勒布朗来说，这是改变他一生的时刻，比他作为运动员所经历的一切都要深刻得多。在他人生的大部分时间里，勒布朗渴望着拥有父亲。忽然之间，他自己竟成了一位父亲。勒布朗满怀自豪，他把自己的名字赋予了他的儿子——小勒布朗·雷蒙·詹姆斯（LeBron Raymone James Jr）。

年仅 18 岁的萨瓦娜望着自己的宝贝依偎在勒布朗的胸膛上熟睡。

有了怀里的那个孩子，勒布朗需要背负起新的责任。他需要为家庭做考虑。他一向努力营造并维持良好的声誉。如今，这一点比以往更加重要。他告诉自己，绝不能做任何有损家庭声誉的事情。

勒布朗在萨瓦娜和他们的儿子身边待了三天，随后返回球队。临别之前，勒布朗答应要让母子二人远离公众的视线。

当媒体问及这个孩子时，勒布朗守口如瓶。他拒绝透露萨瓦娜和孩子的名字。《纽约时报》只是将萨瓦娜称作一位"来自阿克伦的母亲"。美联社只用"宝贝男孩"来称呼小勒布朗。面对《阿克伦灯塔报》，勒布朗依然没有多说什么："我的主要目标是努力成为一个比我父亲更好的父亲。我不了解他，也不了解他当时的处境。但我会尽力做好我的本分。"

克利夫兰在赛季第二个主场比赛中对阵菲尼克斯太阳队。三节战罢，骑士队66比85落后。勒布朗决心兑现他在训练营中对塞拉斯许下的诺言。第四节，詹姆斯一鸣惊人，独得了17分，比太阳队全队的单节得分还要多，一举将比赛拖入了加时赛。最终，勒布朗砍下38分，带领骑士队翻盘获胜。几天之后，他又在对阵勇士队的比赛里奉献了34分。接下来，骑士队前往夏洛特挑战山猫队。比赛期间，勒布朗飞身跃起，试图接住一个抛得太高的传球。当他蹿到制高点时，他的右手接近了篮板的顶端。只见勒布朗接住传球，在下落的过程中将球砸进篮筐，一气呵成。

"我说过的，我可是会飞的，"勒布朗张嘴笑道，"我喜欢这种感觉，飞在空中还有些孤独呢。"

骑士队的总体战绩并不尽如人意，但勒布朗却大放异彩。他不但为克利夫兰的观众们奉上赏心悦目的表演，还让联盟里其他城市的球票出售一空。

底特律活塞队是当时的NBA卫冕冠军。去年，活塞队在东部决赛系列赛中经过六局苦战击败了印第安纳步行者队，挺进NBA总决赛。2004年11月19日，两队在奥本山宫殿再次相遇。这一次，步行者队痛击了活塞队。距离比赛结束不足一分钟，步行者队领先多达15分。此时，活塞队中锋本·华莱士（Ben Wallace）试图上篮，而步行者队前锋罗恩·阿泰斯特采取了粗野的犯规，击打了他的头部。怒不可遏的华莱士朝阿泰斯特的脸推了一把。接下来，在裁判的一阵阵哨声里，双方球员立刻围了上来，制止了一场斗殴。裁判们

17 一点儿也不难过

聚在一起商讨是否要做出驱逐球员的判决,阿泰斯特则仰面躺在技术台上。突然,一位活塞队的球迷向阿泰斯特投掷了一个汽水杯。只见阿泰斯特起身冲向观众席,一场大混战一触即发,局面迅速失控。几位步行者球员也冲上看台,与球迷发生口角,并开始挥舞拳头。一位球迷朝步行者队中锋杰梅因·奥尼尔扔去一张金属座椅。步行者队电台播音员因踩踏而受伤,脊椎骨遭遇五处骨折。不少球迷甚至涌进场内,准备和球员们大干一场,球员们最后在警察的护送下离开球场。这场比赛由 ESPN 进行直播,球员们的孩子和其他无辜观众被吓哭了的画面被放送到了全国无数观众的起居室里。

共有九名球员被联盟禁赛,其中几人甚至被无限期禁赛,因为他们的行为被 NBA 视为"令人震惊、令人厌恶且不可原谅"。五名球员被指控犯有轻微人身攻击罪。他们最终不予抗辩,并被判处缓刑,其中大多数被勒令接受愤怒管理心理治疗。一些球迷也因在其混战中的行为而被判有罪,其中几人被永久禁止观看比赛。这起"奥本山宫殿事件"是 NBA 历史上最臭名昭著的斗殴事件,联盟的公众形象降到了最低谷。

底特律的场景让勒布朗感到厌恶。球员之间的暴力是绝不可容忍的,更不用说球员和球迷之间的暴力了。从他小时候参加阿克伦当地业余联赛开始,勒布朗从未与对方球员发生过争执。当他长大,一些球员总会针对他采取粗野的犯规,但勒布朗继续专注于比赛,他选择用自己的球技而不是拳头来复仇。即使球迷们对他出言不逊,包括在他高三和高四赛季期间偶尔会听到的种族主义辱骂,勒布朗也能保持镇定。勒布朗经常是场上最高大、最强壮的球员,但他从来不欺负别人。他从小就痛恨霸凌。

但是勒布朗喜欢和那些低估他的人打心理战。"奥本山宫殿事件"过去五天后,骑士队在主场迎来了活塞队。赛前采访中,一位记者提到了活塞队主教练拉里·布朗在奥运会期间让他坐板凳的事情。记者问道,面对布朗教练率领的球队,奥运会的经历是否会带给他动力。

"那件事已经翻篇儿了,"勒布朗回答,"我不需要这样的动力去比赛。"

勒布朗确实不需要外部动力。他内在的好胜心早已熊熊燃烧。他当然没有忘记雅典的经历。"我只是希望我有更好的机会来展现我的天赋,"勒布朗在赛前采访时补充道,"这就是事实,我一点也不难过。"

开球前,勒布朗递给布朗教练一张卡片,感谢他一个月前送给勒布朗小宝贝的礼物。但比赛开始后,勒布朗摧毁了活塞队。他先送上一记暴力的双手扣篮,接着在外线接连命中跳投。他顶开防守冲进油漆区,躲过双人包夹,优雅地用指尖挑篮得分。在投进两记三分球锁定胜局后,他甚至伸出舌头做出摇头晃脑的模样。当勒布朗在比赛还剩两分钟时被替换下场,克利夫兰的球迷全体起立,用雷鸣般的掌声向勒布朗致敬。他砍下了职业生涯最高的43分。

塞拉斯教练笑了。哈,还说自己不难过呢?

距离勒布朗庆祝自己20岁生日还有一个月,*GQ*发布了那篇关于他的特别报道,将他形容为"引领深陷困境的联盟重回巅峰的那个人"。同月,《体育画报》再次将勒布朗作为封面人物,并抛出了一个大胆的问题:"史上最佳?"如此形容勒布朗并不夸张。第二个赛季刚刚过半,勒布朗就已经成为NBA历史上得到2 000分、500次助攻和500个篮板的最年轻球员。

普通球员也许有无数嫉妒勒布朗的理由,但没有人会质疑勒布朗是一位货真价实的精英球员。2005年2月19日,NBA全明星赛在丹佛举行。勒布朗入选东部队的首发阵容。赛前,在球馆的地下通道里,勒布朗被沙奎尔·奥尼尔、科比·布莱恩特、蒂姆·邓肯、阿伦·艾弗森、姚明、特雷西·麦克格雷迪和凯文·加内特团团围住。

艾弗森看了看勒布朗,又看了看其他第一次参加全明星赛的球员——德怀恩·韦德、吉尔伯特·阿里纳斯(Gilbert Arenas)和阿玛雷·斯塔德迈尔(Amar'e Stoudemire)。

"这些人都是第一次入选吧?"艾弗森说。

凯文·加内特笑了。这时,艾弗森转过身,看向了他们之中最年轻的那个人。

勒布朗感觉所有人的目光都投向了自己。

"他才不过16岁。"艾弗森开玩笑地说。

所有老将都被逗乐了。

当东西部首发球员踏进球场准备跳球,他们开始为哪支队伍进攻哪个篮

17 一点儿也不难过

筐而争论。勒布朗发表了看法。"我们去那边吧。"他指着篮筐说道。

球员们还在喋喋不休。

裁判看着勒布朗。"你想选择哪个篮筐？"

"那个篮筐，"勒布朗边指边说，"我们去那边。"

裁判点了点头。

比赛正式开始，勒布朗率领东部发起进攻。在他命中一记远投后，队友文斯·卡特对他说："就这么干，孩子。欢迎你！"

勒布朗拍了拍卡特伸出的手。

在防守端，勒布朗指挥队友跑位。当对方的持球人发动挡拆配合，队友沙奎尔·奥尼尔准备离开油漆区去防守他，却被勒布朗叫停了。

"换位，沙克！"勒布朗喊道，"待在那儿别动。"

暂停时，勒布朗扮演起了教练角色，为球员布置了盯防任务。

"纳什交给你了。"勒布朗对艾弗森说道。

接着他一把抓住韦德。"你去防雷·阿伦（Ray Allen）。"勒布朗交代道。

20岁的勒布朗俨然是全明星之中的领袖。

所有人都能预见，勒布朗带领骑士队杀入季后赛只是时间问题。

18 我已经长大了

当丹·吉尔伯特创办自己第一家公司Rock Financial Corporation时，他还是一名22岁的法律系一年级学生。日后，他把这家公司发展成了美国最成功的独立抵押贷款银行之一，并最终更名为速贷公司（Quicken Loans）。到了2004年，速贷公司已成为业内顶尖的在线零售房屋贷款公司，当年完成了约120亿美元的住宅抵押贷款交易。正是从那个时候起，吉尔伯特盯上了克利夫兰骑士队。在骑士队选中勒布朗之前，骑士队的估值为2.22亿美元，而在勒布朗的新秀赛季之后，球队的价值大幅上涨。为了收购骑士队，吉尔伯特开出了3.75亿美元的价格。2005年2月，NBA批准吉尔伯特收购骑士队。

无论对吉尔伯特本人还是他发家致富的经历，勒布朗都知之甚少。但他毫不怀疑，吉尔伯特会比前任老板更加亲力亲为。另外一件事情也显而易见——吉尔伯特将勒布朗视为他那3.75亿美元投资的重要动力。接手球队的第一天，吉尔伯特就提到了勒布朗。他表示，"作为球队所有者和管理层，我们的工作就是围绕他打造一支能够赢得总冠军的球队，而且不止一次夺冠"。

几周之后，勒布朗打出了迄今最好的一次表现。他在客场对阵多伦多猛龙队的比赛里第一次突破50分大关。凭借出色的发挥，勒布朗超越里克·巴里（Rick Barry）成为联盟史上最年轻的单场50分得主，同时创下了骑士队的队史纪录。但骑士队仍然输掉了比赛，遭遇客场九连败。

第二天，骑士队炒掉了主教练保罗·塞拉斯，理由是他无法在球场上为勒布朗提供支持。勒布朗很喜欢塞拉斯，但他对塞拉斯的下课并不意外——球员们并不认同他的执教风格。塞拉斯离任的时机却让勒布朗措手不及，因为常规赛只剩下18场比赛，而球队依然有机会争夺季后赛，他们正在紧紧追赶第八号种子。一名助理教练被任命为临时主教练，吉尔伯特则负责寻找正式的继任者。

吉尔伯特究竟对纷繁复杂的篮球世界了解多少仍是一个未知数，但有一点是确定无疑的，那就是他对胜利的渴望。他计划投资数百万美元升级场馆。为增强球队实力，他打算花大价钱签下自由球员。他甚至计划为球队购置一套新的训练设施。

勒布朗有一个建议。在与吉尔伯特的第一次谈话中，勒布朗提到了他曾向前任股东们提出过但从未实现的一件事——他对球队飞机的不满。好几次，球队的空中旅行很难用顺利来形容。勒布朗在高中时期就乘坐过更好的飞机。在他看来，是时候升级了。只需要瞧一瞧飞机的外观就能得出这个结论——机身上还贴着旧队徽，图案早已褪色、破损。"如果你想帮助我们成为更好的球队，"他对吉尔伯特说，"我们太需要一架新飞机了。"

勒布朗的语气和表情让吉尔伯特开怀大笑。他把飞机的事情记在了心里。

骑士队以42胜40负的战绩告别了2004—2005赛季。对于一支在勒布朗到来的前一年只赢下17场比赛的球队，这已是长足的进步。但骑士队在赛季末段崩盘，最终连续第二个赛季以一场胜利之差无缘季后赛。赛季结束的第二天，丹·吉尔伯特解雇了总经理吉姆·帕克森（Jim Paxson）。"新的股东们认为，"吉尔伯特表示，"是时候为篮球运营领导层确立一个新方向了。"

吉尔伯特忙着在克利夫兰重塑球队，勒布朗则打算震惊整个NBA。作为一名父亲，他觉得自己更有责任确保这个年轻家庭的长期财务安全。是时候成为一个男人了，勒布朗对自己说。其中一项任务就是掌控自己的事务。于是，他拿起手机，拨打了马弗里克的号码。

马弗里克接到电话时，他刚刚走下从俄勒冈州返回的航班。

"你在城里吗？"勒布朗询问。

"没错。"

"我想去见你一面。"勒布朗告诉他。

马弗里克正在去和自己母亲吃午饭的路上。他能从勒布朗的语气里听出一些端倪。于是他约勒布朗在自己母亲家见面。几个小时后，两人就面对面坐在了餐桌前。

寒暄过后，勒布朗谈起他希望自己成为一名怎样的球员。刚刚结束的那个赛季，他在得分榜上位列第二，助攻和抢断也名列前茅。从数据统计看，他达成了所有二年级球员从未达成的里程碑，甚至迈克尔·乔丹都未曾企及。然而，勒布朗对自己有着更高的期望——他想成为史上最佳。与此同时，勒布朗希望自己的场外事业也同样成功。他对这方面的进展并不满意。

"马弗，"勒布朗说，"我和我的经纪人现在意见不合。"

马弗里克很清楚，是艾迪和格洛丽亚选择古德温作为勒布朗的经纪人。

"我爱我的母亲，"他对马弗里克说道，"但我该为自己做主了。"

马弗里克看得出勒布朗经历过一番思想斗争。

"是时候了，你知道吗？"勒布朗继续说道，"我已经长大了。我现在是20岁。到12月，我就21岁了。"

马弗里克立刻意识到这一大胆的举措意味着什么——他要干一件大事。

勒布朗却格外冷静。他早已计划好了。

"我想用与众不同的方式来做些事情。"勒布朗告诉他。

马弗里克忍不住好奇，这些事情究竟和自己有什么关系。

对勒布朗而言，道理非常简单。在场上，勒布朗是一个完美主义者。因此，他需要高度专注于自己的篮球事业，容不得半点分心。同时，勒布朗希望组建自己的公司来打理他的营销和商业事务。但他需要找一个人来负责这家公司，一个值得他信任之人。

勒布朗看向马弗里克。接着他提起了耐克，谈到了马弗里克过去两年在那里工作时所学到的东西。勒布朗相信马弗里克在比弗顿的经历让他有能力承担更大的职责。虽然他没有商业背景，但正因如此，他每天醒来时都怀着必须证明自己的信念。他每天都会列出一份待办清单，如果一天结束时清单上的某项工作没有完成，他就会觉得自己是个失败者。勒布朗很清楚，这位朋友是不会为了金钱而着迷的。他只会为了实现目标而着迷。考虑到马弗里克的职业道德和忠心，勒布朗确信自己找对了人选。

马弗里克深吸了一口气。他已经拥有了梦想中的工作。园区里既有室内室外跑道，也有足球场和棒球场。午餐时间，他可以在最先进的球场上打篮球。他一边领着薪水，一边与负责推广耐克品牌的那群最能说会道的人共事。最重要的是，马弗里克爱上了太平洋西北地区。他的人生是如此美好。即使余下的职业生涯都在比弗顿度过，他也心满意足。

然而，当他坐在母亲家的厨房餐桌前，凝视着他最好的朋友时，马弗里克无法忽视自己内心的好奇和激动。勒布朗决心做一件在NBA史无前例的事情——他要切断与经纪人的关系，自立门户，组建一家公司来处理自己的代言交易、发展自己的事业。勒布朗打算委托马弗里克来掌舵。

我想要接下这份工作，马弗里克告诉自己。我要试一试。

勒布朗要离开经纪人，马弗里克则要离开耐克。对两人来说，这何尝不是一次"信仰之跃"。

想到这里，马弗里克不免有些焦虑。他心想：万一我搞砸了……

得知此事的格洛丽亚火冒三丈。一定是马弗里克鼓动勒布朗炒掉了他的经纪人，她心想。于是，她打给了马弗里克，把他臭骂一顿。

马弗里克措手不及。但她很了解格洛丽亚，把她视为家人，甚至称呼她"格洛阿姨"。所以他很清楚，在格洛阿姨发火时，不与她争执是最明智的做法。

格洛丽亚表明了她的立场——勒布朗和马弗里克根本不知道他们究竟在做什么，他们并不具备自立门户的本领。毕竟，两人一点经验也没有。

马弗里克并没有感到冒犯。相反，他尝试冷静地说服她。他向格洛丽亚解释，他们将与勒布朗的律师密切合作，并会聘请专家。他们不会草率行事。换言之，他们对自己的短板非常清楚。既然勒布朗已经为自己的未来勾勒出一幅开创性的愿景，他们将与正确的人选合作，让这个愿景成为现实。

格洛丽亚需要时间来消化这一切。

亚伦·古德温也惊呆了。不久前，他还在为这位全世界最富有的运动员之一担任经纪人，为他劈波斩浪。但在 5 月初，一封解除经纪人关系的书面通知就递到了他的面前。他像是忽然被大浪掀翻了似的，不明白究竟发生了什么。在他看来，他和勒布朗的关系好得不能再好了。两人甚至在西雅图共同投资了位于古德温办公室附近的一家餐厅。

但是那家西雅图的餐厅正是问题的症结所在——勒布朗对运动员和经纪人之间的那些传统业务不感兴趣，比如把钱投进一间体育酒吧，或是到处冠以自己的姓名。勒布朗怀有更远大的抱负。他不满足于成为全世界最富有的运动员。他想成为全世界最富有的那个人。他打算同自己的伙计们一起实现这个目标。

诸如"詹姆斯炒掉经纪人"之类的新闻标题让古德温很是难堪。ESPN 报道称，"签约事宜将由詹姆斯的团队接手，而他的密友兼高中队友马弗里克·卡特将加入团队"。

勒布朗并未发表言论。

马弗里克也保持沉默。

NBA 球员工会仅仅是确认了勒布朗不再有经纪人。

古德温则选择了高调行事。"过去近三年来，我有幸担任了勒布朗·詹姆斯的经纪人，"他在一份事先拟好的声明中表示，"我非常感激有机会与勒布朗和格洛丽亚·詹姆斯共事……我们代表古德温体育管理公司，向勒布朗和他的家人致以最真挚的祝福。"

联盟办公室的人们都在猜测到底发生了什么。有媒体猜测，勒布朗的三位伙伴即将接过这份工作。但三人都不是注册经纪人，甚至连大学都没毕业。不少媒体特意强调了这一点，暗示勒布朗的行为愚蠢至极。有人更是猜测，勒布朗解雇古德温是因为嫉妒德怀恩·韦德的成功，后者在迈阿密热火队的第二个赛季就进军季后赛。"这纯属猜测，"《纽约时报》专栏作家哈维·阿拉顿（Harvey Araton）写道，"但我想说的是，勒布朗用高中哥们儿取代古德温，是为了找一个替罪羊罢了。在像韦德那样掌控球权并拥有沙克这样经历过季后赛厮杀的强大队友之前，勒布朗还会继续发泄的。"

这些关于他的新闻时常提醒勒布朗一个道理——人们总是胡说八道。发泄？如果勒布朗有错的话，那一定是错在话说得太少了。嫉妒韦德？韦德可是他的好朋友。随便吧。至少勒布朗知道 NBA 和媒体中的"老古董"们是如何看待马弗里克、里奇和兰迪的——他们是他的高中哥们儿。

勒布朗知道，若想驾驭金融世界，他需要专业的建议。这不是运动员从体育经纪人那里获得的那种普通建议。勒布朗希望找一个能像他精通篮球那样精通金融世界的人，一个胸怀大志的人。

2005 年，勒布朗遇到了投资银行家保罗·瓦赫特（Paul Wachter）。瓦赫特曾在华尔街的基德尔皮博迪公司（Kidder, Peabody & Co.）和贝尔斯登公司（Bear Stearns Companies）工作，1997 年他开始自立门户，创立了 Main Street Advisors 公司，这是一家为富人和权贵提供服务的高端金融和资产管理公司。他的客户包括加州州长阿诺德·施瓦辛格（Arnold Schwarzenegger）、商品交易员约翰·W. 亨利（John W. Henry）和网络电视制片人汤姆·沃纳（Tom Werner）。当瓦赫特开始为施瓦辛格提供咨询服务时，这位演员手握大约两亿美元的财富，是好莱坞的领军人物。当亨利和沃纳的公司新英格兰体育风险投资公司（New England Sports Ventures）在 2001 年以创纪录的 7 亿美元收购波士顿红袜队时，瓦赫特也为他们提供了咨询服务。

勒布朗不禁对瓦赫特的客户群刮目相看。他曾为举世闻名的职业体育队伍的所有者提供咨询服务，这一点尤其吸引人。如此高端的财务指导，通常只有那些富有的球队老板才能用得上，而勒布朗有望成为 NBA 中唯一一个享受这种服务的球员。

瓦赫特通常不会接受运动员的委托。但勒布朗不是一个普通的运动员。除了 NBA 的薪水之外，他还握有大约 1.25 亿美元的代言合同。放眼世界，只有三名运动员的代言收入超过勒布朗：高尔夫球手泰格·伍兹、德国一级方程式车手迈克尔·舒马赫（Michael Schumacher）和英国足球明星大卫·贝克汉姆（David Beckham）。伍兹和贝克汉姆正值他们职业生涯的黄金时期，舒马赫处在生涯末期，而勒布朗才刚刚崭露头角。

然而，让瓦赫特感到钦佩的不仅仅是勒布朗的赚钱能力，还有他的创业方法和思维方式。在瓦赫特看来，勒布朗更像一个数学家，而不是一个运动员。他问的那些问题，往往只有银行家和投资者才会问。他简直是个数字行家，瓦赫特心想。

瓦赫特对马弗里克也印象深刻。尽管在金钱和投资方面，马弗里克还是个新手，但他无疑是个可塑之才。他提了许多问题，充满了求知欲。瓦赫特认为，勒布朗选择马弗里克作为合作伙伴是明智的。

从长远看，勒布朗选择瓦赫特作为他的私人投资银行家或许是他篮球生涯中最关键的一步棋。瓦赫特的到来不仅确保勒布朗拥有了全 NBA 最资深的财务顾问，还为勒布朗和他的核心圈开辟了一条与娱乐大亨、华尔街巨头和行业领袖结识的渠道。但更为直接的影响是，瓦赫特帮助勒布朗开阔了眼界，使他发现了代言交易的新思路。勒布朗不再简单地为产品冠名，而是取得自己形象的所有权。

凭借瓦赫特的战略建议和弗雷德·南斯律师的法律建议，勒布朗成立了 LRMR 管理有限责任公司。LRMR 分别由勒布朗、里奇、马弗里克和兰迪名字的首字母组成。四人皆为公司的合伙人，马弗里克则被任命为 CEO。这一举动完全打破了常规，勒布朗获得报酬的方式已不再局限于允许其他公司使用他的形象来销售产品。未来，他将通过寻求股权的方式与其他公司建立合作伙伴关系。还没有任何其他运动员做过类似的事情。

与此同时，勒布朗选择了莱昂·罗斯（Leon Rose）作为他的新经纪人。罗斯是威廉·韦斯利的密友。罗斯愿意按照勒布朗的方式行事，换言之，他是名义上的经纪人，真正负责发号施令的是 LRMR 公司。

而且，罗斯愿意担任里奇·保罗的导师，后者对成为一名体育经纪人的兴趣越加强烈。有了勒布朗的支持，里奇可以在罗斯手下工作、学习业务，这与马弗里克在就职于耐克之前为林恩·梅里特担任实习生异曲同工。

在勒布朗看来，一切都安排得井井有条。里奇与罗斯共事。马弗里克担任 LRMR 公司的 CEO。在勒布朗的影响下，骑士队为兰迪提供了球员联络员的职务。四骑士的事业都在上升。

NBA 联盟的官员们对勒布朗的决策有些担忧，但耐克主席菲尔·奈特却有不同的看法。2005 年 7 月，他和勒布朗共同出席了一项活动。其间，勒布朗找到了他。

"菲尔，我能和您谈谈吗？"

"当然了。"

两人走进一处私密的空间。

"当初我和您签约时，"勒布朗说道，"我对耐克的历史并不是特别了解。所以我一直在做功课。"

"噢？"奈特回应。

"你是创始人吧？"

"嗯，是联合创始人。没错，很多人都感到惊讶。"

"耐克诞生于 1972 年。"勒布朗继续道。

"诞生？好吧，我想是这样的。"

"那好。我去了一趟珠宝店，让他们找了一款 1972 年的劳力士手表。"

勒布朗将手表递给了菲尔。

菲尔打量着这只表，发现勒布朗在上面刻了一行字：感谢您给予我机会。

奈特目瞪口呆，竟不知道该说些什么。在奈特心目中，勒布朗几乎是一笔稳赢的买卖。但奈特也喜欢冒险。对他而言，冒险就是生意的真谛。因此，见到勒布朗有着相同的进取精神，奈特十分欣喜。

勒布朗与耐克的关系越来越深。在勒布朗与奈特会面后不久，耐克便安排勒布朗前往东京、北京和中国香港。在每座城市，他都为孩子们举办篮球训练营，出席推广活动，并接受媒体采访。长途跋涉并不容易，但勒布朗决心让自己成为一个全球品牌。有了耐克的支持，他感到非常幸运。在中国，无论他走到哪里，都有众多球迷相伴——他们穿着他的球鞋、身披他的球衣、高呼他的名字。

新泽西州东卢瑟福的大陆航空体育馆（Continental Airlines Arena）座无虚席，全体观众都站了起来。那是 2005 年 10 月 27 日，Jay-Z 刚刚演完了"I Declare War"演唱会的固定曲目。舞台的布置和美国总统椭圆形办公室（Oval Office）如出一辙。演出开场，Jay-Z 坐在"坚决之桌"（Resolute desk）[1] 后方，特勤局特工们站在两侧，音响里忽然响起了他的歌曲《公共服务公告》（Public Service Announcement）。随后，嘻哈界的大腕们陆续登台客串，从"吹牛老爹" P. Diddy、坎耶·韦斯特到纳斯（Nas），观众们的惊喜接连不断。此时，成千上万歌迷尖叫着把双手合在一起，摆成钻石的形状，这是 Roc-A-Fella 唱片公司的标志。他们呼唤着返场表演，渴望再一次的惊喜。

在后台，勒布朗激动不已。他习惯了身披篮球战袍在座无虚席的球馆里表演。但今晚，他穿上了街头服装和靴子。在 Jay-Z 的召唤下，他走上舞台，与坎耶、P. Diddy 和纳斯一起演唱 Jay-Z 的热门单曲《安可》（Encore）。

你们想要更多？返场表演有我，
布鲁克林的小伙，
最后一次，我需要你们的嘶吼。[2]

---

[1] 译者注：位于白宫总统办公室的办公桌。
[2] 译者注：Can I get an encore, do you want more?/ Cookin' raw with the Brooklyn boy/ So for one last time I need y'all to roar.（原文）

勒布朗知道下一句歌词："*Now what the hell are you waitin' for?*"（你究竟在等什么？）

观众们陷入疯狂。

这场演出令勒布朗欣喜若狂。他和 Jay-Z 的关系亲密无间，这使他得以受邀体验所有运动员都无法体验的经历。他们几乎每天都有交流。Jay-Z 结识了马弗里克、里奇和兰迪，还与格洛丽亚和萨瓦娜走得很近。勒布朗也与 Jay-Z 的核心圈子以及碧昂丝建立了友谊。勒布朗和他的亲朋好友都持有后台通行证，Jay-Z 邀请他们随时观看自己的演出。勒布朗也邀请 Jay-Z 和碧昂丝随时观看他的比赛并为他们准备了场边座位。

勒布朗和 Jay-Z 是当今最有影响力的两位非裔美国人，他们正在塑造着主流流行文化。他们都视彼此为奇迹——一位出自贝德福德 - 斯图维森特区，以迈克尔·杰克逊为榜样；一位出自斯普林希尔，以迈克尔·乔丹为榜样。他们经常互相关照。例如，当勒布朗因解雇经纪人并与朋友合伙创业而受到媒体批评时，Jay-Z 把勒布朗介绍给了索尼音乐（Sony Music）的企业传播高级副总裁基思·伊斯塔布鲁克（Keith Estabrook）。

伊斯塔布鲁克负责索尼的全球媒体关系事务。虽然耐克和骑士队的公关团队总是可以为勒布朗效劳，但 Jay-Z 依然认为他的朋友需要一个专业人士。

2005 年夏天，勒布朗聘请伊斯塔布鲁克担任他的私人公关。除了与耐克和骑士队配合，伊斯塔布鲁克还与马弗里克密切合作，管理勒布朗在全世界的所有媒体采访和公开露面。

Jay-Z 还经常为勒布朗的核心圈出谋划策。在东卢瑟福举行的那场演唱会上，Jay-Z 将马弗里克介绍给了 P. Diddy 的私人造型师瑞秋·约翰逊（Rachel Johnson）。这次碰面虽然是偶然，却非常及时。

一周前，NBA 总裁大卫·斯特恩宣布了一项极具争议的着装规定。新规要求所有球员在所有球队或联盟活动中必须穿有领的正装衬衫或高领毛衣、正装裤子、袜子和正装鞋。头饰、T 恤、运动鞋和工装靴被一律禁止，也不得出现项链、吊坠和徽章。《纽约时报》把这一举措描述为"NBA 为了让自己看起来不那么像帮派而是更有风度所做出的最新尝试"。

新规遭到了一些球员的公开反对。大多数主流媒体则站在了总裁的那一边。"年轻球员是联盟的代表，联盟当然有权要求他们具有像样的仪容仪表，"NPR（美国国家公共广播电台）体育评论员弗兰克·迪福德（Frank Deford）在《早间新闻》（*Morning Edition*）栏目中评论道，"说实话，在很短时间内，NBA球员的场外形象就从无可挑剔、风度翩翩的迈克尔·乔丹变成了各大街头帮派的招募人员，正如《纽约时报》的菲尔·穆什尼克（Phil Mushnick）曾说的那样。"

马弗里克正是在如此背景下认识了约翰逊。他立刻被她的履历所折服。在很多方面，二人有着相同的进取精神。

约翰逊在佛罗里达农工大学（Florida A&M University）——一所历史悠久的黑人大学——读大三时，遇到了嘻哈造型师格鲁维·卢（Groovey Lew），后者当时为肖恩·康姆斯（Sean Combs）[1]工作。约翰逊曾在新泽西州恩格尔伍德的高中被投票评为最佳着装奖，至此爱上了时尚。当卢称赞了她的造型风格，并告诉她一些知名男士的着装通常由黑人女性包办时，她顿时茅塞顿开。受此启发，约翰逊放弃了成为一名英语教师的计划。大学毕业后，她在*Essence*杂志找到了一份工作，在那里她认识了几位为说唱歌手P. Diddy和Notorious B.I.G工作的造型师。经过一番学习，约翰逊得到了为法瑞尔·威廉姆斯和杰米·福克斯（Jamie Foxx）担任服装造型师的机会。她的职业生涯从此起飞。

约翰逊的故事不仅引起了马弗里克的共鸣，也得到了勒布朗的钦佩。约翰逊身高6英尺，看上去可以成为职业篮球手。每当谈及时尚以及如何利用时尚来打破种族隔阂，约翰逊总是很有远见。她建议勒布朗穿些历史悠久的知名品牌。她希望带勒布朗逛逛那些种族偏见较为深刻的时装店。她认为可以借助这一契机，让时装设计师们和各大品牌变得更加包容。在她看来，通过这一过程，勒布朗可以引领时尚潮流，彻底改变NBA球员的穿着打扮。

"同一件衣服，如果看见T台上那些苗条模特穿着它，一些男性可能觉得

---

[1] 译者注：P. Diddy的本名。

不自在,"约翰逊说道,"但是,当一位朝九晚五的普通商人见到勒布朗穿上它,他们也许会说'你知道吗?也许我也可以这么做,因为他看起来更像我'。"

勒布朗很欣赏约翰逊,但是当勒布朗通过 Jay-Z 认识她时,他还是无法完全领会她的想法。由一位曾为嘻哈界大牌明星设计服装的造型师来负责自己的穿衣打扮,这个想法对勒布朗很有吸引力。于是,他聘请了瑞秋·约翰逊作为自己的私人造型师。

2005 年 11 月 2 日,勒布朗将在主场开始自己的 NBA 第三年征程。这天,迫不及待的勒布朗驱车来到球馆。骑士队的主场冈德球馆已经更名为速贷球馆(Quicken Loans Arena),球迷们称呼这里为"the Q"。显然,丹·吉尔伯特正为这支队伍打上自己的印记。但即便如此,对克利夫兰而言,勒布朗的影响力远大于吉尔伯特。耐克在球馆对面的宣威(Sherwin-Williams)大厦上悬挂了一幅展现勒布朗腾空扣篮的巨型海报,有足足十层楼那么高,下方还配有文字"WE ARE ALL WITNESSES"(我们都是见证者)。刚步入球馆,勒布朗就知道吉尔伯特并未食言——他承诺在休赛期花费数百万美元升级设施。球馆上方树立起崭新的记分牌。一排排酒红色的座椅等待着球迷们的光顾。更衣室不但进行了全面翻修,还为了迎合勒布朗的喜好而增添了不少新装备——每位球员的储物柜都配备了电视、Xbox 游戏机和音响。

吉尔伯特还全面调整了克利夫兰的球队人员。他聘请了圣安东尼奥马刺队的助理教练迈克·布朗(Mike Brown)担当新任主帅。这是一项大胆的举措。作为非裔美国人的布朗没有任何执教经历。35 岁的他还是全联盟第二年轻的教头。吉尔伯特还聘请了前骑士队球员丹尼·费里(Danny Ferry)出任总经理。

吉尔伯特为布朗和费里开了绿灯,允许他们全力追逐自由球员。于是,骑士队在休赛期一口气签下了六位新援,而每一笔签约都得到了勒布朗的事先同意。新援们包括拉里·休斯（Larry Hughes）和唐耶尔·马绍尔（Donyell Marshall），两位久经沙场的老将能够为这套围绕勒布朗打造的班底带来强有力的支持。吉尔伯特还亲自陪同布朗和费里赶往机场，去名副其实地"追逐"身高 7 英尺的中锋济德鲁纳斯·伊尔戈斯卡斯（Zydrunas Ilgauskas），后者作为自由球员即将开始与其他球队会面的行程。这位被勒布朗称为"大 Z"的立陶宛球员制霸了 NBA 进攻篮板排行榜，勒布朗坚持让骑士队留住他。最终，吉尔伯特用一份五年 6 000 万美元的合同说服了大 Z。

吉尔伯特仅仅拥有这支球队七个月的时间，但他已经从职业体育的球星制度中学到了至关重要的一课：无论是亲临现场还是观看电视转播，球迷总是被球星所吸引。球星越闪亮，吸引力就越大。吉尔伯特意识到，NBA 最耀眼的球星就在他的工资单上，他愿意付出一切必要的代价——包括有时放下自己的自负，让他的管理层与他的明星球员步调一致。因此，吉尔伯特为勒布朗提供了其他球员无法享有的待遇。例如，马弗里克和里奇有权进入球队的所有专属区域，还可以在所有主场比赛中坐在场边观战，而兰迪·米姆斯的座位就位于骑士队替补席的后方。

赛前，萨瓦娜走向骑士队替补席附近的勒布朗，把他们 1 岁大的儿子递到他手上。勒布朗抱着儿子，亲吻了他的额头，随后将他交还给萨瓦娜。

比赛即将开始，勒布朗走到技术台跟前，在手上沾满滑石粉，两手用力一拍，掀起一阵烟尘，座无虚席的体育馆为他欢呼。在球场的一侧，勒布朗可以看见马弗里克和里奇。在替补席后方，他可以看见兰迪。在底线外，勒布朗可以看见格洛丽亚坐在前排，身旁是萨瓦娜，1 岁大的小勒布朗坐在她的大腿上。从现在起，由他母亲、高中爱人和儿子组成的"詹姆斯帮"将成为前排座位的常客。每当他走上球场，勒布朗知道家人和朋友都在他的身边，这种感觉妙不可言。在幕后，他还拥有律师、投资银行家、公共关系专员和造型师。他塑造了自己儿时所幻想的那般理想生活，每个人都很安全，每个人都被照料，每个人都在他身边。

裁判将球抛起，比赛开始。

19 这只是篮球罢了

骑士队抵达盐湖城的时候已是 2006 年 1 月 22 日的午夜。勒布朗感觉糟透了。几个小时前，他在与勇士队的比赛中扭伤了膝盖。此刻的他还在和流感作斗争。球队遭遇了客场五连败。更糟糕的是，他刚刚得知自己的母亲在家中遭到逮捕，即将面临酒后驾车的指控。

入住球队下榻的酒店后，勒布朗前往附近的医院对膝盖进行了 X 光检查。他的膝盖有肿胀，好在 X 光检查结果为阴性。磁共振检查将在他返回克利夫兰后进行。在那之前，最好的办法就是缺席客场之旅的最后一战，让膝盖得到休息。而且，休息一夜可以帮助他的身体更快地从流感中康复。家乡的事情有了最新进展。几位律师已经介入。他的母亲已经交了保释金。

当天晚些时候，勒布朗随队前往三角洲中心球馆

（Delta Center），当晚他们将与爵士队交锋。一位记者向他问起了他母亲被捕一事。"我还不清楚究竟发生了什么，"勒布朗说道，"在我弄清楚整件事，并跟家人坐在一起交流之后，你知道，我才能更好地发表意见。"

勒布朗知道的比他透露的要多。但对待与家庭相关的话题，勒布朗总是开启保护模式。网络上已经冒出了许多新闻标题，比如《华盛顿邮报》（*Washington Post*）写道"詹姆斯的母亲因酒后驾车被捕"。没必要再说些什么了。那样只会引起更多的关注。

尽管疲劳和酸痛困扰着他的身体，但勒布朗没有听从他人的建议，而是决定试一试自己的膝盖。他告诉主教练迈克·布朗，他打算登场比赛。

爵士队的球迷们对勒布朗糟糕的身体状态并不知情。从首发阵容宣布的那一刻起，他们就向勒布朗报以嘘声。

勒布朗将一切嘈杂都化作动力，进入了自己的世界里。从上篮、扣篮、转身过人，到后仰跳投、远距离三分，不论他怎样进攻，篮球都能落入球网。勒布朗继续开火，而爵士队仿佛被震慑住了。球队主教练杰里·斯隆后来坦言，他的球队被勒布朗的统治力"吓坏了"。比赛还剩下不到两分钟，骑士队大比分领先，勒布朗带着51分的成绩走下球场。犹他州的观众们被他征服了，纷纷起立为这位"国王"喝彩。年仅21岁的勒布朗超越了科比·布莱恩特，成为NBA历史上职业生涯总得分突破5 000分的最年轻球员。

这场犹他州大捷鼓舞了骑士队，他们一举拿下七连胜。到2月全明星周末时，骑士队取得了31胜21负的战绩，在中部分区排名第二，仅次于底特律活塞队。勒布朗一次次撕裂着对手的防线。凭借赛季前半段的表现，他当选了2006年休斯敦全明星赛东部"票王"。骑士队的其他球员甚至一张选票也没有。

丹·吉尔伯特提议用球队专机将勒布朗和他的亲朋好友们送往休斯敦参加周末的全明星赛庆典。吉尔伯特还带上了自己的家人以及骑士队的高管。他打算通过这次旅行展现他将勒布朗长期留在骑士队大家庭中的决心。

在飞往休斯敦的飞机上，勒布朗正在主舱和朋友们打牌。忽然，飞机遭遇强烈的气流。各种灯光开始闪烁。厨房里冒出了烟雾。许多乘客都吐了出来，其中就包括吉尔伯特怀有身孕的妻子。一名空乘甚至摔断了脚踝。

19 这只是篮球罢了

我的老天！勒布朗心想。就是现在了。

在这混乱的关头，机上的人们无不为自己的生命而揪心。

终于，飞行员稳住了飞机。

勒布朗觉得自己无须再对吉尔伯特提起更换新飞机的事情。所有人还沉浸在紧张的情绪里，勒布朗打算做点什么来缓和一下氛围。

"快发那该死的牌啊！"他高声喊道，"我可是来打牌的。"

所有人都笑了起来。

飞机安全降落在了休斯敦。几天后，勒布朗率领东部队取得了胜利，并当选全明星赛 MVP。吉尔伯特则为球队订购了一架最先进的飞机。媒体被告知，新的球队飞机可减少加油停靠的次数，同时有助于建立赢球文化，使克利夫兰对自由球员产生更强的吸引力。这两件事都不假。但真正的亮点在于，勒布朗进入了通常只由球队老板享有的专属领空。此前，不论在 NBA 还是其他美国体育联盟，还没有球员能够与球队老板单飞，如勒布朗和吉尔伯特那样。

这在一定程度上得益于吉尔伯特的支持，勒布朗在骑士队队内的地位正在迅速转变。在他的新秀赛季，勒布朗并不愿过多地发表见解，只是默默融入球队。到了第三个赛季，球队完全围绕勒布朗进行着改造。

与此同时，勒布朗正在重塑自己在俄亥俄州的居住环境。早在 2003 年，他就花费 210 万美元在阿克伦北部的巴斯镇（Bath Township）购买了一座占地近 6 英亩、面积达 1.2 万平方英尺的住宅。几年后，他将房子拆除，准备打造自己的梦想之家——一栋他参与设计的 3.5 万平方英尺的豪宅。在勒布朗的蓝图中，这栋建筑拥有一间面积逾 2 000 平方英尺的主人套房、一间保龄球馆、一间发型屋、一座家庭影院、一个三层高的水族馆、一间配备巨幅电视屏幕的体育酒吧、一间录音室、一间游戏室和一座六车位的车库，预计将花费 1 500 万美元。他还在距离自己房产不远的地方为母亲购买了一套新房。

休斯敦之行结束后，勒布朗一边等待县政府最终批准他那雄心勃勃的建筑蓝图，一边主宰着赛场。3 月初，赛季进入关键阶段，骑士队赢得了 19 场比赛中的 15 场。在此期间，勒布朗的意志力让队友和对手都为之折服，而且他在职业生涯里第一次展现出"球员兼教练"的心态。当队友唐耶尔·马绍尔陷入得分荒，勒布朗依然不停给他喂球。在一场比赛中，马绍尔在弧顶处得到空位投篮的机会。

"投篮啊。"勒布朗喊道。

马绍尔犹豫了片刻。

"把那该死的球投出去。"勒布朗继续大喊。

赛后，马绍尔感谢勒布朗为他打气。这位 32 岁的老将被带到克利夫兰辅佐勒布朗，结果却是勒布朗在帮助他。

在替补席上，勒布朗也毫不怯场地告诉主教练该怎么做。但为了不让布朗难堪，勒布朗总是采取幽默的做法。在对阵公牛队的比赛中，对手频频对勒布朗动粗。一次暂停期间，布朗教练掏出了他最信赖的白板，画起战术。过了一会儿，他擦掉刚刚画好的战术，又重新画了一个。暂停即将结束。勒布朗望着忙碌中的布朗。"好吧，教练，我们只有五个家伙和 24 秒的时间。"他说道。

队友们都笑了起来。

最后，布朗匆匆收起了战术板。

这次交流被《体育画报》的篮球记者克里斯·巴拉德（Chris Ballard）所目睹。他当时正在克利夫兰，打算撰写又一篇关于勒布朗的特别报道。除了获得前排座位，可以观察勒布朗在场上的一举一动，巴拉德还体验了一把围绕勒布朗而形成的新公关机制。巴拉德对勒布朗的采访被严格限制在 45 分钟之内。采访期间，有三位骑士队的公关代表在场，基思·伊斯塔布鲁克也从纽约飞来加入他们。巴拉德后来写道，伊斯塔布鲁克"为了维护他客户的形象而毫不留情"。

但巴拉德被允许在勒布朗观看录像时和他交流。勒布朗研究自己和对手录像的时间也许比其他任何 NBA 球员都要长。这是他自新秀赛季起就养成的习惯。到了第三年，勒布朗看起来就像一个赛马骑师，只不过手里拿着的是遥控器，不停地播放、暂停、倒带。他独自一人观看了数百小时的比赛录像，只为了让自己精益求精，并挖掘任何可用于击败对手的优势。

勒布朗坐在速贷球馆一间没有窗户的房间里，观看着一个月前对阵凯尔特人队的录像。在一个他被凯尔特人队前锋保罗·皮尔斯防守的回合中，勒布朗按下了暂停键，向巴拉德回忆那一刻他所见到的一切。

19 这只是篮球罢了

"我的主要注意力并没有放在正在防守我的那个人身上,而是放在了第二层防守,因为我觉得自己可以过掉第一个家伙。"勒布朗说道,"但是这时候,弱侧的球员可能过来包夹我,在这个位置形成夹击。"他指着屏幕,继续说道,"我并不太关注保罗。我知道他在我身前,我关注的是里夫·拉弗伦茨(Raef LaFrentz)和莱恩·戈麦斯(Ryan Gomes),观察他们是否看到了我,或者是否预判了我的行动意图。现在,他们(凯尔特人队)并不清楚他们后侧的情况,所以我有机会在他们发现我之前从底线突破。"

录像课结束之后,巴拉德断言勒布朗是无法被执教的——他太过于先进了。巴拉德写道,迈克·布朗曾向迈克尔·乔丹时期芝加哥公牛队的一名教练请教,如何激励一位遥遥领先于其他队友的球员。这位前公牛队教练建议在训练时把勒布朗安排在第二阵容,以此向他发起挑战。但布朗并不知道,高中时期的勒布朗会在训练时故意加入二队,然后建议德鲁教练假设一队领先20分,同时设置一个时间限制,模拟比赛的最后几分钟。接下来,勒布朗会拿出"疯狗精神",率领替补阵容在时间耗尽之前争取反败为胜。在克利夫兰,当布朗教练开始在训练中给勒布朗制造困难,结局也是相似的。

布朗的工作并不轻松。教练们的职责是发号施令。但是,作为菜鸟主教练的布朗仿佛是一位需要在自己的处女作里学习如何与奥斯卡奖得主共事的新人导演。布朗意识到,勒布朗才是篮球界的导演。布朗要做的是确保他手下的明星球员能够在场上自由创作。

布朗教练对待勒布朗的方式让丹·吉尔伯特很满意。球队胜利是他的底线。骑士队以50胜32负的战绩完成了常规赛,在东部仅次于活塞队和热火队。在吉尔伯特担当球队老板的第一个完整赛季,在布朗出任主教练的第一个赛季,骑士队挺进了季后赛。

勒布朗紧张极了。这是他自高四赛季以来头一次参加季后赛。不同的是,这次的赌注要大得多。克利夫兰自二十世纪九十年代以来就从未在主场见证季后赛。球迷们欣喜若狂,从赛前热身环节就起立观看,高喊口号为球队助威。季后赛第一轮的首场比赛即将打响,对手是华盛顿奇才队。速贷球馆的门票早已售空。球场里洋溢着乐观的气氛。

佩戴白色头带的勒布朗站在技术台前，盯着观众们的眼睛，将镁粉抛向空中，如救世主一般高举双臂。他告诉自己，必须全力以赴。45秒之后，勒布朗在弧顶接球。只见他快步突破防守球员，腾空而起，上篮得分。全场观众的热情被他点燃。开场前的紧张情绪也随之一扫而空。

在篮下，身披勒布朗球衣的格洛丽亚蹦了起来，她指着勒布朗，为他欢呼。她旁边的萨瓦娜坐在座位上，望着回防的勒布朗，为他鼓掌。四年来，她一直在暗处默默地为他加油，巧妙地避开聚光灯。当电视台的摄像机对准格洛丽亚时，他们会想办法避开萨瓦娜，不让她出现在画面中。

但萨瓦娜却逃不出勒布朗的视线。有她在场边，勒布朗内心就有了安全感。她安静而矜持，为勒布朗不平凡的人生带来一丝安稳。随着勒布朗的名气越来越大，越来越多漂亮的面孔出现在观众席。但格洛丽亚身边坐着的始终是萨瓦娜，她在勒布朗生命中的地位可见一斑。

对勒布朗而言，萨瓦娜远不止是一张漂亮的面孔。高中时期，她是俘获他芳心的女孩。如今，她是他每晚回家都会见到的那个女人。勒布朗每天最开心的时刻就是见到他们的小宝贝蹦蹦跳跳地向自己跑来，然后他一把将儿子抱到空中。勒布朗在郊区的那座城堡并不是为自己而建的，是为了他们一家人而建。他和萨瓦娜共同经营着自己的小家庭。随着时间的推移，勒布朗的名气注定越来越大，家对他而言就越来越像一座庇护所。他希望萨瓦娜出现在每一个主场比赛里，出现在格洛丽亚的身旁。

命中第一球之后，勒布朗越战越勇。在生涯的第一场季后赛里，勒布朗火力全开，仿佛他曾经经历过无数次这样的场面。比赛的高潮出现在第三节尾声，勒布朗运球晃过一名防守队员，突入禁区，腾空而起。他先看向自己的右侧，用眼神骗过了奇才队的中锋，随后向左侧送出一记不看人妙传，助攻队友轻松上篮。

"好球！"ABC电视台分析师胡比·布朗（Hubie Brown）惊呼道。

"噢，漂亮的传球，"解说员迈克·布林（Mike Breen）介绍道，"詹姆斯助攻穆雷。"

19 这只是篮球罢了

"MVP"的呼喊声响彻球馆。

那一刻,丹·吉尔伯特站在身后,握紧拳头,加入了欢呼的行列。

克利夫兰队最终以 11 分优势取胜。勒布朗砍下 32 分、11 个篮板和 11 次助攻的三双数据。迈克·布林在转播中大声宣告:"勒布朗的季后赛处子秀简直是一幅杰作。"

勒布朗走下球场,一颗颗汗珠从他眉头坠下。ABC 的场边记者喊住了他。

"这场比赛和你最疯狂的梦想相比如何?"她问道。

"哈,好吧,"勒布朗露出笑容,"我以前是幻想过很多美好的场面。"

距离他几英尺远的地方,一群身穿骑士队球衣的孩子站在一条线后,目瞪口呆地盯着他。

"但这无疑是最棒的。"他对记者说道。

随后他在观众们的夹道欢呼下离开球场,向更衣室走去。

接下来的两周,勒布朗继续在这轮对阵奇才队的系列赛里大放异彩。

第三场,骑士队做客华盛顿特区的威瑞森中心(Verizon Center),勒布朗在比赛结束前 5.7 秒命中制胜球,帮助骑士队取得 2 比 1 领先。

第五场,回到克利夫兰的勒布朗在加时赛还剩 0.9 秒时再次投进制胜球,骑士队 3 比 2 夺取赛点。

第六场,勒布朗在威瑞森中心与奇才队的全明星控球后卫吉尔伯特·阿里纳斯上演得分大战。勒布朗砍下 32 分,并在第四节投进一记绝平三分球,将比赛拖入加时赛。阿里纳斯攻下 36 分。加时赛还剩 15 秒,奇才队领先 1 分。此时,阿里纳斯走上罚球线。他有望帮助球队锁定胜局,将系列赛拖入抢七大战。

所有人都知道阿里纳斯是一位出色的罚球手。然而,只有勒布朗知道一些阿里纳斯不为人知的事情。两人在场下是好友,勒布朗曾不止一次邀请阿里纳斯去他家玩牌。每当阿里纳斯到访,勒布朗总会邀请骑士队的替补后卫达蒙·琼斯(Damon Jones)一同加入。琼斯牌技糟糕,欠了阿里纳斯不少钱。当时的阿里纳斯还在等着琼斯还债。勒布朗觉得这是一次可乘之机。

阿里纳斯不可思议地错失了第一罚。他朝罚球线后退了几步,试图让自己镇定下来。

241

这时，勒布朗开始了他的行动。只见他从后方走来，轻拍了阿里纳斯的胸口。"如果你罚丢了，"勒布朗告诉他，"你知道接下来谁会投中的。"

阿里纳斯点了点头。

勒布朗又拍了拍他的胸口，强调了自己刚才所说的话，随后转身走开。

NBA有一条不成文的规定，那就是不得接近对方正在罚球的队员。阿里纳斯的队友们认为勒布朗的行为十分无礼。他们以为勒布朗口中的"投中"制胜球的那个人指的是他自己。

但阿里纳斯很清楚勒布朗指的究竟是谁。他在用达蒙·琼斯来威胁自己。阿里纳斯不由得分了神，他想到了那些赌债。更让阿里纳斯纳闷儿的是，达蒙·琼斯根本不在场上，他甚至整晚都没有登场。所以，琼斯要怎么投中制胜球呢？

阿里纳斯越想越恼火，而他的第二次罚球砸中了后框。

"阿里纳斯两罚不中！"为ESPN担任解说的迈克·布林大喊道，"整场比赛表现出色的阿里纳斯在关键时刻两罚全失。"

一时间，奇才队的队员们显得惊慌失措。当骑士队摘下篮板并喊出暂停，不祥的预感笼罩了整座球馆。

场边，迈克·布朗教练明确告知球员们，把球交到勒布朗的手上，由他来执行最后一投。勒布朗却要求达蒙·琼斯登场。勒布朗知道一旦自己拿到球，就会遭遇对方的双人包夹。对手绝不会预料到最后一投会交到达蒙·琼斯的手里，他很可能被放空。

于是，琼斯脱下了他的运动长裤。

勒布朗嘱咐琼斯做好准备。

当两队重返球场，阿里纳斯惊讶地发现琼斯登场了。搞什么鬼？阿里纳斯盯着勒布朗。

勒布朗对他微笑着。

阿里纳斯又扭过头，左右看了看。

无论是球员、教练还是解说员，全场没有一个人意识到勒布朗正在向阿里纳斯发起心理战。即使琼斯自己也不清楚勒布朗刚刚对阿里纳斯说过什么。

边线球发出。勒布朗在三分线外接到球，立刻被两名防守队员围堵。只见勒布朗闪开包夹，击地传球给一名队友，后者又迅速把球分给了站在底角无人看管的琼斯。琼斯投出一记三分球。

"达蒙·琼斯，"当球在空中飞行，布林喊道，"投进了！"

勒布朗挥拳庆祝。比赛还剩4秒，骑士队领先两分。

阿里纳斯从后场带球推进，在一片慌乱之中将球甩给了队友。后者在最后时刻投出一记绝望的三分球。篮球击中前框，蜂鸣器响起，比赛结束。

勒布朗冲向达蒙·琼斯，将他扑倒在地，队友们纷纷涌了上来。

ESPN的迈克·布林惊呆了。"达蒙·琼斯，这位本场比赛一秒钟都未登场的球员，投进了制胜球。不可思议的结局！"他呼喊道。

骑士队淘汰了奇才队。勒布朗在自己的第一个系列赛里场均豪取35分，最终却是他的扑克游戏将他的队伍送进了下一轮。等待他们的是东部联盟的卫冕冠军。

底特律活塞队是一支劲旅，首发五虎皆为硬汉——本·华莱士、理查德·汉密尔顿（Rasheed Wallace）、拉希德·华莱士（Rasheed Wallace）、昌西·比卢普斯（Chauncey Billups），以及泰肖恩·普林斯（Tayshaun Prince），他们品尝过总冠军的滋味，深知为了夺冠需要付出什么代价。骑士队阵中没有一个人曾赢得过总冠军。不出所料，活塞队拿下了前两个主场比赛，取得了2比0领先。活塞队前锋拉希德·华莱士毫不掩饰地吹嘘着他的球队将赢得系列赛。随后，骑士队得到消息，首发后卫拉里·休斯年仅20岁的弟弟在圣路易斯去世。休斯的弟弟患有先天性心脏缺陷，曾在童年时接受过心脏移植。兄弟俩的关系一直非常亲密。

当勒布朗得知此事时，一个困扰着所有人的问题摆在了他的面前——当某个你关心的人失去亲人时，你究竟该说些什么。勒布朗向休斯发去了一条只由区区几个字组成的信息："家庭大于篮球。"

于是，休斯离开了球队，回到圣路易斯陪伴亲人。勒布朗并不指望休斯会在系列赛结束前归队，特别是考虑到骑士队已经落后两场。

第三场比赛来到克利夫兰举行。三节战罢，骑士队落后3分。第四节，勒布朗取得15分，活塞队在最后时刻自乱阵脚，骑士队扳回一城。赛后，拉希德·华莱士并不在意这场失利。"我知道我们会赢的，"他告诉媒体，"明天晚上的比赛将是这座球馆本赛季的最后一战。你们可以引用我的话，至于放在后页还是头版，随你们。"

然而两天之后，双方回到了同一起跑线，系列赛依旧充满悬念。勒布朗拿下了骑士队的最后4分，克利夫兰以74比72捍卫了主场。这场胜利将系列赛的比分扳成2比2，两队将在第六场比赛回到克利夫兰。但首先，双方需要在底特律决出第五场比赛的胜负。华莱士继续大放厥词。"我一点都不担心这些家伙，"他放出豪言，"他们是不可能在系列赛里击败我们的。"

勒布朗并不喜欢进行预测，也不会为了获得优势而打嘴仗。"我不会多说什么，"当被问及活塞队不得不重返克利夫兰参加第六战时，勒布朗回应道，"但如果酒店都订完了，他们所有人都可以住在我家。到了比赛时间，我会把他们锁在屋内。"

第五场比赛到来，而骑士队连续三场缺少他们的首发后卫拉里·休斯。勒布朗奉上了他在这轮系列赛中的最佳表现，把活塞队那条号称联盟第一的防线冲得七零八落，砍下全场最高的32分。骑士队86比84赢得胜利，让整座奥本山宫殿鸦雀无声。

活塞队的球迷们不敢相信自己眼前的场景。当卫冕冠军命悬一线，体育媒体甚至表达了惋惜。ESPN写道："强大的活塞队跌了一跤。"

虽然球队3比2占得先机，勒布朗却表现得很理智。"其实仔细想一想，"他在赛后说道，"这只是篮球罢了，不是什么生死攸关的事情。他们不是大灰狼，我们也不是三只小猪。"

克利夫兰球迷已经准备好为底特律的出局而庆祝了。但勒布朗并没有这么乐观。他担心自己的球队无法在关键时刻保持必要的冷静。骑士队阵中没有任何球员遇到过当下的局面，活塞队则经历过很多次不成功便成仁的季后赛。

第六战，勒布朗履行了自己的职责，得到了全队近一半的分数。但活塞队发挥了他们的经验优势。摆出了密不透风的防守，在客场拿下了这场不容有失的比赛。抢七大战在底特律上演。上半场比赛，勒布朗火力全开，几乎是随心所欲地得分。但在下半场，活塞队在防守端做出调整，对勒布朗采取夹击，迫使他传球。骑士队最终只得到了可怜的 61 分，活塞队惊险地带走了胜利。

尽管勒布朗痛恨在如此接近胜利的情况下输球，但他认为骑士队没有理由垂头丧气。勒布朗在骑士队的首次季后赛之旅画上了句号。他们完胜了首轮对手，又将卫冕冠军逼到了悬崖边缘。勒布朗刚刚冲完澡，就为活塞队送上了恭维。"他们困住了我，"勒布朗在赛后采访中表示，"他们干得不错。这就是为什么他们一直赢球，他们是防守端表现最好的队伍。"

他补充道："希望有一天，我们可以和活塞队媲美。"

活塞队并没有上当，大嘴巴拉希德·华莱士也是如此。他们很清楚，骑士队已经和他们不相上下。活塞队能够在勒布朗的攻势下存活下来纯属侥幸。21 岁的勒布朗率领着一支经验欠缺的队伍，险些将分区卫冕冠军斩落马下。他的表现让《纽约时报》发出感叹："詹姆斯的天赋让克利夫兰有机会在任何时间击败任何对手。"

在勒布朗将活塞队吓出一身冷汗之后，全联盟都可以预见未来将会发生什么。

四重身份

季后赛对丹·吉尔伯特而言是一场激动人心的旅程。但现在，欢乐的时光暂时告一段落，吉尔伯特迎来了新的任务。勒布朗与骑士队的合同只剩下一年。若未能在夏天续约，勒布朗将在即将到来的2006—2007赛季结束之后成为自由球员。吉尔伯特绝不允许勒布朗远走他乡。然而，他很清楚勒布朗与Jay-Z之间的深厚友谊，后者近期买下了新泽西篮网队的一小部分股权。吉尔伯特明白，如同NBA许多其他老板，Jay-Z也会试图引诱勒布朗离开克利夫兰。于是他为勒布朗送上了一份为期五年、价值8 000万美元的全额保障合同。这份合同将确保勒布朗在2011—2012赛季之前继续身披骑士队战袍。

勒布朗没有离开克利夫兰的意图。他打算在这里养家糊口。但他一直在研究NBA的新版劳资协议，其中一项关键条款尤其关乎他家庭未来的财务状况。根据劳资协议，2003年被选中的球员最多可以续一份五年8 000万美元的合同，也就是吉尔伯特提供的那份合同。同时，勒布朗所属的2003届选秀球员也可以选择签一份三年6 000万美元的短期续约合同。选择三年短约的球员将放弃2 000万美元的保障金额，但可以提前两年成为自由球员，以便在未来获得更加丰厚的收入。

经纪人们通常会建议运动员们选择长期合同和最大额度的保障工资。但勒布朗的经纪人莱昂·罗斯却建议他反其道而行之——拒绝吉尔伯特开出的五年报价，转而签下一份为期三年的续约合同。如此一来，勒布朗将会在2009—2010赛季结束之后充分掌握主动权。这种做法也与勒布朗的投资银行家保罗·瓦赫特提出的总体战略建议不谋而合，后者依然在为勒布朗的事业出谋划策。从本质上看，丹·吉尔伯特和NBA的其他所有老板一样，都做着最符合自己经济利益的事情——试图尽可能长时间地锁定自己的最优质资产。勒布朗也需要做出最符合自己利益的商业决策，即使这意味着吉尔伯特会感到不悦。

勒布朗不喜欢制造矛盾。但他从不畏惧做对自己和家人最有利的事情。在读完顾问们送到他面前的所有资料后，他意识到自己面临着一个可能对他和家人们未来的经济状况具有重大影响的决定。他明白自己倾向于哪一种做法，但在做出最终决定前，他希望花些时间仔细考虑。

时间对勒布朗而言却是一种奢求。在吉尔伯特等待他答复之际，勒布朗还有众多任务有待完成。他已承诺加入美国男篮，还要在休赛期前往韩国和日本。耐克希望勒布朗在亚洲之旅期间会见权贵和外国媒体。勒布朗还计划在这个夏天拍摄他迄今为止最为宏大的电视广告。他的公司LRMR正在推出自己的网站，同时在阿克伦主办他们的首场营销大会。他那栋新庄园需要的所有许可都已获批，将在8月开工建设，这意味着他和萨瓦娜需要与建筑师和承包商商讨数不胜数的细节。

除了以上任务，勒布朗需要牵头处理自己母亲在阿克伦的法律事务。当年1月格洛丽亚被捕的消息传得沸沸扬扬，这使她倍感羞辱。此后，勒布朗在幕后做着多方面的努力，确保母亲得到一切必要的帮助，并尽快、尽可能以有利的方式解决这个难题。5月末，也就是骑士队在季后赛被淘汰后不久，美联社进行了相关报道：

> 克利夫兰骑士队球员勒布朗·詹姆斯的母亲昨日被判四项罪名成立，事由是她的 SUV 差点撞上一辆没有标志的阿克伦警车，并且她还踢了一辆巡逻车的车窗。
>
> 现年 38 岁的格洛丽亚·詹姆斯对鲁莽操作、超速行驶、扰乱治安以及在酒后实际控制机动车辆（原为醉酒驾驶）的减刑罪名不予抗辩。第五项损坏警方财产的指控被驳回。
>
> 法官琳恩·卡拉汉（Lynne Callahan）暂停了詹姆斯六个月刑期中除三天以外的所有刑期，并表示詹姆斯可以通过参加关于毒品和酒精使用危险性的课程来服满剩余的三天刑期。她的驾照被吊销。

没有人比勒布朗更加拥护他的母亲。对他而言，这份角色是天经地义的。而现在，勒布朗自己成了一位生活富裕的年轻家长，他因此更加钦佩自己的母亲在缺乏经济能力的情形下将他抚养成人。在身为人父的同时，勒布朗也变成了一个更有同理心的孩子。保护母亲是勒布朗义不容辞的责任，他的内心充满了满足感和使命感。

勒布朗越发感到自己正在扮演不同的角色，甚至在同一天里不停地切换角色。当生活变得疯狂时，他总能在篮球场上找到慰藉。2006 年夏天，他离开俄亥俄州的旋涡，前往拉斯维加斯与美国男篮的队员们一同集训。雅典奥运会那枚铜牌已是两年前的事了。在距离 2008 年北京奥运会还有两年之际，勒布朗决定加入美国队，为下一轮国际赛事做准备。卡梅隆·安东尼和德怀恩·韦德也加入他的行列。雅典奥运会的阵容里，只有他们三人依然留在队中。现在，三人将与一众 NBA 新星携手征战，其中包括克里斯·波什、德怀特·霍华德（Dwight Howard）和克里斯·保罗（Chris Paul）。

与 NBA 里最要好的朋友们一同走进训练馆让勒布朗心情愉悦。自从勒布朗上一次穿上美国队战袍以来，许多事情都改变了。兵败雅典之后，NBA 总裁大卫·斯特恩采取了行动。他决心做出改变，吸引 NBA 球星们参加 2008

20 四重身份

年北京奥运会，打算夺回美国队在世界篮坛的霸主地位。斯特恩找到菲尼克斯太阳队的前老板杰里·科兰杰洛（Jerry Colangelo），说服他成为美国男篮的新任主管。

科兰杰洛的第一项任务就是为美国队寻找新主帅。为此，他需要拿捏NBA顶尖教练们的自负心理。虽然奥运队近年遇到了麻烦，但美国男篮主教练的头衔依然是一项崇高的荣誉。为了避免自己以及整个选拔过程出现任何偏袒或被卷入权术斗争，科兰杰洛说服了迈克尔·乔丹、拉里·伯德（Larry Bird）、杰里·韦斯特（Jerry West）、乔治城大学主教练约翰·汤普森（John Thompson）和北卡罗来纳大学主教练迪恩·史密斯（Dean Smith）作为他的顾问团。最终，所有人就心仪的人选达成了共识，那个人就是杜克大学主教练迈克·沙舍夫斯基（Mike Krzyzewski）。从大学挑选奥运会主教练并不是常规的做法。然而，当杜克大学的两大死对头——迪恩·史密斯和迈克尔·乔丹——都力挺沙舍夫斯基，没有人再提出反对了。2005年10月，沙舍夫斯基被正式任命为美国队主教练。

沙舍夫斯基接受了挑战。但他明白，他需要收敛自己在球场上的暴脾气，尽管这正是他在北卡罗来纳州的达勒姆[1]取得了成功的原因。虽然杜克大学历来都吸引着全美最优秀的高中生球员，但这一回，沙舍夫斯基将要和全世界最精英的一群球员打交道。执教潜力股是一回事，执教篮坛巨星则完全是另外一回事。他需要让队员们放下自负，需要管理无数人际关系，需要设法将他手下一众天赋异禀的球星们捏合成一个整体。

勒布朗不认识沙舍夫斯基，但他知道老K教练是一位与UCLA传奇约翰·伍登齐名的人物。虽然勒布朗从未认真考虑过去大学打篮球，但在他心目中，杜克大学是大学篮球的典范，他不禁好奇在老K教练手下打球会是什么样子。

沙舍夫斯基对执教勒布朗更是满怀期待。勒布朗还在念高中时，沙舍夫斯基就知道他必将直接加入职业球员的行列，因此并未试图招募他。沙舍夫斯基极少出席NBA比赛，在2006年夏天两人相遇之前，他从未亲眼见过勒布

---

[1] 译者注：杜克大学的所在地。

朗打球。但他立刻被勒布朗的身体素质所震撼。勒布朗的肩膀结实得仿佛是一位码头工人，弹跳力更是无与伦比。训练营刚开始，沙舍夫斯基就看出勒布朗是队伍中的佼佼者——他是场上最有天赋、最具智慧的球员，远胜于其他人。

为了与勒布朗建立联系，沙舍夫斯基决定"智取"。他鼓励勒布朗积极发声，在场上发挥领导力。有一次，他叫停了训练，朝勒布朗走去。

"当你直挺挺地站在场上，你的体形只有那么宽，对吗？"老 K 教练说道。

勒布朗疑惑地望着他。

"你的手臂是垂下来的，"老 K 教练继续说，"当你开口说话，你的手臂会怎样？"

勒布朗举起胳膊。

"没错，它们抬起来了。人们说话时手臂是不会垂下来的，而是会张开。"

勒布朗很少被 NBA 教练这样指点，他感觉自己像是坐在一间教室里。

"如果你在防守时开口说话，你的宽度将是你不说话时的三倍。"老 K 教练一边解释，一边做着示范，"你的双腿会变得更宽，手臂会张开，你的平衡感也会更好。"

这一切都是为了让勒布朗勇于开口。

"我期待你更多地开口说话，更好地发挥领袖作用。"老 K 教练说道。

其他球员也遵循着老 K 教练的教导。他的助理教练是雪城大学的主教练吉姆·伯海姆（Jim Boeheim）。伯海姆曾招募卡梅隆·安东尼加入雪城大学，并率领他赢得了全国锦标赛冠军。两人的感情格外深厚，这有助于教练组在球员中树立威信，也使得球员们更加尊重教练。

在拉斯维加斯期间，勒布朗终于就他与骑士队的合同拿定了主意。卡梅隆、韦德和克里斯·波什都面临着相同的问题。唯一的区别是，勒布朗身边有一支更大、更老练的顾问团队。在和他们商议了数周之后，勒布朗对他的决定感到心安理得。他告诉自己，骑士队在经营着他们的生意，我自己也是个商人。勒布朗让他的经纪人告知骑士队，他决定续约三年。

勒布朗的立场让吉尔伯特犯了难。为了使勒布朗长期留在克利夫兰，吉尔伯特已经竭尽所能。他甚至同意把骑士队的新训练基地建在勒布朗的新房

20 四重身份

子附近，好让这位明星球员的生活更加便利。然而，一道选择题摆在了吉尔伯特的面前——是遵从勒布朗的意愿与他续约三年，还是态度强硬地坚持五年合约。

吉尔伯特并不愿强迫勒布朗。但他认为，到了最后关头，勒布朗一定会屈服并签下那份为期五年的续约合同。他相信勒布朗已经深深地扎根于俄亥俄州，是不可能离开这里的——他从未在俄亥俄州以外的地方生活过，而且正在这里建造自己的梦想家园。吉尔伯特还认为，勒布朗宁可多签两年，也不愿冒着给球队和球迷们留下不忠诚印象的风险。然而，为勒布朗设下底线对吉尔伯特来说也有风险——他将在这场合同纠纷中与这座城市最钟爱的运动员站在对立面。吉尔伯特已经想好了该如何向球迷们交代。首先，他会告诉骑士队的球迷们自己是多么喜爱勒布朗，以及自己如何竭尽所能围绕勒布朗打造一支能够为克利夫兰带来总冠军的球队。同时，他会确保公众理解，勒布朗需要通过一份长期合同来表明自己的意愿。如果他不愿签下长约，吉尔伯特不得不去试探交易他的可能性，换来真正愿意留在克利夫兰的球员。

与勒布朗陷入旷日持久的合同纠纷终究是一个冒险的做法。经过权衡，吉尔伯特勉强决定放弃强硬的谈判策略，转而走上了另一条路——签下那份为期三年的续约合同，然后寄希望于球队在未来三年取得足够的成功，使勒布朗愿意在 2010 年再次续约。这个决定并不容易，它需要吉尔伯特违背自己的一条商业基本准则：永远不要放弃筹码。

2006 年 7 月 18 日，勒布朗在拉斯维加斯签署了那份三年续约合同，确保自己在未来四年继续身披克利夫兰骑士队的战袍，直至 2010 年夏天成为自由球员。

韦德和波什做了与勒布朗相同的选择，两人均续约三年，让自己在 2010 年成为自由球员。

卡梅隆·安东尼则选择了 8 000 万美元的保障合同，与丹佛掘金队续约五年。

勒布朗与韦德、波什、安东尼以及美国队的其他成员一道，在海外度过了漫长的夏天。他们先是在韩国举行的邀请赛里打出了统治级的表现，随后移师日本参加国际篮联世界锦标赛。在更加激烈的争夺中，美国队最终只收获了铜牌。尽管如此，勒布朗对球队的发展方向感到满意。他与韦德、波什建立了良好的化学反应。在老K教练的率领下，球队形成了一种不同的文化，所有人都为这次为国效力的机会而感到自豪。

勒布朗也对自己在亚洲蓬勃发展的名声而感到欣喜。除了中国球员姚明，勒布朗是亚洲最受欢迎的球员，这在很大程度上要归功于耐克。刚回到家，勒布朗就马不停蹄地前往好莱坞为耐克拍摄新广告，这部广告将极大地提升他在国内外的知名度。2006—2007赛季伊始，耐克策划了一场史无前例的营销活动，以配合"Nike Zoom LeBron IV"球鞋的上市。此次营销活动的核心正是那则电视广告，勒布朗在其中扮演四重身份，分别是"孩子"勒布朗、"运动员"勒布朗、"商人"勒布朗和"智者"勒布朗。

勒布朗一听到这个创意就立刻接受了。"这四个身份正是我每天都在扮演的角色。"他告诉耐克。

拍摄开始后，勒布朗即兴说词，好让剧本更加真实。广告以 Kool & the Gang 的歌曲《夏日疯狂》（*Summer Madness*）作为背景音乐。开头，"运动员"在泳池里锻炼，"智者"坐在泳池边的桌子旁喝着柠檬水。"孩子"站在泳池跳板上，身旁是"商人"，他正在用手机和一位女士甜言蜜语："宝贝，我们随时都可以去，只要你告诉我什么时间适合。"

下一句台词是勒布朗的主意。"泡在泳池里，你是赢不了底特律的，""智者"对"运动员"说道，"你以为迈克尔是在泳池里训练的吗？不！我可不这么认为。"

这段滑稽的对话反映出勒布朗比任何人都更清楚，骑士队若想闯进NBA总决赛，他就必须想办法击败底特律活塞队。无论勒布朗打得多好，人们总是要用迈克尔·乔丹来衡量他。

耐克很喜欢勒布朗的自嘲。

对勒布朗来说，拍摄这部耐克广告更像是游戏而非工作。耐克允许他在荧幕上发挥创造力。很少人知道，勒布朗其实很擅长游泳，他在水下憋气的能力非同一般，潜水本领也相当出色。在广告里，"孩子"从跳板上一跃而下，落在"运动员"身边，水花溅到了"智者"的身上。"糟糕，他把老爹弄湿了。""商人"对电话里的女士说道。

"别逼我离开这个座位。""智者"责备了那个孩子。

随后，"孩子"鼓励"商人"也跳进泳池，这象征着勒布朗敢于冒险的精神。"智者"在一旁煽风点火，取笑商人是个"美少男"。这时，"商人"讲出了广告的标志性台词。

"等等，我过一会儿再拨给你。"说完，"商人"折起手机，捋了捋他那顶爆炸头，从跳板上做了一个后空翻，背景音乐逐渐响亮。

当耐克的林恩·梅里特看到广告的最终剪辑版，他对勒布朗的演技赞不绝口，甚至觉得勒布朗在好莱坞可能会有一番作为。最终，耐克将这部广告命名为"游泳池"，并在网络电视台订购了播出时间。

在与马弗里克·卡特和保罗·瓦赫特进行讨论时，勒布朗注意到一件事——伯克希尔·哈撒韦公司董事长沃伦·巴菲特在2006年夏天宣布，他将把440亿美元个人财产的85%捐赠给五家慈善机构。这是有史以来最大的一笔慈善捐赠。巴菲特表示，他的大部分捐赠，即310亿美元，将捐给比尔&梅琳达·盖茨基金会（Bill & Melinda Gates Foundation）。巴菲特和盖茨是最好的朋友，也是全世界最富有的两个人。

勒布朗几乎从不谈论此事，但他的内心渴望有朝一日可以成为世界首富。很多人都抱有这种幻想，但勒布朗把它视作自己的目标之一。他甚至给自己设定了一个实现目标的时间表——15～20年。不同于那些幻想自己与巴菲特同样富有的人，勒布朗有机会与这位全世界最成功的投资者私下会面，亲自向他请教。

瓦赫特认识巴菲特，给他打了一个电话。9月下旬，勒布朗和马弗里克登上了飞往内布拉斯加的航班。他们迫不及待地想见见这位被华尔街誉为"奥马哈的神谕"的大人物。

巴菲特仰头看向勒布朗，用亲切的笑容和一个关于自己球技的自嘲笑话向他们打招呼。他喜欢篮球，年轻时也打过，尽管"打得并不是那么好"，他调侃道。

勒布朗向巴菲特送上一份礼物——一件巴菲特专属的骑士队官方球衣。

巴菲特十分喜欢。

两人面对面站立在伯克希尔·哈撒韦公司总部门厅的大理石地板上，看起来完全不搭界。他们一个21岁，另一个75岁；一个来自阿克伦内城区，是篮球运动员，另一个来自奥马哈，是一位由股票经纪人转行而来的投资人；一个喜欢嘻哈，时不时和Jay-Z在人声鼎沸的场馆里玩耍，另一个喜欢高尔夫，经常和比尔·盖茨在宁静的奥古斯塔高尔夫俱乐部切磋。

另一个最大的不同之处在于，勒布朗的职业生涯才刚刚起步，而巴菲特已经站在了巅峰。然而，勒布朗和巴菲特——一个是"国王"，一个是"神谕"——都处在人际关系网的最中心。当巴菲特亲自带领勒布朗参观了他在过去五十年里施展魔法的那间办公室，两人的距离立刻拉近了。巴菲特的成功并不是依靠什么魔法，而是一心一意、持之以恒的产物。

这是显而易见的。勒布朗和马弗里克跟随巴菲特走过一条狭窄的走廊，走廊两侧的装裱照片和纪念品都可以证明这一切。其中一件纪念品是巴菲特第一家合伙公司——成立于1956年的巴菲特合伙有限公司（Buffett Partnership, Ltd.）的资产负债表。这份文件列出了巴菲特的六位初始合伙人（其中包括他的家庭成员和大学室友，巴菲特称呼他们为"帮派"）以及当时每个人拥有多少股权。巴菲特当时持股1359.16美元。最终，巴菲特清算了原先的合伙公司，并将钱重新投资到伯克希尔·哈撒韦公司。那笔从巴菲特合伙公司重新投入伯克希尔·哈撒韦公司的1万美元投资，如今已经变为5亿美元。

对勒布朗和马弗里克来说，与巴菲特同行是一次发人深省的经历。巴菲特日复一日走进同一间办公室、在同一张办公桌前做出投资决策，这段时光甚至达到他们年龄的两倍之多。他们见识到了坚持和自律所带来的长远影响。

在巴菲特办公室外的门口上方，勒布朗发现了一个熟悉的标语牌，上面黄底蓝字写着："INVEST LIKE A CHAMPION TODAY"（今天像冠军一样投资）。

它与圣母大学橄榄球队更衣室外楼梯间上方悬挂着的那个著名的黄底蓝字标语牌"PLAY LIKE A CHAMPION TODAY"（今天像冠军一样打球）如出一辙。按照传统，圣母大学的每名球员在入场前都要触摸一下这块标语牌，巴菲特让他在伯克希尔·哈撒韦公司的员工每天早上进入办公室时也这样做。

巴菲特给勒布朗的一个建议是，在他职业生涯的余下时间及之后的日子，每月都对一些低成本的指数基金进行几笔投资。他认为勒布朗应当留下一笔可观的现金储备，金额多少都不要紧，只要勒布朗觉得合适即可。他还建议勒布朗取得一份属于美国的资产——一份多样化的资产——并持有长达三四十年的时间。勒布朗是可口可乐公司的代言人，伯克希尔·哈撒韦公司正是可口可乐的第三大股东。巴菲特所谓"取得一份属于美国的资产"，正是指这类公司。如此一来，他相信勒布朗的收入必将逐年攀升。

巴菲特还分享了他和比尔·盖茨的一个故事，这个故事与勒布朗也有几分关联。巴菲特和盖茨于1991年相识。不久，老比尔·盖茨要求他们每人写下一个成功的关键词。巴菲特和盖茨都写下了同一个词：专注。盖茨认为，一个人在13岁至18岁所执着的事情，就是那个人最有机会成为世界顶尖的事情。青少年时期，盖茨专注于软件，巴菲特专注于投资。"我在年轻时就开始从事这份工作，这赋予我很大的优势。"巴菲特解释道。

这个道理简单却深刻。如同巴菲特和盖茨，勒布朗之所以成为世界级的篮球运动员，部分原因正是他从小就痴迷于篮球。事实上，勒布朗开始专注于篮球的年纪比巴菲特和盖茨分别专注于自己事业时的年纪还要小。

午餐时，巴菲特将他那件新的骑士队服套在了白衬衫之上。他邀请勒布朗和马弗里克来到新月酒馆（Crescent Moon Ale House），这是巴菲特在城里最喜欢的地方之一。餐厅的天花板上装有巨大的木梁，墙上挂着复古墙饰，霓虹灯招牌里宣传着各式各样的精酿啤酒，颇有西部酒吧的风范。巴菲特是这里的常客。他的出现通常并不让人惊讶。但是，当勒布朗和他一起走进餐厅，所有人的目光都投了过来。

三人来到一张木桌前，勒布朗和马弗里克坐在巴菲特的对面。

勒布朗丝毫不感到拘谨。他与女服务员闲聊了几句，点了一份培根芝士汉堡配薯条和柠檬冰茶。

巴菲特很钦佩勒布朗与人打交道时的轻松自如。考虑到他的地位和财富，勒布朗的谦逊是难能可贵的。

经过午餐之间的交谈，巴菲特心想：这家伙比我 21 岁时知道得更多。

用餐结束之前，巴菲特建议勒布朗点一杯奶昔作为收尾。

勒布朗选择了奥利奥饼干奶昔。随后，他和餐厅里的人们合影并为他们签名。

离开奥马哈前，勒布朗请巴菲特务必去克利夫兰观看一场骑士队的比赛。

巴菲特已经很多年没看过职业比赛了，但他欣然地接受了勒布朗的邀请。届时，他还会穿上他的骑士队新球衣。

勒布朗答应为他安排场边座位。

巴菲特也有一个请求。每年春季在奥马哈举行的伯克希尔·哈撒韦公司股东大会上，巴菲特都喜欢用一段有趣的视频作为开场，为数千名与会者带来欢乐。如果可以和勒布朗来一次一对一单挑，并向股东们展示，那将会非常喜感。

勒布朗表示可以安排。

巴菲特说只有一个条件——勒布朗必须让他赢。

勒布朗笑了。没问题。

飞机已经从奥马哈起飞，马弗里克却依然笑容满面。他最好的朋友正在与沃伦·巴菲特建立关系。不久后，他们将在纽约落地，勒布朗将首次登上《大卫·莱特曼深夜秀》(*Late Show with David Letterman*) 节目。一切都在风驰电掣般进行。

回到家没多久，又有几件更加重要的事情等待勒布朗去考虑。萨瓦娜怀上了他们的第二个孩子。按照日程，孩子将在来年 6 月诞生，那正好是 2007 年 NBA 总决赛期间。

勒布朗预感，2007 年 6 月将是忙碌的一个月。

21 独行的骑士

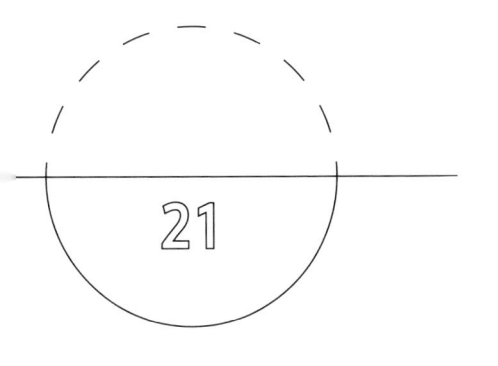

时间回到勒布朗高四那年，在他即将签约耐克之际，他收到了一封来自消费者权益倡导者拉尔夫·纳德（Ralph Nader）的信件，信中写道：

随着你即将挺进国际商业世界，你会不可避免地面临各式各样复杂而艰难的挑战和决定。

在勒布朗与耐克签下价值9 000万美元的合约后，纳德向勒布朗发出了一份更为公开的警告。"人们说，要求一个18岁的孩子承担社会意识是不公平的，"2003年纳德在接受《纽约时报》采访时表示，"我的答案是，他领取的可不是18岁孩子的薪水。这份合同证明了他拥有强大的议价能力，这是超级明星的一种表现。"

勒布朗并不认识纳德，也并未理会他的警告。当时，勒布朗的心思都放在那些紧迫的任务上，比如高中毕业和准备参加 NBA 选秀。但没过多久，勒布朗就走进了国际商业的大门。新秀赛季刚刚结束，他就代表耐克频繁前往中国和其他国家。休赛期的海外商务旅行很快成为常态。在耐克大家庭里，勒布朗只花了三年时间就达到了仅次于泰格·伍兹的国际足迹。在海外，勒布朗想方设法避免踏入政治陷阱。然而，对超级明星来说，各种复杂问题和争议事件总是不请自来。当勒布朗即将开始 NBA 第四个赛季，他职业生涯的第一个重大政治难题正在悄然接近。

距离 2008 年北京夏季奥运会还有不到两年的时间。2006 年秋季，勒布朗肩膀上的担子越来越重。美国男篮及其主帅迈克·沙舍夫斯基将勒布朗视为这支奥运代表队的领袖。为了扩大 NBA 在中国的影响力，总裁大卫·斯特恩希望勒布朗在中国担任 NBA 形象大使。耐克也计划让勒布朗成为奥运宣传广告的焦点人物。

2006 年 11 月 1 日，骑士队在主场迎来了 NBA 新赛季。耐克买下了当晚 ESPN 晚间六点 *SportsCenter* 节目的所有广告时段。这是 ESPN 历史上第一次由单一广告商赞助整集 *SportsCenter* 节目。耐克将所有时段都用来宣传勒布朗和新战靴 "Nike Zoom Lebron IV"。那支展现勒布朗四重身份的焦点广告 "游泳池" 已于当年早些时候拍摄完成。耐克还计划 "以数字化方式占领 ESPN.com 和 MTV.com 主页"，在两家网站上推广勒布朗和他的球鞋。勒布朗的广告牌也出现在全美各大城市。

勒布朗的泳池广告犹如一部充满幽默的微电影。与他之前的任何广告相比，这部广告更有助于将他打造成一位超越篮球范畴的流行文化人物。由于广告大受欢迎，耐克打算将它投放到各大电视网络，直至圣诞假期。11 月中旬，当骑士队抵达纽约挑战尼克斯队，耐克甚至在曼哈顿开了一间勒布朗专属快闪店，并在麦迪逊广场花园外买下数字广告牌，反复播放勒布朗扣篮的画面。

勒布朗一飞冲天，骑士队的战绩也在不断攀升。2007 年 1 月初，骑士队高居东部联盟的榜首。

21 独行的骑士

2007年3月末的一个周五晚上，主场作战的骑士队在第四节比赛中遥遥领先尼克斯队。这时，布朗教练撤下了首发球员，勒布朗来到替补席入座。没过多久，在球场的底线处，两岁半的小勒布朗从萨瓦娜身边的座位上滑下来，径直走向骑士队的替补席。比赛仍在进行，勒布朗满怀自豪地望着儿子向自己走来。当他抵达替补席时，勒布朗佯装一脸严肃的表情，似乎在说，小家伙，你想到哪里去？小勒布朗爬上了父亲身边的空椅子。摄影师和电视台记者们立刻涌了过来，捕捉勒布朗搂着儿子坐在板凳席上休息的一幕。

这一幕展现了一位运动员如何沉浸在自己亲手创造的世界里。骑士队其他队员无法拥有这样的待遇，因为他们都不享有专为家属提供的场边座位。勒布朗的孩子或许是唯一一个被允许比赛期间在球场上闲逛的孩子——速贷球馆的所有场边安保人员都认识并喜欢他。事实上，联盟政策禁止家庭成员在比赛期间坐在球队替补席上，但骑士队管理层并不打算追究。没人愿意对勒布朗强制执行这项规定。

在某种程度上，萨瓦娜让小勒布朗在比赛期间坐在他父亲身旁这一幕，比耐克那支勒布朗四重身份的广告具有更好的公关效果。虽然并非有意为之，考虑到NBA希望扭转球员冲上看台与球迷互殴的形象，这一幕再好不过了。勒布朗成长为NBA的顶梁柱也有助于提升联盟的声誉。然而，就在那场比赛之后的次日，联盟向骑士队总经理丹尼·费里打去电话，告知他在比赛期间有孩子出现在替补席这件事违反了联盟政策。

勒布朗知道这通电话属于例行公事，因此并不担心。如果真有问题，斯特恩总裁会亲自打给他的，而斯特恩对勒布朗在克利夫兰的一举一动都非常满意。同时，勒布朗还有要事在身——他正准备接待沃伦·巴菲特。巴菲特将于明天到克利夫兰观战。

自访问奥马哈以来，勒布朗一直与巴菲特保持着电子邮件往来。他们之间的交流既有专业事务，也有私下的家长里短。勒布朗非常希望邀请巴菲特到速贷球馆做客。

巴菲特总会在伯克希尔·哈撒韦公司寻求收购的那些目标公司的经营者身上寻找某些特质，而他逐渐发现，勒布朗也拥有这些特质。在他投资生涯的早期，巴菲特就领悟到一个人若想白手起家打造一番大事业需要付出哪些代价——拥有坚持不懈的奉献精神，不惜周末和节假日，不在乎休假，让生意成为你生命中的一部分。在巴菲特眼里，勒布朗也做生意。他用自己对篮球的热爱打造了一个篮球帝国，如同一位企业家将一个想法转变成一项大业。两者如出一辙，都离不开日以继夜的专注。

得到巴菲特的指点，勒布朗更加注重投资组合的多样化，并且勤于为家庭的长期财务安全进行规划。马弗里克的工作也有了新的侧重点，勒布朗安排马弗里克替他寻找与他本人及其个性都相得益彰的投资机会。2007年早些时候，马弗里克有一个主意。他建议勒布朗投资一家自行车公司，他知道勒布朗喜欢到处骑自行车。休赛期，勒布朗每天骑上40英里也不稀奇。勒布朗甚至在阿克伦举行一年一度的"国王关爱孩子"（King for Kids Bike-A-Thon）儿童慈善自行车骑行活动。马弗里克心想：何不投资一件对勒布朗如此重要的事情呢？

马弗里克把这个想法告诉了投资银行家保罗·瓦赫特。

不久，瓦赫特提出了一个候选人供勒布朗考虑：坎农戴尔（Cannondale）。

坎农戴尔自行车公司总部位于康涅狄格州贝瑟尔，专营高性能自行车，其所有者是一家位于康涅狄格州格林尼治的私募股权投资公司Pegasus Partners II。他们对勒布朗这样的合作伙伴表示欢迎。勒布朗有机会获得坎农戴尔的少数股权。

马弗里克既不熟悉私募股权投资，也不了解它的运作方式。但他把瓦赫特的建议告诉了勒布朗。勒布朗一向更青睐拥有一家公司，而不是简单地再签一份代言合同。

在勒布朗决定入股坎农戴尔的同时，他的经纪人莱昂·罗斯转投了好莱坞最大的艺人经纪公司之一——创新艺人经纪公司（Creative Artists Agency，CAA）。CAA任命罗斯掌管其新设的体育业务。作为罗斯最重要客户的勒布朗选择继续由罗斯担任经纪人。随着后者转投CAA，勒布朗与好莱坞的联系更为直接。里奇·保罗也得到了与罗斯一起加入CAA并在那里深造的机会。里奇决定把握这次机会。

马弗里克忙着与瓦赫特商讨入股坎农戴尔的交易细节，里奇打算跟随罗斯前往CAA，勒布朗也没有闲着。2007年3月25日，勒布朗迎接巴菲特光临克利夫兰。他借此机会向巴菲特介绍了自己的家人。巴菲特穿着一件正面印有"WITNESS"（见证）一词的黑色T恤，和马弗里克并排坐在场边，为他的朋友助威。骑士队吃到了败仗，但巴菲特的现身让比分牌黯然失色。全国电视观众们都知道了，勒布朗结识了全世界最有权势的投资者。

当记者问他为什么要去克利夫兰观看勒布朗的比赛时，巴菲特打趣道："他想得到一些篮球方面的建议，而我也想得到一些金钱方面的建议。"

就在巴菲特离开克利夫兰的第二天，马弗里克宣布了勒布朗与坎农戴尔的新合作关系。22岁的勒布朗第一次拥有了一家公司的股份。

最终，骑士队以东部第二的战绩结束了2006—2007年常规赛，仅次于底特律活塞队。勒布朗渴望在东部决赛与活塞队重逢。但首先，他需要率领骑士队闯过首轮。

勒布朗不但被球队委以重任，还肩负着克利夫兰这座城市的梦想——将球队带进NBA总决赛。美国男篮、NBA总裁和耐克日益对他寄予厚望。在个人层面，他的种种经历也是队友们所无法设想的。最近，一个自称是勒布朗父亲的男子冒了出来。勒布朗的律师正在开展调查，此事尚未曝光。但勒布朗知道，它随时都有可能被公之于众，关于他母亲和他生父身份的一系列尖锐拷问必将死灰复燃。

如果说有一个人可以真正理解勒布朗需要权衡的一切，这个人就是萨瓦娜。可是她已经怀有八个月的身孕，即将生下他们的第二个孩子。

骑士队在东部半决赛中遭遇新泽西篮网队。作为好友的勒布朗和Jay-Z为两支球队的正面交锋而感到激动。但是系列赛一旦打响，勒布朗必将全力以赴。篮网队的阵容里包括了久经沙场的贾森·基德和文斯·卡特，两位全明星常客追逐NBA总冠军的时间比勒布朗要长得多。5月6日，速贷球馆的那场比赛打得难解难分。最后时刻，勒布朗突破基德抛投打板命中，帮助球队81比77拿下系列赛首战的胜利。

这场比赛的前一天，超过 2.7 万人参加了伯克希尔·哈撒韦公司在奥马哈举行的年度股东大会。大会开场时播放了一段巴菲特与勒布朗一对一单挑的视频。见到佩戴头带、穿着白色筒袜的巴菲特运球过掉勒布朗，股东们无不捧腹大笑。

那天晚上，勒布朗砍下 36 分，率领骑士队在系列赛中 2 比 0 领先篮网队。骑士队将出征新泽西参加系列赛的第三战和第四战。

勒布朗作为篮球运动员的天赋之一就是能够预判场上的形势。这项本领使得他能够运筹帷幄，总是领先对手一两步。

勒布朗在第四场砍下了全场最高分，骑士队带着系列赛 3 比 1 的领先优势返回克利夫兰。

5 月 16 日，勒布朗神清气爽地从床上醒来，准备在今晚为篮网队的赛季做个了断。骑士队最终淘汰了篮网队。然而，当骑士队怀着对总决赛的憧憬前往底特律，勒布朗却伤痕累累、疲惫不堪。篮球之路从未如此艰难。

22 史上最佳表现

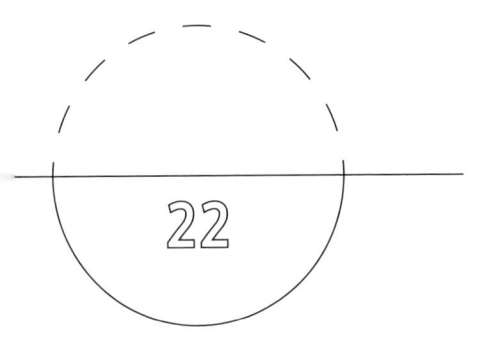

东部决赛第一战的进程都在勒布朗的意料之中。这是一场苦战，没有任何事情是轻而易举的，任何一方都无法拉开比分。比赛还剩15秒，活塞队领先两分，骑士队握有球权。暂停期间，布朗教练画了一个战术，把球交到勒布朗手里。勒布朗仔细听着教练的布置。接下来，勒布朗在圈顶接到球，迎着泰肖恩·普林斯的防守，突向篮下。这时，两名防守球员向他扑来，勒布朗知道站在底角的唐耶尔·马绍尔一定无人看管。于是他放弃了投篮的打算，本能地把球甩给了马绍尔。马绍尔抬手投篮，胜负在此一投。

篮球砸中篮筐，远远弹出。活塞队摘下篮板球，将胜利收入囊中。1比0，活塞队先下一城。

勒布朗在最后关头的决定立刻引发热议。赛后的发布会上，记者问他为什么不自己投篮，尝试将比分扳平。"我只是选择了帮助我们直接取胜的方式,"勒布朗答道,"当时有两个人来防守我,我的队友处在空位。若想取胜,我得把球传出去。就是这么简单。"

这个回答随即遭到了批评。

"场上最好的球员在最后关头冲到篮下却不投篮,我很有意见,"TNT评述员查尔斯·巴克利说道,"如果我是场上最好的球员,我一定会投篮的。这不是在提出批评,而是陈述事实。"

其他NBA记者也同意巴克利的观点,认为勒布朗不应该在关键时刻选择传球。"科比·布莱恩特一定不会这么做的,"一位记者指出,"迈克尔·乔丹只会在万不得已的情况下才会传球。"

勒布朗听到了这些批评,也读了各种评价。但他丝毫不后悔自己的决定。在小学时期,当他为德鲁教练打球时,他就学会了传球的重要性。如今,把球传给空位球员的思想已经根深蒂固,如同肌肉反射——对手防守中的任何漏洞都要加以利用。赢下比赛才是最重要的,而不是确保自己负责最后一投。

休整一日之后,勒布朗和队友们在底特律备战第二场比赛。最终,活塞队赢下了第二场比赛,在系列赛里2比0领先。

回到克利夫兰,勒布朗在第三战和第四战里分别砍下32分和25分。骑士队连赢两场,扳平比分。每场比赛都堪称战斗,而比赛的胜负则取决于勒布朗的表现。当活塞队对勒布朗"围追堵截"的防守策略奏效,他们就会稳操胜券。当勒布朗破解了活塞队的防守,则轮到骑士队取胜。

系列赛至关重要的第五场比赛在底特律打响。占据主场优势的活塞队被许多人看好。那周出版的《体育画报》指出,在二十世纪八十年代末和九十年代初,迈克尔·乔丹在季后赛里连续四次与活塞队交锋,才找到了击败他们的办法。直到明星搭档斯科蒂·皮蓬(Scottie Pippen)和拼命三郎霍勒斯·格兰特(Horace Grant)的出现,乔丹才得以带队闯进NBA总决赛。"的确,乔丹时代带给我们的主要启示就是,仅凭一个人单打独斗是行不通的。"《体育画报》写道。

勒布朗可不愿等待四年才击败活塞队。2007年5月31日,踏进奥本山宫殿的勒布朗只有一个目标,那就是在客场夺走胜利。

前三节，勒布朗打出了他在季后赛里的最佳表现之一，帮助球队确立领先。但活塞队在第四节尾声后来居上，连得 10 分，在比赛只剩三分钟时以 88 比 81 领先。比赛的形势瞬间扭转，骑士队正在迅速崩盘。勒布朗并没有放弃，他直冲篮下，在试图上篮时被拉希德·华莱士打中了眼睛，幸好篮球依然落入球网。勒布朗加罚命中，将比分改写为 88 比 84。

接下来，活塞队错失投篮，勒布朗则投进一记远距离三分，将分差缩小至一分。

骑士队的下一回合进攻，勒布朗又一次被对手击中面部。接着，在暂停过后，勒布朗在弧顶持球，面对活塞队的一对一防守。勒布朗佯装向左突破，忽然变向切换到右手运球，快步过掉防守队员，冲进内线。他气势如虹，在五位活塞队防守球员的注视下腾空而起。泰肖恩·普林斯知道接下来要发生什么，他赶忙用手臂护住头部，闪身躲开。只见勒布朗飞向篮筐，送上一记凶悍的单手战斧式扣篮，把篮筐震得直晃。"灌篮得分！"解说员马夫·阿尔伯特呼喊道。

比赛还剩 31 秒，骑士队以 89 比 88 反超比分。

接下来，昌西·比卢普斯在球场另一端回敬了一记关键三分，活塞队领先两分。

还剩 15 秒。勒布朗在弧顶持球，伺机进攻，五位活塞队防守队员严阵以待。一眨眼的工夫，勒布朗就甩开了普林斯。

"詹姆斯带球突破。"阿尔伯特说。

勒布朗加速、起飞，在转瞬之间又完成一次扣篮，阿尔伯特甚至没来得及说完他的话。

双方战成 91 平，比赛进入加时赛。

在骑士队的替补席上，勒布朗告诉队友们，当活塞队持球时，他们的工作就是做好防守。"剩下的交给我吧，"勒布朗信誓旦旦，"进攻端由我来搞定。"

在活塞队的替补席上，教练恳求他的队员们用尽一切办法去给勒布朗制造困难。"必须凶狠地对待他，"昌西·比卢普斯后来在谈到球队在加时赛阻止勒布朗的策略时说道，"我们要把他放倒在地，而且绝不手软！"

勒布朗加时赛第一次触球就遭到了犯规，但他依然包揽了骑士队在加时赛里的全部 7 分，骑士队以 98 比 96 暂时领先。加时赛还剩下 40 秒，勒布朗在三分线外运球，想要寻找突破的机会。但他未能如愿以偿，三位防守球员紧盯着他，进攻时间所剩无几。

"勒布朗必须出手了。"阿尔伯特说道。

勒布朗顶开一名防守球员，继续运球。他踏入三分线内一步，迎着比卢普斯的封阻，干拔而起，在空中调整了姿态，面向篮筐，投出篮球。

"命中！"随着篮球涮框入网，阿尔伯特激动地喊道。

"天哪！"解说嘉宾道格·柯林斯（Doug Collins）发出感叹。

"勒布朗·詹姆斯，多么精彩的投篮！"阿尔伯特继续，"进攻时间即将结束，在失去平衡、没有角度的情况下，居然又投进了！"

勒布朗连得了 16 分。骑士队以 100 比 96 暂时领先，加时赛还剩下 33 秒。

暂停过后，活塞队奋起直追，连续砍下 4 分，将比赛拖入第二个加时。

这次，当球队走向板凳席，勒布朗无须再向队友们嘱咐什么。所有人都知道要继续把球交给他，然后腾出空间。

第二个加时赛开打，勒布朗在活塞队板凳席面前持球，忽然一记后撤步跳投，篮球空心入网。勒布朗落地的位置恰好在活塞队板凳席附近，他一边退回本方半场，一边直视着活塞队板凳席。骑士队暂时领先两分。在骑士队过去得到的 23 分里，22 分由勒布朗贡献。

活塞队又接连命中两球，以 104 比 102 领先。

在球场另一端，勒布朗面对着活塞队的单人防守。他在弧顶运球，等待队友拉开。勒布朗观察到活塞队另外四人挡在了他的突破路线上，于是假装向左侧运球，将防守者的重心偏向一侧，又从身后把球从左手换到右手，创造出足够的空间。他蹬地而起，跳投命中，比分再度持平。

活塞队的替补队员双臂交叉，张大嘴巴，难以置信地瞪大了眼睛。

勒布朗慢步返回半场。他鼓起面颊，深吸了一口气，抬起胳膊模拟了俯卧撑的动作。

活塞队不甘示弱，又以107比104占先。

距离第二个加时赛结束还剩一分多钟。勒布朗继续在弧顶持球，观察着对手五名防守球员的位置。忽然，他面朝45度角方向，加速，蹬地、腾空，身体向后漂移，投出一记远距离三分。他在惯性的作用下落到了界外，篮球则应声入网。

"好球！"阿尔伯特呼喊起来，"107平！"

"太不可思议了，"科林斯说道，"这简直是乔丹在打球。"

此时的勒布朗已经连得了23分。在球队过去的28分中，他包揽了27分。

随着活塞队投篮不中，骑士队抢回球权，喊出暂停。第二个加时赛还有11.4秒结束。

精疲力竭的勒布朗走向替补席，扑通一声坐在队友身边。一条毛巾披在他的肩上，一只佳得乐水杯攥在他的手里。

布朗教练掏出白板，开始画起边线球战术。他安排队友们为勒布朗做掩护，好让后者甩开防守，顺利接球。"在这里做掩护，"布朗一边说，一边在篮下画了一个圈，"让勒布朗跑到弧顶来。"他又画了一条折线，从掩护的位置到弧顶，这代表了勒布朗的跑动路线。

勒布朗的视线跟着教练的马克笔移动。

布朗又画了一条虚线，从边线到弧顶，这代表了传球的线路。然后他抬头看向勒布朗。"你一定要突进去，"他提高了音量，并用手指向勒布朗，"最后一投交给你了。"

球馆里的每个人都知道球会传到谁的手里——过去的将近18分钟里，骑士队没有其他球员投中哪怕一球。唯一的悬念是，勒布朗能否再一次运球撕开活塞队的防线。

勒布朗利用掩护摆脱了防守，快步跑到弧顶，在中线附近接到传球，双脚踩着地板上活塞队的队徽。他左手搂住球，审视着场上的局势。队员们纷纷退到球场边缘。昌西·比卢普斯弯着身子站在他的身前，张开双臂严阵以待。另外四名活塞队员站在罚球区边缘，摆出联防的阵型。此时，罚球区里一片开阔。

勒布朗一动不动，凝视着比卢普斯头顶上的计时器。

"詹姆斯正在压时间，"马夫·阿尔伯特说道，"5秒……"

勒布朗转向左侧，往前运了一步球，疾风般地过掉了比卢普斯。

"……4……"

比卢普斯被甩在了身后，勒布朗径直冲向禁区。当面前的三名防守队员向他靠拢，勒布朗腾空而起。

"……3……"

勒布朗在空中滑行，他知道没有人能够跳起来干扰他的投篮。下一秒，他把球从左手换到右手。

"……2……"

身体下落的途中，勒布朗指尖一抖，在双脚即将触地之时把球抛出，篮球擦板命中。

"詹姆斯投进！"阿尔伯特高声呼喊。

活塞队喊了暂停，拉希德·华莱士摊开双手，一脸愁苦。只剩2.2秒，109比107，骑士队取得领先。

全场观众目瞪口呆。勒布朗快步跑回骑士队替补席，与一位助理教练撞胸庆祝，差点把后者撞倒在地。奥本山宫殿球馆响起电光乐队（Electric Light Orchestra）的《别让我失望》（*Don't Bring Me Down*），观众们仍然沉浸在震惊之中。

"勒布朗得到48分，"阿尔伯特评述道，"他已经连得了25分，独自包办了骑士队过去30分里的29分……接下来，还有2.2秒，但无论发生什么，这都是NBA历史上最精彩的表现之一。"

蜂鸣器响起，活塞队的投篮砸在前框弹出。这一刻，勒布朗感觉自己像是刚刚从"恶魔崖"(Demon Drop)[1]落下。他累得精疲力竭,几乎无法站立,只得用手撑着膝盖,目光对着奥本山宫殿的地板。

这场比赛一共进行了58分钟,而勒布朗足足打了50分钟。

他贡献了骑士队最后的所有25分,包括两个加时赛里的全部18分,最终砍下48分、9个篮板和7次助攻。

他凭着一己之力,推动了NBA的朝代更迭。

在汽车城的这个周四夜晚,勒布朗·詹姆斯摧毁了活塞队。

由于脱水和抽筋,勒布朗不得不在返回克利夫兰的飞机上输液治疗。但他感觉前所未有的好。他胸有成竹——克利夫兰这座城市即将捧起历史上的首个东部冠军奖杯。

两天后,速贷球馆场外的街道上挤满了成千上万的球迷。球馆内,骑士队所向披靡。这场系列赛的第六战可谓球队历史上意义最重大的一场比赛。骑士队没有令人失望。98比82,当终场哨声响起,震耳欲聋的欢呼响彻球场。胜利的彩带从天而降,球迷们激动得放声尖叫。勒布朗向场边的萨瓦娜走去。

已经进入预产期的萨瓦娜也奔向勒布朗。

勒布朗张开双臂,将她搂进怀里。接着,他像保镖一样带着她穿过摄像机的重重包围,离开了球场。22岁的勒布朗在他生涯的第四个赛季率领球队闯进了NBA总决赛。他也即将成为两个孩子的父亲。

哦,天哪,他心想。没有什么比这更好了。

---

1 译者注:位于克利夫兰西部的一座过山车,从十层楼的高处落下,可使游客体验自由落体的感觉。

王国降临

骑士队阵容里没有一个人曾经参加过总决赛，而他们的对手马刺队几乎把NBA总决赛变成了自己一年一度的盛会。在两届MVP得主蒂姆·邓肯的带领下，马刺队在过去七年一共赢得了三次总冠军。在邓肯身边，主教练格雷格·波波维奇（Gregg Popovich）培养了全明星控球后卫托尼·帕克（Tony Parker），还配备了马努·吉诺比利（Manu Ginobili）、布鲁斯·鲍文（Bruce Bowen）和罗伯特·霍里（Robert Horry）等一众久经沙场的老将，他们的总决赛登场次数遥遥领先于联盟其他球队。从拉斯维加斯的博彩公司到全国各地的NBA记者，几乎所有人都认为骑士队难逃败局。

不过，总决赛的结果似乎已经无关紧要，毕竟骑士队根本不该出现在这个舞台上，至少不是当下。他们的首发阵容是萨沙·帕夫洛维奇（Sasha Pavlovic）、济德鲁纳斯·伊尔戈斯卡斯、丹尼尔·吉布森（Daniel Gibson）和德鲁·古登（Drew Gooden），勒布朗在生涯第四年带领这样一套班底闯进总决赛，本身就是一个了不起的成就。媒体并没有把焦点放在蒂姆·邓肯和他的马刺队身上，而是依然对勒布朗在东部决赛第五场当中史诗般的个人表现意犹未尽。《纽约时报》认为这场表演"令人沉醉"，《体育画报》称它为"不朽"的杰作。勒布朗得到的分明是那些正值生涯巅峰的超级巨星在打出伟大的代表作之后才会享有的赞美之词。

勒布朗在第五战当中的非凡表现改变了人们的看法。所有质疑都烟消云散，所有批评者都闭上了嘴。人们正在见证一个篮球新时代的开端，一个属于勒布朗的时代。

没有人比耐克的林恩·梅里特更加如释重负了。从第一天起，梅里特就是耐克公司里最坚定支持勒布朗的那个人。正是他推动了耐克为签下勒布朗开出了创纪录的合约，也正是他在最后关头让交易顺利达成。在耐克内部，并不是所有人都像梅里特那样看好勒布朗。一些人觉得梅里特花得太多了。但是，在底特律的第五战之后，没有人再抱怨了。那场比赛前，耐克公司只有六七个人全职负责勒布朗和他的品牌。在那之后，这个数字增加到了150人。甚至耐克一年一度在印第安纳波利斯举办的全美训练营都被更名为"勒布朗·詹姆斯技巧训练营"（LeBron James Skills Academy），并从2007年7月起搬迁至阿克伦举行。这也进一步证明，勒布朗正在让阿克伦成为篮球宇宙的中心。

在耐克，这个新时代被称为"AGF"，即"After Game Five"（第五战之后）的缩写。

勒布朗的NBA总决赛首秀恰逢詹姆斯·甘多菲尼（James Gandolfini）最后一次扮演托尼·索普拉诺。在1999年至2007年的八年间总计播出了85集之后，《黑道家族》这部被《纽约客》（New Yorker）杂志主编大卫·雷姆尼克（David Remnick）称为"电视史上最丰富的成就"的剧集迎来了谢幕。大结局计划于NBA总决赛第二战的当晚播出。托尼·索普拉诺这位冷酷无情的黑帮头目尽管残暴得令人发指，却变得讨人喜爱。他的复杂人生在美国文化中留下了不可磨灭的印记，NPR 和 PBS（美国公共广播公司）的权威人士纷纷讨论着这部剧的流行对美国究竟意味着什么。从小报记者到电视台评论家，人人都在猜测托尼·索普拉诺能否在大结局中幸存下来。

NBA 及其转播合作伙伴 ABC 并不希望与 HBO 电视网的王牌节目正面交锋。从收视率的角度来看，那天晚上归根结底是勒布朗与托尼·索普拉诺的对决。为发挥 NBA 当家球星的影响力，ABC 请勒布朗预先录制了一段采访，打算将其剪辑成若干片段，在系列赛期间进行插播。

勒布朗是《黑道家族》的忠实观众，对甘多菲尼作为演员的精湛演技感到钦佩。和众多美国人一样，勒布朗情不自禁地支持托尼，对其中的经典台词津津乐道。然而，勒布朗与托尼·索普拉诺有着天壤之别。家庭生活对索普拉诺来说是一种折磨——他的母亲甚至雇人去谋杀他。而当 ABC 请勒布朗描述他与母亲的关系时，勒布朗眼里泛着光。

"我为她感到骄傲，胜过为我自己感到骄傲，"勒布朗说道，"因为她帮助我长大成人。现在我有了孩子，我根本无法想象她当时是怎样独自一人把我养大的。我愿为全世界所有单亲妈妈送上赞美。我不知道她们是怎么做到的。我肯定没办法独自把我那两岁的孩子养大。"

ABC 没想到他们要利用这样的片段来宣传一场篮球比赛。

总决赛在圣安东尼奥揭开序幕，而结果并未让人意外。马刺队直落两局，以 2 比 0 领先。第一场比赛场面悬殊。周日打响的第二战更是一边倒——马刺队在上半场就取得了 28 分的巨大优势，此后也没有一丝懈怠。"周日近两个小时的比赛里，"《纽约时报》写道，"马刺队打得骑士队难以招架，不但糟蹋了勒布朗·詹姆斯的'成人礼派对'，更是毁掉了 NBA 在美国的电视收视率。"

勒布朗和骑士队在 NBA 最大的舞台上举步维艰。同时，在 HBO，托尼·索普拉诺溜进 Holsten's 餐厅，朝点唱机里投了几枚硬币，选择了 Journey 乐队的《不要停止相信》(*Don't Stop Believin'*)，等待着妻子和孩子们的到来。这一幕看似其乐融融，却又像是最后的晚餐。忽然，画面一片漆黑，片尾字幕开始滚动。詹姆斯·甘多菲尼和女演员埃迪·法可（Edie Falco）由此奉献了荧

23 王国降临

屏史上最具争议的大结局。

勒布朗错过了这一切。飞回克利夫兰的途中,他仍然相信骑士队可以反败为胜。

回到速贷球馆,在总决赛第三战结束前的那一刻,勒布朗似乎嗅到了一丝翻盘的希望。比赛还剩 5.5 秒,马刺队手握三分的领先优势。迈克·布朗画了一个勒布朗投三分球的战术,将扳平比分的重任交到了他的手里。在马刺队阵营,波波维奇吩咐防守专家布鲁斯·鲍文在勒布朗投出手之前采取犯规战术。

勒布朗猜到了马刺队的意图。当他冲到弧顶、接住传球,鲍文向他跑了过来。

勒布朗向左侧运了一步球。这时,裁判员鲍勃·德莱尼(Bob Delaney)就在他几英尺远的地方。

鲍文张开双手向勒布朗猛扑过来——他的右手抓住勒布朗右臂的肱二头肌,左手绕到勒布朗的身后,拽了一把他的球衣。

勒布朗已经开始起跳,他甩开鲍文,滞空投出三分球,但未能投进。

德莱尼并没有吹哨。

终场哨声响起,马刺队员兴高采烈地冲进球场。

勒布朗转身看向德莱尼。"他犯规了!"

德莱尼摇了摇头,没有理会勒布朗的抱怨。

"鲍勃,他对我犯规了,"勒布朗一边喊,一边指着自己的胳膊,"就在这里!"

但这已经不重要了。骑士队再次告负,马刺队总比分 3 比 0 领先。

赛后,勒布朗被问及最后时刻的漏判。

勒布朗认为再批评裁判已经没有意义了。相反,他揽下了责任,认为自己理应发挥得更好。

走出球场,勒布朗立刻开启了家庭模式。第二天,萨瓦娜前往阿克伦北部的凯霍加福尔斯综合医院(Cuyahoga Falls General Hospital)。6 月 14 日午夜刚过,她诞下了两人的第二个儿子。他们为他取名为布莱斯·马克西姆斯·詹姆斯(Bryce Maximus James)——中间名源自电影《角斗士》(*Gladiator*)

的主角马克西姆斯·德西姆斯·梅里迪乌斯（Maximus Decimus Meridius）。这是勒布朗最钟爱的电影之一。

在经历了一个不眠之夜后，勒布朗现身速贷球馆，参加总决赛第四战。尽管有些疲劳，儿子布莱斯的降临却给了他额外的动力。当晚，汤姆·布雷迪和吉赛尔·邦辰也出现在场边。勒布朗和布雷迪的情谊比球迷们所知道的还要深厚。两人之间建立了友好的竞争关系。在布雷迪的注视下比赛让勒布朗格外兴奋。布雷迪是美国团队运动中唯一一个知道与历史最佳球员相提并论是什么滋味的运动员。如同勒布朗从小就崇拜乔丹，布雷迪从小崇拜着乔·蒙塔纳（Joe Montana），后者被誉为史上最伟大的四分卫。与勒布朗一样，布雷迪也立志要达到偶像的高度。勒布朗和布雷迪的职业生涯继续蒸蒸日上，两人在各自追逐伟大的道路上并肩作战。

但在个人生活方面，勒布朗和布雷迪却天差地别。布雷迪和吉赛尔是通过一位共同的朋友在格林尼治村的一家高档餐厅相亲认识的。这位出生于巴西的超级名模曾被《滚石》（Rolling Stone）杂志誉为"全世界最美丽的女孩"，她登上杂志封面的次数比其他任何模特都多，身价约为 1.5 亿美元。勒布朗和萨瓦娜的第一次约会在阿克伦的一家 Applebee's 餐厅，当时他们尚未成年。自那时起，两人便走到了一起，并且在距离他们儿时居所只有几英里远的地方建造了他们的梦想之家。作为全职家庭主妇，萨瓦娜把所有精力都放在养育孩子这件事情上。即将年满 30 岁的布雷迪拥有三枚超级碗戒指，却没有孩子。22 岁的勒布朗有两个孩子，却依然在为自己的第一个总冠军而努力。

球员介绍结束后，一位球迷举起牌子，上面写着"DO IT FOR BRYCE"（为布莱斯而战）。当勒布朗走向中场准备跳球时，这个画面出现在球馆大屏幕上，立刻引起一阵欢呼声。

蒂姆·邓肯祝贺勒布朗当上两个孩子的父亲。

勒布朗喜笑颜开，给了邓肯一个拥抱。

其他马刺队球员也接二连三地向勒布朗表示祝贺。

"詹姆斯从来都不知道他的父亲是谁，"ABC 解说员迈克·布林说道，"他的母亲将他养大。他对母亲的付出充满感激。"

ABC把画面切到一周前录制的一段关于勒布朗赞扬单身妈妈们的采访。"我不知道她们是怎么做到的，"勒布朗微笑道，"我肯定没办法独自把我那两岁的孩子养大。我做不到。"

"好吧，他现在有两个孩子了，"布林介绍道，"他当了两次父亲。向勒布朗和他的家人表示祝贺。"

尽管在医院彻夜未眠，勒布朗几乎打满第四场比赛，只休息了90秒。他得到了24分、10次助攻和6个篮板。但这是一次马克西姆斯式的孤胆英雄事迹。最终比分为82比83，骑士队以一分之差惜败。

马刺队控球后卫托尼·帕克给了骑士队致命一击。他当选了总决赛MVP。比赛刚刚结束，帕克的未婚妻——女演员伊娃·朗格利亚（Eva Longoria）就跑上球场，跳进帕克的怀里，双腿挂在他的身上，并亲吻了他。马努·吉诺比利和布鲁斯·鲍文击掌庆祝。蒂姆·邓肯拥抱了格雷格·波波维奇。

勒布朗见不得这样的场面。他一言不发地转过身，径直向更衣室通道走去。他意识到自己并没有为总决赛做好心理准备。他幻想过它，追求过它，但经验终究是无可替代的。蒂姆·邓肯和格雷格·波波维奇携手赢得了他们的第四座总冠军。现在，勒布朗更加深刻地体会到这项成就的伟大。

换下队服后，勒布朗在更衣室外的走廊向邓肯表示祝贺。

"干得好，伙计，"邓肯拥抱了勒布朗，并鼓励他不要改变自己的打法，"再过一段时间，联盟将属于你。"他继续道。

"我很感激。"勒布朗回应。

"我也很感激今年你把冠军给了我们。"邓肯笑着说。

勒布朗也笑了。

邓肯拍了拍他的屁股。

勒布朗没有花太多时间回味总决赛。几天后，他和马弗里克在阿克伦举办了为期两天的专题讨论会。这是LRMR公司的一次活动。马弗里克是组织者，勒布朗则是活动的招牌。所有与勒布朗建立业务往来的公司——耐克、可口可乐、微软、Upper Deck、Bubblicious，以及其他一些企业伙伴都派了代表参会。专题讨论会的宗旨是在全球范围内推广勒布朗的品牌，尤其是在中国。专题讨论会的主题包括"中国概览：流行文化、媒体和体育""品牌全球化"，以及"勒布朗品牌在中国"。

勒布朗邀请迈克·沙舍夫斯基在专题讨论会上发言。

老K教练恰好有一些想法，希望与勒布朗面对面讨论。专题讨论会提供了一个绝佳的机会，于是他欣然接受了邀请，并飞往阿克伦。

在专题讨论会开幕的前一天晚上，勒布朗和马弗里克邀请企业赞助商参加了在阿克伦希尔顿酒店举行的私人晚宴。主菜上桌之前，老K教练发表了祝酒辞。"接下来的两天里，"他环视餐桌说道，"在座各位需要把焦点放在勒布朗身上，而不是你们各自的公司。"

关于美国队，老K教练也抱有相同的想法——勒布朗是队伍里最重要的球员。然而，随着球队去年夏天在日本世锦赛仅获得第三名，老K教练意识到，他的使命——让美国队重返世界篮球之巅——比预想的要更加艰难。为了实现目标，老K教练认为有必要建立新的球队文化。因此，他决定为这支由年轻球星组成的阵容增添一些老将的领导力。老K教练心仪的人选有三位：昌西·比卢普斯、贾森·基德和科比·布莱恩特。然而，在和勒布朗商量之前，他并不打算采取任何重大举措。

晚宴后，老K教练和勒布朗单独会面。

老K教练解释了他的担忧，并透露他希望通过招募一些老将来解决这些问题。他首先提到了贾森·基德。

"你对他出场有什么看法？"

"很好，"勒布朗说，"基德是NBA最棒的传球手。我对他很满意，而且我可以向他学习。"

勒布朗也认为老K教练招募比卢普斯是一个好主意。勒布朗认为后者是一个出色的防守者，作风顽强。

当话题转到科比身上，老K教练采取了外交官式的策略。在他眼里，科比和勒布朗是 NBA 的两大招牌球星。科比总是带着刺客的心态打球,正处在自己生涯的巅峰。勒布朗是全世界最有天赋的球员,是肌肉、敏捷、力量和速度的完美化身,拥有顶级的竞争力。老 K 教练坚信,两者并肩作战是让美国队在北京奥运会上重现辉煌的最可靠办法。然而,科比和勒布朗也有可能成为电影《壮志凌云》(*Top Gun*)中的"冰人"和"独行侠"——两人为了争第一而互不相让。老 K 教练明白,科比和勒布朗都不是僚机,他只想确保两人能够如队友般彼此接纳。

勒布朗把自己视作篮球界的学生。他十分敬佩老 K 教练这位篮球界最伟大的老师之一。2004 年的那支美国队被打得落花流水,勒布朗正是其中的一员。在他和科比联手下,美国队必将所向披靡。

"没有人拥有像科比那样的进取心。"勒布朗告诉老 K 教练。

勒布朗没有再多说什么。

但老 K 教练听到了他想要的回答。他将有幸拥有 NBA 里顶尖的两架战机。

次日上午,马弗里克欢迎大家参加专题讨论会,然后把讲台交给了勒布朗。在阿克伦大学的一间大会议室里,勒布朗向 65 位高管发表了演讲。

"今天的场面让我激动万分,"勒布朗说道,"谁曾想到我们可以把在座各位请到俄亥俄州的阿克伦。在我小时候,谁都不愿意来这个不起眼的阿克伦市。"

所有人都笑了。老 K 教练笑得格外畅快。

即使不得不面对那些令人不悦的处境,勒布朗也能保持一颗平常心。他被卷入了一场官司,涉及艾迪·杰克逊和格洛丽亚从约瑟夫·马尔什那里得到的那笔贷款,但他并没有怨恨,而是为艾迪和格洛丽亚的利益挺身而出。虽然他的律师弗雷德·南斯顺利阻止了马尔什提出的数百万美元的索赔,但勒布朗最终确保马尔什全额收回了他借给艾迪和格洛丽亚的那笔钱。艾迪出狱后,勒布朗继续把他当作家人来对待。

另一边,关于勒布朗生父身份的疑问依然存在。NBA 总决赛结束后不久,勒布朗私下会见了克利夫兰的一位医疗专家，并提交了一份DNA样本。2007年早些时候，一名男子联系了弗雷德·南斯，声称自己可能是勒布朗的亲生父亲。这名男子表示他在1984年和格洛丽亚有过一夜情。他告诉南斯，自己想和格洛丽亚见一见，讨论一下他的名字是否可能属于勒布朗出生证明上父亲姓名那一栏的空白处。格洛丽亚则声称她从未见过这个人，也不想和他有任何瓜葛。经过一番来回拉扯，南斯为那名男子和格洛丽亚安排了一次电话会议，结果双方争执不休。"勒布朗的钱是属于他孩子们的。"格洛丽亚告诉那名男子。通话结束后，勒布朗同意接受DNA亲子鉴定，那名男子也同意了。南斯做了安排。

自从勒布朗的篮球天赋被全国所知晓的那一刻，关于他生父的疑团就一直纠缠着他。最详细的问答出自2003年，当时18岁的勒布朗在HBO与鲍勃·科斯塔斯（Bob Costas）进行了访谈。

科斯塔斯：你知道你生父的下落吗？

勒布朗：不知道。我根本没往这方面想。因为我已经把父亲和母亲合二为一了，那个人就是格洛丽亚·詹姆斯。在这一点上，我真的不需要其他人。

科斯塔斯：有各式各样的传闻，你的生父可能在监狱里，可能已经去世了，也可能在十多年前被枪杀了。

勒布朗：（点了点头）

科斯塔斯：你对此好奇吗？

勒布朗：没有，从来没有想过。我现在拥有的朋友和家人都好极了，无论如何我都不会丢下他们。

科斯塔斯：如果这家伙还在，如果他最终出现，你想过会怎样吗？

勒布朗：没有，我完全没有想过。

自那以后，勒布朗的态度并没有什么改变。他不再纠结于自己父亲的身份，而是专心致志地成为一位从不缺席的好父亲。南斯告诉那名进行亲子鉴定的男子,勒布朗对他的主张"毫不在意"。尽管如此,勒布朗并不惧怕接受亲子鉴定。

样本被送往辛辛那提的一间 DNA 实验室。

夏末,鉴定结果出炉:亲子概率为零。

南斯告知那个人别再打扰格洛丽亚和勒布朗。

距离骑士队在克利夫兰开启训练营还有几天的时间,勒布朗和马弗里克走进了纽约市的时代生活大厦(Life-Time Building)。这是 9 月末的一个秋日,勒布朗要为《财富》杂志拍摄一组照片。这家杂志很少邀请运动员登上封面,二十世纪九十年代的迈克尔·乔丹和泰格·伍兹除外。现在轮到勒布朗了。但《财富》并不是以运动员的身份介绍勒布朗,而是把他视作一位货真价实的商业大亨。按照计划,勒布朗将成为一期特刊的封面人物,这期特刊将排出 25 位商界最有影响力的人物,其中史蒂夫·乔布斯名列榜首,其次是鲁伯特·默多克、沃伦·巴菲特、比尔·盖茨、谷歌公司创始人及 CEO 等。《财富》明白选择勒布朗而非乔布斯作为封面人物将会引发质疑,因此附上了几行绝妙的文案以配合勒布朗的封面形象:

为什么是勒布朗·詹姆斯?
因为"如果他是一只 IPO 股票,我一定会买下"。

——沃伦·巴菲特

勒布朗知道这一刻是多么重要,他的造型师瑞秋·约翰逊也是如此。她特意为勒布朗挑选了一套炭灰色西装,搭配银色方巾。

《财富》杂志委托肖像摄影师本·贝克(Ben Baker)为勒布朗拍摄照片。贝克在美国居住,但他来自澳大利亚。那一周,贝克的父亲从澳大利亚过来看望儿子。贝克经常为名人和权贵拍照,他在摄影期间几乎从不带外人入场。但鉴于父子俩的关系特别亲密,他邀请父亲到现场参观。等待勒布朗到场时,贝克嘱咐父亲待在房间后面。

勒布朗走进了《财富》杂志的工作室,贝克告诉勒布朗他应该站在哪里。

在贝克透过镜头观察着勒布朗时，勒布朗环视了房间，发现后面有一个人。

"那是你老爹吗？"勒布朗问道。

"是的，那是我的爸爸。"贝克笑着说。

"老爹，你好吗？"勒布朗向贝克的父亲点了点头。

贝克的父亲喜出望外。

勒布朗很喜欢贝克把自己父亲带到工作场所这个举动。

贝克钦佩勒布朗的观察力，但他更钦佩的是勒布朗很容易就放松下来，享受着拍摄过程中的乐趣。其间，贝克让勒布朗和马弗里克一起摆姿势。贝克预感，这个意气风发的二人组即将征服全世界。

拍摄结束后，勒布朗和马弗里克来到街对面的洛克菲勒广场 30 号。勒布朗即将在《周六夜现场》（Saturday Night Live，SNL）节目里亮相，因此按计划到此彩排。

贝克跟随他们一同前往，打算换一个场景进行拍摄。瑞秋·约翰逊确保了勒布朗的打扮符合 SNL 的风格。这一次，勒布朗穿了一件光亮的黑色西装，搭配马甲，胸前佩戴着红色花纹领带和配套的方巾。

彩排的过程充满欢乐。勒布朗在座无虚席的体育馆里进行过太多次表演，在演播室里面对一小群观众念台词对他来说也不成问题。直播当晚，勒布朗早已迫不及待。

"很荣幸今晚来到这里，"勒布朗站在舞台边缘说道，"我叫勒布朗·詹姆斯，是克利夫兰骑士队的一名篮球运动员。"他稍做停顿，等待掌声。

"对于不看篮球的人们，"他继续道，"刚刚过去的那个赛季，我们打进了 NBA 总决赛，在四场比赛里横扫了圣安东尼奥马刺队。"

观众们捧腹大笑。

"对于那些看篮球的人，请你们别激动，闭上嘴！不要毁了所有人的兴致。"

超过 600 万人收看了勒布朗主持的这期 SNL。他正在迅速成为流行文化的代表人物。

波士顿凯尔特人队的总经理丹尼·安吉（Danny Ainge）并没有观看勒布

23 王国降临

朗在 SNL 上的表演。但他已经关注勒布朗很长时间了。早在勒布朗的高三赛季，安吉就观看了圣文森特和橡树山的那场比赛，目睹了勒布朗与卡梅隆·安东尼的正面对决。当时，安吉刚刚卸任菲尼克斯太阳队主教练一职。看完勒布朗的比赛后，安吉对《体育画报》记者格兰特·瓦尔表示："如果我是总经理，除了四五位球员之外，我愿意立刻送出任何球员去交易他。"当这段话出现在瓦尔那篇标志性的封面故事"天选之子"中，安吉遭受了猛烈抨击，因为他暗示了在联盟里只有五名球员强于勒布朗。"他还是个高中生呢，"安吉在 NBA 的一位朋友说道，"你到底在胡说什么？"

多年后，当安吉与瓦尔重逢，后者告诉他："好吧，你对勒布朗的看法是对的。"安吉对瓦尔说："不，我说错了。我应该说，我愿意用任何人来交易勒布朗。"那时的安吉是凯尔特人队的篮球运营总裁，他在 2003 年夏天接过了这份职务，就在 NBA 选秀大会前的一个月。凯尔特人队聘请他时，安吉告诉球队管理层，他愿意用全套阵容去交易勒布朗。安吉并不是在开玩笑。但他知道勒布朗是骑士队的非卖品。

2007 年夏天，安吉逐渐明白了一个道理——作为球员，他职业生涯的大部分时间都在想方设法击败迈克尔·乔丹，而作为总裁，他职业生涯的大部分时间或许要想方设法击败勒布朗。见到骑士队在勒布朗的率领下仅花了四年时间就从联盟垫底一跃跻身 NBA 总决赛，安吉得出了一个结论，只有超级球队才能够击败他。

7 月，当勒布朗即将前往拉斯维加斯的美国队迷你训练营与科比进行首次合练，安吉在波士顿运筹帷幄，着手组建一支有能力在东部联盟与勒布朗和骑士队抗衡的队伍。前一年，凯尔特人队只拿下了区区 24 场胜利，全明星前锋保罗·皮尔斯厌倦了输球，希望被交易离队。但安吉并没有这么做，而是将另外三名球员送到了西雅图超音速队，换来了全明星球员雷·阿伦——NBA 最出色的外线射手。随后，安吉请阿伦帮忙招揽他的好友、全明星大前锋凯文·加内特，后者恰好希望离开明尼苏达。7 月 30 日，安吉用全队近半数球员——总共五名球员、两个首轮选秀权外加现金——从森林狼队交易得到加内特。

保罗·皮尔斯顿时哪里也不想去了。作为未来的名人堂成员，皮尔斯对勒布朗和他收获的一切赞美都不以为然。安吉的大手笔让皮尔斯可以和另外两位未来的名人堂成员并肩作战。没有任何一支NBA球队拥有这样的火力。皮尔斯、加内特和阿伦的组合立刻被冠以"三巨头"的称呼。当他们第一次与主教练道格·里弗斯（Doc Rivers）见面时，里弗斯信誓旦旦地表示："今年我们一定会拿下总冠军！"

NBA专家们都同意里弗斯的观点。《体育画报》一年一度的NBA前瞻特刊将三人登在封面上，配文"波士顿的全新绿色机甲"。

勒布朗密切注视着波士顿的一举一动。骑士队为了争夺东部霸主地位与活塞队苦战了两个赛季，而现在，他们有了新对手。勒布朗知道，那台绿色机甲是冲他而来的。

24 时尚

吉尔·德姆林（Jill Demling）是 *Vogue* 杂志的娱乐总监。她身兼众多职责，其中一项就是为杂志挑选名人封面。这份工作使德姆林有机会与时尚界的顶级模特和好莱坞的一线女星密切合作。2007 年，德姆林敲定了安吉丽娜·朱莉（Angelina Jolie）、凯特·摩丝（Kate Moss）、凯拉·奈特莉（Keira Knightley）、斯嘉丽·约翰逊（Scarlett Johansson）和查理兹·塞隆（Charlize Theron）作为封面人物。她热爱自己的工作，但德姆林打心底是个狂热的体育迷，她最崇拜的一些偶像其实是运动员。

每隔四年，*Vogue* 都会邀请美国队的女运动员拍摄奥运会宣传照。距离北京奥运会还有不到一年的时间，这次，德姆林决定邀请一些男性运动员加入拍摄，让他们与女性模特一同出镜。在封面上，德姆林希望展现一位奥运代表队的标志性人物，此人正是勒布朗。于是，她在 2007 年底联系了勒布朗的团队代表。

勒布朗平时不看 Vogue 杂志，但对他的造型师瑞秋·约翰逊来说，Vogue 称得上她心中的圣杯。约翰逊向勒布朗解释，这是一次千载难逢的机会。在这份杂志 116 年的历史中，从来没有黑人男性成为封面人物。而且，迄今也仅有两名男性登上封面，分别是理查德·基尔（Richard Gere）和乔治·克鲁尼（George Clooney）。前者曾于 1992 年与他的妻子、超模辛迪·克劳馥（Cindy Crawford）共同出镜，后者则在 2000 年与吉赛尔·邦辰一起登上封面，而当时 19 岁的邦辰还是维密天使。

勒布朗愿意为全世界最有影响力的时尚杂志拍照。他觉得，不妨再增添一些乐趣。于是，他向德姆林提出了一个要求：如果她想让全世界最好的运动员登上 Vogue 杂志封面，就必须请来全世界最好的模特——吉赛尔与自己搭档。

德姆林非常熟悉吉赛尔。此时的吉赛尔已经与汤姆·布雷迪约会了一年左右，两人对吉赛尔的拍摄对象非常挑剔，尤其考虑到吉赛尔将与一位运动员合作。德姆林明白，她需要征得布雷迪的同意。

勒布朗坚持与吉赛尔搭档似乎是一项难以达成的要求。但德姆林很快就发现，让布雷迪同意这个主意比预想的要容易得多。原来，早在汤姆和吉赛尔在纽约初次见面之前，勒布朗就认识了布雷迪。德姆林得知，汤姆、Jay-Z 和勒布朗曾参加赌局，三人从此成了好友，虽然据说汤姆输钱给了勒布朗。

德姆林并不关心勒布朗和布雷迪之间究竟发生了什么。重要的是，勒布朗是布雷迪批准的摄影搭档。而且吉赛尔愿意前往阿克伦，在勒布朗的家乡与他联手拍摄。德姆林即将得到她梦寐以求的封面照片。为此，她特意请来了全世界最杰出的肖像摄影师安妮·莱博维茨。

莱博维茨于二十世纪七十年代初崭露头角。当时，《滚石》杂志创始人詹恩·温纳（Jann Wenner）将她提拔为新杂志的首席摄影师。莱博维茨不但报道了反越战抗议、"阿波罗 17 号"发射、理查德·尼克斯辞职等大事件，还为穆罕默德·阿里、米克·贾格尔（Mick Jagger）、基思·理查兹（Keith Richards）、琼·迪迪恩（Joan Didion）和布鲁斯·斯普林斯汀（Bruce Springsteen）等大腕拍摄

284

照片。1980 年，在为约翰·列侬（John Lennon）拍摄照片时，莱博维茨请他脱掉了衣服。小野洋子（Yoko Ono）也提议脱掉上衣，莱博维茨则建议她穿着衣服拍摄。接着，莱博维茨定格了一个经典瞬间：列侬蜷曲身体、浑身赤裸地躺在公寓地板上拥抱着小野洋子。然而，就在拍下这张拍立得照片几个小时后，约翰·列侬遇刺身亡。它成了《滚石》最经典的封面照片。

1991 年，在女演员黛米·摩尔（Demi Moore）怀孕七个月时，莱博维茨为她拍摄了身穿黑色紧身连衣裙的照片，展现了她的优美曲线。在向《名利场》（*Vanity Fair*）杂志编辑蒂娜·布朗（Tina Brown）展示照片时，莱博维茨说道，"我还有一张照片，但这是为黛米和布鲁斯·威利斯（Bruce Willis）两人专门拍摄的。"那是一张摩尔的裸体照片。布朗看到后当即表示："封面就是它了。"这张照片一经刊登，立刻引起轩然大波。美国最大零售商沃尔玛指责它"有伤风化"，因此拒绝出售这期杂志。尽管如此，这期杂志依然创下了《名利场》有史以来的最高销量。摩尔非常喜欢这张照片。"我知道这期杂志对全世界、对女性，以及对我们接纳自己怀孕的身体带来了怎样的影响。"她评价道。

勒布朗曾与一些体育新闻界最优秀的摄影师合作过，但与莱博维茨这样的大人物合作还是头一次。2008 年 1 月，在一个寒冷的日子里，勒布朗准备前往他小时候打篮球的活动中心。莱博维茨、吉赛尔和德姆林已经到场，为拍摄做着准备。当瑞秋·约翰逊见到勒布朗打算穿一套运动服，她立刻让他换掉。

"你可不能穿这一身短裤和 T 恤。"约翰逊告诉他。

勒布朗觉得这没什么大不了的。他知道耐克已经向 *Vogue* 杂志提供了服装，供他拍摄前换上。所以，他到场时穿着什么衣服有何区别？

对约翰逊来说，区别可太大了。勒布朗确实是去他儿时的活动中心，但他即将走进时尚界的上流圈子。在老旧的体育馆里，三位时尚界最有影响力的人物正在等待他。勒布朗进门的那一刻就会给她们留下第一印象。"你不是以篮球运动员的身份过去，"约翰逊对他说，"而是以一位男士的身份。这才是她们所期望看到的。"

于是，约翰逊让勒布朗穿上一件羊绒衫和一条名牌裤子。

当勒布朗走进大门，吉赛尔眼前一亮，德姆林激动不已，莱博维茨相信此次拍摄一定会妙趣横生。勒布朗自嘲了一番，然后与每个人亲切交谈，仿佛他已经认识她们好几年了。他换上了一套耐克运动服，穿着"Nike Zoom Soldier II"球鞋。吉赛尔换上了一件贴身连衣裙。莱博维茨指导他们下一步该做什么。

约翰逊预感这必定是一次难忘的经历。

赛季中期，勒布朗在得分榜上领跑全联盟，科比位居次席。2008 年 1 月 27 日，骑士队做客洛杉矶挑战湖人队。ABC 将两大篮坛巨星的对决作为比赛看点进行宣传。

勒布朗和科比不负众望，相互对飙得分。比赛还剩 20 秒出头，克利夫兰领先一分。勒布朗在外线运球，面对科比防守。进攻时间进入尾声，勒布朗抬头看了一眼，忽然向篮筐方向迈出试探步，紧接着一个后撤步，面对科比的封盖拔起跳投。篮球划过一道完美的弧线，越过科比的指尖，飞入球网。斯台普斯中心的观众们立刻鸦雀无声，骑士队锁定胜局。

勒布朗砍下 41 分和 9 个篮板，科比则得到 33 分和 12 个篮板。

骑士队大获全胜。但他们仍然在争夺东部第一的道路上远远落后于波士顿凯尔特人队。保罗·皮尔斯、凯文·加内特和雷·阿伦组成的"三巨头"统治了联盟。赛季前 41 场比赛，凯尔特人队仅仅输了 7 场。骑士队已经输掉了 19 场比赛。

球队老板丹·吉尔伯特有了紧迫感，于是授权执行了一项涉及三支队伍的重磅交易。骑士队将七名球员——包括首发球员德鲁·古登和拉里·休斯以及替补球员唐耶尔·马绍尔和伊拉·纽贝尔送往公牛队和超音速队。作为回报，骑士队得到了四届 NBA 最佳防守球员本·华莱士，老将乔·史密斯（Joe Smith）和沃利·斯泽比亚克（Wally Szczerbiak），以及一位名叫德隆蒂·韦斯特（Delonte West）的年轻得分后卫。"我们做这笔交易的首要目标是在赛季收官阶段和季后赛中为球队创造积极的影响，"总经理丹尼·费里表示，"这再次证明了丹·吉尔伯特对球队和这座城市的奉献。"

当勒布朗环顾 NBA，他感到许多同龄人都害怕尝试篮球之外的任何事情。篮球始终是勒布朗的支柱，但他接纳了运动成就为他带来的各式各样的机遇。3 月初，骑士队带着升级后的阵容抵达纽约迎战尼克斯队。比赛前一晚，在与队友们一道参加投篮训练之后，勒布朗与 58 岁的安娜·温图尔共进晚餐。这位 *Vogue* 杂志的长期主编在格林尼治村的韦弗利酒店（Waverly Inn）预订了座位。温图尔是时尚界最有权势的人物，梅丽尔·斯特里普（Meryl Streep）在电影《穿普拉达的女王》(*The Devil Wears Prada*) 所饰演的角色正是以她为原型。

勒布朗在角落的包间里落座。从拉尔夫·劳伦（Ralph Lauren）到勒布朗和萨瓦娜为帮助单亲家庭的贫困儿童而成立的家庭基金会，两人几乎无所不谈。他们还讨论了 *Vogue* 杂志的 4 月刊，它在未来几天内上架。温图尔敲定了莱博维茨拍摄的那张最引人注目的照片作为封面。照片中，勒布朗身穿黑色运动服，张大嘴巴仿佛在咆哮，右手运着球，左手搂着吉赛尔；吉赛尔身穿露肩连衣裙，仿佛将要被抱走。封面文字写着："最佳身材的秘密：吉赛尔与勒布朗"。

勒布朗与温图尔的晚餐开启了一段不可思议的友谊。

第二天，骑士队正在为对阵尼克斯队的比赛做着准备，瑞秋·约翰逊给勒布朗看了 *Vogue* 4 月刊的预览版。

当勒布朗注视着封面时，约翰逊激动得热泪盈眶。"你知道这意味着什么吗？"她问道。

"瑞秋，你也太夸张了吧。"勒布朗笑着说。

约翰逊并不这么认为。

勒布朗已经踏上了时尚界最令人垂涎的那块土地。

安娜·温图尔把勒布朗和吉赛尔一同放在 *Vogue* 的封面上，其实是在向时尚界宣告：准备迎接新变化吧。

那天晚上，温图尔与马弗里克一起出现在麦迪逊广场花园的场边。观众席上可谓星光熠熠——Jay-Z、斯派克·李等名人悉数到场，还有一众华尔街巨头。但温图尔的出现是勒布朗跨界成为文化现象的最佳证明。球场里的热烈气氛让人不禁幻想，假如勒布朗身披尼克斯队的球衣，麦迪逊广场花园每晚将是怎样一番景象。

虽然勒布朗与骑士队的合同还有两个赛季才到期，但整座纽约城都在热议他在 2010 年以自由球员身份加盟尼克斯队的可能性。小报已经把这个消息传得沸沸扬扬，体育电台主持人也在不厌其烦地谈论这件事。一群富有的尼克斯队球迷甚至创建了一个名为"nycforlebron.net"的网站来招募勒布朗，愿意为他提供洋基体育场（Yankee Stadium）的贵宾包厢，为格洛丽亚·詹姆斯安排麦迪逊花园广场的场边座位。他们还不惜为勒布朗赠送一辆法拉利跑车。

在勒布朗出场热身的同时，尼克斯队后卫斯蒂芬·马布里 49 天以来第一次接受了记者采访。这位勒布朗在 2004 年奥运代表队中的死对头与尼克斯队主教练伊塞亚·托马斯（Isiah Thomas）关系不和。当被问到为什么一个半月没有参加任何比赛，马布里表示"无可奉告"。随后，身穿橙红色千鸟格纹大衣的他走到尼克斯队替补席上坐了下来。由于他和托马斯已经到了水火不容的地步，马布里在球队的日子注定所剩无几了。

勒布朗并不在意马布里的小插曲。他将尼克斯队打得落花流水，让现场球迷眼花缭乱。仅在上半场，勒布朗就砍下 20 分，不但奉上一记令人咋舌的双手重扣，还在两名对手的严防下投进了 35 英尺远的漂移压哨三分。在篮球穿过网窝的那一刻，全场观众沸腾了。下半场比赛，勒布朗火力不减，最终交出了 50 分、10 次助攻、8 个篮板和 4 个抢断的成绩。比赛还剩 23 秒，当勒布朗被替换下场时，尼克斯球迷起立为他鼓掌。勒布朗兴高采烈地走到替补席，这时一名身穿他球衣的球迷穿过球场向他跑来。在保安上前阻止之时，这名球迷告诉勒布朗自己喜欢看他打球，还说勒布朗是他最喜欢的球员。勒布朗受宠若惊，和他击了掌并向他表示感谢，随后这名球迷被保安带走并遭到逮捕。

勒布朗无法忽视在纽约打球的激动之情。

"这场胜利感觉很棒，因为它发生在这个篮球圣地，"赛后，勒布朗对记者表示，"我梦想在这里打出精彩的表现。在这座最伟大的球馆得到观众们的起立鼓掌，对我来说是梦想成真。这是我经历过的最好的事情之一。"

勒布朗的发言对骑士队老板丹·吉尔伯特而言堪比一场噩梦。尼克斯球迷则欣喜若狂。他们急切盼望着勒布朗成为自由球员。

Vogue 杂志上架时,勒布朗已经离开了纽约。杂志封面的效果犹如晴天霹雳。它立刻被扣上了"种族歧视"的帽子。《时代》(*Time*)杂志的媒体评论员痛斥道:"勒布朗摆出了野兽般的姿势,让人联想到了野蛮的金刚,进而加剧了'黑人男性具有攻击性'这一刻板印象。"ESPN 的杰梅尔·希尔(Jemele Hill)在她的评论文章里进一步抨击了勒布朗的形象。"他看起来像一头野兽,"希尔写道,"如果有人研究过'金刚'的历史,或者看过电影或电影海报里的任何形象,特别是那些三十年代的老海报,就会发现这张照片和当时绝大部分'金刚'照片简直一模一样。"

一些评论家甚至坚称,吉赛尔的裙子与女主角菲·瑞(Fay Wray)在影片高潮片段被金刚抱上帝国大厦顶端时所穿的裙子颜色相同。每个人似乎都有自己的看法。"我并不为照片展现的刻板印象感到震惊,而是被其中的性感所吸引,"普利策奖得主、评论家韦斯利·莫里斯(Wesley Morris)写道,"这是一张火辣的照片。它的奥妙不在于种族,而是在于名人地位。邦辰看起来一点儿也不害怕,反而格外兴奋。勒布朗看起来既不疯狂,也不像个猿人:他看起来像是个胜利者。"

瑞秋·约翰逊则认为,把封面照片与"金刚"相提并论是一种错误的观念。在她看来,种种批评反而表明了那些吹毛求疵之人是多么无知。他们忽视了最重要的一点——勒布朗打破了隔阂。凭借他与吉尔·德姆林的合作,以及与安娜·温图尔的友谊,约翰逊现在可以把勒布朗带往世界各地的高级时装店。约翰逊解释说:"黑人男性有望登上各大时装秀,这将使时尚界开始具有多样性。"

多亏了勒布朗,NBA 球员们对时尚产生了兴趣。勒布朗穿着设计师服装的风气很快就传遍了整个联盟。约翰逊开始带领其他 NBA 球员光顾时装店。同时,安娜·温图尔也开始邀请其他 NBA 球员登上 *Vogue* 杂志。仅三年时间,NBA 球员们就占据了温图尔一年一度纽约时装秀上那些令人向往的场边席位。

这些变化波及了整个时尚界。"从时尚的角度来看，所有这些对男性的刻板印象都被打破了。一切都变得开放起来，男性时尚不再遥不可及。"约翰逊说道。

波士顿凯尔特人队以 66 胜 16 负夺得了 2007—2008 赛季常规赛的全联盟最佳战绩，也是 NBA 历史上单赛季进步幅度最大的球队。凯文·加内特被评为 NBA 年度最佳防守球员，丹尼·安吉当选 NBA 年度最佳经理。有一点是显而易见的，骑士队若想重返 NBA 总决赛，就必须闯过波士顿这一关。

骑士队季后赛第一轮的对手是华盛顿奇才队。首战，勒布朗就为整个系列赛奠定了基调。当勒布朗高高跃起，接应一记空中接力传球准备扣篮，他的脑袋已经超过了篮筐。"不可能吧！"解说员高呼道，"他究竟是怎么接住球并把球扣进筐的？"

奇才队完全不是勒布朗的对手。几天之后，骑士队淘汰了奇才队。他们的下一个目的地正是波士顿。

27 岁的丽莎·塔迪奥（Lisa Taddeo）是一位心怀抱负的小说作家，刚刚迎来自己的首次重大突破。《时尚先生》（*Esquire*）杂志主编大卫·格兰杰（David Granger）委托她将希斯·莱杰（Heath Ledger）生前的最后几日编成故事，这名演员于 2008 年 1 月被发现死于自己的公寓里。"当你死后，你生前的最后几天竟变得重要了起来。"塔迪奥在作品开篇引人入胜地写道。

在她动笔之后不久，塔迪奥收到了来自编辑的一封邮件："想不想写一篇勒布朗？"

勒布朗？塔迪奥只知道他是一位著名的篮球运动员，但并不熟悉他。她对篮球更是知之甚少。这个提议听起来有些疯狂。

但她给编辑回了邮件："听起来不错。"

为了迎接即将到来的杂志创刊 75 周年纪念日，《时尚先生》正在筹备一期特刊，介绍二十一世纪最具影响力的 75 位人物。塔迪奥没有体育写作的背景，但这反而被认为是一个优势。她是一位富有创造力的作家，擅长让人敞开心扉。《时尚先生》希望塔迪奥展现勒布朗私下的一面。

塔迪奥一个人住在纽约市。接到任务后不久，她就立即赶往位于城市另一头的杂志总部所在地赫斯特大厦（Hearst Tower）与勒布朗见面。

勒布朗和马弗里克很喜欢《时尚先生》周年纪念特刊的概念。该杂志委托雕塑家林肯·沙茨（Lincoln Schatz）设计一件能够将75位人选联系到一起的作品。沙茨制作了一个10英尺×10英尺的半透明盒子，里面装有24台摄像机，可以将数字视频传输至24台电脑上。这件作品被称为"魔方"（Cube）。所有入围者，无论是杰夫·贝索斯（Jeff Bezos）、埃隆·马斯克（Elon Musk），还是萨曼莎·鲍尔（Samantha Power），都被邀请在这座玻璃结构里度过一小时，做一些可以代表他们个性和兴趣的事情。勒布朗选择播放Jay-Z的音乐，并在Xbox游戏机上玩起NBA 2K8游戏。

马弗里克在"魔方"外和杂志社工作人员闲聊着。这时，塔迪奥走了进来。没等别人介绍，擅长察言观色的马弗里克就猜到了她是那位记者。

塔迪奥既好奇又有些不知所措，她和编辑站在一起，透过玻璃看着勒布朗。过了一会儿，马弗里克察觉到他们正在等待勒布朗。

"你们需要他出来吗？"马弗里克问道，"我来把他弄出来。"

马弗里克用指关节敲了敲玻璃。

勒布朗抬起头。

"哟，勒布朗，该走了，"马弗里克开口道，"时间到了。"

勒布朗走了出来。

"这位是丽莎·塔迪奥，"《时尚先生》的编辑告诉他，"她负责撰写你的专题文章。"

"很高兴见到你。"勒布朗笑着说。

勒布朗的体形让身高5.1英尺的塔迪奥望而生畏。她从来没有和个头儿如此高大的人站在一起。这样的身高使塔迪奥不由自主地紧张起来。

"他一定会发现我对篮球一窍不通，但我得让他知道，至少我是个有趣的人。"塔迪奥自言自语道。

计划是这样的，塔迪奥将观看一场季后赛，见识一下勒布朗的表现。赛季结束后，她将去往阿克伦，在勒布朗的家乡和他待上几天。马弗里克是她的联系人，一切事务都由他来安排。

勒布朗走向电梯，即将奔赴他的下一个任务。

"哦，我也要下去。"塔迪奥说着，然后挤进了勒布朗和杂志编辑中间。

电梯下降几层后停住了。当电梯门打开，一位中年白人男子走了进来。

勒布朗没有和那个人对视，但能感觉到他正在盯着自己。

"你就是那个谁吧？"男子问道。

"是的，"塔迪奥脱口而出，"我就是那个人。"

中年男子一头雾水地看向她。

勒布朗大笑起来，然后开玩笑地推了她一把。

塔迪奥差点摔一跤。天啊，他力气可真大！她心想。不过她很喜欢这样的互动。她把勒布朗逗笑了。

塔迪奥告诉马弗里克，她会去波士顿和他们见面。

勒布朗知道，与凯尔特人队的系列赛将是一场恶战。凯尔特人队的队长保罗·皮尔斯是 NBA 里最凶悍的球员之一，不论面对谁都绝不退缩。2000 年的一天深夜，皮尔斯在波士顿一家新潮的夜总会与一名帮派成员发生争执，后者连捅了皮尔斯数刀。之后，近十个人扑向皮尔斯，用刀砍向他。一名男子用酒瓶砸向皮尔斯的太阳穴，另一名男子用一对带刀的铜指环反复捶打皮尔斯，刺穿了他的肺部，伤口距离他的心脏不足一英寸。皮尔斯几乎一命呜呼。但是，袭击事件发生后的仅仅一个月，皮尔斯就离开了医院，参加了凯尔特人队的赛季揭幕战，并夺得全队最高分。

皮尔斯一直对众多球员在他之前被选中这件事情耿耿于怀。因此，每当踏上球场，皮尔斯总是和对手叫板。绰号"真理"的皮尔斯对勒布朗在 18 岁进入联盟时就获得一切盛赞和他"国王"的名号不屑一顾。在勒布朗第二个赛季的一场比赛里,皮尔斯和他曾发生冲突,并互喷垃圾话。接着,事态越发激烈,皮尔斯甚至朝勒布朗和骑士队的板凳席吐了口水。

"我不确定自己有没有吐到某个人身上,"皮尔斯后来回忆道,"我朝那个方向吐了口水,接着……场面变得火爆起来。在那之后,当我们回到球员通道里了,我们又打算把事情做个了断。"

过去,皮尔斯效力的球队一直是弱旅。但现在的凯尔特人队已是全副武装。"真理"渴望在这轮决定谁是东部霸主的系列赛对决中将"国王"挑落马下。

在波士顿的前两场比赛中,勒布朗遭遇了对手的双人包夹。凯尔特人在系列赛中以2比0领先。回到克利夫兰,骑士队在第三场比赛中扳回一城。第四战注定是重头戏。上半场,骑士队以39比33领先,当勒布朗冲向篮筐准备扣篮时,皮尔斯追了上去,从背后采取凶狠犯规,两只胳膊搂住了勒布朗的身体。裁判立刻吹哨,在球迷们的嘘声中,勒布朗和皮尔斯跌出界外,摔到了篮筐下格洛丽亚·詹姆斯的座位旁。勒布朗试图挣脱皮尔斯,皮尔斯却继续用身体将他困住。格洛丽亚从座位上一跃而起,开始斥责皮尔斯。球迷们骂起了脏话,裁判立刻冲了上来。混乱中,凯文·加内特用胳膊挽住格洛丽亚,不让她靠近皮尔斯,但格洛丽亚一把推开加内特,继续冲皮尔斯叫喊。最后,勒布朗朝她吼道:"给我坐下!"

"勒布朗·詹姆斯和保罗·皮尔斯一点儿也不喜欢对方,"TNT解说员凯文·哈兰(Kevin Harlan)说道,"他们势不两立,这场对决已经进入白热化。"

克利夫兰球迷的漫骂声铺天盖地。随着安保人员迅速进场,球员们纷纷散开并重返球场。勒布朗向皮尔斯走去,用手搂了他一把,然后轻拍他的胸口说道:"不要紧。我们没事。"皮尔斯点了点头。观众们沸腾了,比赛继续进行后,勒布朗如有神助。第四节后半段,球队领先7分,全场观众起立助威。此时,勒布朗加速过掉皮尔斯,迎着加内特的防守高高跃起,在他头顶上完成一记暴力扣篮,其力道之大,使球砸在加内特的胸口上远远弹出,观众们和解说员都陷入疯狂。

"勒布朗·詹姆斯,"哈兰呼喊道,"一记残酷无情的灌篮,帮助骑士队获得了今晚最大的领先。"

勒布朗在NBA年度最佳防守球员头顶上的猛兽灌篮为这场苦战画上句号。勒布朗皱着眉头跑向板凳席，队友们张开胳膊迎接他。当速贷球馆爆发出热烈的欢呼声，勒布朗终于喜笑颜开。系列赛战成2比2平。

赛后，勒布朗对自己在情急之下对母亲说的话感到很抱歉。当媒体问及此事，他承认了他的悔意。"我用了一些不该说的话让她坐下，"他说道，"谢天谢地，今天不是母亲节。我满脑子都是她……我了解我的母亲。没事的，我们很好。"

骑士队和凯尔特人队在接下来的两场比赛中平分秋色。于是，2008年5月18日，抢七大战在波士顿一触即发。"当时，我特别希望听到勒布朗遭遇前交叉韧带撕裂这类的爆炸性新闻，"凯尔特人队首发中锋肯德里克·帕金斯（Kendrick Perkins）回忆道，"我就是如此惧怕勒布朗。"皮尔斯肩上的担子格外沉重。在球队征程命悬一线之际，管理层试图寻找某种能够鼓舞皮尔斯士气的方法。最能激励他的莫过于家乡英雄汤姆·布雷迪，他刚刚率领爱国者队取得了16胜0负的常规赛战绩。于是，凯尔特人队的一位副总裁为布雷迪安排了场边座位，就在骑士队替补席的右侧。这么做的目的是激励皮尔斯。这一招确实奏效了，但布雷迪的现身也激起了勒布朗的斗志。NBA历史上最精彩的对决之一就此诞生。

上半场比赛，勒布朗和皮尔斯二人各自占据了本队得分的一半以上。凯尔特人队50比40领先，皮尔斯攻下26分，勒布朗则得到23分。中场时，凯尔特人队主教练道格·里弗斯为下半场制订了一个简单的比赛计划——把球交到皮尔斯手中，然后所有人闪开。每当勒布朗状态正佳，骑士队也会采取这样的战术。

第三节一度演变为勒布朗和皮尔斯的一对一单挑。

7分44秒 皮尔斯25英尺三分球投篮——命中

6分33秒 勒布朗23英尺跳投——命中

6分17秒 皮尔斯17英尺跳投——命中

6分01秒 勒布朗25英尺三分球投篮——命中

5分23秒 皮尔斯21英尺跳投——命中

这场对决还在继续。

皮尔斯打出了生涯的代表作，全场得到41分。勒布朗砍下45分。最终，皮尔斯身边超强的配角阵容帮助他占据上风。他拥有明星搭档加内特和雷·阿伦，勒布朗则孤掌难鸣。凯尔特人队笑到了最后，97比92赢下了系列赛。

赛后，在波士顿TD花园体育馆（TD Garden）的通道里，骑士队主教练迈克·布朗在赞颂勒布朗的超凡表现时难以控制自己的情绪。"勒布朗在我心目中永远是伟大的球员，"说完，他停顿了一会儿，"他今晚打出了一场无比精彩的比赛，几乎让我们拿到胜利。"

另一边，勒布朗向对手表达了敬意。"保罗·皮尔斯是我最喜欢的球员之一，"他说道，"我喜欢和最好的球员过招，保罗·皮尔斯就是其中之一。"

对勒布朗而言，输给凯尔特人队成为一个转折点。骑士队去年昂首挺进总决赛，但今年却未能跻身东部决赛。经过前四年的稳步前进后，骑士队在勒布朗的第五年倒退了一步。与此同时，凯尔特人队在总决赛里击败了湖人队，仅花了一个赛季就从东部联盟的最差球队一跃成为NBA总冠军。

保罗·皮尔斯等待了九年，凯尔特人队终于为他引进可以帮助他率队登顶的明星搭档。

勒布朗并不想等那么久。

25 新节拍

当记者丽莎·塔迪奥观看勒布朗与凯尔特人队的系列赛，她的脑海中浮现了一个词——"badass"（坏蛋）。但他在场下会是什么样的人？休赛期，她来到阿克伦打算一探究竟。

然而，与勒布朗待在一起也意味着和马弗里克待在一起。在她为《时尚先生》撰写特别报道的初期，塔迪奥就得出结论，马弗里克不仅仅是勒布朗的商业伙伴，还扮演着更重要的角色——勒布朗的"情感保镖"。马弗里克拥有敏锐的直觉，像是装了天线似的。勒布朗越是出名，马弗里克的天线就立得越高。没有记者能够与勒布朗独处。

马弗里克善于察言观色。他对塔迪奥了解不多。但显然，她与过去这些年里试图接触勒布朗的众多男性体育记者不同：她并不会假装关心篮球，而是对其他

25 新节拍

事情更感兴趣。她的肢体语言可以让马弗里克放下戒备，从而使她看到和听到体育记者通常无法看到和听到的那些事情。

勒布朗举办了一年一度的"国王关爱孩子"慈善骑行活动，带领数百名儿童骑着自行车穿过了阿克伦的街道。活动结束后，马弗里克、勒布朗、兰迪·米姆斯以及迈阿密热火队后卫德怀恩·韦德一起外出，后者特意前往阿克伦支持勒布朗的慈善活动。马弗里克邀请了塔迪奥与他们同行。于是，一行人来到一间酒吧，挤进后面的一张转角桌。

塔迪奥喜欢探究女性和有权势的男性之间的互动关系。"从历史上看，"她曾点评道，"那些胃口极大的男性权贵找到女朋友的方式和一条裤子沾上线头的方式没有什么分别——全凭偶然。比尔·克林顿（Bill Clinton）和他的实习生，约翰·肯尼迪和他的秘书、空姐。"就权力而言，篮球运动员与自由世界的领袖并不在一个层面上。但就接触女性的机会而言，像勒布朗这样的运动员所拥有的机会，即使是总统也未曾有过。她好奇勒布朗是如何应对这一切的。

作为记者，塔迪奥一向擅长不动声色地融入人群。但与勒布朗和他的朋友们在一起时，这项任务比平时更加困难。他们时而吵吵闹闹，时而讲起内行才能明白的笑话，这样的戏谑让塔迪奥特别在意自己的身份——餐桌上唯一的女性。但她希望他们把她当作男人看待。"你们可以尽情聊女人、讲荤段子，"她说，"我不介意。"

勒布朗的朋友们有时会说些挑逗的话。特别是马弗里克。塔迪奥形容他是一个"浪子"。但勒布朗恰恰相反。塔迪奥从未见过勒布朗和任何人眉来眼去。尽管勒布朗所到之处几乎都有女性在场，她甚至从未见过勒布朗的目光飘忽不定。

"勒布朗简直没有一点儿花心，"塔迪奥注意到，"不仅仅是对我，对身边任何一位年轻女性都是如此。他身边的女人甚至都没有试图引起他的注意，似乎她们都知道他完全不会在意。"

同时，勒布朗对待塔迪奥就像对待自己的家人一样。当塔迪奥在他身边时，他总是主动把她介绍给周围的人。他人实在太好了，塔迪奥心想，但他并非给予我特殊待遇，而是对每个人都一样。她总结道，他是那种不会因为成功而改变的人。"无论我在哪里见到他，"塔迪奥表示，"都没有任何迹象表明他（对萨瓦娜）不是一心一意的。其实每个人都可以做到一心一意。但在他身上，你能见到一种无与伦比的专注，仿佛在说'我要成为有史以来最好的球员，因此绝不会让任何事情——不论是毒品、酒精、性，还是其他任何东西——把我击垮'。"

塔迪奥在阿克伦的最后一晚，马弗里克邀请她和大伙儿一起去夜总会。她思前想后，最终还是拒绝了。她正在为那篇勒布朗的特别报道写下一段令人难忘的开场白：

伟大的黑人国王如都市童话般崛起。他从王座起身，站在这间玻璃屋里。身高六英尺八英寸、体重250磅的他身躯魁梧、巍然屹立，只需轻轻仰起脖子，即可冲破那玻璃天花板，举止如此优雅、如此轻巧，却又如此具有颠覆性。

尽管不是体育记者，塔迪奥却凭借这篇关于勒布朗的特别报道赢得了一项优秀体育文章奖。

2007年的一天晚上，勒布朗正在家中，他的高中队友罗密欧·特拉维斯出现在他的家门口。勒布朗的某个队友突然登门拜访并不罕见。勒布朗依然和他们关系紧密。但这次，罗密欧并非一个人来的，而是带上了克里斯托弗·贝尔曼（Kristopher Belman），后者是阿克伦本地人，勒布朗记得他是"摄像师"。早在2002年，勒布朗和圣文森特的队友们就这么称呼贝尔曼了。那一年，在洛约拉马利蒙特大学（Loyola Marymount）学习纪录片制作的贝尔曼从洛杉矶返回了阿克伦。当时，他的一项课堂作业就是制作一部十分钟的短片。贝尔曼希望以圣文森特篮球队为题材，于是找到了德鲁教练，并获准拍摄勒布朗高三赛季的一次训练。球队对贝尔曼感到放心，毕竟他只是一位扛着摄像机的大学生，德鲁教练便允许他经常出现在场边拍摄。就这样，在勒布朗的高三和高四赛季，贝尔曼拍摄了大约400个小时的镜头，其中包括勒布朗和队友们的大量

25 新节拍

坦率的采访。

勒布朗已经忘记了贝尔曼曾和他们相处如此之久。得知贝尔曼积累了如此之多的素材，勒布朗惊讶不已。

贝尔曼解释说，在大学毕业后，他曾想利用这些素材制作一部故事片，讲述勒布朗和朋友们从参加篮球启蒙训练到率领圣文森特夺得全国冠军的历程。结果和他打交道的那些人只愿意出价购买勒布朗的素材。贝尔曼把这些素材留在手里，并和他的一位大学同学合作，制作了一部名为《不只是一场比赛》（*More Than a Game*）[1]的纪录片。

罗密欧把贝尔曼带到勒布朗家，就是希望他能瞧一瞧贝尔曼的作品。

勒布朗答应了，于是贝尔曼向他展示了一个12分钟的片段。

12分钟足以让勒布朗的脑海中涌现他生命中那一段珍贵的记忆。

"好吧，"他告诉贝尔曼，"你需要什么尽管跟我说，我入伙了。"

贝尔曼最需要的是影片的发行方。没有人回复他的电话。若没有发行方，贝尔曼的影片就永远无法登上电视或其他任何地方。贝尔曼认为，如果勒布朗支持这个项目，发行方会主动找上门的。

"我这边没问题，"勒布朗告诉他，"我们一定要把它搞定。"

罗密欧和勒布朗的友谊改变了贝尔曼的命运。一夜之间，事情有了转机。马弗里克和保罗·瓦赫特先后参与了进来。没过多久，他们想到了一个主意：勒布朗不仅仅支持这部影片，还应当参与它的制作。贝尔曼的需求为勒布朗进一步扩大自己的商业模式提供了机会。

经过大量的尽职调查，2007年，勒布朗和马弗里克成立了一家名为"斯普林希尔娱乐"（SpringHill Entertainment）的影视制作公司，公司名正是源自勒布朗儿时在阿克伦居住过的那栋公寓。马弗里克出任公司首席执行官。《不只是一场比赛》成了公司的处女作。勒布朗请Jay-Z为影片配乐，马弗里克则与勒布朗的一些企业伙伴——如可口可乐和州立农业保险公司（State Farm Insurance）等——商讨赞助事宜。影片计划于当年晚些时候的多伦多国际电影

---

[1] 译者注：中文片名又译为《篮球小皇帝》。

节上进行首映，找到发行方是他们的当务之急。

距离格洛丽亚因为勒布朗炒掉经纪人的决定而痛斥马弗里克已经过了三年之久。自那以后，勒布朗和马弗里克的事业都有了长足进步，格洛丽亚也开始为他们喝彩。她对两人的顾问人选尤为满意。马弗里克总是将功劳归于他人。2008年夏天，在LRMR公司一年一度于阿克伦举行的营销专题会上，勒布朗和马弗里克被问及他们的商业成功。"你知道吗？"马弗里克对与会者们说道，"人们总是恭维道，'你们太聪明了'。其实并不是这样的。我们只是身边有聪明的人。"

勒布朗作为企业家最大胆的举动就是委派马弗里克运营LRMR公司。马弗里克最令人称道的品质之一就是他愿意承认自己的不足。他为自己善于倾听和乐于学习的本领而感到骄傲。他从未忘记，勒布朗才是主角，他只是主角幕后的帮手。如果他陪勒布朗去一家已经打烊的餐厅，餐厅的大门会重新打开，他们会被邀请入座，享用他们想要的一切东西。如果是马弗里克一个人去，必定不会得到特殊待遇。他对此倒也不介意。毕竟他不是在季后赛里砍下48分的那个人，所以他并不奢求获得与勒布朗相同的待遇。

勒布朗对马弗里克的信心——以及二人对保罗·瓦赫特的信赖——不断带来回报。2007年，勒布朗在瓦赫特的建议下投资了自行车公司坎农戴尔。仅一年后，当这家公司被多瑞尔工业公司（Dorel Industries）以大约两亿美元的价格收购，勒布朗出乎意料地大赚了一笔。2008年初，在达成这笔交易时，勒布朗和LRMR拥有坎农戴尔公司10%的股份。最终，勒布朗获得的回报是当初投资额的4倍。马弗里克也赚了大约7.5万美元，这是他第一次体验股权收益。他将这一成果归功于瓦赫特，感谢他推荐了坎农戴尔公司并处理了交易事务。

既然勒布朗安排他掌管斯普林希尔公司，马弗里克希望确保这家娱乐公司迎来"开门红"。为此，他建议勒布朗写一本书，但他要写的不是自传——写自传还为时过早，而是一部成长回忆录，仅限于他的高中时代。这本书实质上可作为纪录片的配套，它将与电影同步发售，形成交叉宣传的效应。

25 新节拍

但勒布朗需要一个作家，而且不是普通的作家。马弗里克希望委托一位有威望、有履历的人士与勒布朗合作，从而提升这本书的形象。一位勒布朗和马弗里克都很信任的经纪人推荐了普利策奖得主、《名利场》杂志专题作者巴兹·比辛格（Buzz Bissinger）。比辛格的代表作《胜利之光》（*Friday Night Lights*）卖出了超过 200 万册，并被改编成了电影，由比利·鲍伯·松顿（Billy Bob Thornton）主演。这部作品还衍生出同名电视剧《胜利之光》，在美国全国广播公司电视台（NBC）播出，由凯尔·钱德勒（Kyle Chandler）和康妮·布里登（Connie Britton）主演。

比辛格的背景正是马弗里克想要为勒布朗寻找的。于是马弗里克与比辛格的经纪人合作，为这本书争取到大约 250 万美元的预付款，将由勒布朗和比辛格共同分享。但提供这笔巨额预付款的前提是，勒布朗和比辛格必须以勒布朗的口吻共同撰写这本书。而且，两人都必须在该书出版后为其进行宣传，因为这对该书的成功至关重要。

比辛格写过很多书，但他从未写过一本没有编辑主导权的书。但为勒布朗写作可以带来丰厚的回报，他无法拒绝。2008 年夏天，当所有条款敲定后，比辛格立即飞往俄亥俄州与勒布朗结识。他们相约在勒布朗的庄园里见面，马弗里克也加入了他们。

53 岁的比辛格是一个见过世面的人。但见到勒布朗的第一眼，他不由自主感到惊讶。从运动员的标准来衡量，勒布朗像极了列奥纳多·达·芬奇笔下的维特鲁威人。天啊，他太完美了，比辛格感叹道。

但他不确定勒布朗能否胜任眼下的任务——写一本畅销书。"要写这样一本书，你必须投入很多时间，"比辛格告诉他，"你必须深入下去。"

勒布朗点了点头。但他并不理解比辛格所谓的"深入"究竟意味着什么。马弗里克也一头雾水。比辛格获得的普利策奖属于调查性报道奖。他擅长深入一个人的内心世界里，然后身临其境、毫无保留地将它描绘出来。在这方面，选择比辛格与勒布朗搭档似乎令人费解。并不是说勒布朗隐瞒着什么不可告人的秘密，而是勒布朗向来都不愿对记者敞开心扉。

比辛格终究是一位技艺高超的作家。他让勒布朗谈一谈他的母亲和他的成长经历。

"有时候，我上床睡觉时，甚至无法确定第二天早上还能否见到她，"勒布朗告诉他，"有时我一整晚都见不到她。我害怕有一天醒来，她再也不会出现。"

比辛格本能地想追问下去，但他还是忍住了冲动。相反，他不断提醒自己来到这里的目的是什么——让勒布朗感到自在，建立融洽的合作关系。比辛格认为还是谨慎出言为妙。

比辛格打算做几件他认为很有必要的事情，其中一件就是去看看勒布朗故事里的一些核心地点。于是，马弗里克和勒布朗带领他踏上一场阿克伦观光之旅。三人跳上一辆SUV。马弗里克负责开车，勒布朗则坐在副驾驶座，当起了导游。比辛格坐在后座，埋头做着笔记。圣文森特是他们的目的地之一。虽然是夏天，学校还未开学，体育馆里却挤满了9岁、10岁的孩子们，他们正在参加一个训练营。当勒布朗的身影忽然出现，孩子们高兴得尖叫起来，一拥而上将他围住。

勒布朗眼睛睁得大大的。他张开双臂，孩子们纷纷上前用手搂住他的腰，仿佛是见到了"沃巴克斯老爹"（Daddy Warbucks）[1]。

比辛格被感动了。不管他有什么不愿告人的事情，比辛格心想，有一点是肯定的，那就是他是个好人。孩子们真的很喜欢他。

后来，当他们继续在阿克伦转悠时，马弗里克发现SUV没油了。他把车开进一座加油站，却发现自己没带钱包。勒布朗也说他没带钱包。两人不约而同地看向比辛格。

比辛格难以置信地掏了钱。这不对劲，比辛格心想，一个生活窘迫的作家竟然要为勒布朗这样的亿万富翁付油钱？

这笔费用后来一直没有得到报销。

那晚，勒布朗和马弗里克与比辛格共进晚餐。之后，勒布朗和比辛格玩

---

[1] 译者注：漫画《孤女安妮》中的富翁角色奥利弗·沃巴克斯，在故事中收养了安妮。

25 新节拍

起了电子游戏。比辛格并不擅长游戏,但为了和勒布朗建立情谊,他愿意尝试一切事情。

观光之旅结束后,比辛格希望确保他拥有完成委托任务所需的权限,那就是和格洛丽亚坐下来聊聊。

"我需要采访一下你的母亲。"比辛格对勒布朗说。

勒布朗知道她一定不太高兴。

比辛格离开阿克伦不久,就从马弗里克那里得到消息——格洛丽亚同意接受采访。在准备问题时,比辛格意识到格洛丽亚的过往经历可能比较敏感,因此把重点放在了那些他认为会让格洛丽亚感到自在的方面。

勒布朗的成长经历是怎样的?

他的朋友又是什么样的?

最后,他想出了十几个他认为并不尖锐的问题。这终究是一本关于勒布朗的书,比辛格认为,没必要问一些会让勒布朗母亲不高兴的私人问题,进而冒犯他的委托人。

然而,当比辛格回到阿克伦,与格洛丽亚坐在一起时,他立刻意识到这次采访注定不会顺利。从一开始,格洛丽亚就坚持要把采访录下来。她不但多疑,而且不愿意配合。对于比辛格准备的那些容易的问题,每一个她都拒绝回答。灰心丧气的比辛格唐突地结束了采访。"这就够了。"他说道。

他的叫停似乎也让格洛丽亚感到吃惊。

"那是我经历过的最困难的采访,过程很不愉快,"比辛格回忆道,"她同意接受采访是因为勒布朗。那实在是太糟糕了。我觉得她的看法非常重要,可以为那本书增色不少,但最后没能奏效。"

由于无法以他预想的方式去了解勒布朗,比辛格感到很气馁。尽管他尽了最大努力,还是难以与勒布朗建立更深入的关系。他的结论是,写这本书并非勒布朗的主意。相反,勒布朗似乎更愿意支持这部纪录片,而不是在这本书上花费必要的时间。他和勒布朗相处的时间总共只有 10 个小时。

心灰意冷的比辛格明白,他必须寄希望于勒布朗的高中队友了。

"我会接受你的采访。"马弗里克向他保证。

比辛格喜欢和马弗里克交谈。他从马弗里克那里获得了更多关于勒布朗的洞见，甚至比与勒布朗本人直接交谈得到的还要多。有一次，马弗里克告诉比辛格："勒布朗讨厌孤独。"

比辛格不知道马弗里克为何会这么说。但这件事情让他醍醐灌顶。一方面，它揭示了勒布朗的弱点，能够用来解释勒布朗的某些行为。另一方面，它使得比辛格对格洛丽亚以及她在勒布朗小时候把他送往其他家庭寄养的决定多了几分敬佩。她意识到勒布朗必须生活在一个完整的家庭里，比辛格总结道。这个决定挽救了勒布朗的人生。从那时起，他学会了如何生活，如何分享，如何融入家庭，如何承担责任。

比辛格越琢磨这件事，就越觉得格洛丽亚应该获得更多的赞誉。他渴望从这个角度去深入挖掘勒布朗的故事，但它被埋得太深了。

勒布朗和科比成为奥运代表队的队友，两人关系融洽。美国队出征前的首次训练中，当全体队员躺在中圈进行拉伸运动时，勒布朗开始模仿播音员的声音，介绍起北京奥运会的首发阵容。

"10号，"他用低沉的嗓音说道，"来自费城及意大利。"

包括卡梅隆·安东尼、德怀恩·韦德、克里斯·波什、贾森·基德在内的所有球员都大笑起来。他们都知道科比童年的一段时光是在意大利度过的。

"绰号'神射手'，"勒布朗拉低嗓音，"又名'曼巴'，科——比——布莱恩特……布莱恩特……布莱恩特。"

教练们笑得前仰后合。就连科比也笑得合不拢嘴。勒布朗让篮球变得有趣。这支美国队的氛围与2004年相比简直是大相径庭。

勒布朗随奥运代表队参加训练营之际，马弗里克来到洛杉矶会见了传奇音乐大亨吉米·艾欧文，他是 Interscope Records 唱片公司的创始人之一。艾欧文当时正在与 Dr. Dre 合作创办一家名为"Beats by Dre"的公司。这个创业想法背后的理念是开发多款可营造录音室级别音效的耳机。艾欧文让马弗里克试戴了一副。

25 新节拍

马弗里克算是半个音乐行家，但这款由 Dr. Dre 设计的耳机给他带来了前所未有的体验。显然，艾欧文称 Beats 是一款革命性的产品绝非夸大其词。

此时，Beats by Dre 耳机尚未上市。马弗里克向艾欧文要了 15 副耳机。"等着看我怎么处理它们吧。"他告诉艾欧文。

勒布朗正准备与奥运代表队的队友们一起飞往海外，马弗里克把 Beats 耳机交给了他。勒布朗又把耳机交到了每位队友手里。当美国队降落在北京，全体队员均佩戴着 Beats 耳机走下飞机。勒布朗和科比佩戴同款耳机的画面被传播到了世界各地。这一时尚宣言和高超的营销手段给艾欧文留下了深刻印象，也使艾欧文相信他和 Dr. Dre 应当与勒布朗和马弗里克建立合作。

老 K 教练希望队员们扭转 2004 年那支美国队给人留下的自命不凡的形象。为此，队员们必须团结一致，把心思都放在夺回金牌这件事情上。他们接受了"救赎之队"的绰号。在队长科比的带领下，美国队的目标不仅仅是赢得胜利——他们要摧毁对手。

接下来，他们没有丝毫懈怠，七战全胜，平均每场都赢下对手 30 分。但金牌争夺战的第四节才是决定性的时刻。美国队在决赛中迎战西班牙队，科比绝不会掉以轻心，因为对手阵中有他的队友保罗·加索尔（Pau Gasol）。两个月前，两人还联手在 NBA 总决赛里对抗凯尔特人队。如今，他们身披着不同的球衣。科比决定先发制人，为比赛定下基调。他把队友召集起来。

"我知道比赛第一回合他们会怎样进攻。"科比说道。他研究过对手，知道西班牙队一定会设置一系列挡拆，为射手创造空间。"保罗一定是最后一道屏障，我要撞翻那个浑蛋。"

"伙计，你疯了吧，"勒布朗说道，"那可是你的队友，你不能这么做。"

开场不到两分钟，当加索尔为队友做挡拆，科比并没有绕过他，而是凶狠地撞了上去。加索尔被顶飞了出去，摔了个底朝天。科比低头瞪了他一眼，然后走开了。

我的老天！勒布朗心想。这场比赛我们不会输的。我们要把西班牙队打得屁滚尿流。

对勒布朗而言，那一刻是转折点。他常做的是冲击篮筐，而不是对方的球员。但科比的好斗精神感染了他。见到科比瞪着加索尔，勒布朗不由自主地感叹：这家伙简直满脑子都是赢球。

美国队对付西班牙队很有心得。两支球队又在金牌争夺战里狭路相逢。最后时刻，科比罚球命中，帮助美国队以 118 比 107 锁定胜局。勒布朗第一个走向罚球线与科比致意。他和科比撞胸庆祝，大声为他喝彩。"USA"的欢呼声响彻赛场。

赛后的新闻发布会上，全体队员手挽着手走进会场。"每个人都在谈论 NBA 球员是何等的自私、傲慢，崇拜个人主义，"科比发言，"好吧，你们今天看到的是一支团结一致的队伍，这支队伍克服了逆境，在这里大获全胜。"

勒布朗离开中国时的心境与四年前离开希腊时完全不同。在老 K 教练麾下打球，成为一支紧密团结的精英群体中的一员，为了同一个目标而奋斗，这样的经历影响了勒布朗的人生观。他早已认识到，若想在克利夫兰赢得 NBA 总冠军，他还需要一批更加强大的帮手。他不禁想到，美国队里的一些球员正是他理想中的 NBA 队友。他尤其欣赏他的朋友德怀恩·韦德和队友克里斯·波什，三人不但在场上产生了良好的化学反应，在场外也一拍即合。而且，三人都将在 2010 年成为自由球员。勒布朗在心里默默记了下来。

勒布朗极少掉眼泪。但在 9 月初的多伦多电影节上，在勒布朗与圣文森特的队友和教练们一起观看了《不只是一场比赛》后，他的眼里饱含泪水。勒布朗拥抱了他的朋友们，他们同样热泪盈眶。当晚晚些时候，勒布朗和马弗里克与吉米·艾欧文共进晚餐。他们既有很多成就可供庆祝，也有许多事情有待商讨。Beats by Dre 在中国获得了巨大的曝光率。艾欧文被深深打动，于是提议勒布朗和马弗里克入股这家初创公司。艾欧文和 Dr. Dre 甚至决定为勒布朗打造一个签名产品系列，名为"Powerbeats"。勒布朗打算给他在骑士队的所有队友赠送一副 Beats 耳机。不久之后，NBA 所有球员都想得到一副。

还有更多好消息。得益于斯普林希尔公司的参与，狮门影业（Lionsgate）已签约成为《不只是一场比赛》的发行方。艾欧文和他的 Interscope Records

公司也同意与斯普林希尔公司共同制作这部影片。

对勒布朗来说，转眼间有太多事情值得回味——在中国夺金，在多伦多圆满完成电影首映，促成斯普林希尔和狮门影业的伙伴关系，又与音乐界的创新先锋吉米·艾欧文联手创业。

当勒布朗进一步涉足音乐、电影、电视和时尚界，他在这些领域的朋友们开始将他带入政治圈。离开多伦多后，勒布朗和萨瓦娜一同前往纽约，大卫·劳伦（David Lauren）在纽约的拉尔夫·劳伦商店为勒布朗·詹姆斯家庭基金会举办了一场鸡尾酒会。这是一次星光熠熠的活动，从 Jay-Z 到查理·罗斯（Charlie Rose），再到几天前刚刚赢得个人第三个美国网球公开赛冠军的塞雷娜·威廉姆斯（Serena Williams），大牌运动员、知名艺术家和电视名人们齐聚一堂。甚至连安娜·温图尔也来到现场，支持勒布朗和萨瓦娜为呼吁人们关注困难儿童所做出的努力。但在纽约，每个人都把一个名字挂在嘴边，那就是正在竞选总统的贝拉克·奥巴马。距离选举日还有不到一个月的时间，这位 47 岁的伊利诺伊州参议员在民调中领先共和党参议员约翰·麦凯恩（John McCain）。这个国家选出首位黑人总统的前景成了勒布朗和萨瓦娜的派对上人们热议的话题。

最受奥巴马鼓舞的人非 Jay-Z 莫属。在奥巴马参选之前，Jay-Z 从未考虑过黑人当选总统的可能性。"在我成长的过程中，如果你告诉我一个出自贫民窟的黑人能当上总统，"Jay-Z 回忆道，"我一定会说，'你疯了吧？这怎么可能？'"但奥巴马给了 Jay-Z 信心，让他为美国感到自豪。Jay-Z 的转折点出现在 2008 年 4 月，当时正在与奥巴马竞争民主党总统提名席位的参议员希拉里·克林顿（Hillary Clinton）在一次电视辩论中批评了奥巴马。第二天，奥巴马发表了一个演讲，称他对克林顿的攻击并不惊讶。"在你竞选总统的时候，"奥巴马对观众说道，"你必须预料到这一切，你必须……"他停顿了片刻，用手假装掸去肩膀上的灰尘。这是在引用 Jay-Z 的歌曲《甩掉你肩膀上的灰尘》（Dirt off Your Shoulder）。当奥巴马做出这个举动，全场沸腾了。"你知道的，"奥巴马一边说，一边把手伸向另一边肩膀，"你知道的。"

当 Jay-Z 见到这一幕，他对自己说："这不可能发生在这个世界上，不可能发生在美国。"但它确实发生了。于是，Jay-Z 愿意尽一切努力去说服人们支持奥巴马，并激励他们在选举日去投票。他告诉勒布朗，他将在底特律、迈阿密和克利夫兰举办一系列免费演唱会。这些演出的目的是鼓励人们为奥巴马投票。

勒布朗非常赞同 Jay-Z 长期持有的一个观点——黑人孩子摆脱贫穷的唯一途径就是成为说唱歌手或者篮球明星。但奥巴马激励了 Jay-Z，而 Jay-Z 打算把他的热情传递给勒布朗。

在纽约的筹款活动结束后，勒布朗和萨瓦娜向一个支持奥巴马的委员会捐赠了两万美元。这还是他们第一次向总统竞选活动捐款。接下来，10 月 23 日的克利夫兰，勒布朗走进了座无虚席的速贷球馆。他身穿黑色牛仔裤，头戴黑色鸭舌帽，黑色皮夹克外套里穿着一件黑色 T 恤，上面印着一个词："VOTE"（投票）。骑士队的球馆里挤满了观众，他们来这里是为了观看 Jay-Z 名为"最后的变革机会"（Last Chance for Change）的演唱会。当勒布朗致欢迎辞，观众们疯狂地欢呼起来。勒布朗请所有人把目光投向一座巨型荧幕，荧幕上播放起奥巴马在佛罗里达州一次集会上的演讲实录。

奥巴马谈论自己的成长经历时，速贷球馆立刻安静了下来。

奥巴马演讲结束后，勒布朗动员道："我希望在座的每一位，母亲、父亲、阿姨、叔叔，都能去投票。11 月 4 日是我们人生中最重要的日子。在座的每一位，请让你们的家人一起投票吧。"

观众们欢呼雀跃。

"你们知道我会投票给谁，"勒布朗继续道，"我要投票给奥巴马。"

舞台突然暗下来，接着 Jay-Z 登上了舞台。一盏聚光灯照在他的身上。

"罗莎·帕克斯坐下来，马丁·路德·金才能前行，"Jay-Z 对观众说道，"马丁迈起步子，奥巴马才奔跑。奥巴马跑了起来，我们所有人才能飞翔。让我们一起飞吧！"

音乐开始跳动，勒布朗说唱起来。接着，Jay-Z 让整座球馆为他颤抖。唱完第一首歌，他催促所有人尽早投票。"我们今晚是来找乐子的，"Jay-Z 呼吁道，"但即将到来的选举非常重要。我们年轻人要向他们展示我们的力量。"然后他

25 新节拍

又念了几句新歌词:

厌倦了萧条的论调,真叫人懊恼
我不是政治家,但我支持奥巴马。[1]

在短短几个月内,勒布朗就从"别把体育和政治混为一谈"到为竞选捐款,并利用自己的明星效应动员选民为奥巴马投票。

现在已经没有回头路可言了。

---

[1] 译者注: *Fuck talkin' 'bout the recession, it's just depressin'/ I rock with Obama, but I ain't no politician.*(原文)

26 光有奇迹是不够的

巴兹·比辛格已经花了一年的时间为勒布朗撰写回忆录。他急切地希望得到勒布朗的反馈，于是把手稿的草稿寄给了勒布朗和马弗里克，请他们过目。随后，比辛格回到俄亥俄州，和两人进行商讨。他们围坐在勒布朗的厨房餐桌旁，此前读过手稿的德鲁·乔伊斯教练也加入了他们的行列。

马弗里克在自己的打印稿上做了笔记。他主持了讨论，并提出了一系列明智的修改意见，其中大部分和语境有关。德鲁教练补充了一些重要细节，并标出了几处与事实不符的小错误。

比辛格原以为勒布朗会要求他删掉手稿中的一些内容，例如，关于他吸食大麻的描述，以及关于他青少年时期的某些敏感话题。

然而，勒布朗对比辛格所写的任何东西都没有意见。他只希望比辛格补充一件事，那就是当他在高三那年因为接受复古球衣而被指控时，圣文森特的管理部门并没有站在他的身后。"天哪，"勒布朗说道，"我为这所学校做了这么多，在我经历巨大挫折并需要帮助的时候，他们至少应该立即支持我。"

比辛格意识到这件六年前发生的事情至今依然刺痛着勒布朗。他表示一定会把这段插曲和勒布朗的感受加入故事当中。

"我还有一个问题，"勒布朗提出，"谁是'匈奴王阿提拉'？"

比辛格原本期望得到一些实质性的反馈。听到这句话，他却有些沮丧。他在文中提到了这位匈奴帝国统治者，直到453年去世之前，他一直是最让罗马帝国闻风丧胆的人之一。但此时的比辛格不想解释了。

"这不重要，"比辛格告诉勒布朗，"我把他删掉就是了。"

勒布朗没有听出比辛格的沮丧，但他并非故意冒犯。只是他对纪录片的关注远胜于这本书。对于写一本书究竟需要多少工作，勒布朗一无所知。他也不明白，比辛格对自己的写作技艺亦如勒布朗对自己的球技那般自豪，而且作家和运动员一样，都渴望得到他人的赏识。

在逐页审阅手稿之后——这个过程花费了大约五个小时——比辛格感谢所有人的意见。他尤其感激马弗里克，但他仍不确定勒布朗的感受。

"所以，你觉得这本书怎么样？"比辛格问道。

"这本书很好。"勒布朗回答。

比辛格等待勒布朗多评论几句。

但勒布朗再没有说什么。

就做书而言，他还是太年轻了，比辛格心想。他一辈子都在泡沫中度过。即使他经历了这么多，在这个年纪，又能有多少反思呢？

告别阿克伦后，比辛格按照马弗里克和德鲁教练的意见做了修改，随后把手稿交给了编辑。

"我总是深入了解别人，"比辛格解释道，"但对于勒布朗，我连第一层都没有突破，我打不开那扇门。"

自从勒布朗上高中以来，《60分钟》（60 Minutes）节目就有意为他写一篇特别报道。但勒布朗兴趣不大。他不读新闻杂志。而且，随着他的职业生涯不断前进，他的公关人员越发对这个以直言不讳的访谈著称的节目持有保留态度。但在2008—2009赛季的开端，勒布朗终于同意与记者史蒂夫·克罗夫特（Steve Kroft）聊一聊。这次会面与其说是一场刨根问底的采访，不如说是一期明星专题介绍。当克罗夫特抵达阿克伦，勒布朗领着他去了自己的高中。勒布朗身穿街头服装，拿着篮球，向克罗夫特介绍起圣文森特的体育馆。这时，克罗夫特开口问道："你认为自己接近巅峰了吗？"

这并不是一个尖锐的问题。但勒布朗并不想细说自己的雄心壮志——他当然还远远没有达到巅峰。勒布朗给出了含蓄的回答。

"我并不想说自己还有很长的路要走，"他说，"但这还需要一小段过程。"

克罗夫特盯着勒布朗手里的篮球。"你打算用它做什么吗？"他笑着问道。

勒布朗瞟了一眼球馆另一端的篮筐，然后托起篮球，像是扔垒球一样用力甩出。篮球飞行了大约60英尺，最后空心穿过篮网。

克罗夫特惊呆了："你能做到几次？"他疑惑道。

勒布朗笑了起来："一次，宝贝。就一次。"

克罗夫特有幸见证了勒布朗神奇的"超能力"。勒布朗关于自己还远没有达到巅峰的看法也值得克罗夫特玩味——如果他现在还没有达到巅峰，那么他的巅峰究竟在哪里？2008—2009赛季成了勒布朗最具有统治力的一个赛季。他首次夺得MVP殊荣，带领骑士队豪取66胜的战绩，登顶联盟第一。在西部联盟，科比率领湖人队拿下了65胜。两位全世界最好的球员似乎注定要在NBA总决赛里一较高低。

骑士队在季后赛首轮横扫了活塞队，次轮又横扫了亚特兰大老鹰队。勒布朗原以为骑士队将在东部决赛里和凯尔特人队会师，但伤兵满营的凯尔特人队却不敌由全明星中锋德怀特·霍华德领衔的奥兰多魔术队，后者曾在奥运会上与勒布朗并肩作战。

随着保罗·皮尔斯和凯尔特人队的出局，勒布朗和骑士队重返NBA总决

26 光有奇迹是不够的

赛的道路似乎明朗了起来。东部决赛第一战在克利夫兰打响,勒布朗统治了比赛,全场30投20中,狂砍49分。但魔术队最终以一分险胜,让骑士队大吃一惊。接下来的第二战,骑士队在领先23分的大好形势下被魔术队反超。比赛只剩一秒,魔术队以95比93领先。

骑士队几乎要跌入0比2落后的绝境,速贷球馆下层看台的所有观众都站了起来。暂停过后,勒布朗在弧顶站定,等待裁判将球交给骑士队控球后卫莫·威廉姆斯(Mo Williams)手中,由他负责发界外球。勒布朗从小就为这样的时刻进行演练,在训练馆里练习过成千上万次的读秒投篮。他甚至假想了防守者的迎面封阻,蜂鸣器的声音也在他脑海里响起。现在是时候动真格了。他指了指威廉姆斯,仿佛在对他说:我们开始吧。

球送到威廉姆斯手里的那一刻,勒布朗启动冲向篮筐,似乎要尝试一次空中接力扣篮,把比分扳平。当他的防守者向后退,勒布朗忽然停下,又折返回弧顶。他的双脚刚刚迈到三分线外,威廉姆斯的传球就送到了他的手里。两名对手从左右两侧分别向他扑来,只见勒布朗接球,起跳,迎着对手伸出的手臂,射出一记高弧度的投篮,这一切只花了0.6秒的时间。球一离开他的手指尖,蜂鸣器就响了起来。

"勒布朗投出制胜三分。"当篮球飞向空中,马夫·阿尔伯特说道。

篮球弹框入网。

"Yes!"阿尔伯特喊了起来,"勒布朗投进绝杀!"

速贷球馆欢声雷动,全场观众陷入疯狂,队友们把勒布朗团团围住,彩带如雨点般落下。记分牌上显示:骑士队96分,魔术队95分。

"詹姆斯奇迹般的投篮。"阿尔伯特用难以置信的语气继续说道。

根据联盟规则,裁判需要回看这次投篮,检查勒布朗是否在比赛时间结束前把球投出。观众们仍在疯狂欢呼,脸上沾着彩带的勒布朗走向技术台。他越过裁判的肩膀,观看着显示器上的回放。很快,勒布朗举起了拳头——进球有效。他最终砍下35分,骑士队将系列赛比分扳成1比1。

勒布朗竖起食指,昂首挺胸地走向球员通道,观众们为他送上欢呼。克利夫兰球迷上一次目睹如此戏剧性的结局,还是20年前迈克尔·乔丹把骑士

313

队淘汰出局的那一记投篮——"the Shot"。赛后的新闻发布会上，有人将勒布朗和乔丹的绝杀作比较。

"你是在这个地方长大的，"一位记者说道，"所以，你知道当年的'the Shot'意味着什么。"

勒布朗笑了。"嘿，那家伙已经不在联盟了。"

记者们纷纷大笑起来。

当晚晚些时候，勒布朗收到了科比的短信："那个投篮棒极了。"

当系列赛第三战和第四战移师奥兰多举行，骑士队士气高涨。勒布朗势不可当，分别得到 41 分和 44 分。然而，两场比赛的胜者却是魔术队，他们以 3 比 1 的比分占得先机。尽管勒布朗表现神勇，骑士队却难以招架。

回到克利夫兰，骑士队在勒布朗的带领下赢下了第五场。但在第六场，坐镇奥兰多的魔术队轻松拿下比赛，彻底将系列赛的胜利收入囊中。"Na, na, na, na, hey, hey, goodbye"，在奥兰多球迷送别的歌声里，勒布朗没有心情与魔术队球员握手致意，而是神情错愕地返回了更衣室。

这轮系列赛的失利让勒布朗难以接受。他的球队豪取全联盟最佳战绩，他也打出了季后赛历史上最伟大的个人表现之一，在东部决赛里场均得到 38 分、8 篮板和 8 次助攻，但这仍不足以让他重返总决赛。

另一边，科比带领他的球队挺进了总决赛。湖人队最终击败魔术队，科比第四次捧起了 NBA 总冠军奖杯。

登陆 NBA 六个赛季后，勒布朗已然是联盟的头号球员，但他仍没有一枚总冠军戒指。

骑士队老板丹·吉尔伯特感受到了压力。勒布朗的合同只剩下一年。多支队伍早已摩拳擦掌，打算在2009—2010赛季结束后对勒布朗发起争夺，将他带离克利夫兰。吉尔伯特必须做点什么来提高球队下赛季夺冠的机会。但该做什么呢？为了让克利夫兰成为勒布朗永远的家，他已经花了一大笔钱。最新的项目是在勒布朗的庄园附近建造一座最先进的训练基地，该项目已经完工。骑士队的薪资总额在全联盟高居第三。在球员合同方面，只有尼克斯队的开销比他们更高。然而，骑士队依然无法为克利夫兰带回一座总冠军。在勒布朗的合同年，吉尔伯特觉得自己必须向勒布朗证明，他对胜利的承诺并没有动摇。

吉尔伯特并不愿意解雇主教练迈克·布朗。不敌奥兰多之后，吉尔伯特听到了一些风声——勒布朗和他的核心圈对布朗感到恼火，希望他被替换掉。但勒布朗并没有对吉尔伯特说过这些话。骑士队刚刚在常规赛里拿下了联盟最佳的66胜，布朗教练因此当选了NBA年度最佳教练。吉尔伯特认为布朗品格高尚、为人正直，是一个聪明而无私的领导者。"我们球队之所以取得了我们所憧憬和希望的成就，迈克·布朗是一大关键因素，"吉尔伯特在布朗领奖后评价道，"没有人比他更配得上这个奖，这也向全世界证明了，好人也可以当第一。"

总经理丹尼·费里也发誓，如果布朗丢了工作，他将辞职以示抗议。吉尔伯特并不希望球队管理层发生动荡，于是他向布朗教练表达了支持，并着眼于引进一位能够增强球队实力的大牌球员。他把目光投向了37岁的沙奎尔·奥尼尔。虽然奥尼尔是联盟中年龄最大的球员，但这位未来的名人堂中锋仍是NBA最耀眼、最有成就的球星之一。他与科比搭档在洛杉矶赢得三次总冠军，又与韦德联手为迈阿密拿下一次总冠军。吉尔伯特期望沙克和勒布朗的组合也能为克利夫兰带来总冠军，于是他交易走两名首发球员——本·华莱士和萨沙·帕夫洛维奇，并开出了2 100万美元的薪水。奥尼尔同意加盟骑士队。

吉尔伯特明白，沙克的年龄会带来一些风险。但这笔交易对他而言犹如一场扑克牌局，此刻他押上了全部筹码。他还有一种预感，那就是科比的再次夺冠会给他的宿敌沙克增添额外的动力，激励他与勒布朗一起争冠。

2009年6月25日，丹尼·费里走上讲台，向媒体公布了这一消息。

"你和勒布朗商量过吗？"一位记者提问。

费里很讨厌这个问题，但它却一针见血。勒布朗拥有一切权力和一切筹码。骑士队的一举一动都必须围绕勒布朗进行考量。没有他，骑士队将回归平庸，甚至更糟。

"我们和勒布朗谈过，也和一些队员谈过。我们全队保持着开放的沟通氛围。"

"这笔交易对勒布朗下赛季之后的未来会有多大影响？"另一位记者问道。

"显然，勒布朗的未来对整个组织至关重要。"费里回答，"无论是这笔交易还是球队的目标，都与球员们的期望是一致的，包括勒布朗。"

"沙克现在在哪里？"一位记者又问道。

费里的情绪有些低落。"我不确定，"他耸了耸肩，说道，"我还没和他聊过。"

几天后，奥尼尔乘坐一辆前格栅上印有超人标志的大型柴油卡车现身克利夫兰。身高7.1英尺、体重超过350磅的大鲨鱼在他的亮相发布会上向媒体宣告："我依然是所有大块头中的超人。"在丹·吉尔伯特、丹尼·费里和迈克·布朗教练的陪同下，沙克把记者们逗乐了。他先是拿丹尼·费里开涮——"我用电脑搜索一下，才知道丹尼·费里是何方神圣"，接着与布朗教练约法三章——"其他队伍会在和我们对位的时候遇到麻烦的，但我们再也不能去包夹任何人了"。当记者问起他如何看待和勒布朗一起打球，沙克明确表示，他很清楚自己被招入的原因，那就是避免勒布朗离队。"我的职责就是保护国王，"他说道，"这是勒布朗的球队。在理想的情况下，如果我们把事情办好并赢得胜利，那么他除了留在这里，别无选择。我的座右铭非常简单：'为国王赢得一枚戒指。'"

丹·吉尔伯特很喜欢这句话。

当勒布朗得知沙克成为骑士队一员时，他和萨瓦娜正在法国里维埃拉度假。勒布朗激动万分。他在克利夫兰从未有过一位货真价实的明星队友。沙克或许巅峰已过，但他仍然是球场上的一头野兽。勒布朗认为他和沙克非常相似，都是喜欢打球和玩耍的大孩子。勒布朗听到了沙克对克利夫兰媒体说的那些话。"我开心得不得了，"沙克对一位记者说道，"我感觉很好。我是一头功成名就的老公牛了，现在我身边有了一头新公牛。"沙克曾实现过勒布朗梦寐以求的目标。我终于有了一位能够帮助我达成目标的队友,勒布朗心想。

在法国休养之后,勒布朗又回到他的岗位,有无数任务等待他去处理。作为联盟的卫冕MVP,一部即将上映的纪录片的制片人以及两家公司的创始人,勒布朗度过了一个忙碌的夏天,虽然公务繁多,却也乐在其中。在爱达荷州太阳谷(Sunny Valley),他与沃伦·巴菲特和比尔·盖茨一起打高尔夫球;在洛杉矶,他夺得黑人娱乐电视奖(BET Awards)最佳男运动员称号。他前往巴黎,出现在时装摄影师马塞尔·哈特曼(Marcel Hartmann)的镜头里,又飞赴纽约,与蕾哈娜(Rihanna)共同出席了一家水疗中心的盛大开业。他回到阿克伦,在耐克训练营上接待了耐克的林恩·梅里特,随后再次造访中国,参加了耐克主办的一系列篮球训练营。他为查理·罗斯录制了一个小时的访谈,定于秋季播出;又在HBO电视剧《明星伙伴》(Entourage)里饰演自己,与马特·达蒙(Matt Damon)成为搭档。

然而,勒布朗在这个休赛期的高光时刻莫过于临时拜访了奥巴马总统的椭圆形办公室。勒布朗与马弗里克、里奇和兰迪一同来到华盛顿,出席纪录片《不只是一场比赛》的首映仪式。勒布朗一行人并没有预约,但奥巴马总统仍然把他们挤进了日程表。踏进白宫西厢,勒布朗和朋友们倍感荣幸。

在奥巴马参选之前,勒布朗并不太在意总统政治。自从勒布朗和萨瓦娜为奥巴马的竞选捐款并公开支持他参选以来,勒布朗始终密切注视着他。勒布朗知道成为公众关注的对象是何种滋味。奥巴马总统可谓这个星球上最受关注的人,但他总是不卑不亢。勒布朗心里的榜样并不多,但奥巴马总统鼓舞着他。与奥巴马总统见过面后,勒布朗决定更加努力地为社区做好事,成为年轻人的好榜样。

巴兹·比辛格与《名利场》杂志主编格雷顿·卡特(Graydon Carter)分享了勒布朗回忆录的预印本。这本书被命名为《流星》(Shooting Stars)。读完后,卡特认为比辛格绝妙地展现了勒布朗和他的高中队友之间那种令人感动的纽带。勒布朗没有强调太多自己的个人事迹实在是明智之举。他还惊叹于为这本书写短评的那些勒布朗的好友,他们都是大名鼎鼎的人物——Jay-Z、沃伦·巴菲特和迈克·沙舍夫斯基。他问比辛格，他能为这本书的出版做些什么？

"你有兴趣刊登一段节选吗？"比辛格问道。

"当然了。"卡特回答。

比辛格开心极了。在《名利场》杂志上刊登节选将提高这本书成为畅销书的概率。

卡特还提议在他位于曼哈顿中城的那间别致的餐厅——"猴子酒吧"（Monkey Bar）为这本书举办一场派对。《名利场》以每年在奥斯卡颁奖典礼期间举行派对而著称。为了这场新书派对，卡特拟了一份宾客名单，包括了电影、电视和出版行业的几十位名人。

勒布朗并不知道，新书发布会能得到这样的支持是多么不寻常。但他很清楚成为众人瞩目的焦点是什么感觉。《流星》于2009年9月9日发售。这天，当勒布朗走进猴子酒吧，他像一个老练的政客那样，与所有人握手、寒暄。他还向每位朝他走来的宾客介绍了陪同他出席派对的格洛丽亚和萨瓦娜。

几天后的一个夜晚，勒布朗登上了《乔恩·斯图尔特每日脱口秀》（The Daily Show with Jon Stewart）[1]。从表面上看，勒布朗参加节目是为了宣传新书，但他几乎没有谈论《流星》。相反，当斯图尔特开玩笑地抛出他可能在明年以自由球员的身份加入尼克斯队这个话题时，他却配合得很好。节目期间，斯图尔特拿出一只印有"我爱纽约"字样的咖啡杯放在桌上，引得观众们哄堂大笑。

"你熟悉我们的城市吗？"斯图尔特问道，"我们有一支队伍，叫尼克斯队。它可是一支篮球队噢。"

勒布朗咧嘴一笑。

观众们也开怀大笑。

"你熟悉'Shake Shack'吗？"斯图尔特一边问，一边掏出一袋外卖食品放在桌上。

勒布朗笑得合不拢嘴。

"你下定决心了吗？"斯图尔特继续问道，"你会留在克利夫兰吗？你考

---

[1] 又译《囧司徒每日秀》。

虑过去其他城市打球吗？"

"嗯，我现在就在纽约，和你一起。"勒布朗回答他，"我不是已经在这里了嘛。"

观众们喜欢这个回答。

勒布朗笑着说："我们走着瞧吧。"

比辛格对勒布朗未能在节目中宣传新书很不高兴。这本书的封面上挂着他俩的名字，在宣传图书时，他们本应是一个团队。比辛格忙着参加出版商为他安排的各种访谈节目和电视采访，勒布朗却没有把宣传新书的事情放在心上。关于这本书的书评也不尽如人意。《纽约时报》书评人德怀特·加纳（Dwight Garner）评价道："《流星》是一本中规中矩的书……读起来就像一本位于平均水准之上的青少年小说。"这并不是很高的评价。虽然加纳称赞勒布朗与比辛格合作是"聪明"之举，但批评了比辛格将"幽怨""灵光乍现""篮球的无情嘲讽""乌合之众"等词语强行塞进勒布朗的口中。"这些都是作家的用语，根本不像詹姆斯说的话，"加纳写道，"这使叙述变得不伦不类。"

比辛格很沮丧。纵使有勒布朗的球星号召力、比辛格的文笔、《名利场》的节选、名人的推介，以及众多媒体造势，这本书的销量并不理想，未能登上《纽约时报》的畅销书榜单。对比辛格而言，这着实是一次苦涩的经历。

丹·吉尔伯特对勒布朗也不满意。他认为勒布朗与乔恩·斯图尔特的采访一点都不好笑，这看起来就像是勒布朗在借机和尼克斯队眉来眼去。吉尔伯特也不太喜欢勒布朗关于自己未来计划的言论。在采访勒布朗时，查理·罗斯透露了他们在那年夏天早些时候的一次私下对话。

罗斯：当时我们在高尔夫球场，你告诉我："我今年会继续努力打球，然后考虑所有选项。我这么做是为了我自己、我母亲和勒布朗团队的成员。"

勒布朗：没错。

罗斯：那么，你将如何决定？这就是我要问的。

勒布朗：嗯，我想赢得胜利……毫无疑问，我认为丹尼·费里、经理们和老板都很出色。但与此同时，你知道的，作为一名运动员和一个好胜的人，你会希望取得最高的成就。

对吉尔伯特来说，勒布朗的话无法让他安心。勒布朗的肢体语言也让他感到烦恼。当勒布朗抵达训练营时，他看上去心不在焉，意兴阑珊。这一点在媒体日尤为明显。勒布朗倚着墙，面对围成半圆形的骑士队记者们，他照本宣科地回答问题，露出不情愿的笑容。

在他身旁，主教练迈克·布朗被问起他和勒布朗之间的关系。"勒布朗允许我执教他。"布朗回答道。

布朗的回答让吉尔伯特有些难堪。这是布朗第五年担任主教练，而且他刚刚当选NBA年度最佳教练。勒布朗允许布朗执教他？有没有搞错？

当媒体聚集在勒布朗周围时，记者斯科特·拉布（Scott Raab）找到了吉尔伯特。拉布是克利夫兰本地人，为《时尚先生》杂志撰稿。作为一名狂热的克利夫兰体育迷，拉布告诉吉尔伯特他打算写一本关于2009—2010赛季的书，并询问吉尔伯特是否认为勒布朗会在本赛季结束后继续留队。

吉尔伯特耸耸肩。"没有人知道，"他告诉拉布，"我觉得他会留下来的。"

拉布则认为勒布朗是不可能离开克利夫兰的。绝对不可能！

吉尔伯特愿意相信他的话。但他在私底下还是心存疑虑，尽管他并不会向记者承认。

骑士队取得了3胜2负的开局。2009年11月4日，勒布朗正在家中观看MLB总决赛第六场比赛。当洋基队投手马里亚诺·里维拉（Mariano Rivera）为费城人队的外野手谢恩·维克托里诺（Shane Victorino）送出滚地球出局，洋基队的队员们激动地冲出替补席，将他团团围住。洋基队第27次夺得总冠军。作为洋基队的超级粉丝，勒布朗先是给德里克·杰特（Derek Jeter）发去了祝贺短信，随后又给亚历克斯·罗德里格斯（Alex Rodriguez）和投手C.C.沙巴西亚（CC Sabathia）发了短信。

第二天晚上，在主场输掉了一场势均力敌的比赛后，勒布朗和球队飞抵纽约，住进了曼哈顿中城的一间酒店。这座城市正在为洋基队的胜利游行进行筹备。当纽约人一觉醒来，映入眼帘的却是勒布朗整版刊登在《每日新闻报》（Daily News）封底上的一封信。信的开篇这样写道：

感谢你们欢迎我重返纽约，这是全世界我最钟爱的比赛地点之一。"大苹果"一直对我很好，所以我想做一些特别的事情来表达我的感激之情。

在信中，勒布朗宣布自己已经安排了全市七座体育馆免费向高中球员开放。天气已经转凉，勒布朗想为孩子们提供一个温暖、安全的运动场地。

纽约人欣喜若狂。洋基队再次夺冠。勒布朗也在谈论大苹果城，仿佛这里将是他未来的家。

大游行如火如荼之时，勒布朗正在睡觉。但当他踏上麦迪逊广场花园的球场时，洋基队球员们和Jay-Z都出现在了场边。现场气氛如季后赛那般热烈。尼克斯球迷们穿着勒布朗的球衣，手里举着勒布朗的照片，还为照片里的勒布朗贴上了尼克斯的队服。一位尼克斯球迷甚至直接套上了印有勒布朗名字的尼克斯球衣。他头戴洋基队帽子，高举一幅勒布朗的照片，上面写着"236天"。

跳球前，现场介绍起洋基队的队员，全场为他们起立鼓掌。勒布朗也站起来鼓掌，音响里弗兰克·辛纳特拉（Frank Sinatra）正在唱着"纽约、纽约"[1]。

勒布朗第一节就砍下19分。在命中一记后仰三分球后，勒布朗和Jay-Z击掌庆祝。节末，勒布朗投进了一记压哨三分，然后看向洋基队的队员们，竖起三只手指。尼克斯球迷们陷入了疯狂。骑士队以40比21领先。

勒布朗就是为这样的大场面而生的。舞台越大，他发挥得越好。观众们的反应让他格外满足。

尼克斯队试图在第二节奋起直追，但整场比赛都在勒布朗的掌控之中。

---

1 指美国歌手弗兰克·辛纳特拉的歌曲《纽约，纽约》（New York, New York）。

他最终得到了 33 分、9 次助攻和 8 个篮板，带领球队以 100 比 91 获胜。退场前，勒布朗接受了 ESPN 记者多丽丝·伯克（Doris Burke）的采访。

"来到麦迪逊广场花园这样的舞台，"伯克说道，"描述一下你的感受吧。"

"这里是篮球的圣地，"勒布朗回答，"这里曾有过太多回忆。这是一座传奇球场。每个有好胜心并且熟知篮球历史的人都会喜欢在这里打球的。"

2009 年 11 月 27 日凌晨两点左右，泰格·伍兹的妻子冲出家门，手里握着高尔夫球杆，在车道上追赶着伍兹。伍兹驾驶 SUV 试图逃走，却撞倒了消防栓，而后又撞上了邻居家前院的一棵树。妻子抢起高尔夫球杆砸向 SUV 的车窗。伍兹最后被拖到了地上。一直住在伍兹家的母亲急忙从屋子跑出来，一脸惊恐地大喊："发生什么了？"这次事件为体育史上最知名的丑闻拉开了序幕。

勒布朗与泰格·伍兹并无交情，却有一些共同之处。他们都曾被《体育画报》冠以"天选之子"的美称。他们不负众望，被誉为各自领域的世界最佳。两人也是运动界的富豪。伍兹是第一位挣得 10 亿美元的运动员，并且据《福布斯》报道，他是全世界最富有的运动员。勒布朗则名列前五。他们最大的财富来源都是耐克公司，同时也是这家公司旗下最重要的两名运动员。至于他们在耐克公司的地位，伍兹排名第一，勒布朗位居第二。但这种情况即将改变。

11 月 27 日，勒布朗在夏洛特睁开了眼睛。当晚，骑士队将迎战山猫队。当勒布朗第一眼看见这条新闻时，他和伍兹的母亲有同样的疑惑。几天后，伍兹被爆出了重磅的出轨丑闻。女性们一个接一个站出来，揭露她们与伍兹的性关系。伍兹苦心经营的形象轰然崩塌。

起初，勒布朗并未想过伍兹的处境会对他产生怎样的影响。他也无法理解导致伍兹陷入窘境的一系列复杂情况。但是，当骑士队抵达洛杉矶参加与湖人队的圣诞大战时，伍兹已经宣布他为了挽回婚姻而暂别高尔夫球的决定。一时间，除耐克以外的所有企业赞助商都放弃了他。他的职业生涯按下了暂停键，个人生活也一塌糊涂。在耐克，火炬悄无声息地传递到了勒布朗的手上。凭借他的声望，勒布朗将成为这家公司的领军人物。

勒布朗并不在意伍兹,而是把注意力都放在了科比和湖人队身上。骑士队和湖人队似乎又一次注定要在 NBA 总决赛里狭路相逢。当时,湖人队的战绩是 23 胜 4 负,骑士队则为 22 胜 8 负。这场全美直播的焦点战被渲染为联盟两大巨星的正面对决。勒布朗和科比并没有让观众们失望,两人合砍了 61 分和 17 次助攻。最终,勒布朗占据了上风,骑士队在客场以 102 比 87 带走胜利。

一个月后,湖人队做客克利夫兰,勒布朗和科比再次交锋。第四节,勒布朗连得 12 分,率领骑士队反超比分。科比得到了 31 分,而勒布朗已经轰下 37 分。比赛还剩 23 秒的一次暂停期间,克利夫兰的球迷们起立为勒布朗鼓掌。勒布朗大摇大摆地走向边线。这时,现场响起了《不只是一场比赛》原声带中的歌曲《永远》(Forever)。只见勒布朗大摇大摆地走向边线,嘴里跟着唱了起来:

热情之火已经燃起,
一旦点燃,它将无法灭熄。[1]

骑士队势不可当。

沙奎尔·奥尼尔来到克利夫兰,决心再夺一座冠军。他深知勒布朗是这座城市的骄傲。勒布朗在克利夫兰的地位让沙克想起了二十一世纪初他在洛杉矶的地位,当时的湖人队如日中天。但沙克很快就发现了不同寻常之处——球队完全听命于一位球员。勒布朗的影响力无处不在,让主教练显得无能为力。"我们的教练迈克·布朗是个好人,"沙克留意到,"但他不得不过着提心吊胆的日子,因为没有人可以和勒布朗对着干。没有人希望他离开克利夫兰,所以他可以做任何他想做的事情。"

沙克喜欢和勒布朗一起打球。他尤其欣赏勒布朗在球员当中营造出的包容性文化。"这是我这辈子待过的最有趣、最好玩的球队,"沙克说,"我们每

---

[1] *The passion in the flame is ignited/ You can't put it out once we light it.*

到一个地方，勒布朗都会给我们发短信——'嘿，八点钟牛排馆见''电影院见''我们今晚有个派对'，等等。这是一个非常非常紧密的集体。"然而，沙克预感到了即将到来的麻烦。赛季期间，有一次，布朗教练带领全队观看录像。所有人都看见，有一回合，勒布朗在投丢一球后并没有立刻回防，但布朗教练什么也没说。到了下一个回合，莫·威廉姆斯也做了同样的事情。"哟，莫，我们不能这样，"布朗教练嘱咐道，"你必须再努力一些。"这时，队友德隆蒂·韦斯特站了起来。"先等等，"他开了口，"你不能像这样畏畏缩缩。每个人都必须对自己的行为负起责任，而不仅仅是我们中的某些人。"

"我知道，德隆蒂，"布朗教练说道，"我都知道。"

据沙克观察，在2009—2010赛季，勒布朗经常对布朗不理不睬，布朗则竭力避免与勒布朗产生冲突。局面相当难堪。尽管如此，骑士队仍以61胜21负的战绩连续第二年荣膺常规赛第一。在季后赛首轮轻松淘汰芝加哥公牛队后，志在必得的骑士队将在东部半决赛里迎战波士顿凯尔特人队。

凯尔特人队总经理丹尼·安吉并不乐观。凯尔特人队那个赛季的表现并不理想。他们夺得了50胜，但在收官阶段表现挣扎，打得毫无生气。考虑到勒布朗的表现，安吉认为凯尔特人队几乎无法和骑士队抗衡。

在克利夫兰的首战比赛之前，凯尔特人队主教练道格·里弗斯试图激励队员们全力以赴，在场上同勒布朗和骑士队决一死战。"他们想找点乐子，"里弗斯大喊道，"我们的目标就是让比赛变得毫无乐趣。把它变成一场该死的战斗，变得残酷、变得艰难，让他们屈服。"

凯尔特人队在第一场比赛里果然摆出了强硬的姿态，但这难不倒勒布朗。他拿下35分，率领骑士队取胜。很显然，凯尔特人队并不会束手就擒。第二战赛前，勒布朗捧起了2009—2010赛季的MVP奖杯，连续第二年获此殊荣。颁奖仪式似乎点燃了凯尔特人队的斗志。当晚，他们痛击骑士队，将系列赛总比分扳成1比1。

当系列赛移师波士顿再战，勒布朗试图扼杀凯尔特人队的希望。他开场就火力全开，第一节就得到21分。接下来，比赛演变为一场屠杀，勒布朗轰下 37 分，骑士队以 124 比 95 大胜。这是凯尔特人队季后赛历史上最惨痛的主场失利。当凯尔特人队的球员走下球场，波士顿的球迷们送上了嘘声。

这一切并没有让安吉惊讶。勒布朗的表现配得上联盟最佳球员的头衔，而凯尔特人队队长保罗·皮尔斯却与 2008 年那个曾与勒布朗势均力敌的自己判若两人。骑士队 2 比 1 领先。凯尔特人队急需赢下第四战。

把系列赛的主动权掌握在手的机会就摆在眼前，但勒布朗在第四场比赛却显得心不在焉。他的传球多次偏离目标，落入了对方球员的手里，得分表现也不尽如人意。另一边，凯尔特人队控球后卫拉简·隆多（Rajon Rondo）打出了他人生中最精彩的一场比赛，独得 29 分，摘下 18 个篮板，送出 13 次助攻。其中一次助攻成为比赛的转折点。第三节末，当隆多持球奔向篮筐准备上篮时，勒布朗跟了上来——他的防守绝技正是从身后追赶对手，找到完美的时机起跳，扇飞对手的上篮。隆多感受到了勒布朗的存在，他跳了起来。但就在勒布朗蹬地而起打算封盖他的投篮时，隆多忽然送出一记背后传球，找到了跟进的队友。勒布朗上当了，丢失了位置的他只好在空中眼睁睁地看着隆多的队友把球灌进，点燃了主队球迷的热情。

凯尔特人队乘胜追击，骑士队则一泻千里。布朗教练来来回回地更换球员，试图寻找一套可以得分的阵容，弥补勒布朗的得分荒。场面十分混乱，沙克一度在场边对勒布朗大发雷霆。凯尔特人队球迷对勒布朗乏善可陈的表现津津乐道。当隆多触球时，他们发出了"M-V-P"的呼喊。凯尔特人队以 97 比 87 轻松获胜，系列赛总比分来到了 2 比 2。

勒布朗极少发挥失常。在这些罕见的情况下，他总能在下一场比赛里强势反弹。然而，在克利夫兰的第五战刚刚打响，勒布朗就开创了七年职业生涯里的一个先河——整整第一节比赛，他只出手了一次，而且一分未得。第二节比赛情况更糟——勒布朗尝试了三次投篮，均未投进。半场时，他只得到了 8 分，全部来自罚球线。另一边，凯尔特人队则反客为主。

勒布朗的队友们一头雾水，尤其是沙克。"毫无疑问，勒布朗在第五场比赛里有些迷失了，"奥尼尔日后回忆道，"我一直相信他会在某个时刻爆发，但出于某些原因，他并没有这么做。这太奇怪了。"

到了第四节，不可思议的事情发生了——克利夫兰的球迷们开始朝勒布朗发出嘘声。

比赛还剩 8 分多钟时，骑士队以 68 比 92 落后，球迷们已经涌向了出口。骑士队老板丹·吉尔伯特面无表情地坐在场边座位上，解开上衣纽扣，松开领带，双手交叉放在胸前。在他看来，勒布朗已经放弃了。在本赛季最重要的一场比赛里，勒布朗 14 投 3 中，凯尔特人队以 120 比 88 获胜。这是骑士队季后赛史上最惨痛的主场失利。此刻，吉尔伯特心烦意乱。

勒布朗的赛后发言更让人们觉得他和球队并不合拍。"我给自己施加了很大压力，想要成为球场上最好的球员，"他说道，"当我表现不好的时候，我会很难过，因为我没有办法去做我擅长的事情。"

勒布朗知道自己表现糟糕。然而，当有人通过一场糟糕的比赛来质疑他的比赛态度，勒布朗忍无可忍。"我此前的表现把很多人宠坏了，"他回应道，"当你在七年的职业生涯中打了三场糟糕的比赛时，人们很容易就把它们挑出来。"

随着凯尔特人队手握 3 比 2 的总比分将系列赛带回波士顿，勒布朗受到了更加猛烈的批评。在推特上，最近被视为"美国最知名体育专栏作家"的比尔·西蒙斯号召球迷们在勒布朗罚球时高喊"纽约尼克斯"。于是，在波士顿的第六战里，当勒布朗第一次走上罚球线，观众们纷纷朝着他高喊："纽约尼克斯，纽约尼克斯。"嘲讽的声音伴随他度过了整场比赛。

勒布朗的表现比起第四战和第五战有所起色。但比赛的最后时刻令人难忘。落后 10 分的骑士队似乎已经认输。波士顿球迷兴致勃勃地唱着"勒布朗要走了"。随着比赛时间彻底结束，在波士顿球迷们起立欢呼之时，勒布朗逐一拥抱了凯尔特人队的球员，向他们表示祝贺和祝福。他拿下了 27 分、19 个篮板和 10 次助攻。对任何球员来说，这都是极其杰出的统计数据。但人们对场上最优秀的球员寄予了更高的期望，尤其是在如此重大的时刻。

坐在 TD 花园场边，凯尔特人队的丹尼·安吉试图消化他所目睹的一切。"我不明白到底发生了什么，"安吉说道，"但他不是我在 2008 年见到的那个勒布朗·詹姆斯。"在与迈克尔·乔丹交锋的那些年，安吉从未见过乔丹在季后赛里隐身。"迈克尔·乔丹从未出现这种情况，他没有哪一次不是系列赛里发挥最好的球员，即使球队输了球。"安吉评价道。

并非只有安吉一个人在探究勒布朗在波士顿的表现。当勒布朗走下球场，脱去球衣，消失在球员通道里，迈阿密热火队总经理帕特·莱利正在电视机前注视着他。又被击败了，莱利心想，七年了，他依然郁郁不得志。

莱利决心让勒布朗身披热火队战袍。他已经开始密谋如何将勒布朗从克利夫兰带走。

洗澡更衣后，勒布朗来到TD花园地下的记者室，坐上了采访席。记者们抛出了种种关于他未来的问题，但勒布朗并未正面回答。"你永远无法预测未来，"他说，"但与此同时，你会期望未来比现在更加光明。"

戴上墨镜，背上背包，勒布朗离开了房间。

虽然勒布朗直到7月1日才正式成为自由球员，但NBA史上最受瞩目的休赛期已经拉开帷幕。

勒布朗的夏天

在骑士队被凯尔特人队淘汰的第二天早上,一家体育八卦网站刊登了一篇有关勒布朗的队友德隆特·韦斯特与格洛丽亚·詹姆斯有染的报道。该网站援引一位匿名消息人士的话,声称勒布朗在与波士顿的第四战之前得知了这一肮脏的行径。这是一条卑劣且毫无根据的谣言。但由于勒布朗在第四战和第五战里莫名其妙的懈怠表现,这条谣言在互联网上引起了广泛关注。几个小时之内,*Barstool Sports* 网站就进行了报道,*Deadspin* 网站也加入了讨论。很快,它竟在推特上成了热门话题,德隆特·韦斯特也为了热议的对象。一位备受尊敬的NBA球员在推特上写道:"刚听到一则谣言,但愿它和德隆特无关。"

勒布朗对社交媒体不感兴趣——在那之前,他一直拒绝加入推特。但他见识到了互联网和推特如何将

27 勒布朗的夏天

一条恶毒的流言变成伤人的武器。人们每发出一条推特，格洛丽亚就要多蒙受一次羞辱，无休无止。那里简直是造谣者的舞台。为了阻止这一切，勒布朗聘请了律师。

在弗雷德·南斯看来，这条谣言卑鄙至极。他还认为它在法律意义上构成了诽谤。起初，南斯觉得这条谣言简直太离谱了，甚至不值得辟谣。然而，到了周末，那些毫无根据的流言蜚语非但没有平息，反而持续扩散。再三思考后，南斯在5月17日向那家八卦网站的所有者发了一封制止函。"我是格洛丽亚和勒布朗·詹姆斯的律师，"南斯开门见山地写道，"我勒令你停止传播你所散布的关于格洛丽亚·詹姆斯的谎言。这些谎言完全是虚假的，本质上已构成诽谤。"

在南斯与八卦网站打交道的同时，马弗里克·卡特要处理另一个问题——巴兹·比辛格对勒布朗的自由球员身份发表了看法。比辛格在《纽约时报》的一篇专栏文章暗示道，勒布朗"害怕离开家"，但是"为了他的情感成长和职业进步"，他有必要离开克利夫兰。

事后来看，比辛格觉得为勒布朗写书犹如出卖了自己。钱是好东西，但比辛格感到羞愧。面对哈佛大学尼曼新闻基金会的一群学生，他终于毫不掩饰地坦言，这本书就是"一坨屎……但是钱确实够多，所以……"。

在《纽约时报》杂志的一篇文章里，比辛格认为勒布朗在系列赛第五场比赛里的表现是"令人震惊""不可原谅"的，并且发表了看法——勒布朗并不是历史上最伟大的球员。"他与那些最经常被用来和他作比较的球员相去甚远，既没有迈克尔·乔丹的杀手心态，也没有魔术师约翰逊的果敢精神，"比辛格写道，"他和卡里姆·阿布杜尔·贾巴尔（Kareem Abdul-Jabbar）或者科比·布莱恩特都不在一个档次。"文章结尾，比辛格直接对勒布朗开口："是时候离开家了。"

马弗里克很不高兴。当初是他把比辛格找来的，也多亏了他，比辛格才得以坐在勒布朗的厨房餐桌前。《纽约时报》的文章仿佛是一种背叛行为。马弗里克的工作是保护勒布朗。想到自己请来的作家竟然如此对待自己的朋友，马弗里克很是苦恼。

马弗里克决定不再与比辛格有任何往来了。

与此同时,勒布朗受到了专家们的口诛笔伐。"勒布朗是为常规赛而生的,"斯基普·贝勒斯(Skip Bayless)在 ESPN 二台 *1st and 10* 节目中表示,"他是常规赛的霸主,是我们 *SportsCenter* 节目每晚最佳镜头的常客,因为他在常规赛里总是第一名。他是我从业以来见过的最被高估、最被夸大的超级巨星。"

根据 NBA 的规定,在花费多少钱将勒布朗留在克利夫兰这件事上,丹·吉尔伯特握有优势。骑士队最高可为勒布朗开出六年 1.26 亿美元的合同,其他有意签下勒布朗的队伍只能为他提供最高五年 9 600 万美元的合同。这一制度的初衷是打消明星球员们更换球队的念头。但吉尔伯特很清楚,若想把勒布朗留在克利夫兰,仅凭金钱是不够的。他也察觉到了勒布朗和迈克·布朗教练之间的关系是不正常的。尽管布朗已经是球队历史上最成功的主教练,吉尔伯特仍然决定做出改变。5 月末,他解雇了布朗。

"这支球队被赋予很高的期望,"吉尔伯特在一份官方声明中表示,"虽然改变总是伴随着风险,但有时候我们必须去冒险,才能突破自我,达到更高的成就。现在就是这样的一个时刻。"

勒布朗对布朗的离任只字未提,他的队友们却十分失望。"如果你要把所有责任都推到布朗教练身上,然后认为一切问题都解决了,那么你就会有新麻烦了。"济德鲁纳斯·伊尔戈斯卡斯说道。

"他应该受到这样的对待吗?我的答案是否定的,"莫·威廉姆斯发表了看法,"我很难过,因为我很喜欢他。"

但一位有影响力的记者对这个决定表示赞同。

"这是难免的,"深得吉尔伯特信任的《时尚先生》记者斯科特·拉布写道,"我从未见过一支球队像骑士队在与凯尔特人队的第六战所做的那样如此公开地放弃了教练……这很可悲、很丑陋,仿佛是这支队伍——特别是他的领袖勒布朗·詹姆斯——对布朗教练说了一句'去你的'。"

吉尔伯特解雇布朗后,总经理丹尼·费里决定辞职。

27 勒布朗的夏天

与此同时，吉尔伯特正变得越来越焦躁。自从赛季结束，勒布朗一个字也没有对他说过。

凯尔特人队重返 NBA 总决赛，和湖人队再次相遇。第二场比赛，马弗里克与阿里·伊曼纽尔（Ari Emanuel）和马克·道利（Mark Dowley）一起坐在湖人队替补席附近的场边座位。伊曼纽尔是威廉·莫里斯奋进公司（William Morris Endeavor，WME）的首席执行官，也是好莱坞最有权势的经纪人。他的客户包括奥普拉·温弗瑞（Oprah Winfrey）、马丁·斯科塞斯（Martin Scorsese）、道恩·强森（Dwayne Johnson）和唐纳德·特朗普（Donald Trump）。伊曼纽尔不但被公认为同时代最优秀的经纪人，他还拥有颇具影响力的政治关系。他的哥哥拉姆·伊曼纽尔（Rahm Emanuel）担任过奥巴马总统的幕僚长。

在 WME，伊曼纽尔依靠马克·道利提供战略意见。道利是一位营销大师，也是该公司的高级合伙人。他曾参加 LRMR 公司在阿克伦举行的前几届营销专题会。马弗里克为勒布朗所做的一切让道利印象深刻。于是道利结识了马弗里克，他们的友谊最终转变为了商业关系。由此，莱昂·罗斯负责处理勒布朗的 NBA 合同，WME 则负责处理勒布朗的电视广告合同和其他娱乐界的事务。

马弗里克坐在伊曼纽尔和道利之间，观看了一场湖人队的比赛，这足以证明从当初那个耐克实习生到现在，马弗里克已经走过了很远的路程。第二场比赛的中场休息时，马弗里克见到解说员吉姆·格雷走了过来。格雷向所有人问好，接着他问起了勒布朗。

"马弗里克，自由球员的进展如何？"格雷问道。

"很好，"马弗里克告诉他，"会有很多事情发生，非常有趣。"

一阵闲谈之后，格雷直奔主题："当勒布朗做出决定后，我想第一时间采访他。"

"我会告诉他的。"马弗里克回应道。

"我在他高中时采访过他，在他被选中时采访过他，还有他在萨克拉门托的第一场比赛，"格雷说道，"我采访过他很多次了。"

"你不必解释这些。"马弗里克对他说。

马弗里克和伊曼纽尔在赛后共进晚餐,结果又遇到了格雷。格雷仍然迫切地想要参与到勒布朗公布决定的过程当中,于是他提出了一个主意。"我们应该做一场直播秀,"他提议,"在直播节目里公布他的决定。"

马弗里克被这个主意吸引了。他提出了好几个问题。

格雷继续阐述了他的想法。"这个节目由你们制作,"格雷说,"由你们掌控。"

"这个主意太棒了。"伊曼纽尔插话道。

"我负责做采访,"格雷继续说道,"你负责请勒布朗来公布他的去向。"

"马弗里克,"伊曼纽尔说,"你应该这么做。"

"好吧,"卡特看向伊曼纽尔,"你想要加入吗?"

"当然,我们一起干。"

格雷开心极了。

和格雷聊过之后,伊曼纽尔和马弗里克又给道利打去电话,分享了格雷的建议。

伊曼纽尔不确定电视网是否愿意接受这个主意,便想听听道利的意见。

"我们可以向谁推销这个主意吗?"伊曼纽尔问道。

"当然可以,"道利犹豫了一下,继续说,"不过,我认为我们还有更重要的事情要做。"

"这话是什么意思?"马弗里克不解。

"是这样,我觉得我们可以找一些合作伙伴,"道利解释,"但是我们应该把所有的收入捐出去。"

"为什么?"伊曼纽尔问道。

"是啊,为什么这么做?"卡特附和着。

"因为我们会把很多人惹恼的。"道利说道。

伊曼纽尔想详细听听道利的意见。

道利其实很愿意为勒布朗提供他的平台。毕竟,他已经足够成功,不需要依靠体育媒体来制造新闻或是炮制热点。这些事情他有能力自己做到。他

27 勒布朗的夏天

完全可以去 ESPN 这样的电视网，为自己量身打造一个长达一小时的节目。但是这么做开创了先河。传统媒体可能会产生误解，甚至感到威胁。

伊曼纽尔能够理解道利的观点——每当你做了一些革命性的事情，而人们又不理解它的时候，那么最容易做的事情就是批判它。伊曼纽尔的职业生涯曾有过这样的经历。

道利不愿看到勒布朗受到批判。

伊曼纽尔和马弗里克也不愿看到。

于是三人集思广益，想出了各种办法来避免批评。他们所想到的最好办法就是把赞助费捐给参与体育运动的孩子们。

马弗里克提起了男孩女孩俱乐部。勒布朗一直大力支持他们。他和 Jay-Z 在幕后为俱乐部付出了很多。

道利认为，如果他们能找到企业赞助商，就能轻松承担制作节目的费用，还能将数百万美元转交给男孩女孩俱乐部。

"这是个好主意。"伊曼纽尔说道。

马弗里克也表示认可。他相信勒布朗会喜欢这个主意的。

道利和马弗里克同意处理所有细节问题。但若想让 ESPN 入伙，需要发挥伊曼纽尔的影响力。一小时的黄金时段节目是一件大事，需要得到这家电视网内容执行副总裁约翰·斯基普（John Skipper）的同意。

"我会给斯基普打电话，把时间敲定。"伊曼纽尔说道。

詹姆斯·甘多菲尼和埃迪·法可（Edie Falco）自从 2007 年拍摄完《黑道家族》的最后一集后就再也没有合作过。但在 2010 年 6 月，他们再次联手，帮助纽约尼克斯队招募勒布朗。尼克斯队老板詹姆斯·多兰（James Dolan）对勒布朗垂涎已久。为了招募勒布朗，多兰打算另辟蹊径。尼克斯队的主意是拍摄一

部名为《胜利之城》(*City of Winners*)的短片,请一众纽约名人出镜,以这座城市为卖点吸引勒布朗。

尼克斯队聘请罗可·卡鲁索(Rocco Caruso)来制作这部短片。卡鲁索是一位鲜为人知的独立制片人,专门拍摄一些很少有人看过的怪诞电影。卡鲁索对名人不感兴趣,也几乎分不清楚篮球和棒球的区别。但他认识埃迪·法可。两人曾当过同学。虽然法克不关注勒布朗,但当她得知身为尼克斯忠实球迷的甘多菲尼同意出演这部影片,她也同意参与其中。

有了法可和甘多菲尼的加入,卡鲁索又找到了乔纳森·霍克(Jonathan Hock)。他是一位经验丰富的体育纪录片制片人,曾在美国国家橄榄球联盟电影公司(NFL Films)开始职业生涯。卡鲁索邀请霍克执导这部影片。作为土生土长的纽约人和尼克斯队的忠实球迷,霍克目睹了球队在多兰的领导下碌碌无为。能够有机会为球队招募勒布朗贡献一份力量,霍克干劲十足。霍克心想:你能有多少次机会真正为你的球队做点什么呢?

在6月的一个星期里,霍克疯狂地进行着一系列纪录片式的采访。

亚历克·鲍德温(Alec Baldwin)[1]从汉普顿乘直升机来到麦迪逊广场花园接受采访。有一天,鲁迪·朱利安尼(Rudy Giuliani)[2]和洋基队退役强击手雷吉·杰克逊(Reggie Jackson)背靠背接受了采访。另一天,哈维·韦恩斯坦(Harvey Weinstein)[3]和罗伯特·德尼罗(Robert De Niro)[4]在米拉麦克斯电影公司(Miramax)位于翠贝卡区的办公室进行拍摄。喜剧演员克里斯·洛克(Chris Rock)、纽约游骑兵队(New York Rangers)[5]球星马克·梅西耶(Mark Messier)和尼克斯队传奇球星沃尔特·弗雷泽(Walt Frazier)纷纷出镜。霍克甚至在唐纳德·特朗普位于特朗普大厦的办公室里采访了他。这是此次项目里最紧张的一次拍摄。当霍克的摄制组架起灯光和摄像机,特朗普走进房间并

---

1 译者注:美国演员。
2 译者注:意大利裔美国律师、检察官,前纽约市长。
3 译者注:出生于纽约的美国知名制片人、导演、编剧及演员,米拉麦克斯电影公司创始人。
4 译者注:出生于纽约的意大利裔美国演员、导演、制片人,奥斯卡奖得主。
5 译者注:美国国家冰球联盟(NHL)下属球队。

27 勒布朗的夏天

不耐烦地问道："我们要做什么？"

"我们要说服勒布朗加入尼克斯队。"霍克对他说。

"我的朋友，勒布朗。"特朗普一边说，一边坐了下来。

特朗普的工作人员就如何为采访打光做了特别指示。涂在他头发上的橙色发胶也必须达到一定厚度，确保颜色以适当的方式凸显他的头发。否则，你会透过头发看到他的脑袋。

工作人员抓紧时间把一切布置妥当，特朗普却在不停地看表。"这也太花时间了。"他发起牢骚。

当霍克终于准备就绪，特朗普盯着镜头，与勒布朗进行对话，仿佛他们是一对老相好。在回答了几个问题后，特朗普看向霍克。"这太耗费时间了，"他说道，"我得走了。"

对霍克来说，这项任务的重要时刻是前往甘多菲尼的公寓对他进行拍摄。不同于其他参与者，甘多菲尼和法可将以托尼和卡梅拉·索普拉诺的身份出镜。三脚架上架着三台摄像机，现场布置了更多灯光。留着一脸浓密大胡子的甘多菲尼走了进来。

"你想要怎么做？"甘多菲尼说道。

霍克写了一个简短的剧本。故事背景是这样的：卡梅拉是纽约的一位房产经纪人，托尼希望她能为他的朋友勒布朗找到一个合适的住处，后者正打算搬到纽约。

甘多菲尼一边用手指捋着胡子，一边思考着。"好吧，"他说，"就假装我正在参加证人保护计划吧。"

霍克很喜欢这个主意——托尼和卡梅拉将会续写《黑道家族》的最后一集故事。他们正处于纽约的证人保护计划之中。甘多菲尼和法可立刻投身角色并进入场景。卡梅拉坐在厨房的餐桌前，用 iPad 浏览着房产信息，托尼从沙发上站起来向她走去，准备查看她给出的选项。

卡梅拉：第五大道上的豪宅。

托尼：不够优雅。

卡梅拉（点击下一个选项）：格雷西公寓。

托尼：少了点历史底蕴。

托尼又拒绝了几个选项后，卡梅拉切换到一个介绍麦迪逊广场花园的网页。

托尼：就是这个地方。这是全纽约唯一一个配得上勒布朗的地方。

摄像机后的霍克看得津津有味。"他们两个配合得好极了，"霍克回忆道，"埃迪在 iPad 上联系了麦迪逊广场花园，随后甘多菲尼看向镜头，他的表情仿佛在说：'嗨，勒布朗，我知道这是个大玩笑，但如果你打算来纽约，那简直太酷了。'那一刻，我正好在镜头后方。我不由自主地打了个寒战。"

几天后，霍克来到麦迪逊广场花园，把影片 DVD 交给了尼克斯队管理层。

当马弗里克提议制作一个小时的电视节目来宣布他的决定时，勒布朗几乎不敢相信。"我宣布我要去哪里打球，我们就能得到 500 万美元？"勒布朗疑惑道。

这听上去太荒谬了。但马弗里克并没有夸大其词。他和马克·道利一直在和勒布朗的企业伙伴们洽谈，而这些企业已经排起队了。马弗里克向勒布朗说明，他不会从这次节目中获利。所有收益都将捐给男孩女孩俱乐部。

勒布朗还在为了是否离开克利夫兰而做着思想斗争。此刻，他最不想做的就是纠结于如何宣布自己的计划，以及其中的种种细节。他把这个问题留给了马弗里克。把 ESPN 节目的收入捐给男孩女孩俱乐部这个计划打动了他。几个月前，他曾与 Jay-Z 一起在达拉斯的男孩女孩俱乐部为孩子们做了一天的指导。那是他整个赛季最快乐的时光之一。他为马弗里克亮了绿灯，允许他继续操办。

与此同时，弗雷德·南斯告诉勒布朗有更多的法律问题需要处理。莱斯特·布莱斯·斯托维尔（Leicester Bryce Stovell），也就是那位曾在 2008 年冒出来

27 勒布朗的夏天

声称自己和少女时期的格洛丽亚发生过性关系的男人，已经决定提起诉讼。他声称两年前做的亲子鉴定被篡改了，并控诉勒布朗和格洛丽亚关于勒布朗父亲下落的公开声明构成了诽谤，要求赔偿 400 万美元。

南斯相信，斯托维尔的诉讼最终会被驳回。但官司不是一夜之间就能解决的。在此期间，更多关于勒布朗家庭的假消息会进入公众视野，这又是勒布朗不得不面对的一件事。

勒布朗在 ESPN 上宣布决定的计划也遭到了反对。尽管其他媒体还不知晓这个消息，但它已经传到了 NBA 总裁大卫·斯特恩耳边。得知此事的斯特恩极为愤慨。当时斯特恩尚不了解节目背后的企业赞助事宜，也不知道节目产生的收入将流向男孩女孩俱乐部。他在意的是联盟的形象，而在他看来，勒布朗的计划将使得 NBA 的形象大打折扣。他试图劝阻勒布朗，但这并未奏效。斯特恩又直接联系了 ESPN 高层，呼吁他们不要同意这项计划，但也无功而返。虽然 ESPN 是 NBA 最重要的商业合作伙伴——这家电视网向联盟支付了 4.85 亿美元以购买下赛季的比赛转播权——但无论是斯基普还是 ESPN 总裁乔治·博登海姆（George Bodenheimer），都不愿撤回批准勒布朗进行直播的决定。权衡再三，斯基普认为，为了与伊曼纽尔、马弗里克和勒布朗的关系，做这档节目是值得的。博登海姆也表示同意。身为 NBA 总裁却无法制止节目的播出，斯特恩更是为勒布朗权力过大而感到担忧。这是斯特恩所无法接受的。

周遭的种种并未影响勒布朗。此刻，勒布朗身处曼哈顿。在哈德逊河边一座仓库的房间里，十几个人围在他身旁，为他擦粉、打理发型、整理服装。这天是 6 月 25 日，勒布朗正在为 *GQ* 杂志拍摄照片。他在镜头前摆着姿势，这时房间另一端的门打开了，一个不起眼的男人走了进来。勒布朗并没有在意。

作家莫林格（J. R. Moehringer）没想到自己走进一间仓库。他从未和勒布朗打过交道。但是，描写超级运动明星的故事是莫林格的拿手好戏。莫林格是普利策奖得主，写过一本畅销的回忆录《温柔酒吧》(*The Tender Bar*)。几年前，网坛巨星安德烈·阿加西（Andre Agassi）前曾钦点莫林格为自己撰写自传。两人合著的自传《上场》(*Open*)在勒布朗与比辛格发布其作品之后才问世。

但两本书的口碑却大相径庭。《纽约时报》把《上场》称为"有史以来体坛巨星所撰写的最有激情的反体育作品之一——既没有胜利者般的说教，也没有绚烂浮华的感谢，真正做到了鼓舞人心"。《纽约时报》还赞誉阿加西选择莫林格具有"启发性"，称这部作品"不仅仅是一本一流的体育回忆录，更是一部真正的成长小说，满是黑色幽默，又不乏痛苦和深情"。

随着《上场》登顶了畅销书排行榜，莫林格也频繁受邀为其他体育明星撰写人物专访。GQ邀请他为科比·布莱恩特写一篇特别报道，因此在2009—2010年，莫林格花了大量时间与这位以行事隐秘著称的湖人球星待在一起。莫林格让科比公开透露了他和沙克的长期恩怨，谈论了对伤痛的态度，还坦言了自己以众多天才为灵感来源——列奥纳多·达·芬奇和丹尼尔·戴-刘易斯（Daniel Day-Lewis）[1]。由于这篇文章非常有深度，GQ很快又将莫林格请来，对勒布朗做决定的过程进行跟踪采访。

莫林格站在门内，盯着所有向勒布朗献媚的造型师和摄影助理，脑海中想起十九世纪玛格丽特·富勒（Margaret Fuller）的一句话："年少成名者，其人生之中迟早会付出一些巨大的代价。"忽然，一个人迎面走来，打断了莫林格的思路。

勒布朗的公关人员基思·伊斯塔布鲁克告诉他，拍摄时间推迟了一些，建议他一会儿再过来。

莫林格走出房间，取了一杯咖啡。在等待期间，他掏出了《流星》，这是他专门为了此次采访而准备的。他很快就注意到，这本书避开了勒布朗童年期间那些痛苦的回忆。准备工作有条不紊地进行着。莫林格甚至联系了比辛格，向他打听勒布朗与母亲的关系。"勒布朗会为了她付出所有。"比辛格告诉他。

勒布朗并不认识莫林格，但在与比辛格有过接触之后，勒布朗对和作家打交道这件事兴致不高。他厌倦了由其他人来讲述他的故事。勒布朗还没有意识到，作家们尤其是那些才华横溢的作家——瓦尔、塔迪奥、比辛格，以及现在的莫林格——都只是自己故事的一部分。勒布朗也没有充分认识到，这些作

---

[1] 译者注：英国和爱尔兰电影演员，国际著名影星，多次获奥斯卡奖。

27 勒布朗的夏天

家其实是出色的创造者,倘若他多给予一些认可,就能启发他们以更有质感、更有思想的方式来描绘他。然而,勒布朗早年与 *ESPN The Magazine* 杂志和其他刊物发生的不愉快经历使得他对作家有了一丝阴影,所以他似乎并不重视作家,更不用说将他们视为盟友了。

勒布朗穿着一件无袖衬衫,戴着一副太阳镜。他走进莫林格等候的房间,并找了个座位坐下。当莫林格询问他是否对即将到来的决定感到压力时,勒布朗坚称自己的心态恰恰相反。"对我来说,这是一个激动人心的时刻。"他说道。

事实上,勒布朗承受着巨大的压力。俄亥俄州就是他的家,他从未在其他地方生活过。他的家庭在此定居,他的核心圈也在这里。然而,勒布朗迫切地想要赢得总冠军,他认为只有去别的地方,和其他球星搭档,这个目标才会实现。勒布朗告诉莫林格:"我不会感情用事,我的情绪不会影响我的最终决定。"

莫林格好奇勒布朗那些重量级朋友,比如沃伦·巴菲特,是否就他的选择给过建议。

勒布朗说自己的朋友们均未发表意见。

莫林格表示怀疑,但接着谈起下一个话题。他提到了勒布朗在对阵凯尔特人队那轮系列赛期间的言论:"我的表现把很多人宠坏了。"有人认为这番话透露着自私自利的态度,勒布朗可以借此机会加以辩解。

但他并没有这么做,反而变本加厉。"我爱我们的球迷,"他说道,"克利夫兰的球迷们棒极了。但是,回想我在球场内外所做的一切,有时候甚至我的家人也被宠坏了。"

勒布朗表示自己无法理解那些被宠坏的人。他还补充道,他的成长经历让他学会了对失望保持沉默。"这就是为什么我总是保持谦逊,因为我知道我的背景,知道我母亲经历了什么,"他继续说,"我从来不会把自己看得太高,无论在名气还是实力方面。我的母亲和朋友们总是说,'你是一个活得很简单的人'。"

"活得很简单"这个说法让莫林格很感兴趣。他提到了科比,科比在主场比赛时总是乘坐私人直升机往返。

听到科比的名字，勒布朗拉低墨镜，露出了一个表情，似乎是在表达：没有人比科比活得更简单了。他什么也没说，又用墨镜盖住了眼睛。

莫林格曾观察到，最伟大的运动员会因为愤怒而充满动力。乔丹总是带着怒火打球。汤姆·布雷迪在 NFL 选秀大会上遭到忽视，因此始终怀着强烈的好胜心。至于科比，莫林格指出，他先是恨沙克，在经历了科罗拉多州的风波之后，他恨所有人。也许勒布朗还不够愤怒。

"你是运动心理学家吗？"勒布朗反问。

莫林格提醒勒布朗，他曾经承认过自己可能缺少科比那样的杀手心态。"现在还是这样吗？"莫林格问道。

"我希望不是了，"勒布朗说道，"我已经不这么认为了。我的职业生涯已经达到了一个阶段，我觉得自己具备了杀手本能。"

莫林格分享了他的理论：在体育界，愤怒等同于成功。

"这是个很棒的理论。"勒布朗说。

莫林格打量着勒布朗。他听起来像是个大男孩，莫林格心想。

最后，话题来到了格洛丽亚身上。

"她管不住自己的舌头，"勒布朗告诉他，"如果她见到她觉得错的或者对的事情，她一定会张口说出来。"勒布朗透露，他最近恳求她不要文身，但她还是文了。

"文了什么？"莫林格问道。

"Queen James（女王詹姆斯）。"勒布朗回答。

这时基思·伊斯塔布鲁克走了进来，时间已到。

他们约好 7 月的第一周在阿克伦进行第二次采访。

除了骑士队之外，还有五支球队向勒布朗发起了角逐——布鲁克林篮网队、纽约尼克斯队、迈阿密热火队、芝加哥公牛队和洛杉矶快船队。各支球队的代表们计划在 7 月 1 日自由球员市场开启后的第一时间向勒布朗进行游说。那天，篮网队和尼克斯队的代表们来到了克利夫兰。上午 11 点，Jay-Z 带领着几位篮网队高管走进了市中心的一栋办公楼。在八楼的一间会议室里，Jay-Z

27 勒布朗的夏天

把他们介绍给了勒布朗。

勒布朗早已认识篮网队的主教练埃弗里·约翰逊（Avery Johnson）和总裁罗德·索恩（Rod Thorn），后者被誉为联盟里最优秀的高管之一。勒布朗真正感兴趣的是篮网队的老板——身高 6.8 英尺的俄罗斯亿万富翁米哈伊尔·普罗霍洛夫（Mikhail Prokhorov）。在经纪人莱昂·罗斯和马弗里克的陪同下，勒布朗饶有兴致地听着普罗霍洛夫展望球队的光明前景，其中一大亮点正是位于布鲁克林的那座已投入建设的新球馆。为了迎合勒布朗，普罗霍洛夫表示愿意帮助他成为一位亿万富翁运动员，并在全球享有更广泛的影响力。

Jay-Z 也向勒布朗发出了邀请，但他并没有强求。两人是亲密无间的好友，无论勒布朗的决定是什么，他们的友情都不会受到波及。

勒布朗明白 Jay-Z 的想法。虽然他把 Jay-Z 视作兄弟，但他坚决不让这一点影响他的决策过程。

两个小时后，篮网队高管们退场，轮到尼克斯队代表团入场。老板詹姆斯·多兰带上了球队总裁唐尼·沃尔什（Donnie Walsh）、主教练迈克·德安东尼（Mike D'Antoni）、麦迪逊广场花园体育公司（Madison Square Garden Sports）总裁斯科特·奥尼尔（Scott O'Neil），以及前尼克斯队球星、现球队高管成员阿兰·休斯顿（Allan Houston）。

尼克斯队试图让勒布朗相信他们的卖点——如果他加盟尼克斯，他所挣得的薪水和代言费用相加可以达到 10 亿美元。他们甚至委托一家咨询公司进行研究，以论证纽约可以为勒布朗带来最高的收益。

勒布朗喜欢在麦迪逊广场花园打球。他热爱纽约这座城市。但他对詹姆斯·多兰的印象并不好。自从多兰接管尼克斯队以来，这支球队简直是灾难。在勒布朗看来，多兰的到场也是一种威慑。

但勒布朗并没有把自己的质疑写在脸上。罗斯和马弗里克也是如此。

其间，尼克斯代表团为勒布朗播放了视频。

勒布朗被逗乐了。他对某些人物并不感兴趣，比如特朗普——伪君子，以及韦恩斯坦——看上去就不是好东西。另一些人物他倒是很喜欢，比如德尼罗——维托·柯里昂！[1]但是，最让他惊喜的莫过于甘多菲尼——天啊，托尼·索普拉诺开出了一个他无法拒绝的条件。

当视频结束，勒布朗的笑容渐渐消失。他向尼克斯队抛出一个问题：他们打算如何在工资帽之下容纳他和另外两位球星？

尼克斯队并没有给出令他满意的答案。

在勒布朗与尼克斯队高层共处一室之时，德怀恩·韦德和克里斯·波什正在芝加哥分别与潜在下家会面。然而，两人的自由球员会面并没有引起篮球世界的关注。正如《纽约时报》所写，25岁的勒布朗才是"这个星球的王子"，是万众瞩目的对象。当天下午晚些时候，当他和马弗里克、莱昂·罗斯一起走出大楼，街上已经挤满了摄像师和记者。骑士队球迷们在人行道上排成一行，高举着标语恳求他留在克利夫兰。勒布朗的双眼藏在墨镜下，直视前方，没有流露出一丝情绪。

当晚，勒布朗独自一人坐在家里，用iPad观看了一段受密码保护的视频演示。这是迈阿密热火队发来的，目的是为第二天的会面进行铺垫。热火队的视频和尼克斯队的名人宣传片截然不同，它更像是出自一家华尔街的公司，数字、统计、图标、图形应有尽有。勒布朗像准备考试似的，看了一遍又一遍，甚至将它背了下来。

勒布朗做功课的同时，莱昂·罗斯悄无声息地会见了迈阿密热火队的总裁帕特·莱利。罗斯知道，勒布朗、德怀恩·韦德和克里斯·波什过去几个月都在谈论一起打球这件事。这个想法诞生于北京奥运会期间，并在2009—2010赛季期间变得越加强烈。莱利认为自己握有优势。在追逐勒布朗的所有球队里，热火队是唯一有足够空间同时签下他们三人的队伍。此事的关键在于说服勒布朗，这也是为什么莱利要赶在和勒布朗会面之前与罗斯打好交道。

莱利明白热火队的顺序在尼克斯队之后。然而，莱利简直是詹姆斯·多兰的对立面。首先，他精通篮球，深知伟大的球员们最想得到什么——总冠军。

---

[1] 译者注：电影《教父》的主角。

莱利早在多年前就谋划着让勒布朗披上热火队的球衣。他相信金钱绝不是决定因素，地点也不成问题。莱利认为，只要能赢得 NBA 总冠军，勒布朗愿意付出一切，即使是搬去南达科他州的黑山山脉（Black Hills）居住。不过莱利无须担心这一点，毕竟南海岸是个好地方。

7月2日上午11点，勒布朗回到了 IGM 大厦八楼的会议室，在一张大会议桌的一侧坐下。他的对面是热火队老板米基·阿里森（Micky Arison）、主教练埃里克·斯波尔斯特拉（Erik Spoelstra）、经理安迪·埃利斯伯格（Andy Elisburg）、篮球运营副总裁尼克·阿里森（Nick Arison），以及前热火球星阿隆佐·莫宁（Alonzo Mourning）。所有人都坐在座位上。这时莱利站了起来，双手搭在椅背上，看着勒布朗："我们主要想让你知道，我们会确保主要的事情仍然放在主要的位置。"

勒布朗盯着他："主要任务是将主要事务放在主要位置？"

马弗里克笑了出来。他意识到这句话出自史蒂芬·R. 柯维（Stephen R. Covey）的畅销书《要事第一》（*First Things First*）。

"这句话是那本书的开头。"莱利告诉勒布朗。

勒布朗点了点头。

"现在，我们的主要事务，"莱利看着众人说道，"就是赢得总冠军。"

勒布朗紧盯着莱利的双眼，仿佛房间里只有他们两个人。

"我们认为，你、克里斯和德怀恩，将有一番特别的成就。"他说道。

随后，阿里森和斯波尔斯特拉介绍了球队的长期目标，并且做了一个简短的视频演示。视频结束后，莱利把手伸进公文包，掏出一个小网袋放在桌子上。

"里面有什么？"勒布朗说道。

莱利把袋子推到桌子对面。

勒布朗打开袋子，几枚戒指掉了出来。他拿起其中一枚。"这些戒指是什么？"勒布朗问道。

莱利说这是他的戒指收藏，有全明星戒指、总冠军戒指和名人堂戒指。在他的球员和教练生涯里，莱利在湖人赢过六次冠军，在热火也获得了一次。

他待过的每一支冠军球队里，莱利解释说，都有一位球星和两位超级巨星。

勒布朗知道莱利在暗示什么——超级巨星指的是他和韦德，球星指的是波什，在迈阿密，三人可以为一支由七届总冠军得主掌舵的队伍效力。

"这是必不可少的，"莱利继续说，"仅仅引进球员是无法赢得总冠军的。克利夫兰为你做了一切，但他们就是无法找到赢得总冠军所需要的球员。"

对勒布朗来说，在与他见面的所有人当中，莱利是最特别的那个。他知道赢得总冠军需要付出什么。那些亮闪闪的戒指就是证明。在如何为勒布朗、波什和韦德腾出薪金空间方面，他也做足了功课。毫无疑问，迈阿密是通往总冠军最明朗的道路。

会面持续了三个小时。在会面尾声，莱利确信自己胜券在握。他也很清楚，如果勒布朗离开克利夫兰并前往迈阿密，这条消息必将如炸弹一般轰动全联盟。他希望勒布朗和他的团队已经做好了应对余波的准备。莱利问他们是否会害怕。

"害怕？"马弗里克说道，"我们怎么会害怕呢？"

"伙计，事情会闹大的。"莱利说道。

马克·道利只剩下一件事情没有想好——把ESPN直播安排在哪里。在距离决定日不足一周的时间，道利最终拿定了主意，那就是他的家乡康涅狄格州格林尼治。那里离一座区域机场很近。他的家可以作为集结地。而且，当地也有一家男孩女孩俱乐部。

马弗里克同意了这个想法。

于是，7月4日，道利给男孩女孩俱乐部的主席打了电话，开始安排相关事宜。时间和保密是重中之重。他们只有四天的时间来进行一切准备。与此同时，道利不希望任何人向媒体走漏风声。

在道利与格林尼治当地官员通电话的同时，勒布朗依然在考虑他的选择。与公牛队和骑士队完成了最后一轮会面后，勒布朗知道自己该做什么了。那天下午，他给韦德发去短信：嘿，一个小时之后能和你打个电话吗？

当然，韦德回复。

韦德又联系波什。

现在，三人都与各自的潜在下家见了面。他们联手打球的梦想似乎终于触手可及。

韦德将勒布朗和波什拉进了三方通话。这次对话由勒布朗主导。

"如果我们三人都愿意去，迈阿密有足够的空间。"勒布朗说道。

这正是韦德想听到的话。自他职业生涯开始，迈阿密就是他的家。在他看来，两位好友一起加入球队是最理想的局面了。

"你们入伙吗？"韦德问道。

"我加入。"勒布朗说。

"我加入。"韦德说。

"我加入。"波什说。

就这么定了。

但勒布朗没有提起他将在 ESPN 公布决定的计划。

7月6日，莫林格来到了阿克伦大学的篮球馆。基思·伊斯塔布鲁克在大堂拦住了他，并告诉他，勒布朗要在球馆里观看一场由 NBA 球员与高中篮球新星共同参加的对抗赛，他和勒布朗的采访将在比赛期间进行。

难道要在喧闹的球馆里采访他，而且是在他观看比赛的时候？莫林格想不出比这更糟糕的地点了。难怪勒布朗不太赏识作家。他的公关似乎一点也不了解作家这份职业。

接下来，莫林格和伊斯塔布鲁克花了几分钟在球馆里转悠，想找一个更适合采访的地方。当两人走进一个有空调的安静房间，莫林格认为这是个完美的地点，但伊斯塔布鲁克并不赞同，他说勒布朗不喜欢和陌生人待在一间陌生的屋子里。于是，伊斯塔布鲁克领着莫林格走进了更衣室。这里闻起来像是一条汗水浸湿了的运动底裤,但伊斯塔布鲁克却说勒布朗在这里更自在。不仅如此,更衣室里还有一台电视,勒布朗可以在采访期间观看世界杯。莫林格不由自主地想到了拿破仑,他曾同意画一幅肖像,但不肯安静地坐在画师面前。

离开更衣室之前,伊斯塔布鲁克压低了声音,请莫林格向勒布朗抛出关于芝加哥、纽约还有迈阿密的问题。

莫林格一头雾水。但他话锋一转,说自己预感勒布朗会去尼克斯队。

伊斯塔布鲁克瞪大了眼睛。他虽然没有披露勒布朗究竟会加入哪支队伍,但他向莫林格保证了一件事情——媒体上传得沸沸扬扬的关于勒布朗、韦德和波什三人联手的猜想并不会发生。

莫林格不知道该相信什么。《纽约时报》爆料,曾为迈克尔·乔丹担当参谋的威廉·韦斯利试图运作一笔交易,使勒布朗和新奥尔良黄蜂队的全明星控球后卫克里斯·保罗成为搭档。众所周知,勒布朗和保罗关系紧密。还有传言说,韦斯利和勒布朗交情匪浅,他会在勒布朗的决策过程中扮演重要角色。马弗里克气坏了,他给《纽约时报》打了电话,向记者澄清:"所有关于韦斯的流言都是假的,他不会出现在会面中。韦斯和勒布朗的选择没有任何关系。"

在莫林格等待的时候,勒布朗正在球馆和克里斯·保罗打野球。身在迈阿密的韦德给勒布朗发来了短信。但勒布朗并没有回复。韦德对勒布朗的沉默感到焦虑,于是给波什发了一条短信:"CB,你联系过勒布朗吗?"

"没有,我没和他联系。"波什回复道。

距离他们同意在迈阿密聚首已经过去两天了。韦德和波什开始担心勒布朗是否另有打算。

勒布朗终于走进了更衣室,却又陷进一张皮沙发里,埋头盯着他的黑莓手机。他收到了很多短信,包括韦德发来的那些。

莫林格感谢他抽出时间接受采访。

勒布朗什么也没说。

莫林格询问他自由球员签约的进展如何。

"很累。"勒布朗说着,接着把注意力转移到了电视上,一场世界杯足球

27 勒布朗的夏天

赛正在进行着。

莫林格又提了几个问题，但依然没有得到什么有意义的答案。莫林格打算抛出那个最敏感的问题——你有没有想过你的父亲？正当他要开口时，勒布朗3岁和5岁的儿子忽然闯进房间，和他们的爸爸一起挤到了沙发上。

勒布朗见到他们格外高兴，他提醒孩子们在采访期间保持安静，但两个男孩并不乐意。"要么在这里保持安静，"勒布朗告诉他们，"要么到外边去吵闹。你们选哪个？"

"吵闹。"布朗尼回答。

"好，那出去吧。"勒布朗嘱咐道。

孩子们冲出去后，莫林格发现当下是一个契机，于是问起勒布朗，当上父亲是否使他想起自己的父亲。

"没有。"勒布朗冷冷地说道，接着又把目光投向了足球赛。

莫林格擅长察觉别人是否说真话。他非常确定勒布朗在跟他胡扯。比辛格曾告诉莫林格，当勒布朗被问到一个敏感的问题时，尤其是关于他母亲或与他父亲有关的问题时，他的声音就会变得空洞。比辛格将其称为"情感贫乏"，这正是莫林格此刻所听到的。

莫林格并不知道，勒布朗和他的母亲刚刚被一位自称是勒布朗父亲的男子告上了法庭。该男子坚称，勒布朗和格洛丽亚多年来对媒体所说的那些关于勒布朗父亲下落的言论贬损了他，进而构成了诽谤。截至目前，这起诉讼还处于保密状态。勒布朗并不打算提起这件事。

"我并没有贬低或者指责我的父亲，"勒布朗告诉莫林格，"因为我不清楚他究竟经历了什么。我不是那种不了解真相就妄下定论的人。我当时太年轻了，无法理解。"

勒布朗的眼睛始终没有离开电视，嘴巴却不停说着他的父亲。"首先，没有他，我就不会来到这个世界上，"他说，"其次，我可能从他那里获得了一些基因，我之所以成为今天的我，这也是部分原因……我的意思是，我对他并非全是愤怒，完全不是这样的。"

在即将做出职业生涯最重大决定的时候，勒布朗想到了一个与他素未谋面的人。多年来，勒布朗一直努力在公众面前表现出一个没有父亲的坚强形象，但在他坚强的外表之下，仍隐藏着脆弱的一面。莫林格抵达了比辛格未能触及的地方。

"你会想见见你的父亲吗？"莫林格问道。

"不。"勒布朗回答。

"真的吗？"

"现在吗？"勒布朗反问，"在我 25 岁的时候？当然不。"

"也许以后？"

勒布朗不打算继续这个话题。"好吧，"他说，"也许吧。"

几分钟后，伊斯塔布鲁克提示时间已到。

勒布朗松了口气，起身返回球馆。

就在莫林格采访勒布朗的同时，勒布朗将于 7 月 8 日在 ESPN 上公布决定的消息传开了。韦德和波什立刻通了电话。"这到底是怎么回事？"韦德疑惑不解。波什也毫无头绪。他们担心勒布朗或许改变了主意。

采访结束后不久，伊斯塔布鲁克找到了莫林格，悄悄告诉他勒布朗将在两天后公布他的决定。当时莫林格还不知道关于那个 ESPN 节目的消息已经被泄露了。当莫林格表示希望亲临现场，伊斯塔布鲁克环视了四周，确保没有人可以听到他们的对话。接着他小声说道："飞去纽约吧。"莫林格想要追问更多细节，伊斯塔布鲁克让他落地后再电话联系，届时他将获得更多指示。

那天下午，就在莫林格启程之后，勒布朗激活了推特账号，并发布了第一条推文："你好，世界，真正的国王詹姆斯'终于'登场了。我的兄弟 @oneandonlycrp3（克里斯·保罗）鼓动我加入，所以我来了，哈哈。"

当晚，9 万人关注了勒布朗的账号。

7 月 7 日上午，勒布朗参加了他在阿克伦大学举办的篮球训练营。其中一名学员是高中生，他专程从芝加哥坐大巴赶来。勒布朗和他握了手，然后这位高中生介绍了自己：安东尼·戴维斯（Anthony Davis）。

勒布朗和戴维斯进行分组对抗赛的同时，纽约尼克斯队母公司的股价遭遇下滑，原因是有报道称勒布朗很可能放弃尼克斯队而转投热火队。午间时分，德怀恩·韦德和克里斯·波什现身于 ESPN 的 *Sportscenter* 节目。在接受主持人迈克尔·威尔伯的现场采访时，韦德确认他将与热火队重新签约，而波什也确认他将与韦德一道成为迈阿密的一员。

"德怀恩，"威尔伯说，"有报道称你们已经和勒布朗聊过了，对他说'一起来吧，加入我们'。这些讨论现在进展如何？你们认为他会加入吗？"

韦德毫不掩饰地笑了出来。"我、克里斯和勒布朗是好朋友，这不是什么秘密了，"韦德说道，"我们当然希望勒布朗加入迈阿密……但勒布朗会做出自己的决定。明天我们都会在电视机前等待他的那个决定。"

韦德和波什刚刚公布他们的意向，奥巴马总统的新闻发言人罗伯特·吉布斯（Robert Gibbs）就走上讲台，发表白宫每日简报。今天的主要议题是英国石油公司在墨西哥湾的漏油事件。其间，一位记者举起了手。

记者：我有一个非常重要的问题。总统认为勒布朗·詹姆斯应该去哪里打篮球？

吉布斯：我们今天早些时候讨论过这个问题。虽然克里斯·波什已经确定加盟迈阿密，但我认为总统仍然相信他穿上公牛队的队服会非常好看。但愿我这么说不会被指控操纵 NBA。

另一位记者：说真的，你担心这会惹恼克利夫兰人吗？

吉布斯：我想一定会的。

房间里回荡着笑声。

吉布斯：我认为克利夫兰的人们……我们都见识过……

吉布斯试图提醒大家总统是公牛队球迷，记者们仍不肯罢休。

记者：有一说一，克利夫兰的人们确实很在意……每当谈到这些事情——总统和他们站在不同阵营，他们总是很敏感。而且，他们总是运气不佳。当然了，总统支持公牛队，但这可能真的会让人们很不爽。

吉布斯：我想是这样的。

就连白宫都在讨论勒布朗的决定，这足以证明局面已经变得一发不可收拾。与此同时，ESPN在黄金时段批给勒布朗一个小时的计划在网络和社交媒体上掀起了轩然大波。"一小时的节目？"一位知名体育评论员在博客上写道，"搞什么鬼？"

ESPN也受到了批评。"ESPN坚持说他们没有把电视网的控制权交给勒布朗，"记者小唐·范·纳塔（Don Van Natta Jr）在推特上嘲讽道，"他只是自己挑选时间和主持人，然后把广告收入全部揽下来送给他的慈善机构。"

7月8日上午，勒布朗先去了一趟球馆，然后与马弗里克和里奇·保罗会师。这天是决定日。他们三人即将背井离乡，告别俄亥俄州。马弗里克一直在与阿里·伊曼纽尔、马克·道利以及ESPN打交道，敲定勒布朗公布决定的每个细节。里奇与莱昂·罗斯联手，安排勒布朗与各家追求者的会面，并负责与帕特·莱利和热火队进行谈判。勒布朗把自己看作NBA历史上最受追捧的球员。

三个人意气风发。他们和萨瓦娜一起，登上了一架飞往格林尼治的私人飞机。是时候去震撼全世界了。

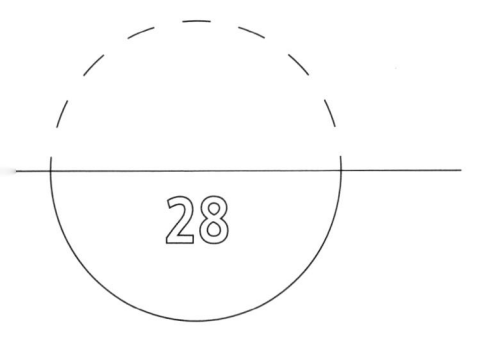

28 "戴头带的海丝特·白兰"

全美各地的 NBA 球迷们三五成群地守候在家里或是体育酒吧里的电视屏幕前。和其他人一样,德怀恩·韦德也急不可耐地想知道勒布朗的去向。他在迈阿密举办了一场观战派对。"我不知道一会儿究竟会发生什么,"韦德告诉一位朋友,"我参加选秀的时候都没有这么紧张过。"但韦德告诉自己,无论勒布朗的决定是什么,他和波什都会在迈阿密变得强大。

忽然,韦德看见勒布朗出现在屏幕里。男孩女孩俱乐部体育馆的中央搭建了一座舞台,勒布朗和吉姆·格雷在台上相对而坐。勒布朗看上去不太自在。感觉像是过了一个世纪,格雷终于提出了那个问题:"勒布朗,你的决定是什么?"

勒布朗迟迟没有给出答案,韦德心急如焚。

"嗯,这个秋天,我将把我的天赋带到南海岸,加盟迈阿密热火队。"他终于说出了口。

韦德的迈阿密派对上顿时欢声雷动。"哦，伙计！"韦德对宾客们说，"表演时间到了。"

体育馆里的孩子们小声讨论着什么。

男孩女孩俱乐部外，人群开始发出嘘声。

在克利夫兰，怒不可遏的球迷走上街头。

社交媒体上，对勒布朗的嘲讽更是铺天盖地。

帕特·莱利的那句警告——事情会闹大的——已然成真。

莫林格来到格林尼治记录这个夜晚。他简直不敢相信自己目睹的一切。还有很多比这更好的办法，他心想。莫林格认为这必定是勒布朗身边最亲近的那些人出的主意。他匆匆走出体育馆，追上了公关基思·伊斯塔布鲁克，询问他为什么要在格林尼治上演这场决定。

"这是一个中立地点。"后者说道。

莫林格指出，他们所处的地方正是尼克斯队的地盘。场内的大多数孩子以及体育馆外的几乎每个人都希望勒布朗为尼克斯队效力。格林尼治几乎毫无"中立"可言。

伊斯塔布鲁克耸了耸肩。

节目之后，勒布朗和他的团队成员与坎耶·维斯特在格林尼治小聚，其间还欣赏了坎耶即将发行的专辑《我美丽黑暗扭曲的幻想》中的曲目。与此同时，克利夫兰的局势不断升级。球迷们点燃了勒布朗的球衣。警方开始实施逮捕。丹·吉尔伯特在骑士队网站上发表的那封致克利夫兰体育迷的公开信更是火上浇油。在信中，吉尔伯特抨击勒布朗是个"懦弱"且"自恋"之人，并亲口保证骑士队会先于勒布朗赢得 NBA 总冠军。"他这种无情无义的行径只会成为俄亥俄州克利夫兰市遭遇的所谓'诅咒'的解药，"吉尔伯特写道，"那位自封为王的前'国王'将带着'诅咒'南下。詹姆斯（和他效力的地方）将不幸地承受这可怕的诅咒和报应，直到他'善待'克利夫兰和俄亥俄州为止。"

吉尔伯特没有就此罢休。当晚晚些时候，在接受美联社记者采访时，吉尔伯特对勒布朗的批评甚至带了些人身攻击的意味。"他享受着特权，"吉尔伯特对美联社说道，"人们为他打掩护太久了。今晚，我们看到了他的真面目。"

吉尔伯特拥有骑士队，但他的一言一行就好像自己拥有勒布朗似的。随着勒布朗选择离开骑士队，吉尔伯特更是毫无保留地道出了一句让勒布朗痛彻心扉的话。"他放弃了，"吉尔伯特告诉美联社记者，"不止第五场，第二场、第四场和第六场也是如此。去看看录像吧。体育史上没有哪个超级巨星打出波士顿那轮系列赛里的表现。"

吉尔伯特对勒布朗的抨击如此尖锐、如此公开，甚至连对手凯尔特人队都感到震惊。"当丹·吉尔伯特在做这些事情的时候，"丹尼·安吉评论道，"我永远不会忘记我当时的想法——'你为什么要这么做？'"在职业体育的世界，球员们来来去去，教练们也来来去去。这就是行业的本质。当一位球员合同到期自由离队，对他的前东家来说，稳妥的做法是态度友好地感谢他为球队所付出的一切。"这无关于谁比谁更好，或是谁对谁错。重要的是，要保持积极的心态。因为你永远不知道将来可能会发生什么。"

吉尔伯特被愤怒冲昏了头。他并没有朝前看，而是一气之下烧毁了勒布朗与克利夫兰之间曾建起的每一座桥梁。"这与他离开无关，"吉尔伯特对美联社表示，"这是一种无礼。是时候让这些运动员为自己的行为负责了。难道你想用这种方式来教育孩子们吗？我已经忍受很久了。"

勒布朗习惯于展现出强硬的外表。但在这副外表之下，他是一个敏感的人，尤其在乎人们对他的看法。吉尔伯特的话直击了他情感上的弱点。

在格洛丽亚看来，吉尔伯特这番尖酸刻薄的言论是极其伤人的。她早已准备好向攻击她儿子职业道德和品行的任何人开战。

萨瓦娜也气坏了。勒布朗阵营里的每个人都是如此。但在当晚飞往佛罗里达的飞机上，球迷和媒体对勒布朗铺天盖地的敌意也让他们大为震惊。

航班于凌晨抵达迈阿密，帕特·莱利在停机坪迎接了他们。之后，勒布朗和萨瓦娜下榻W酒店，在那里睡了几个小时。勒布朗在当天早晨醒来时，他的名声已经一落千丈。体育记者、评论员、博客作者和新闻主播无不对他口诛笔伐。除了迈阿密，其他每座城市的球迷们都在推特上对他狂轰滥炸。除了热火队的球迷,很难找到其他人为他说半句好话。在媒体的煽动下,平台上的从众心理发挥得淋漓尽致。ESPN 的比尔·西蒙斯首当其冲。几年前,当投手罗杰·克莱门斯(Roger Clemens)离开波士顿红袜队转而签约多伦多蓝鸟队,作为红袜队死忠的西蒙斯曾写过一篇专栏,题为"克莱门斯是反基督者吗?",在勒布朗宣布加盟迈阿密的第二天早上,西蒙斯又提起他那篇关于克莱门斯的专栏文章。"我恨那个家伙,那是一个人对职业运动员所能愤恨的极限了。"西蒙斯说道,"但你知道吗?勒布朗昨晚对克利夫兰所做的事情更糟,而且糟糕得多。"

西蒙斯"反基督者"的言论显然是夸张了,但他却拥有大批追随者。如同丹·吉尔伯特,西蒙斯对勒布朗的批评演变成了人身攻击。"要怪就怪他身边的那些人,"西蒙斯继续说,"怪他的人生里缺少一个父亲般的人物。"

里奇·保罗从来不理会西蒙斯,他对西蒙斯批评勒布朗的语气并不感到惊讶。西蒙斯与勒布朗曾有一段历史。在 2003 年 NBA 选秀大会上,体育主持人迈克·蒂里科(Mike Tirico)曾在直播中透露:"勒布朗和他妈妈格洛丽亚坐在一起。格洛丽亚牺牲了很多。她 16 岁就生下了勒布朗……19 岁时,两人相依为命,靠救济金和食品券过活,现在他们来到了这里……这是一段伟大的美国故事。"作为回应,西蒙斯写道:"那些关系和睦、努力工作、把孩子养好并把他们送去上学的父母呢?什么时候不践行节育然后凭借 DNA 交上好运也算是一种'牺牲'了?"

在里奇看来,西蒙斯暴露了自己的真面目。"这很大程度上和种族有关,"保罗谈到西蒙斯时说道,"换作是拉里·伯德,他绝不会这么说。"

在篮球界的一片骂声当中,勒布朗前往新的工作地点——迈阿密热火队主场美航球馆(American Airlines Arena),在那里签署他的新合同。抵达球馆时,勒布朗被告知球队当晚将为球迷们举行一场盛大派对,他、韦德和波什三人将集体亮相。什么?勒布朗对这个计划毫不知情。他累坏了,距离他与吉姆·格雷一同出现在格林尼治男孩女孩俱乐部仅仅过了不到 24 个小时,更何况他还处在舆论的风暴当中。

尽管如此,他还是答应参加。

球馆外，成千上万的球迷高喊着口号："Let's go Heat！ Let's go Heat！（热火队加油）。"球馆内座无虚席，球场上也挤满了球迷。球馆的一侧搭起了一座舞台，帕特·莱利身着黑色西装、黑色领带和白色衬衫，和老板米基·阿里森坐在舞台不远处的座位上。迈阿密当地电视台和ESPN正在进行现场直播。"迈阿密的全新梦之队——勒布朗、德怀恩和克里斯——将在今晚隆重亮相，球迷们已经疯狂了。"其中一家电视台的记者在场外介绍道。

勒布朗头戴白色头巾，穿上印着6号的热火队新队服。他站在韦德和波什旁边，听着一位专员发出指示。"我会把你们带到舞台后方，"这位专员说，"然后用升降机把你们送上去。"几分钟之后，勒布朗、韦德和波什从舞台上的一个开口徐徐升起。忽然，灯光闪烁起来。舞台上火焰冲天，烟雾腾起。当漫威影片似的音乐声响起，三人如摇滚明星般转过身子，面朝观众，大摇大摆地走向前。观众们欣喜若狂地尖叫起来。

在被主持人称呼为"三大天王"之后，他们在高背椅子上就座，向观众们致辞。"这简直是梦想成真，"韦德率先发言，"能有机会组成篮球史上最棒的三人组，太不可思议了。"

考虑到勒布朗和波什都没有赢得过总冠军，韦德只赢得过一次，这个宣言未免有些太大胆了。然而，当有人让勒布朗预测他们会联手拿下多少个总冠军时，勒布朗比韦德更加忘乎所以。"不是两个，不是三个，不是四个，不是五个，"勒布朗放出豪言壮语。韦德和波什笑得前仰后合，观众们欢呼雀跃。勒布朗并没有停下，"不是六个，不是七个。"

勒布朗越是说大话，球迷们的情绪就越高涨，韦德和波什也笑得越疯狂。"我刚才那样说，"勒布朗继续道，"是因为真的相信它。我不是来这里在球迷面前吹牛的，这不是我的目的。我是为了使命而来。我们相信，只要我们以正确的方式担当好我们的使命，我们就能赢下多个总冠军。"

在勒布朗预测未来的时候，莱利是唯一一个没有眉开眼笑的人。这就是让球员们在没有剧本且没有时间排练的情形下登台发言的风险。莱利冷峻地盯着舞台，双手紧握，托着下巴。他在联盟里待的时间足够长，知道热火队还有一条漫长而艰巨的路要走。联盟里的每支队伍都对他们虎视眈眈。勒布朗的那番话更是激起了其他球队去击败热火队的斗志。

迈阿密的亮相仪式进一步加剧了各方对勒布朗的批评，而且这种批评很快就超越了体育的范畴。从 CNN 到各大电视网的晚间新闻广播，每一家新闻媒体都对勒布朗的决定表达了意见。就连《纽约时报》的政治专栏作家莫琳·多德（Maureen Dowd）也抨击了勒布朗。在一篇题为《迈阿密的篮球卡特尔》的专栏里，多德谴责了勒布朗的"自恋式的宣言"。多德引述了勒布朗自己的话——"我希望做出对勒布朗·詹姆斯最好的决定"，并写道"当人们开始用第三人称谈论自己时，总是一个不好的征兆。他似乎完全不知道他对自己的公共形象造成了多大的损失"。

勒布朗并不关心那些专家到底说了什么。但他格外在意 NBA 传奇人物对他的看法。在勒布朗的决定公布之后，体育记者们捕捉到了迈克尔·乔丹的一些不经意的言论。乔丹刚刚在内华达州参加完一场高尔夫球名人赛，被问起了勒布朗与韦德、波什联手的问题。"事后来看，我绝不会打电话给拉里·伯德，又打给魔术师约翰逊，然后告诉他们'嘿，听着，我们一起去同一支队伍打球吧'，"乔丹说道，"老实说，我更想去打败这些家伙。"事实上，乔丹的身边确实有一位潜在的名人堂队友——斯科蒂·皮蓬，更别提公牛队阵中还有其他几位名副其实的明星球员，他们都可以帮助乔丹击败对手。另外，勒布朗的主要对手是保罗·皮尔斯和科比·布莱恩特，勒布朗并没有打电话给他俩，对他们说"让我们一起打球吧"。相反，勒布朗召集的是他的两位好友兼奥运代表队队友，目的是抗衡丹尼·安吉组建的那支众星云集的凯尔特人队，以及科比·布莱恩特和菲尔·杰克逊（Phil Jackson）教练这对曾为洛杉矶联手夺得五个总冠军的黄金搭档。

尽管如此，乔丹的朋友、TNT 的查尔斯·巴克利还是公开指责了勒布朗。"他永远不会成为乔丹，"巴克利在勒布朗公布决定的几天后评论道，"显然，他已经被排除在这个话题之外了……如果他留在克利夫兰，以'老大哥'的身份带队赢下冠军，这本来是一件很光荣的事情。"

勒布朗注意到了巴克利的评论。他还知道巴克利整个职业生涯里始终是球队的"老大哥"，无论是在费城、菲尼克斯还是休斯敦，但他从未赢过冠军。

总裁大卫·斯特恩并不介意NBA传奇人物之间的辩论。但他见不得任何有损联盟品牌的公关行为。在斯特恩看来，"决定"是一个因狂妄自大而引起的重大错误。他把大部分责任归咎于勒布朗的团队。"这太糟糕了，"斯特恩说道，"我们知道这么做的结果很糟糕，试图努力阻止这一切发生。"他还表示，"勒布朗得到的建议实在太差劲了。"从他的角度看，正是那档浮夸的电视节目激起了一些球迷的恶劣行径，使得本应该保持冷静的人们失去了理智。对于那些点燃球衣的球迷，斯特恩无能为力。但他公开斥责了丹·吉尔伯特，并就那封公开信和吉尔伯特在美联社发表的言论对骑士队进行了罚款。同时，斯特恩并不赞同杰西·杰克逊（Jesse Jackson）牧师[1]的观点，后者曾召开新闻发布会公开谴责吉尔伯特。"他的背叛感代表了一种典型的奴隶主心态，"杰克逊曾提到，"他把勒布朗看作一个逃跑的奴隶。"

斯特恩认为奴隶的说法过于夸张了。

在畅想迈阿密赢得七座总冠军的五天之后，勒布朗从阿克伦郊外豪宅的床上醒来，随后前往圣文森特的体育馆进行训练。勒布朗感到全世界都与他为敌。此时此刻，回到自己熟悉的地盘，和亲朋好友们在一起，他开心极了。在内心深处，勒布朗不禁好奇：如果他重返这里并再次为骑士队效力，会是什么感觉？

结束训练后，勒布朗与莫林格通了电话，这是莫林格交稿之前两人的最后一次谈话。其间，莫林格提起了吉尔伯特的信。勒布朗承认自己读过那封信。"我和我的家人们都见识到了那个人的品行，"勒布朗说，"那封信让我自在多了，因为它让我知道我的决定是正确的。"

---

1 译者注：美国著名的黑人运动领袖。

莫林格知道勒布朗在俄亥俄州建造了他的梦想之家，便问道，既然他已经是热火队的一员了，他是否会继续住在那里。

"我现在就在阿克伦，"勒布朗告诉他，"我就在家里。夏天的很多时候我都会待在这里。"

莫林格有些惊讶。

"这里就是我的家，"勒布朗继续说，"俄亥俄州的阿克伦是我的家。我会永远在这里的。我还会去以前的高中进行训练。"

听着勒布朗的话，莫林格想起了比辛格在观看勒布朗、韦德和波什三人在迈阿密的亮相仪式之后分享的一个观点。"尽管人人都充满愤怒，但当我看到他和韦德、波什坐在一起时的表情，我立刻明白过来，勒布朗已经死了，上天堂了。"比辛格评论道，"通俗心理学有时并不靠谱儿，但显然勒布朗是在复刻他的高中经历。"

比辛格的结论和莫林格的感受不谋而合——高中或许是勒布朗人生中唯一一段让他充满安全感的时光。他渴望重温那段时光，这也许正是他决定和韦德、波什一起打球的原因之一。

凡是牵涉勒布朗这样的超级明星，人们往往很难拨开迷雾、辨别真相。但勒布朗早就坦白了他的真实感受——他不喜欢孤独。然而，对于自己的身边人，勒布朗却格外挑剔。早在中学时代，他就精心策划了围绕在他周围的团队，并且不论是挑选朋友还是招募特定的球员加盟圣文森特，如罗密欧·特拉维斯，他都无比慎重。在组建自己的核心圈方面，从认识马弗里克再到招募里奇、兰迪与他们共事，他依然秉持了这种做法。

尽管勒布朗需要同伴，但并不是随便哪个人都可以成为他的同伴。人们必须通过他的考验。在美国队一起征战多年并相互了解之后，勒布朗挑选了韦德和波什，想要和他们联手追逐总冠军。

在深入了解科比之后——他是一位与队友们保持距离的独行者——莫林格为勒布朗对待朋友时的忠诚感到钦佩。莫林格还觉得勒布朗的团队其实并没有帮上什么忙。他撰写的这篇题为《疯狂的三周》的特别报道刊登在当年8

月出版的 GQ 杂志上。从公关的角度，莫林格把勒布朗的"决定"形容为一场可以预见的"火车事故"。"你甚至可以看见奶牛在铁轨上徘徊，听见刺耳的刹车声，感觉到列车正在脱钩，车厢飞了起来。"他写道，"他的团队成员试图为他树立招牌。现在，他的招牌已经立起来了。他就是戴头带的海丝特·白兰。"

看到自己最好的朋友被比作纳撒尼尔·霍桑的《红字》(The Scarlet Letter)中的虚构角色，马弗里克的内心隐隐作痛。作为倡导勒布朗在 ESPN 公布决定的那个人，马弗里克认为自己理应为勒布朗遭受的名誉损失负责。我真的毁了我最好的朋友兼我的生意伙伴，他告诉自己。

在马弗里克看来，那些批评象征着失败。在"决定"之后，他的信心动摇了。他向来都是一位追逐目标的优等生，沉浸在达成任务、步步高升的成就感之中。现在他恍然大悟：我的天呀！这件事会毁了我的，恐怕我再也无法去完成我的人生待办清单了。顿时，他感到自己的目标岌岌可危。

在 NBA 里，没有哪个球员比保罗·皮尔斯更想击败勒布朗了。当皮尔斯发现勒布朗和韦德、波什联手加盟迈阿密，他对几位好友坦言："没有人能够击败他们了。"但皮尔斯绝不会公开承认这一点。不仅如此，2010 年 10 月 26 日，当凯尔特人队在 NBA 新赛季揭幕战中主场迎战热火队时，皮尔斯决定寸步不让。《波士顿环球报》资深篮球记者鲍勃·瑞安（Bob Ryan）把这场迈阿密和波士顿之间的较量称为"联盟历史上最热闹的揭幕战"。

令波士顿球迷津津乐道的是，勒布朗身披热火队战袍的处子秀就发生在五个月前他的骑士队生涯黯然落幕的那块球场。更戏剧性的是，沙克在休赛期加盟了凯尔特人队。

韦德和波什无法理解波士顿球迷对勒布朗的敌意。当勒布朗踏入 TD 花园球场，嘘声充斥整座球馆。在介绍首发阵容时，甚至在勒布朗每次触球时，嘘声仍然不绝于耳。勒布朗砍下全场最高的 31 分，但在第四节，当凯尔特人队一举拉开比分，"O-VER-RA-TED"（高估）的口号响彻全场。凯尔特人队最终以 88 比 80 取胜。

"这是一项进行中的工作，"勒布朗赛后表示，"我们都知道，罗马不是一天建成的。"

"这只是82场比赛当中的一场，"韦德说道，"如果有人认为我们82场应该全胜，我很抱歉，这不会发生。"

两周后，热火队在主场迎来凯尔特人队。比赛再次陷入苦战，而凯尔特人队再次带走了胜利。赛后，皮尔斯在推特上写道："很高兴能把我的天赋带到南海岸。"

勒布朗对皮尔斯的伎俩早已司空见惯。但勒布朗的队友却并非如此。皮尔斯发布推特的第二天，热火队阵中的硬汉乌杜尼斯·哈斯勒姆（Udonis Haslem）被问及此事。"保罗是谁？"哈斯勒姆回答记者。接着，他给了记者们一些建议，告诉他们如何进一步了解这位球员。"去查查'录音室黑帮'（studio gangster）这个词吧。"哈斯勒姆说道。于是，不止一位记者上网查询了这个词，才知道它是一个嘻哈术语，专门指"只会嘻哈音乐里说唱着黑帮生活而不是真正的帮派分子的那些人"。

骑士队和凯尔特人队的较量已经结束了，而热火队和凯尔特人队的较量才刚刚开始。

11月的一个周日下午，勒布朗在迈阿密的家中通过电视观看了克利夫兰布朗队和纽约喷气机队的比赛，并发了一条关于比赛的推特。《时尚先生》杂志的记者斯科特·拉布也在观看这场比赛，但他却发了一条关于勒布朗的推特，称他为一个"失败者"和一个"没种的废物"。

热火队注意到了拉布的推特，还看到了更加瞠目结舌的内容——第二天，拉布在《时尚先生》博客中将勒布朗描述为"阿克伦的妓女"。

当天晚些时候，拉布收到了一封来自迈阿密热火队媒体关系主管蒂姆·多诺万（Tim Donovan）的电子邮件。"斯科特，"多诺万写道，"我们的大楼不再欢迎你，今后我们不再向你发放执照。"

第二天，拉布将多诺万的邮件公之于众。"我怀疑蒂姆是在反对我昨天写的一些东西，"拉布说道，"我把勒布朗称为'阿克伦的妓女'——也许就是这回事。"

勒布朗仍在适应推特。但他现在已经有近 100 万粉丝了。他看不惯自己和其他运动员总是在社交媒体上成为被攻击的目标，于是，他决定转发一些针对自己的种族主义、仇恨性的推文。其中一条推文说他是"大鼻子、大嘴巴、大眼睛的黑鬼，贪得无厌，企图掩盖自己贫民窟的本性"。另一些推文称他是"婊子"，还建议他："你怎么不把头埋在一辆行驶中的汽车下面说话。"

这些推文只是勒布朗在"决定"之后所遭遇的一切事情的冰山一角。勒布朗所面对的舆论与泰格·伍兹被爆出通奸丑闻后面对的舆论是截然不同的。泰格·伍兹以各式各样的瞩目标题——"我是一只偷腥的猎豹"[1]"老虎的妻子夹着尾巴跑了"——连续 19 天登上《纽约邮报》（*New York Post*）的封面，创下了新纪录，甚至超越"9·11"恐袭事件。媒体尽情地嘲讽和奚落着伍兹。但伍兹的处境源于他的私生活。他承认了错误，并通过电视讲话向家人和高尔夫球界道歉。在短暂告别体育后，伍兹重返了高尔夫球场，迎接他的是大批观众和热烈的掌声。

另一边，勒布朗却成为整个体育界最令人憎恨的那个人。在全美各地的球馆里，勒布朗遭受着无休无止的嘘声和嘲讽。就连平时不关注篮球的人们似乎也都站了出来，替勒布朗和热火队的对手加油。

勒布朗重返克利夫兰的首场比赛共发放了 250 多张媒体证。2010 年 12 月 2 日，当热火队抵达速贷球馆，安保措施陡然升级。14 名安保人员部署在热火队替补席周围。警察们在更衣室通往球场的走廊两侧列队驻守。勒布朗和队友们排成一队，慢跑着离开通道，奔向球场。距离勒布朗仅有一臂之遥的球迷们冲着他大喊大叫。

"骗子！"一位球迷喊道。

"废物！"另一位球迷破口大骂。

"阿克伦也恨你！"其他人也在叫喊。

一名男子一手拿着电话，一手举着啤酒，探着身子凑近勒布朗，对他大

---

[1] 原文为"I' a Cheetah"，"Cheetah"（猎豹）与"Cheater"（骗子）一词同音。

骂脏话。一名身形魁梧的警察在一旁默不作声。

勒布朗早就料到速贷球馆中必然会充满敌意，但眼前的一切还是让他大为震惊。一位球迷举起了一块牌子，上面粗糙的简笔画描绘着勒布朗跪在地上的模样，旁边写着"你该怎么办？跪地求饶吧"。

另一块标语写道："有其父必有其子。"

勒布朗目视前方，一言不发。

"这是我见过仇恨最深的一次！"热火队的安保主管回忆道，"我仍记得那些标语和球迷们脸上的表情。我们提前三个小时抵达了球馆，那里挤满了人，人满为患。空气中弥漫着愤怒。"

"我比平时盯得更紧，紧紧地跟在他身边，不论是在他走到技术台涂粉的时候，还是在他入场的时候，同时还要时刻关注球迷通道的入口。"他继续道，"回想这件事，我无法忘记那种纯粹的仇恨……我第一次在封闭的场地里感受到这样的氛围。"

嘘声如山呼海啸一般，甚至淹没了TNT的解说员。"我从事篮球有25～30年之久了，从未见过在一场常规赛里，球场的氛围如此热烈，嘘声如此响亮，"一位解说员说道，"仿佛现在就是NBA总决赛的第七场大战。"

对热火队的球员来说，这场比赛的凶险不亚于一场总冠军争夺战。这一夜，速贷球馆如同罗马斗兽场。"那是我最害怕参加的那种比赛。"波什回忆道。跟随勒布朗从克利夫兰转投迈阿密的济德鲁纳斯·伊尔戈斯卡斯也被自己前东家的球迷闹得忐忑不安。"那是我去过的最充满敌意的球馆，"伊尔戈斯卡斯表示，"我感觉但凡有机会，他们一定会把我们撕成碎片的。"

勒布朗也一度感到惶恐。但当他和队友们开始进行赛前上篮热身时，他感觉安心多了。在全场观众"ass-hole, ass-hole"（浑蛋）的伴奏声中，勒布朗跃跃欲试。当他第一次触球时，一位球迷大喊"把他的头砍下来"。但勒布朗用投篮命中作为回应。随后，他一球接一球地命中。

暂停期间，球迷们开始向热火队替补席投掷东西。一位球迷扔出了一颗电池。中场休息时，热火队已经领先了20分，勒布朗更是所向披靡。丹·吉尔伯特气冲冲地离开座位，下半场再也没有回来过。

第三节，勒布朗继续爆发，单节砍下 21 分。在热火队领先 30 分时，他来到骑士队替补席的面前，在底角投进一记高难度三分球，然后转身瞪着他的前队友们，从他们身边慢跑而过。有人冲他喊了一句"闭上你的臭嘴"。

随着球队遥遥领先，斯波尔斯特拉教练安排勒布朗坐在板凳席上度过整个第四节。他最终依然豪取 38 分、8 次助攻和 5 个篮板。热火队以 118 比 90 轻松取胜。赛后，丹·吉尔伯特接受了《时尚先生》记者斯科特·拉布的采访，解释了他为什么下半场没有返回座位。"我真的害怕回到场内，"吉尔伯特告诉拉布，"我知道那个浑蛋在做什么，我并不想……有时我会失去……他在羞辱我，而且他享受着其中每一秒钟。我不会真的对他动手，但我可能会说出一些会让我后悔的话，做一些会让我后悔的事。所以我没有出来。"

勒布朗重返克利夫兰是两支球队本赛季的转折点。那场比赛之后，骑士队踏上了一次创纪录的连败之旅，热火队则在接下来 19 场比赛中赢下了 18 场。然而，针对勒布朗的敌意并未停歇。12 月 17 日，当热火队做客纽约迎战尼克斯队，纽约《每日新闻报》头版刊登了一张勒布朗的照片，标题为《他叫勒不郎》(*LeBum's the Word*)。《纽约邮报》提醒读者，勒布朗本可以成为"纽约之王"，但"却选择了迈阿密这条捷径；从现在起，他将永远是个'弱鸡'（LeCHICKEN）"。

热火队已经取得了十连胜。勒布朗重回麦迪逊广场花园之战成了整座城市球票最热销的赛事。下层看台处处是名人们的身影，包括了 Drake、麦克斯韦（Maxwell）、连姆·尼森（Liam Neeson）、保罗·西蒙（Paul Simon）、比尔·奥莱利（Bill O'Reilly）、Fabolous、杰西卡·怀特（Jessica White）、克雷格·罗宾逊（Craig Robinson）、DJ Clue、乔·乔纳斯（Joe Jonas）、特雷西·摩根（Tracy Morgan）、马修·莫迪恩（Matthew Modine）、斯派克·李以及伍迪·艾伦（Woody Allen）。仿佛这里是一座顶级的剧院。尼克斯球迷们摩拳擦掌，打算给勒布朗来一个下马威。

"去你妈的，勒布朗！"奏国歌时，一位球迷高声喊道。

但在热火队的第一个进攻回合，勒布朗就投中了一记三分球，平息了震耳欲聋的嘘声。热火队率先建立领先优势。尼克斯队在第二节发起反攻，但勒布朗单枪匹马地断送了对手的势头。他先是突破、扣篮，又接连命中跳投。最终，勒布朗全场砍下32分、11个篮板和10次助攻。热火队以22分的优势大胜尼克斯队。

当热火队步入正轨并开始统治其他球队，越来越多NBA专家们对勒布朗与韦德、波什联手的决定进行了抨击。其中最常见的一种说法就是，凯尔特人队的传奇球星拉里·伯德和湖人队的传奇球星魔术师约翰逊这对宿敌是永远不会联手的。这样的对比是愚蠢的，因为伯德和约翰逊所效力的球队本身就拥有众多未来的名人堂球员。最终，伯德站出来为勒布朗做了辩护。"我并没有因为他加入迈阿密而感到生气，"他说道，"这伤害了很多人的感情。但该死的，那是属于他的人生，属于他的生涯。"当一位记者试图诱导伯德去指责勒布朗宣布决定的方式，伯德回应道："他只是个孩子，你知道吧？得了吧，我们每个人都会犯些愚蠢的错误。我自己就犯过无数错误。那又怎样呢？"

勒布朗刚刚度过26岁生日。2011年1月11日，他在洛杉矶的酒店房间里，观看着电视上骑士队与湖人队的比赛。第二天晚上，热火队将对阵快船队。但勒布朗密切留意着老东家的动态。湖人队以112比57狂胜骑士队，送给克利夫兰队史上最惨痛的失利。勒布朗在推特上写道：因果报应真叫人头疼。

没有了勒布朗，吉尔伯特的球队一泻千里。2010—2011赛季，骑士队仅仅取得19胜63负的战绩，位列全联盟倒数第二。热火队则以58胜24负的战绩结束了常规赛，排名东部第二。在轻松闯过季后赛首轮后，迈阿密在东部半决赛中遭遇波士顿。这是篮球迷们喜闻乐见的对决。

凯尔特人队在常规赛很擅长对付热火队。在系列赛第一战，皮尔斯和他的队友们又采取了熟悉的做法，那就是霸凌对手。当热火队替补球员詹姆斯·琼斯（James Jones）连续命中三分球，皮尔斯用胸口顶撞了他，还用头撞向琼斯的脸。随后，皮尔斯又与韦德发生推搡。就在皮尔斯骂骂咧咧的时候，裁判给了他一个技术犯规，并将他驱逐出场。但热火队显然被激怒了。

在场边，勒布朗把队友召集到一起，提醒大家不要理会那些小伎俩。"他们会使出一切篮球以外的招数让我们失去理智，"勒布朗喊道，"我们要用篮球打败他们！"

于是，热火队重整旗鼓，以99比90赢下了系列赛首战。

在第二场比赛，勒布朗惩罚了凯尔特人队。他得到全场最高的35分，热火队再次获胜。

来到波士顿，凯尔特人队统治了第三战。接下来的第四战变成了勒布朗和皮尔斯之间的对决。就在凯尔特人队即将把总比分扳成2比2之时，勒布朗率领热火队将比赛拖入加时赛，并最终以98比90胜出，取得了系列赛3比1的领先。

回到迈阿密，韦德打出了他在系列赛中的最佳表现，得到了全场最高分。比赛还剩2分10秒时，双方战成平手。这时勒布朗站了出来，他迎着皮尔斯的防守，拔起投中一记三分。在热火队球迷的欢呼声中，勒布朗犹如一辆火车头，呼哧呼哧地从皮尔斯身边走过。凯尔特人队叫了暂停。在发边线球时，勒布朗抢断了皮尔斯。皮尔斯愣在原地，眼睁睁地看着勒布朗奔向篮筐，双手大力扣篮。全场观众沸腾了，热火队领先8分。又一次暂停后，凯尔特人队再次出现失误，球落到了勒布朗手里。最后一攻，勒布朗看了皮尔斯一眼，忽然加速甩掉他，上篮得分。他包办了热火队的最后10分，而且全部是在皮尔斯的防守下得到的。勒布朗终于如愿击败了波士顿的"三巨头"，热火队在季后赛里继续前进。

在东部决赛里轻松淘汰芝加哥公牛队之后，勒布朗和热火队挺进NBA总决赛。挡在他们面前的是达拉斯独行侠队。

凭借韦德和波什的强势表现，热火队在迈阿密赢下第一战。第二战，热火队在韦德的带领下乘胜追击。第四节还剩7分钟，随着韦德命中一记三分球，热火队打出一波13比0的攻势，以88比73占据领先。当勒布朗和韦德在达拉斯替补席面前相互庆祝，ABC解说员说道："热火队已经把比赛打花了。"

暂停后的一分钟内，两队均无建树。随后，独行侠队开始不断得分，跳投、上篮、罚球，接着又是一记上篮。比赛只剩下4分半钟时，热火队的领先优势被削减至7分。

之后，勒布朗两罚全中，把分差扩大至9分。

贾森·基德又投进一记三分球，分差迫近至6分。随后，贾森·特里（Jason

Terry）投篮命中。比赛只剩 3 分钟，独行侠队仅落后 4 分。

热火队全队忽然手感冰凉。独行侠队掀起了一波进攻高潮，勒布朗却在这时隐身了。他来到迈阿密是为了赢得总冠军，这本该是他挺身而出、把握机遇的时刻。

渴望总冠军的还有独行侠队当家球星德克·诺维茨基（Dirk Nowitzki）。他身高 7 英尺，精通后仰跳投。得益于身高优势，这个招牌动作几乎是无解的。现年 32 岁的诺维茨基来自德国，他职业生涯迄今为止的全部 13 个赛季都是在达拉斯度过的。和勒布朗一样，诺维茨基在 2010 年成为自由球员，但他默默地选择与达拉斯续约，并表示"归根结底，我的心属于这里"。诺维茨基觉得自己在达拉斯还有"未竟的事业"——作为队内的最佳球员，诺维茨基多年来只进过一次 NBA 总决赛。那是在 2006 年，当时他们正是输给了德怀恩·韦德和迈阿密热火队。诺维茨基决心要把总冠军带回达拉斯。

比赛还剩 2 分 43 秒时，诺维茨基投篮命中，将比分追至两分。

在球场另一端，勒布朗的两次三分投篮均未命中。

随后，诺维茨基完成上篮，将比分扳平。

接下来，韦德错失了一记三分球，诺维茨基则命中三分，独行侠队令人震惊地打出一波 20 比 2 的攻势，以 93 比 90 反超比分。距离比赛结束只剩下 26 秒。

暂停过后，迈阿密的马里奥·查默斯迅速回敬了一记三分球，双方再度打平。

还剩下 24 秒，诺维茨基向队友要球。这位 7 尺高的球员在外线持球，等待着进攻时间一分一秒流逝。接下来，他带球杀向篮筐，上篮命中，在比赛只剩最后 3 秒时帮助达拉斯 95 比 93 取得领先。迈阿密的观众们鸦雀无声。

最后时刻，勒布朗把球传给韦德，后者绝望地把球甩向篮筐，结果偏得离谱。在比赛最后 6 分钟还落后 15 分的独行侠队实现了惊天大逆转，诺维茨基包揽了球队的最后 9 分。独行侠队成为继 1992 年迈克尔·乔丹率领的芝加哥公牛队之后，第一支在一场 NBA 总决赛的第四节落后 15 分但最终反败为胜的队伍。

虽然这轮系列赛还有很长的路要走，但帕特·莱利忧心忡忡。他曾以球员和教练的身份多次参加总决赛。他深知，一件小事就可以为处于弱势的一方带来希望，进而改变整个系列赛的结局。

在达拉斯进行的第三战中，热火队以两分的优势险胜，总比分2比1领先。但勒布朗已经连续第三场比赛在第四节哑火了。赛后，被问及此事的勒布朗有些抵触。第四战，达拉斯又一次在第四节后来居上，以86比83取胜，将总比分扳成2比2平。韦德和波什表现出色，但勒布朗却打出了季后赛生涯里最糟糕的比赛之一，仅仅得到8分。"我打得不好，尤其在进攻端，"他在赛后坦言，"我知道这一点。我必须做得更好，帮助球队拿下比赛，特别是比赛尾声，不管发生什么情况。"

第四战后，勒布朗在第四节迷失的话题成了总决赛的主要话题。勒布朗在对阵凯尔特人队和公牛队时展现了极强的统治力，而在对阵独行侠队时却淡出了视线。《纽约时报》把他形容为"联盟里最令人困惑的超级巨星"，并写道："最令人担忧的是，詹姆斯屡次在热火队最需要他的时候，在紧张得令人窒息的第四节悄然无声。詹姆斯在第四节平均只得到2.3分，累计12投3中。"ESPN指出，勒布朗在第二、第三和第四场比赛的最后十分钟一球未进。

勒布朗把热火队看作韦德的球队。勒布朗是更耀眼的明星，但韦德迄今为止都是在迈阿密度过的。勒布朗觉得自己有义务帮助他的朋友赢得总冠军。

"显然，他认为自己让我失望了，"韦德在第四战赛后表示，"我相信他一定会反弹的。"

但独行侠在主场拿下了至关重要的第五战，韦德在比赛中撞伤了臀部。热火队以2比3落后，系列赛重回迈阿密举行。第六战的前夜，勒布朗和韦德依然在球馆里训练，试图找回状态。

那天，ESPN发布了一张图表，上面显示全美几乎每个州都支持达拉斯赢下第六场比赛。勒布朗不会承认这一点。然而，此类消息——人人都站在勒布朗的对立面——反反复复地出现，加重了勒布朗的心理负担。

第六战上半场，诺维茨基的投篮惨不忍睹，前11次投篮全部打铁。但达拉斯队挺了过来，半场结束时仍以两分领先。韦德在进攻端表现挣扎，重担落到了勒布朗和波什的肩上，但两人都未能接管比赛。与此同时，诺维茨基将他最好的表现留在了最后时刻。他在第四节独得10分，并在比赛剩余8分钟时将独行侠的领先优势扩大到12分。零星分布在球馆里的独行侠球迷们高喊着口号，"Let's go, Mavs!"热火队的球迷开始朝出口走去。

当终场哨声响起，独行侠队尽情地在热火队的主场庆祝胜利，勒布朗则一脸茫然。在通往迈阿密更衣室的通道里，波什瘫倒在地上。他双膝跪地，将脸埋进双手中，伤心地抽泣。工作人员从他身边走过，仿佛他只是拥挤的城市街道旁的一位流浪汉。最后，韦德扶起了波什，把他送回了更衣室。"这和我想象的不一样，"波什后来说道，"我以为我们会赢。"

热火队的更衣室如同一间精神创伤科病房。斯波尔斯特拉教练试图平复球员们的情绪。"你们是一个非常努力的团队，作出了牺牲，做了所有正确的事情，"斯波尔斯特拉说道，"你们让自己具备了赢得一切的实力。只是结果并没有如愿。"

勒布朗心情低落，什么话也听不进去。在社交媒体上，他已经被骂得狗血淋头。"嘿，勒布朗，你是一个没用的婊子。"一个球迷在推文里写道。甚至丹·吉尔伯特也在推特上幸灾乐祸。"独行侠队从不放弃，终于收获了冠军戒指，"吉尔伯特写道，"这印证了那句老话：凡事没有捷径。绝对没有。"

勒布朗身穿蓝色西装，系着领带，外套口袋里别着方巾。他走进媒体室，在韦德身旁坐下，手肘撑在桌子上，手掌交叉。

"很多人见到你失败后非常开心，你对此感到困扰吗？"一位记者问道。

"绝对没有，"勒布朗强忍着情绪说道，"说到底，希望看到我失败的那些人，他们明天醒来后的生活和他们今天醒来之前的生活是一模一样的。我会继续过我想过的生活，继续做我想和家人们一起做的那些事，这样我就满足了。"

29 坠入深渊

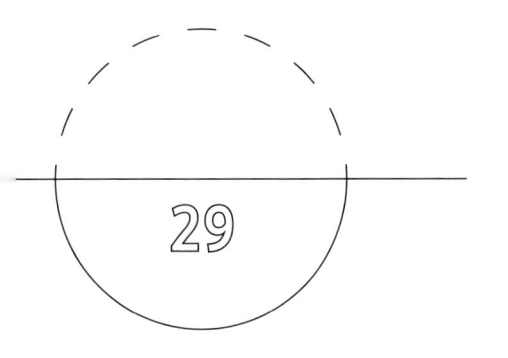

NBA总决赛失利后的第二天早上,德怀恩·韦德没有起床。他在房间里待了一整天,饭菜都是别人送进去的。他拒绝见任何人,也不和任何人说话。中午过后,孩子们敲门喊他出来打球,他却大吼道:"现在不行。"几个小时后,孩子们提出了相同的要求,却又得到了相同的答复。韦德观看了他最钟爱的电影《美国之旅》(Coming to America)。这部电影提醒了他,虽然败给了独行侠队,他依然要履行好父亲的角色。大约晚餐时分,孩子们回到了家里。其中一个孩子提议:"爸爸,趁天还没黑,我们出去玩一会儿吧。"韦德终于走出卧室,和孩子们到屋外玩耍。第二天一早,韦德睁开眼并告诫自己,总决赛的结果并不是一场噩梦,而是现实。好吧,兄弟,你还肩负着责任,是时候让生活重回正轨了,他对自己说。

与韦德不同，勒布朗并没有很快振作起来，而是坠入深渊。总决赛的失利让他无地自容，尤其是在经历了"三位天王"的大肆宣传以及赛季前喊出的"不是六个，不是七个"的狂言之后。然而，羞愧并不是勒布朗唯一的感受。在职业生涯里，他第一次在球场上失去了掌控力，同时对自己作为篮球运动员的身份感到了不安。那句"把我的天赋带到南海岸"产生了巨大的反作用力，让他成为职业体育界口碑反差最大的人物。人们对他无休无止的仇恨使得2010—2011赛季沦为了痛苦和折磨。这一切逼迫勒布朗扮演了一个与他格格不入的角色——反派。他不停地伪装自己，时而眼神凶煞，时而怒容满面。他的伪装最终让他心力交瘁。当热火队跻身总决赛，勒布朗考虑得太多，导致他在比赛关键时刻屡次隐身。如今，赛季终于结束了。他在精神和情感上都疲惫不堪，因此谁也不想见。

但是，在所有人解散"放暑假"之前，帕特·莱利为每位热火队球员安排了季末谈话。勒布朗的谈话定在了下午三点。

尽管有些不情愿，勒布朗依然准时来到了莱利的办公室。莱利和波什的会谈尚未结束，有人建议他坐下来等待，但勒布朗拒绝了。他可不愿意浪费时间。于是，他闯进了莱利的办公室。

"你迟到了。"他一边对莱利说，一边走向窗户，面无表情地望向窗外。

波什站了起来。"我们稍后再聊。"他告诉莱利。

勒布朗依然盯着窗外。

波什溜了出去。勒布朗开始在莱利的办公桌前来回踱步。

"如果你想走，请便，"莱利开口，"我们没必要开这个会。"

勒布朗摇摇头，继续踱步。

"听着，你这一年表现得很棒。"莱利说道。

勒布朗并不想听这些。他们本该夺得总冠军。但他没有这么说。他一句话也没说。

莱利结束了会议。

勒布朗跌入了谷底。萨瓦娜试图和他谈谈，还有马弗里克、格洛丽亚和

29 坠入深渊

韦德。勒布朗对他们都置之不理。忽然之间，这个无法忍受孤独的男人关掉了手机，把自己关在了椰林区（Coconut Grove）的住所里。独自一人沉浸在痛苦的思绪里，勒布朗意识到篮球再也不是乐趣了。"我一辈子都在追求篮球带来的快乐……打球时我总是心怀喜悦，"勒布朗说道，"然后，在这一年里，一切都变了，我打球只是为了证明别人是错的。"

勒布朗尤其想要证明一个人是错的，那就是丹·吉尔伯特。吉尔伯特指责勒布朗自私自利的那些话深深刺痛了他。从篮球的角度来看，勒布朗最受伤的莫过于被人视作一个以自我为中心的人。早在高中时期，他就以自己是一位团队型球员而自豪。进入 NBA 后，勒布朗延续了这一作风，在骑士队以打球无私著称。但吉尔伯特却给他打上了自恋狂的烙印。

在勒布朗看来，他的行为恰恰是自恋的反面。他离开了克利夫兰——在那里，他是球队的门面；他来到了迈阿密——在那里，别人才是球队的门面。勒布朗一心向往总冠军，为此甘愿在韦德的球队里充当二把手。为了打消他在别人心目中自私的印象，他逼迫自己在迈阿密扮演配角，有时甚至不遗余力地确保自己不会抢走球队主角的戏份。

然而，当球队输掉比赛，那就是勒布朗的过错，至少人们是这么认为的。从《体育画报》到《纽约时报》再到《扣篮》（*Slam*），大大小小的报纸杂志都在剖析勒布朗的表现。在推特上，他登上了热门话题榜。ESPN 和 CNN 也在谈论他。公众对他的审查已经到了一个人不可承受的地步。于是他关掉了手机，关闭了社交媒体，避开了电视。他花了大把时间聆听巴瑞·怀特（Barry White）和柯蒂斯·梅菲尔德（Curtis Mayfield）的歌曲。

"那两个星期，我坠入了深渊，"勒布朗回忆道，"我没有和任何人说话，只是待在房间里，就像电影《荒岛余生》（*Cast Away*）里的汤姆·汉克斯（Tom Hanks）。我的脸上长满了胡子。"

这段时间里，勒布朗没有向 NBA 的任何人寻求指导。迈克尔·乔丹和科比·布莱恩特或许是理想人选，但勒布朗并不想接近他们中的任何一个。联盟中也没有其他人在天赋和名气上达到勒布朗的水平。相反，勒布朗联系了 Jay-Z，这是唯一可以理解他和他的处境的朋友。

Jay-Z与勒布朗感同身受。长期以来，他最钦佩勒布朗的一点是，他在名誉上付出的努力和在球技上一样多。作为一个在单亲家庭长大的年轻人，勒布朗很感激弗兰基·沃克和德鲁教练等人在他生命中所扮演的角色。他把这些人视为救世主。从加入NBA的那一刻起，勒布朗就肩负起了成为其他年轻人榜样的责任，尤其是那些在像他那样的环境中长大的孩子。凭借他的自律，勒布朗避免了像许多同龄人那样落入了名誉和财富所带来的陷阱。他没有沾染一丝丑闻，树立了无可挑剔的形象。然而，一步走错，满盘皆输。他苦心建立的名声转眼间就烟消云散了。

从Jay-Z的视角来看，勒布朗的生活过得小心翼翼，从他在圣文森特的高一那年起，丝毫不敢偏离篮球之路。他一直生活在阿克伦一带，对那里的一切了如指掌。去往迈阿密何尝不是他人生中的巨变。他曾天真地以为事情会一帆风顺，总冠军更是易如反掌。现在他明白了，去往迈阿密的决定打破了勒布朗在俄亥俄州为自己营造的幸福茧房。

Jay-Z的人生经历使得他有能力为勒布朗指点迷津。2003年，当两人成为朋友时，Jay-Z也处在自己职业生涯的十字路口，对自己的方方面面和未来的去向产生了怀疑。他不得不时常自我提醒："我热爱音乐。音乐每天都在拯救我。"于是，2011年的夏天，Jay-Z也时常提醒着勒布朗，让他意识到自己是多么热爱篮球，篮球每天都在拯救他。Jay-Z对他的朋友强调了一个关键词——"记住"。

记住你从哪里来。

记住是什么让你走到今天。

记住你为什么热爱篮球。

这是一位世界级艺人给予另一位世界级艺人的简单而深刻的建议。

在那些沉寂的日子里，勒布朗依然是新闻人物。几个星期以来，迈阿密媒体一直在猜测他的下落，担心他究竟过得怎么样。6月29日，勒布朗终于再度现身。当晚，他带着萨瓦娜出现在了永明体育场（Sun Life Stadium），观

29 坠入深渊

看 U2 乐队的演唱会。演唱会结束后，两人与博诺（Bono）[1]一同游玩。博诺已在聚光灯下生活多年，在对付聚光灯带来利弊方面颇有心得。第二天，勒布朗发布了一张夫妻俩与博诺的合影，并配文道："昨天是美好的一天。"这是自总决赛结束以来勒布朗第一次出现于公共场合和社交媒体。迈阿密一家报纸的头版标题写道："勒布朗·詹姆斯现身 U2 演唱会，他还活着。"

演唱会之后，勒布朗和萨瓦娜返回了俄亥俄州的家中。勒布朗希望在那里追根溯源，好让自己打起精神。他加大了训练强度，有几天他甚至在阿克伦郊区的小路上骑行将近 100 英里。他还联系了高中时代的第一任教练基思·丹姆布洛特，并跟随他进行训练。自从高中毕业，两人相处的时间并不多。勒布朗希望回到他的人生还没有被支配的那段时光，追寻自己作为篮球运动员的初心。他认为丹姆布洛特那种不说废话的作风正是他需要的。

"你必须做更多你不想做的事情，"丹姆布洛特在那个夏天告诉他，"你必须抢更多进攻篮板和防守篮板，无球移动，所有那些让你变得出色的基本功都要从头开始。"

勒布朗在录像里回顾了他在总决赛里的表现。他对自己在第四场和第五场比赛第四节的表现很不满意，当时他完全哑火了。于是，在那个夏天余下的时间里，他把重点放在了他想要提升的方面——脚步、控球，以及低位进攻。

休赛期里，勒布朗接到了韦德的电话。韦德当时正在度假，他邀请勒布朗加入他的行列，两人可以一起训练，并探讨如何做出一些改变。

当勒布朗抵达目的地，韦德告诉他自己已经思考了很久。是时候让勒布朗放开手脚、接管比赛了。也是时候让勒布朗放下思想负担，不要再把热火队视作韦德的球队了。

与韦德的谈话是一次突破，既加深了两人之间的友谊，也改变了他们在球队里的角色。下赛季的热火队必将焕然一新。

勒布朗对登上 ESPN 接受吉姆·格雷采访这件事感到后悔，尽管他闭口不

---

[1] 译者注：U2 乐队的主唱，原名保罗·大卫·休森（Paul David Hewson）。

谈。他决心不再重蹈覆辙。经历了那次决定后，勒布朗认识到他需要的不仅仅是一位公关。他需要一个更有战略思维的传播专家，以帮助他修复形象，并从容应对名人身份所带来的种种风险。他不费吹灰之力就找到了合适的人选。

2011年早些时候，勒布朗和马弗里克同全世界最大的体育、媒体和娱乐公司之一的芬威体育集团（Fenway Sports Group）达成了战略商业伙伴关系，尽管此事被迈阿密的一切风波所掩盖。芬威集团旗下的资产包括波士顿红袜队、英超足球俱乐部利物浦队、纳斯卡赛车界的劳什·芬威车队、新英格兰体育网（New England Sports Network），以及举世闻名的体育场馆——波士顿的芬威公园和利物浦的安菲尔德球场。芬威集团和LRMR的合作意味着勒布朗未来在全球范围内的所有商业、营销、代言和慈善事务都将由娱乐业最具战略眼光的人士负责，其中就包括芬威集团的创始人汤姆·沃纳（Tom Werner）。作为协议的一部分，勒布朗和马弗里克获得了利物浦俱乐部的股份，这家俱乐部在《福布斯》全球最有价值体育团队排行榜上高居第六。这笔交易使得勒布朗有望成为第一位拥有职业体育队伍股份的现役球员。

与芬威集团的合作还带来了一个意想不到的机会，那就是勒布朗结识了亚当·门德尔松（Adam Mendelsohn）。他是一位世界级的公共关系策略师，曾为沃纳的集团工作过。门德尔松曾担任阿诺德·施瓦辛格（Arnold Schwarzenegger）州长的副幕僚长，后来创办了自己的传播公司——水星公共事务公司（Mercury Public Affairs），专为政治家和名人提供危机管理服务。2011年，在全美的团队运动中，还没有哪位运动员拥有像亚当·门德尔松这样能干、老练的专职公关人员。

就在勒布朗为新赛季投入训练之后，NBA却停摆了。当时的劳资协议规定，联盟篮球收入的57%归球员所有。球队老板们希望降低这一比例，而丹·吉尔伯特就是这项提议的最大推动者。吉尔伯特之所以对球员们不满，原因之一就是他的球队选中了勒布朗，却最终眼睁睁地看着他在生涯巅峰期投奔其他队伍。

勒布朗花了七年时间才成为一名不受限制的自由球员。勒布朗只是勇敢地行使了由老板们建立的这项制度所赋予他的权利,吉尔伯特却不认可这一点。在很多方面,勒布朗转投迈阿密如地震一般波及了整个联盟。在球场上,他是头号公敌。但在场外,勒布朗为了与其他球员强强联手追求总冠军而不惜牺牲金钱的决定,可以使每一位 NBA 球员受益,特别是明星球员。

停摆期间,哈珀柯林斯出版社出版了斯科特·拉布的《阿克伦的妓女:一窥勒布朗·詹姆斯的灵魂》(*The Whore of Akron: One Man's Search for the Soul of LeBron James*)一书。该书以 2010 年 4 月拉布与勒布朗在速贷球馆更衣室的一次相遇开篇。当时,拉布确信勒布朗将与骑士队重新签约。他走近勒布朗并说道:"我见证过奥斯卡、迈克尔、魔术师等人的巅峰期,而你是我见过的最好的篮球运动员。谢谢你。"勒布朗回答:"这对我来说意义重大。感谢。"

接下来,拉布写道:"对于那晚在更衣室和勒布朗待在一起,我感到无比懊悔甚至是悲痛。我很抱歉,真的很抱歉,当时我没有后退一步然后一脚踢爆他的蛋蛋……国王詹姆斯。天选之子。阿克伦的妓女。在他去往迈阿密后,我亲手把最后一个称号送给他。"

这本书大受欢迎,好评如潮。美联社称这本书"风趣得令人捧腹大笑"。《体育画报》用"嬉笑怒骂、玩世不恭"来形容它。就连巴兹·比辛格也发表了看法,认为这本书"滑稽、真挚且诚实得要命"。拉布对勒布朗的批判言辞犀利。但他对自己生活毫不掩饰的描写更是具有感染力。正是拉布的自我反省让这本书从众多体育回忆录中脱颖而出,还被 *Slate* 杂志评为了"年度最佳图书"。"这个家伙不喜欢勒布朗·詹姆斯,"作家斯蒂芬·法特西斯(Stefan Fatsis)评论道,"但这不是重点。《阿克伦的妓女》讲述一位篮球运动员的方式与《白鲸》讲述一只鲸鱼如出一辙。"

在撰写这本书期间,拉布与吉尔伯特进行了多次交谈。虽然拉布在分享这些谈话内容时格外谨慎,但他透露的吉尔伯特对勒布朗离开的想法是直白而尖锐的。"这件事仍然令人震惊,"吉尔伯特告诉拉布,"我不敢相信他真的这么做了。这太不真实了。他得罪了整座城市,然后还在你的坟头上跳舞——简直太不可思议了。这种愤怒,我无法用言语来形容。"

勒布朗正学着不去关注人们对他的评价或是关于他的报道,但他很难忽视一本揭开他新伤口的书。在家人们的鼓励下，勒布朗继续踏上了征程。停摆终于结束，2011—2012赛季于12月25日打响。此刻，勒布朗身在达拉斯，热火队将在这里挑战独行侠队，开启他们的新赛季。在勒布朗的眼前，诺维茨基和他的队友们领取了总冠军戒指。接着，比赛开始了。勒布朗单枪匹马，杀红了眼。

在休赛期，埃里克·斯波尔斯特拉曾与教练组们开会，告诉他们不要再向勒布朗强加某种篮球体系。他总结道，勒布朗是一位不同寻常的球员，而他们却试图迫使他在一种常规的体系里打球。接下来，斯波尔斯特拉打算让勒布朗自由发挥他的创造力，并让球队体系围绕勒布朗运转。"我们必须开阔思路，建立一个体系，让勒布朗·詹姆斯每个晚上都能成为全世界最好的球员。"他告诉助教们。

在达拉斯的揭幕战中，勒布朗完全被解放了。他可以自由选择球场上的位置——有时像控球后卫那般带球，有时像内线一样背身要位，有时只是在球场两端即兴发挥。他砍下全场最高的37分，统治了比赛的每一个阶段。这次，卫冕冠军不再是热火队的对手了。

12月30日，就在他们击溃独行侠队的几天之后，勒布朗迎来了27岁生日。第二天晚上，他邀请了50位最亲密的朋友和家人，在南海岸的一家高级酒店举行了私人新年晚宴。停摆期间，勒布朗决定是时候与萨瓦娜喜结连理了。从高中时代，萨瓦娜就是他的灵魂伴侣。他们早已像一对夫妻，一起养育两个孩子，一起建造家园。但勒布朗一直没有求婚，萨瓦娜也无意催促他。"我绝对没有在他屁股底下点一把火，"她在勒布朗签约迈阿密不久后对《哈泼斯》(*Harper's*)杂志说道，"我们对现状很满意。这不是我能决定的。等到时间合适，那件事自然会发生的。"

对勒布朗来说，现在是时候了。"正如我作为一名球员需要迈出下一步，"他说道，"作为一个男人，我也需要迈出下一步。"

午夜时候，勒布朗走向了替他保管求婚戒指的韦德。勒布朗有些紧张地向他索要戒指。

"你准备好了吗？"韦德问道。

"如果你现在不给我，"勒布朗告诉他，"我就不打算做了。"

片刻之后，在亲朋好友的注视下，勒布朗单膝跪地，深情仰望着萨瓦娜。

热火队势不可当。勒布朗打出了职业生涯最具统治力的一个赛季。在迈阿密以外的每座球场，他仍然面对着嘘声。但是，随着2011—2012赛季的进行，勒布朗不声不响地甩掉了反派形象。

有一次，当球队在俄克拉荷马城机场中转，勒布朗注意到几位身穿军装的直升机驾驶员走向了热火队的安保人员，希望同球员们合影。大部分热火队球员们当时都在打盹儿，于是安保人员拒绝了他们的请求。"嘿，嘿，"勒布朗见状，赶忙开口，"那些军人都可以和我们合影。"接着，勒布朗叫醒了队友们。"嘿，大家快起来吧，"他说道，"到这里围成一个圈。"

后来，勒布朗解释了原因。"他们每天都在用自己的生命去冒险"，他说道，"如果没有他们，我们就没有自由……他们为美国、为我们所有人做了那么多伟大的事情，为他们合影对我们来说再简单不过了。"

即使不在球场上，勒布朗也扛起了球队领袖的职责。2012年2月26日，在奥兰多举行的NBA全明星赛上，勒布朗与凯文·杜兰特上演了一场得分对决。两人最终平分秋色，皆砍下36分。但几周之后的一件事让队友们对勒布朗更为刮目相看。全明星赛期间，一位名叫特雷文·马丁（Trayvon Martin）的17岁黑人青年遭到枪杀。马丁曾和母亲居住在迈阿密，后来搬到奥兰多郊外的桑福德镇和父亲住在一起。中场休息时，身穿灰色连帽运动衫的马丁走出家门，到附近的7-Eleven便利店买些糖果，却再也没有回家。那天下着雨，马丁戴上兜帽，与一位名叫乔治·齐默尔曼（George Zimmerman）的社区协警擦肩而过。后者拨打了911。"喂，最近我们社区发生了几起入室盗窃案，"他对调度员说，"我看见了一个很可疑的家伙。"当调度员让齐默尔曼详细描述一下那个人，后者给出了几个特征——灰色连帽衫，看起来不像是个好人。"他看起来像是黑人。"齐默尔曼告诉调度员。警察决定采取行动，但当他们赶到时，齐默尔曼已经向马丁开了枪。马丁倒在草地上，口袋里装着一袋彩虹糖。

抗议者要求逮捕齐默尔曼,后者却声称自己是根据佛罗里达州"不退让法"[1]进行自卫。勒布朗最初是从德怀恩·韦德的女友那里听说特雷文·马丁的死讯的。原来,热火队是马丁最喜欢的球队,而勒布朗是他最喜欢的球员。勒布朗和韦德花了几天时间讨论如何利用他们的影响力,呼吁人们关注马丁事件的不公。与此同时,民权领袖们举行了集会,数百万人在全美各个城市游行抗议,司法部也对这起谋杀案进行了联邦调查。

3月23日,热火队在底特律迎战活塞队。当天上午,奥巴马总统现身玫瑰园,介绍世界银行的下一任行长。一位记者向总统询问了特雷文·马丁。总统在没有准备正式声明的情况下讲出了他的心里话。"我认为我们所有人都需要深刻反省,思考一下这样的事情是如何发生的,"奥巴马说道,"这意味着我们对法律以及这类事情发生的背景进行研究,并且审视这次事件的每一丝细节。"他补充道:"如果我有个儿子,他看上去会和特雷文很像。"

总统的观点引起了勒布朗的共鸣。勒布朗有两个儿子,他们必然看上去和特雷文很像。任何一个身穿灰色连帽衫的黑人男青年都可能是特雷文·马丁,这个想法令人不寒而栗。奥巴马总统在玫瑰园发表了讲话之后,勒布朗和韦德召集全体队员在酒店里拍了一张球队集体照。所有人都穿上了灰色连帽衫。显然,这张照片具有挑衅意味。当天下午,勒布朗在推特上分享了照片,并配文:"#我们都是特雷文·马丁#连帽衫#刻板印象#我们要正义。"

对勒布朗而言,这是他成为一名社会活动家的转折点。论推特粉丝数量,世界上没有哪位运动员比勒布朗更多。勒布朗选择利用自己的社交媒体平台,为手无寸铁的黑人青年发声,呼吁人们关注这场充满不公的悲剧。这意味着他闯进了当代任何美国运动员——不论乔丹、科比、伍兹或是汤姆·布雷迪——都不敢涉足的领域。勒布朗明白,他没有退路。

在勒布朗加盟热火队前后,记者李·詹金斯(Lee Jenkins)接管了《体育画报》

---

[1] 译者注:Stand-your-ground law,又译作坚守阵地法,该法允许公民在遇到危险时保护自己而无须考虑退让义务。

的 NBA 栏目。勒布朗聘请亚当·门德尔松后不久，詹金斯联系了他。勒布朗打出了 MVP 级别的数据，詹金斯打算为他写一篇报道。詹金斯透露，这将是一篇纯粹的篮球报道。

在被詹金斯纠缠了好一阵子后，门德尔松总算是相信了他，为他安排了与勒布朗一小时的访谈。采访时间定在热火队在纽约背靠背对阵尼克斯队和篮网队期间。

2012 年 4 月 14 日，勒布朗一脸疲倦地走下球队大巴，进入了泽西城的威斯汀酒店。当队友们入住房间时，勒布朗来到了酒店餐厅的包厢里，在詹金斯对面坐下。勒布朗戴着一顶毛线帽。他点了一杯加蜂蜜的甘菊茶。

"你是从哪里来的？"勒布朗开口问道。

"圣迭戈。"詹金斯说。

"那是全世界我第二喜欢的城市。"勒布朗告诉他。

詹金斯有些惊讶："那么，你最喜欢哪个城市？"

勒布朗脸上闪过一丝坏笑："这个嘛，当然是阿克伦。"

詹金斯与勒布朗多年来面对的那些特约撰稿人有所不同。詹金斯思维敏锐，交谈时语气温和。虽然他在篮球领域只是一个新手，但身为作家的他拥有感同身受的能力，这正是他最大的优点。这种品质在新闻学院是学不到的。

与此同时，勒布朗不再是坐在格兰特·瓦尔租来的汽车上的那个少年，也不再是 2007 年与丽莎·塔迪奥一同踏进赫斯特大厦电梯里的那个年轻人；他不再是 2008 年让巴兹·比辛格替他付油费的那个家伙，也不再是 2010 年莫林格跟踪采访的那个人。在很多方面，勒布朗成熟了。在与门德尔松合作后，勒布朗愿意向一位记录他蜕变的记者敞开心扉。在与詹金斯见面的这一个小时里，勒布朗反省了自己在迈阿密的第一个赛季。

"那时我迷失了自我，不论是作为篮球运动员，还是作为一个人，"勒布朗告诉詹金斯，"我被周围的一切困住了，觉得自己必须向人们证明些什么，我也不知道为什么会这样。一切都让我感到紧张、焦虑。"

勒布朗还谈到，自己对父亲的看法有了变化。"我小时候，父亲不在我身边，"他对詹金斯说，"我总是在想，'为什么是我？为什么我没有父亲？为什么他不在？为什么他要离开我的母亲？'但是长大以后，我做了深入思考，我想，'我不知道父亲到底经历了什么，但如果他一直在我身边，我还会成为今天的我吗？'这些经历让我更快成长，变得更有责任感。如果没有这一切，也许现在我就不会坐在这里了。"

詹金斯很感动。他向勒布朗保证，他愿意透露得越多，自己就能把文章写得越好。

勒布朗啜了一口茶，在心里默默记下。

采访结束时，詹金斯感谢勒布朗抽出时间接受采访。

"几个月后，当你赢得第一个总冠军时，"詹金斯对他说，"我希望再做一次采访。"

勒布朗觉得这个主意不错。

两天之后的晚上，在纽瓦克的普天寿中心球馆，篮网队球迷仍然情绪高涨地向勒布朗发出嘘声。在韦德因伤休战且球队在第四节比分落后的情况下，勒布朗接管了比赛。最后 4 分钟，勒布朗连得 17 分，率领热火队反败为胜。这就是绝对的统治力。坐在场边的 Jay-Z 惊叹不已，球迷们也开始喊起了"M-V-P！M-V-P！"的口号。热火队赢得了比赛，勒布朗则征服了篮网队球迷。

球迷们的喝彩让勒布朗感到振奋。比赛刚一结束，他就摘掉头巾和球鞋，把它们递给了 Jay-Z 的侄子。孩子的脸上泛起了笑容。接着，他送给 Jay-Z 一个拥抱。

李·詹金斯在现场目睹了这一切。勒布朗发现了他，便朝他走了过去。勒布朗没有忘记两天前的谈话，也没有忘记他需要让詹金斯更了解自己。"还顺利吗？"勒布朗对他说。

詹金斯向他保证一切顺利。

心情愉悦的勒布朗穿着袜子离开了。

詹金斯的文章——《在迈阿密经历了动荡的第一年后，勒布朗焕然一新地回归了》——以全新的视角描写了勒布朗，并总结道："他奉献了现代 NBA 最全能的赛季表现之一。"这个观点得到了体育记者和评论员们的认同。于是，

29 坠入深渊

勒布朗以压倒性的优势被评为 MVP。热火队以东部最佳战绩结束了常规赛，并顺理成章地成了夺冠热门。然而，在东部半决赛里，热火队暂时以总比分 1 比 2 落后于步行者队。勒布朗知道，如果热火队在印第安纳输掉第四战，总比分将变成 1 比 3，他们的系列赛必将凶多吉少了。现在不是扮演团队型球员的时候了，他需要把球队扛在肩上。

第四战，勒布朗没有一丝懈怠。下半场，当步行者队的球员们一个个精疲力竭、气喘吁吁时，勒布朗咬牙坚持。"你是个马拉松选手！"主教练埃里克·斯波尔斯特拉对他喊道，"你绝不该感到疲惫。"

那晚，帕特·莱利观察着勒布朗。他知道自己见证了勒布朗最真实的一面。"那是我第一次见到了他累得不行了，"莱利说，"但他并没有被压垮，而是喘了口气，然后返回球场，击败对手。"

勒布朗最终砍下 40 分，迈阿密带走了胜利。但更重要的是，勒布朗摧毁了步行者队的意志。接下来，热火队连下两城，淘汰了步行者队，并与凯尔特人队会师东部决赛。

当时，热火队被人们普遍看好。皮尔斯和加内特都步入了职业生涯的末年，而且凯尔特人队伤兵满营。"我们又累又老，伤病不断。"凯尔特人队主教练道格·里弗斯坦言。

热火队拿下了前两战，以 2 比 0 的总比分领先。当系列赛转战波士顿，凯尔特人队却拼下了两场胜利，将总比分扳平。第五场天王山之战在迈阿密上演。比赛还剩一分钟时，凯尔特人队以 87 比 86 领先。皮尔斯在三分线外持球进攻，勒布朗负责盯防他。皮尔斯一整场比赛都手感欠佳，但此刻，他使出一记后撤步，然后毫不犹豫地投出了超远三分球。随着篮球擦板命中，凯尔特人队手握 4 分优势，比赛失去了悬念。他们已经连赢了三局。

带着 2 比 3 的劣势来到波士顿，勒布朗和热火队似乎大势已去。热火队陷入了舆论的风暴，勒布朗遭到了嘲讽，斯波尔斯特拉的帅位岌岌可危，甚至有流言称热火队三人组即将解散。"不仅这个系列赛要结束了，"ESPN 的史蒂芬·A. 史密斯（Stephen A. Smith）评论道，"迈阿密的一切都要结束了。"

然而，2012 年 6 月 7 日，当勒布朗踏上波士顿的球场，他已经不再是一年前的总决赛里对阵独行侠队时的那个球员了。站在拼花地板上，勒布朗的眼神流露着杀气。他板着脸，没有和任何人说过一句话，而是怒视着眼前的一切。看着他，莱利心想：勒布朗看起来像一头野兽。

这正是莱利希望见到的勒布朗。

开场不久，勒布朗就加速过掉皮尔斯，用一记暴力的扣篮震撼了TD花园。下一回合，他在皮尔斯的面前跳投命中。接下来，勒布朗开始了表演——重扣，转身运球，刺探步，上篮——前十次投篮命中了九球。但他仍然板着脸，一言不发，只是恶狠狠地瞪着双眼，然后继续得分。为了摘下一个前场篮板，勒布朗高高跃起，脑袋差点撞上了篮板，接着用一记战斧式扣篮把球灌入篮筐。就连他的队友们都不约而同地惊叫起来："我的天啊！"仅上半场比赛，勒布朗就豪取30分。

在勒布朗的疯狂进攻之下，凯尔特人队毫无招架之力。比赛还剩7分15秒时，皮尔斯和加内特无精打采地坐在凯尔特人队的替补席上，擦着汗水。此时，勒布朗杀入篮下，砍下了他本场比赛的第45分，也将热火队的领先优势扩大到25分。TD花园顿时鸦雀无声。皮尔斯用毛巾盖住了脑袋。

目睹这一幕的莱利高兴极了。"他是一条眼镜蛇，"赛后，莱利谈到了勒布朗，"一只猎豹，一只准备扑向猎物的老虎。"

勒布朗全场砍下了45分、15个篮板和5次助攻。这是1964年以来第一位在季后赛打出如此数据的NBA球员。上一位达成这一成就的是威尔特·张伯伦，他曾拿到50分、15个篮板和6次助攻。比赛结束，当勒布朗离开球场，通往更衣室的通道两旁站满了波士顿警察。在球迷的谩骂声中，勒布朗从警察中间穿过。忽然，他感觉有液体落到了头上。原来是一位球迷拿着一罐啤酒泼向了他。勒布朗什么也没说，舔了舔嘴唇，默默走进了通道。后来他告诉《体育画报》："如果我是一位球迷，有人来到我们的领地，做了我刚才对他们做的那些事，我可能也会朝他泼啤酒。"

勒布朗在第六战中的表现是他职业生涯中最关键的表现。凭借无可匹敌的身体素质和近乎完美的篮球技艺，勒布朗在这个夜晚以一己之力改写了两

29 坠入深渊

支队伍的命运。东部决赛成了凯尔特人队"三巨头"的绝唱,同时也标志着热火队"三巨头"的崛起。在个人层面,勒布朗让所有批评他的人都闭上了嘴。《纽约时报》将勒布朗的第六战表述为"他杰出生涯里的最杰出表现之一"。ESPN的史蒂芬·A.史密斯说道:"这可以说是我们所见证过的最伟大的表演之一。这是我第一次见到一个人单枪匹马击败了整支球队。"但是,没有什么比保罗·皮尔斯的眼神更有说服力——第六场比赛的最后时刻,皮尔斯坐在替补席上,眼睛直直地盯着勒布朗,他知道他的球队被这个星球上最好的球员击溃了。

第七战在迈阿密打响。凯尔特人队仍在顽强抵抗。三节战罢,双方打成73比73。然而,皮尔斯、加内特和阿伦三人精疲力竭,已是强弩之末。勒布朗、韦德和波什三人则在最后时刻接管了比赛。扣篮、冲刺、助攻,迈阿密"三巨头"在最后一节包办了热火队全部28分,而凯尔特人队在最后9分钟内只有6分进账。在凯尔特人队节节败退之际,勒布朗从弧顶外拔起,投出一记超远三分。伴随着进攻时间的结束,篮球应声入网,全场观众陷入疯狂,凯尔特人队彻底被击垮。整座球馆沸腾了,勒布朗站在原地,投篮的那只手臂依然伸直着,手腕垂下。这种感觉妙不可言,值得他永远回味。

热火队重返NBA总决赛。但这一次,勒布朗的头脑很清醒。他知道,他的第一座NBA总冠军就在眼前。

30 接管生意

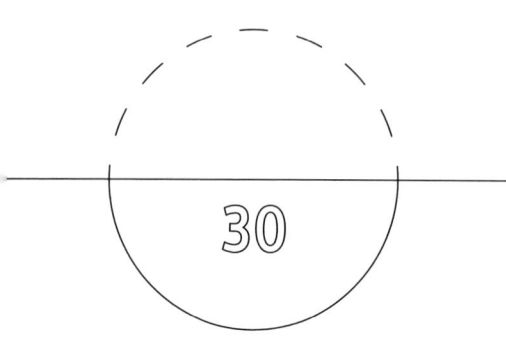

在 ABC 的宣传语中，2012 年迈阿密热火队与俄克拉荷马雷霆队之间的总决赛被称作"地球上最好的两名球员"之间的对决。其中一位是勒布朗，另一位则是现年 23 岁、首次挺进总决赛的凯文·杜兰特，两人都是联盟里光彩夺目的超级巨星。杜兰特在进攻端才华横溢。另外，雷霆队阵中还有 23 岁、擅长冲击篮筐的拉塞尔·威斯布鲁克，以及 22 岁、以投篮精准著称的詹姆斯·哈登。这支年轻有为的队伍夺走了第一场比赛的胜利，向世人证明他们并没有被热火队吓倒。

但是，勒布朗的心态与 2011 年总决赛面对独行侠队时已经截然不同了。尽管输掉了第一战，但他比以往更有信心。在俄克拉荷马城进行的第二场比赛里，勒布朗一开场就完成了一次快攻飞扣，率队打出一波 18 比 2 的攻势。随后，热火队继续高歌猛进，赢下了第二战。当系列赛移师迈阿密，热火队夺取了第三场比赛的胜利，总比分2比1领先。

在勒布朗看来，第四场比赛将决定系列赛的结局。若雷霆队取胜，他们将重新夺回势头，一切皆有可能发生。若热火队取胜，一切都将结束，毕竟NBA总决赛历史上还没有哪支球队在1比3落后的情况下逆转夺冠。所以，当雷霆队在第一节确立了17分的领先优势时，勒布朗挺身而出，率领热火队奋起直追，扳平了比分。第四节还剩不到6分钟时，两队战成90平。此时，面对杜兰特的防守，勒布朗正打算突破，却一个踉跄跌倒在地，发生失误。雷霆队顺势带球推进，勒布朗迟迟没有起身。一阵混乱之后，韦德抢回了球，并抛给了还在前场的勒布朗。他跌跌撞撞地把球投进，热火队领先两分。

勒布朗向替补席示意了他需要被替换下场，随后他倒在了场上。

勒布朗跪在地上的一幕让整座球馆鸦雀无声。

勒布朗知道自己并没有受伤，但他遇到了麻烦。他的腿部肌肉紧绷着，出现了严重抽筋，甚至无法行走。一名队友和训练师将他抬下了球场，让他躺在了替补席前。"哎，该死！"勒布朗喊了出来。训练师跨立在他身上，急忙对他的股四头肌进行深层按摩，他痛苦得扭着身体。

当勒布朗在场边治疗和补水时，热火队连续四次进攻均颗粒无收。另一边，杜兰特连得了4分，雷霆队以94比92重夺领先。

帕特·莱利在座位上冷静地观察着场上局势。对勒布朗而言，这是千钧一发的时刻。雷霆队掌控了势头，比赛时间已经所剩无几了。如果勒布朗无法坚持，那么这场比赛乃至整个系列赛都会付诸东流。

这时，勒布朗毅然决然地站了起来，一瘸一拐地走向了技术台。全场观众都站了起来。当勒布朗重新被换上场，波什立刻投篮命中，将比分追至94平。接下来，雷霆队出现了失误，韦德将球传给了站在弧顶的勒布朗，他距离三分线还有一大截。球迷们依旧高喊着"热火队加油"的口号，进攻时间不多了。勒布朗知道自己的双腿不允许他冲向篮筐。于是，他选择了干拔出手。

"Bang！"ABC解说员迈克·布林呼喊起来，"勒布朗·詹姆斯投进超远三分球！"

整座球馆一片欢腾，勒布朗的三分球让球队领先3分。

勒布朗阴沉着脸，一瘸一拐地回到防守端。他命中了职业生涯最为关键的一记投篮，但他实在太痛苦了，顾不上庆祝。他担心自己可能无法继续留在场上。

"整座体育馆都沸腾了。"布林在嘈杂声中喊道。

在一次成功的防守之后，韦德上篮命中，将分差扩大至5分。

迈阿密完成一波7比0的进攻高潮，建立起足够的优势。比赛还剩一分钟时，勒布朗的股四头肌严重抽搐，被迫退出比赛。热火队最终以6分优势获胜，系列赛总比分来到了3比1。

两天后的晚上，勒布朗坐在他摆放得整整齐齐的更衣柜前，慢慢换上球衣。他珍惜着当下的每分每秒，因为他知道，热火队即将把雷霆队送上归途。经过了四盘苦战，迈阿密已经击垮了俄克拉荷马的意志。总决赛的大戏将要落幕，总冠军近在咫尺。

第五战呈现出一边倒的局面。勒布朗得到全队最高的26分，波什砍下24分，韦德也贡献了20分。球员们各司其职，比赛打得干净利落。热火队把雷霆队打得落花流水，第四节一度领先了25分之多，用一场极具统治力的表现为系列赛画上了句号。

勒布朗以全票当选了总决赛MVP。当终场哨声响起时，勒布朗找到了杜兰特，紧紧搂住了他。那一刻，勒布朗既没有幸灾乐祸，也没有炫耀自己。相反，他对杜兰特的天赋表示了由衷的赞赏，对他的心境感同身受。

赛后，热火队的更衣室里一片欢腾。当勒布朗出现在媒体室参加赛后新闻发布会时，他的声音沙哑了，心情也平复了。"我梦想这一刻已经很久了。"他说道。此时，他的思绪回到了一年前那个深渊里。"我庆幸自己有一个美满的家庭——我的未婚妻和两个孩子……我跌到了谷底后才意识到，作为一名职业运动员和一个人，我需要做些什么。"

勒布朗并没有谈论总决赛的胜利，而是反思了他的成长。"去年我经历的最好的事情就是输掉了总决赛，"他清了清嗓子，继续说，"这件事让我懂得了谦虚……我知道，无论作为一名球员还是作为一个人，我都必须做出改变。"

忽然间，他的面容似乎苍老了，他的话却变得睿智了。他想到了念小学的自己在沃克家寄宿期间拿起篮球的那一刻，回首迄今为止自己所走过的路。"没有人经历过这样的旅程，"他说道，"所以，我只得依靠自己。所有的起起伏伏，还有沿途的一切，基本上都是我自己摸索出来的。"

在感激之余，勒布朗仍然没有忘记丹·吉尔伯特曾说过的那些刺痛人心的话。甚至一年前热火队在总决赛里不敌独行侠队之后吉尔伯特发布的那条推特——"没有捷径"——依然深深地印在勒布朗的脑海里。勒布朗坐在金灿灿的总冠军奖杯和总决赛MVP奖杯之间，摆正了新到手的那顶总冠军帽子的帽檐，然后看向镜头。"我用了正确的方式，"他说道，"我没有走什么捷径。我付出了很多，也奉献了很多。我的努力得到了回报。"

几天之后的一个晚上，勒布朗和孩子们正坐在椰林区丽思卡尔顿酒店的露台上。他拿起手机，向马弗里克发去了短信：这一刻终于到来了。我是一位冠军。

从迈阿密前往纽约的飞行之旅仿佛是一个新阶段的开始。两年前，大卫·莱特曼曾因为勒布朗加盟迈阿密而抨击过他。莱特曼的冷嘲热讽让他很受伤。尽管如此，当莱特曼邀请勒布朗在总决赛后回到他的节目时，勒布朗还是答应了。

当天，勒布朗身穿运动外套、牛仔裤和运动鞋。他站在艾德苏利文剧院（Ed Sullivan Theater）的后台，等待他的出场信号。他不确定观众们会有什么反应。他知道会有几位舞台工作人员举着牌子，提示演播室的观众们鼓掌。但是，他们又会有多热情呢？

"女士们、先生们，"莱特曼介绍道，"周四晚上，我们的第一位嘉宾率领他的球队击败了俄克拉荷马雷霆队，赢得了他职业生涯的第一个NBA总冠军。女士们、先生们，有请来自迈阿密热火队的总决赛MVP得主——勒布朗·詹姆斯。"

现场乐队奏响了Power Station乐队的《热情似火》(Some Like It Hot)，在观众们的热烈欢呼声中，勒布朗从阴影中走出，来到了聚光灯下。舞台工作人员放下了牌子，但观众们依然站立着，欢呼声没有停下。勒布朗微笑着向观众挥手致意。哇！勒布朗心想。即使乐队停止了演奏，观众们仍在为他喝彩。

勒布朗终于坐了下来。

"总冠军给你的生活带来了很多改变，对吧？"莱特曼问道。

"当然，"勒布朗笑容满面，"周三晚上我还没有戒指，周四晚上我就有了一枚。"

但是，勒布朗所经历的转变远远不止赢得一枚戒指。两年前，他是职业体育界的大反派，是人们嘲笑和仇恨的对象。他遭遇的一切已经超出了体育的范畴。勒布朗的目标始终如一，那就是赢得NBA总冠军。随着他终于登上了职业生涯的顶峰，重塑自己的名声成了更大的目标。他想要赢得队友、对手，甚至是那些批判者的尊重。

总决赛结束几周后，当美国队为了备战2012年伦敦夏季奥运会而再度集结时，迈克·沙舍夫斯基教练已经站在全新的视角看待勒布朗了。在他眼里，勒布朗是篮球史上独一无二的球员。"我在勒布朗身上看见了巨大的改变，"沙舍夫斯基评价道，"到了2012年，就连科比都明白，这是勒布朗的球队了。"

勒布朗领衔的阵容里包括了杜兰特、维斯布鲁克和哈登——三位刚刚在总决赛里被他击败的新星。但他们都等不及要和勒布朗并肩作战了。球队新成员凯文·乐福（Kevin Love）和19岁的安东尼·戴维斯也是如此。2008年那支队伍里的几位老将——科比、克里斯·保罗和卡梅隆·安东尼——如今都对勒布朗另眼相看。

那个夏天，老K教练对待勒布朗的方式也不同了。他每天都会制订一份训练计划，但在实施之前，他总是先拿给勒布朗看看，然后问他："你觉得怎么样？"勒布朗会提出建议。有时，勒布朗的意见会促使老K教练大幅调整他的计划。但老 K 教练并不意图讨好勒布朗，而是与他合作。勒布朗也总是给予积极的响应。他每天都会询问老 K 教练："今天你需要我做些什么？"

老 K 教练还明显感受到，勒布朗在全球舞台上的形象发生了变化。2012 年，勒布朗称得上全世界最知名的运动员。7 月 16 日，美国队在华盛顿特区的威瑞森中心（Verizon Center）与巴西队进行了一场友谊赛，美国总统贝拉克·奥巴马和第一夫人米歇尔·奥巴马一同出席了比赛。到场的还有副总统乔·拜登（Joe Biden）。赛前，奥巴马希望到更衣室与队员们交谈。

特勤人员就位，勒布朗和每位球员站在各自的储物柜前。总统一走进房间，就朝着勒布朗走去，微笑着握住他的手。"冠军，你好吗？"总统说道。

勒布朗感觉到队友们的目光都投向了他。凯文·杜兰特、拉塞尔·威斯布鲁克和安东尼·戴维斯都是联盟里冉冉升起的超级巨星，但在那一刻，他们无不惊叹于勒布朗的地位以及他从容不迫的模样。自由世界的领袖就在他们的更衣室里，他与勒布朗竟然像朋友一样打招呼。

比赛开始时，总统、第一夫人和副总统在靠近美国队篮筐一侧的前排就座。勒布朗从未在地位如此显赫的群体面前比赛。他深知当下的重要性。攻防转换之际，勒布朗持球推进。起飞的时机已到，只见勒布朗挤开防守球员，腾空而起，眼睛几乎与篮筐前沿持平，随后他送出一记单手重扣，引爆全场，也让第一夫人脸上露出了惊叹的笑容。当勒布朗从空中落地，转身跑回本方半场，奥巴马总统看向拜登，挑了挑眉毛，咧嘴一笑。他对美国队胸有成竹。

来到伦敦，这支首发阵容中同时包括勒布朗、科比和杜兰特的"梦之队"统治了赛场。拥有众多 NBA 球员的西班牙队是唯一能与美国队抗衡的队伍。然而，当两支队伍在金牌争夺战中相遇时，美国队的深度和天赋显然让西班牙队难以招架。另外，美国队球员之间的友谊比勒布朗亲历过的任何一支球队都要深厚。他们最终以 107 比 100 击败了西班牙队。

在球场上，勒布朗满怀喜悦地找到了老 K 教练。两人紧紧拥抱在一起，老 K 教练对他说话时的神态仿佛是在和自己的儿子说话。2004 年，美国队在希腊一落千丈。在他们重现辉煌的道路上，老 K 教练认为，没有哪个球员对他的帮助比勒布朗更大了。八年的时间里，老K教练和勒布朗改变了奥运代表队的球队文化，让NBA球星们以为国征战为荣，以披上红白蓝相间的球衣为荣。尤其是在伦敦，勒布朗全情投入，正如一位篮球记者所指出："除了亲手雕刻金牌之外，他什么事情都干了。"

老K教练的称赞让勒布朗深感自豪。不久，他站在杜兰特和维斯布鲁克之间，登上了最高领奖台。当一名奥运会官员走来时，勒布朗低下了头，让官员将金牌挂到了他脖子上。他是继迈克尔·乔丹之后唯一一位在同一年赢得奥运会金牌、NBA总冠军和MVP奖杯的球员。

凝视着金牌，勒布朗感觉自己正站在世界之巅。

回到家后，勒布朗和核心圈成员们——兰迪·米姆斯、里奇·保罗和马弗里克·卡特——聚到了一起。他们一起经历了很多，走过了一段很长的路。

兰迪是勒布朗的私人助理，从第一天起就陪伴在他身边。在过去的九年里，这项工作变得愈加复杂。作为勒布朗最信任的知己，他需要与NBA、热火队、美国队、勒布朗的各类影视项目团队、他的商业伙伴、广告合作伙伴、律师和经纪人以及他的朋友等密切合作。为此，勒布朗将米姆斯提拔为他的幕僚长。没有任何一位NBA球员的身边拥有这样一个角色，但也没有其他NBA球员像勒布朗那样如此忙碌。随着勒布朗的知名度越来越高，兰迪的责任也越来越大。兰迪欣然接受了这个角色，把工作做得面面俱到。

里奇和马弗里克则渴望闯出自己的一片天地。里奇早已蠢蠢欲动，希望建立自己的体育经纪公司。他觉得自己在CAA经纪公司被忽视了，并没有得到重用。他渴望向世人证明自己的能力。"我在CAA什么也没学到，"他后来对《纽约客》说道，"因为没有人投资我，让我去学习任何东西，没有任何计划。我只好利用自己从小到大学到的技能去争取机会。"2012年，里奇终于准备好迈出重要的一步。他决定离开那家好莱坞经纪行业的巨头，成立了自己的体育经纪公司——Klutch Sports Group。

勒布朗能够理解里奇的感受。里奇的成长历程和独特的人生经历使得他有能力成为一名面向年轻黑人球员的优秀经纪人。"在那些被选中的孩子面对各式各样的遭遇里,他们是第一代赚钱的人,来自内城区,"勒布朗说道,"他们来自我们称为'街区'的地方。里奇和我也是从这里来的,所以他能够与孩子们产生共鸣。他们所经历过的那些,里奇都经历过。"

里奇的想法远不止成立一家经纪公司那样简单。他想改变 NBA 的运作方式。但他知道,这必然是一场艰苦卓绝的斗争,尤其是在初期,光是说服球员们和他签约就足够困难了。在过去,黑人体育经纪人寥寥无几。里奇深知,黑人群体形成了一种根深蒂固的思维定式,那就是年轻球员们将到某个地方,与白人主教练和白人经纪人会面,并做出对他们的未来至关重要的决定。"我们必须改变这一现状。"里奇表示。

勒布朗表示同意。他正在酝酿一件事情,既能够推动里奇的职业理想,又可以迅速提升他的朋友作为经纪人的信誉。勒布朗告诉里奇,如果他准备离开 CAA,勒布朗也准备和他一起离开。

2012 年 9 月 12 日,当勒布朗与经纪人莱昂·罗斯分道扬镳并从 CAA 转投 Klutch Sports Group 的消息传出,全联盟都为之震惊。此事对 NBA 总裁和其他知名经纪人的影响不言而喻。里奇那家位于克利夫兰的经纪公司只有一名客户,似乎不值一提。但事实上,里奇·保罗的唯一客户却是 NBA 最有影响力的球员,这也意味着 Klutch 将成为一股不可忽视的力量。经纪人们不禁好奇,联盟里的其他球员会在多久之后开始与 Klutch 签约。

这条消息也引起了好莱坞的关注。因为勒布朗曾对 CAA 体育部门的建设发挥了重要作用。在勒布朗跟随莱昂·罗斯加盟 CAA 不久之后,其他大牌运动员接踵而至,包括佩顿·曼宁(Peyton Manning)、德里克·杰特(Derek Jeter)和皇家马德里队的克里斯蒂亚诺·罗纳尔多(Cristiano Ronaldo)。勒布朗的最新举动是否会再次引领潮流?

勒布朗和里奇一直对他们的意图保持沉默。距离消息公开还有24个小时，勒布朗在推特上向他的数百万粉丝发出了一条强有力的信息："THETAKEOVER"（接管生意）。

勒布朗更换经纪公司的消息立刻吸引了NBA其他球员们的目光。一些曾在CAA与里奇合作过的球员开始与Klutch签约。

里奇在克利夫兰自立门户之际，马弗里克在好莱坞插上了斯普林希尔娱乐公司的旗帜。一年前，这家公司成功推出了第二个项目——一部关于一家四口的系列动画片《勒布朗一家》(The Lebrons)，其灵感来源是展现勒布朗四重身份的那支广受好评的耐克广告。这部新动画拓展了勒布朗的四个化身——"孩子""运动员""商人"和"智者"，于2011年4月在YouTube首次播出，总共持续了三季。

当勒布朗忙着为热火队赢得NBA总冠军时，马弗里克接到了芬威集团董事长汤姆·沃纳的电话，后者提出了一个想法。经过一系列讨论，这个想法最终演变成了一部情景喜剧，讲述的是一名篮球运动员签约新球队后举家搬迁的故事。他们为这部剧取名《幸存者的懊悔》(Survivor's Remorse)[1]，并将它推荐给了付费有线电视Starz。这家电视台订购了一季，计划于2014年首播。

对马弗里克而言，好莱坞是一个拥有自己语言的陌生世界。但是，与芬威集团联手的好处之一是，马弗里克可以与沃纳密切合作，而后者在电视节目制作方面有过出色的业绩。此外，马弗里克还可以继续与WME公司的阿里·伊曼纽尔和马克·道利合作。马弗里克曾在耐克公司向林恩·梅里特学到了很多，如今他正在学习如何与业内最有经验的专业人士联手闯荡好莱坞。他的愿景是将斯普林希尔打造成一家集电影、电视节目和数字平台内容制作于一体的创意公司。

勒布朗、马弗里克、里奇和兰迪四人都是美国式精神的践行者——他们努力创造着机遇。勒布朗无愧于一位新型的超级体育巨星，兼具改变NBA商业模式的雄心和经济实力。在篮球生涯如日中天之际，勒布朗还能够在好莱坞

---

[1] 译者注：又译为《星路多懊悔》。

呼风唤雨。从来没有运动员能够在保持高超的竞技水准的同时实现如此宏大的抱负。

丹尼·安吉知道凯尔特人队有麻烦了。他们的球队领袖之间出现了裂痕。得分后卫雷·阿伦认为自己没有得到重视。多年来，他一直是保罗·皮尔斯和凯文·加内特身旁那位不露锋芒的球星搭档。但现在，就连拉简·隆多在更衣室里都享有更多的话语权。阿伦受够了这一切。而且，随着职业生涯接近尾声，雷·阿伦渴望在退役之前再夺得一个总冠军。但这个目标已经无法在凯尔特人队实现了。

帕特·莱利察觉到阿伦在波士顿过得并不开心。他打算趁机把这位全联盟最好的三分射手吸引到迈阿密。莱利明白该怎么做——让阿伦相信他是被需要的。莱利向他明确表示，勒布朗需要他加盟迈阿密，韦德和波什也需要他。赢得更多总冠军是热火队的目标，而阿伦高超的投篮本领正是他们卫冕的关键。

阿伦是安吉喜爱的一位球员。两人更是亲密的朋友。为了挽留他，安吉开出的薪水几乎是他在迈阿密所能挣得的两倍。但阿伦还是选择了迈阿密。安吉对阿伦追随勒布朗并不感到惊讶。他为阿伦送上了祝福，两人的友谊并未终止。

但阿伦的队友们却感觉自己被抛弃了，尤其是皮尔斯和加内特。五年来，他们并肩作战，携手赢得了总冠军。

他们相互倾诉，还到彼此家中做客。"我以为我们在波士顿建立了兄弟般的友情。"皮尔斯说道。

阿伦的不辞而别刺痛了皮尔斯和加内特。他们以为他至少应该打个电话。阿伦离开他们，转而到迈阿密与勒布朗一起打球，这种行为无异于背叛。他们痛恨迈阿密。勒布朗是他们的死对头。更何况他们刚刚在史诗般的七场东部决赛系列赛中输给了那帮家伙。

2012年10月30日，当热火队在新赛季揭幕战中主场对阵凯尔特人队，阿伦投奔热火队所引发的情绪仍未平复。赛前，凯尔特人队在场边眼睁睁地看着总裁大卫·斯特恩为热火队球员们颁发总冠军戒指。第一节末尾，阿伦替补登场。他走向凯尔特人队的替补席，试图向前队友们问好。当阿伦伸出手时，加内特视而不见。皮尔斯也没有搭理他。

不久，阿伦在底角接到传球，命中三分。在勒布朗和韦德的冲锋陷阵下，阿伦以替补身份轻松拿下19分，帮助球队完胜凯尔特人队。热火队自信满满，甚至比上赛季更加出色了。

2013年1月21日，奥巴马总统在就职舞会上说了这样一段话："我今天带上了我的约会对象……她让我成为一个更好的男人和更好的总统……也许有人会质疑我们总统的品格，但没有人会质疑第一夫人的品格。"台下的军人们为他们的总司令热烈欢呼。接着，身着红宝石色礼服的米歇尔·奥巴马走上舞台。当詹妮弗·哈德森（Jennifer Hudson）唱起艾尔·格林（Al Green）的歌曲《让我们在一起》（*Let's Stay Together*），总统夫妇开始了慢舞。

被勒布朗视作榜样的人并不多。但在他心目中，奥巴马是他最崇拜的那个人。勒布朗和萨瓦娜积极参与了奥巴马的连任竞选。奥巴马总统将继续四年任期的消息让他们兴奋不已。

就职庆典结束几天后，热火队以上赛季NBA总冠军的身份造访白宫并接受表彰。勒布朗身穿藏青色西装、蓝色格子衬衫，打着领带，并戴上了一副时髦的黑框眼镜。他与队友们形成一个半圆形队列，站在了总统的身后。总统赞扬了球队的成就，还开了几个玩笑。忽然，他的神情严肃了起来。

"关于这些球员，我只想说一件事情，"奥巴马说道，"大家都很关注球场上发生了什么，但球场外发生的事情也很重要。我也许叫不全他们的名字，但我认识勒布朗、韦德和克里斯。"

总统开口时，勒布朗不禁打了个冷战。

"最让我骄傲的一点是，他们认真对待自己的父亲角色，"奥巴马继续道，"对那些一直崇拜他们的年轻人来说，他们树立了关爱孩子、总是日复一日陪伴孩子的好榜样，传递了一种积极的信号。我们为他们而感到骄傲。"

台下掌声雷动。

对勒布朗而言，没有什么比被称赞为一名好父亲更加令他自豪了。从美国总统的口中听到这样的话，更是让他意识到自己已经走过了多远的旅程。

总统突然转过身，看向了勒布朗，示意走上前来。"来吧，勒布朗。"他说道。

勒布朗走向讲台，手里捧着一个由全体队员签名的篮球，准备送给总统。"我该说些什么吗？"勒布朗问道。

"你想说就说吧，"奥巴马从他手中接过篮球，说道，"这是你的世界，伙计。"

所有人开怀大笑。

勒布朗走到麦克风前，面向总统。"我代表我自己和我的队友们，感谢您的盛情款待，感谢您邀请我们来到白宫。"他开口道。

勒布朗停顿了片刻，回头看了看队友们。"我们来到白宫啦！"

所有人都乐开了花。

勒布朗与奥巴马相视一笑。

随后，勒布朗又看向了他的队友们。

"我是说，我们是来自芝加哥的孩子，还有得州达拉斯、密歇根、俄亥俄和南达科他，"勒布朗继续说，台下响起了热烈的掌声，"现在，我们却来到了白宫！这种感觉就像是……"他又停了一下，激动得几乎不能自已，"妈妈，我做到了！"

奥巴马总统为他鼓掌。掌声不绝于耳。

对勒布朗而言，"决定"似乎已经成为过去式了。2012—2013 赛季是他迄今为止最愉悦的一个赛季。他和队友们一度连续 53 天未尝败绩。热火队在此期间豪取 27 连胜，创下 NBA 历史上第二长的连胜纪录。他们赢得越多，对手们就越卖力地对付他们。在芝加哥的一场比赛里，当勒布朗带球突破，公牛队后卫科克·辛里奇（Kirk Hinrich）搂住了他，把他放倒在地。勒布朗本以为裁判会判罚恶意犯规，但他们并没有这么做。第四节，勒布朗被人摁住了肩膀并再次倒地。这次裁判们吹罚了恶意犯规。然而，在通过显示器观看了视频回放之后，他们却将恶意犯规降为普通犯规。

勒布朗提出了抗议。在他看来，这两次犯规不应该出现在篮球场上，而更像是摔跤动作。几分钟后，勒布朗正在防守辛里奇。他发现公牛队前锋卡洛斯·布泽尔正向他跑来，准备为辛里奇做挡拆。于是，勒布朗双脚站定，沉下肩膀，撞向了布泽尔的胸口。裁判的哨子响了，勒布朗被吹罚恶意犯规。

裁判们的双重标准让勒布朗和热火队勃然大怒。几天后，凯尔特人队总裁丹尼·安吉发表了看法。在一次电台节目中，安吉被问及了这些有争议的判罚。"我认为前两球都不是恶意犯规，但勒布朗对布泽尔的动作确实是恶意犯规。勒布朗竟然在抱怨判罚，实在是太难看了。"

帕特·莱利受够了安吉。两天后，一群记者正在采访主教练埃里克·斯波尔斯特拉，热火队的公关负责人突然带着一份莱利的官方声明从更衣室里冒出来。声明写道："丹尼·安吉需要闭上他的臭嘴，管好自己的球队。他打球的时候就是一个最爱发牢骚的家伙，我知道这一点，因为我曾经带队和他交过手。"

安吉也回敬了一份官方声明："我坚持我的观点……我完全不在乎帕特·莱利。他想说什么都行。我不想糟蹋他的阿玛尼西装和满头的发胶。那些东西我可负担不起。"

随着安吉和莱利在媒体上打起嘴仗，以及雷·阿伦在迈阿密焕发新生，凯尔特人队和热火队这对死敌之间的较量渐渐消停了。2012—2013赛季结束后，安吉将皮尔斯和加内特交易到布鲁克林篮网队，凯尔特人队开始重建。勒布朗连续第二年当选联盟MVP，由此加入迈克尔·乔丹、比尔·拉塞尔、威尔特·张伯伦、卡里姆·阿布杜尔·贾巴尔的行列，成了又一位至少四次夺得MVP的球员。

热火队连续三年闯进了NBA总决赛，没有人对此感到意外。这一次，他们的对手是圣安东尼奥马刺队。对勒布朗而言，这是他和老对手蒂姆·邓肯的再次交锋。2007年，邓肯曾率领马刺队横扫骑士队。马刺队依然保留着当年阵容里的另外两位核心球员——托尼·帕克和马努·吉诺比利。同时，他们还补充了一位冉冉升起的新星，那就是21岁的科怀·伦纳德（Kawhi Leonard）。马刺队憧憬着在邓肯领导下的第五个总冠军，热火队则志在卫冕。

两队势均力敌，在前五场比赛中交替获胜，马刺队以3比2领先。第六战回到迈阿密进行，但在第四节尾声，马刺队掌握着比赛的主动权。比赛还剩28秒时，马努·吉诺比利两罚全中，马刺队以94比89领先。帕特·莱利面无表情地嚼着口香糖，双臂交叉着站在场边。此时，迈阿密的球迷纷纷涌向出口，场馆的安保人员开始在球场外围拉起黄色胶带，以防观众们干扰马刺队即将举行的冠军庆典。

几秒钟之后，勒布朗投进一记三分球，将分差缩小至两分。

接下来，邓肯发出边线球，球传到了伦纳德的手里，他是全队最准的罚球手。热火队立刻采取犯规，伦纳德站上罚球线，锁定胜局的机会摆在了他的面前。然而，他的第一罚却投失了。第二罚命中后，马刺队仍然领先3分。热火队看到了一丝生机。

最后9秒，勒布朗再次出手三分球，但偏出篮筐。只见克里斯·波什挤开了三名马刺队球员，夺下了前场篮板。在重重包围之下，波什把球传给了埋伏在底角的雷·阿伦。比赛还剩下5秒，迎着扑面而来的防守，雷·阿伦果断出手，篮球空心入网。这位从凯尔特人队转投而来的神射手挽救了热火队，将比赛拖入了加时赛。终场比分定格在103比100，迈阿密涉险过关。

抢七大战堪称经典。第一节过后，两队打成平手。中场休息时，双方继续平分秋色。进入第四节，比分依然是平局。最后时刻，比赛演变成了勒布朗和邓肯之间的对决。马刺队落后两分，在比赛还剩40秒时，邓肯先是在篮底投篮偏出，随后的补篮也未能命中，错失了扳平比分的机会。他对自己懊悔不已，双手狠狠地拍打了地板。

在球场另一端，面对伦纳德的防守，勒布朗从未考虑过传球。他运了几步，果断跳投命中，将分差扩大至4分。暂停过后，马刺队打算传球给邓肯，却被勒布朗拦截了下来，热火队锁定胜局。勒布朗奉上了伟大的表演，全场狂砍37分，追平了二十世纪五十年代创下的总决赛第七场得分纪录，同时摘下了 12 个篮板球。热火队实现了两连冠。勒布朗再次加冕总决赛 MVP。

在热火队球迷们欢庆胜利的时候，勒布朗和邓肯在球场中央拥抱在了一起。七年前，邓肯曾对他说："再过一段时间，联盟将属于你。"自那以后，邓肯对勒布朗所取得的进步刮目相看。他已经成为全联盟最可靠的外线射手之一，而他的身体素质依然无可匹敌。

赛后，勒布朗在场边接受了魔术师约翰逊、杰伦·罗斯（Jalen Rose）和比尔·西蒙斯的采访。此刻，与西蒙斯分享胜利似乎格外讽刺，因为他多年来一直对勒布朗和格洛丽亚冷嘲热讽，但勒布朗已经不在乎了。他始终保持着友善的态度。当魔术师和罗斯谈到勒布朗的表现，并指出他已经连续两年当选总决赛 MVP 时，勒布朗回避了赞美。

"我只是一个来自俄亥俄州阿克伦的孩子，"他说道，"按照概率，我甚至不该出现在这里。"

魔术师和罗斯点了点头。

"你知道的，"勒布朗指着罗斯说道，"你知道的，"他又看向了魔术师，"我能走进 NBA 的更衣室，看到我的名字出现在 NBA 球衣的背后，是多么幸运……"

采访进入尾声，魔术师转向了勒布朗。"勒布朗，"他说，"我也是认真的。我见过无数人打篮球。我认为，你是唯一一个可以成为史上最伟大球员的人。"

勒布朗咬着嘴唇，低下头。

"你接下来打算怎么做？"魔术师问道。

其实魔术师想问的是，勒布朗和他的热火队要怎么做才能赢得三连冠。

但勒布朗心里藏着更为重大的事情。

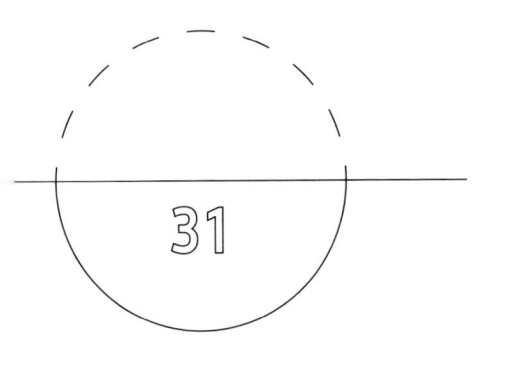

保持理智

勒布朗是个敢于梦想的人。28岁时，他的许多篮球梦都实现了。但是，他在事业上的投入却耽误了另一个梦想的实现，那是一个他从小就有的梦想——和妻子、孩子们组成一个幸福的家庭，住在一座温暖的大房子里。勒布朗对家庭生活的理想受到了《新鲜王子妙事多》《考斯比一家》等电视节目的影响。从某种程度上说，勒布朗在阿克伦郊外建造的大庄园以及他在迈阿密的豪宅，都是威尔·史密斯和赫克斯特布尔一家[1]在剧中所居住的房屋的现实版。另外，勒布朗和萨瓦娜之间的感情抵挡住了名与利所带来的陷阱和诱惑。两人已经交往了12年之久。勒布朗希望他们的婚礼成为两人所向往的那种童话般生活的写照。

---

1 译者注：《考斯比一家》中的人物。

2013 年 9 月 14 日，勒布朗和萨瓦娜邀请他们最亲密的朋友来到勒布朗除阿克伦以外最喜欢的城市——圣迭戈，一同见证他们的婚礼。几架新闻直升机在德尔玛大酒店（Grand Del Mar hotel）的上空盘旋，试图一窥婚礼现场。但勒布朗和萨瓦娜费尽心思，确保婚礼的每一个环节都不被泄露。有名人杂志的摄影师提议对婚礼进行独家拍摄，但两人对此毫无兴趣。他们搭建了一座巨大的帐篷，以便在宾客抵达时阻挡狗仔队的视线。甚至教堂和接待处也被帐篷遮挡了起来。到场的每位宾客都被要求关闭手机，并且不得在社交媒体上发布照片。

对勒布朗和萨瓦娜来说，这是一场梦寐以求的婚礼。两人的好友 Jay-Z 和碧昂丝为他们献上了一曲《为爱疯狂》，更是为婚礼画上了圆满的句号。很难想象，两人从阿克伦 Outback 牛排馆的那次约会一路走到了今天这一刻。现在，他们早已习惯了人生中那一个个不平凡的时刻。他们知道，有一句歌词预示着他们人生的下一个阶段：

历史正在被创造
第二篇章，依然如此疯狂。[1]

婚宴结束后，勒布朗和萨瓦娜飞往意大利，开始了他们的蜜月之旅。

勒布朗和萨瓦娜已经完全适应了迈阿密的生活。他们在那里有了一个漂亮的家园。男孩们过得很自在。萨瓦娜融入了社区，开始为困难儿童提供帮助。而且，这里的热带气候完胜克利夫兰，尤其是在冬天。

篮球生涯进展得也相当顺利。勒布朗背靠背夺得总冠军，热火队正在向三连冠发起冲刺。在 NBA 历史上，只有三支球队曾完成这一壮举，分别是二十世纪六十年代比尔·拉塞尔的凯尔特人队，九十年代迈克尔·乔丹的公牛队，以及二十一世纪初科比和沙克的湖人队。勒布朗希望和队友们一道加入这些伟大球队的行列。

---

[1] 译者注：*History in the making/ Part two, it's so crazy right now.*（原文）

31 保持理智

来到 2013—2014 赛季，帕特·莱利把热火队比作一部精彩的百老汇歌舞剧，这是他们一起表演的第四年。这支团队拥有史上最伟大的主角，还有两位大牌搭档。无论走到哪座城市，他们总能吸引最多的观众。他们是全联盟都在谈论的话题。不仅如此，热火队在全美的知名度已经超越了篮球的范畴。

赛季中期，2014 年 1 月 14 日，热火队重返白宫，第二次接受总冠军表彰。球员们看上去如同回家一样自在。此前，主教练埃里克·斯波尔斯特拉、德怀恩·韦德和雷·阿伦答应录制一段公共服务广告，以声援米歇尔·奥巴马"动起来"反肥胖倡议。当摄像机开始转动，斯波尔斯特拉扮演起了电视记者的角色。他握着麦克风，请韦德和阿伦谈论健康饮食的重要性。

"请相信我，吃正确的食物可以让你成为一名更好的运动员。"韦德回答。

这时，勒布朗和第一夫人悄悄溜到韦德、阿伦和斯波尔斯特拉身后。勒布朗举起了一个迷你篮板。米歇尔·奥巴马把一个迷你篮球扣进篮筐。"噢！"她叫喊起来，打断了采访，韦德和阿伦转过身。

"就是要隔扣你！"勒布朗喊了出来。

在场所有人开怀大笑。

勒布朗和第一夫人把白宫变成了一座游乐场。当天下午，奥巴马总统表彰热火队蝉联 NBA 总冠军。随后，雷·阿伦向奥巴马赠送了一件热火队的官方球衣，球衣背后缝着"POTUS"（美国总统的英文首字母缩写）字样和 44 号。斯波尔斯特拉教练还送给奥巴马一座冠军奖杯复制品，上面有全体队员的签名。奥巴马的名字也被刻在了奖杯上。

作为公牛队的忠实球迷，奥巴马开玩笑说："你们这是在收买我。"

勒布朗和奥巴马夫妇之间的关系越发深厚。访问白宫后不久，奥巴马请勒布朗为他的标志性立法成果——《平价医疗法案》（*Affordable Care Act*）贡献一臂之力。

这部法案又称"奥巴马医改"（Obamacare），是一项全民医保倡议。其中的一项工作就是成立政府网站"HealthCare.gov"。2013 年 12 月起，申请人可以通过该网站注册医疗保险。根据该法，开放注册的截止日期为 2014 年 3 月

31日。然而，仍有数百万符合条件的申请人尚未注册，其中许多是少数族裔人士。因此，奥巴马希望勒布朗帮忙，鼓励人们进行注册。

亚当·门德尔松现在是勒布朗核心圈的一员了。他的职责是保护并提升勒布朗的公众形象，还负责让勒布朗及时了解与他相关的政治事务。勒布朗知道共和党一向反对奥巴马的医疗法案。他也明白，一旦参与其中，他很可能陷入政治风波。不出所料，当参议院少数党领袖米奇·麦康奈尔（Mitch McConnell）得知奥巴马政府正在招募一些知名运动员来鼓励人们注册医疗保险，他联系NBA和NFL，试图阻止这场行动。众议院的共和党议员史蒂夫·斯卡利斯（Steve Scalise）也为此向两大联盟写信并警告道："我要提醒你们，千万不要被那些人胁迫，替他们干脏活。"

勒布朗并不认为这是脏活。在职业生涯的这个阶段，他每年可以凭借消费品代言挣得数百万美元。这次，他希望借助自己的知名度来帮助总统。勒布朗知道很多非裔美国人需要医疗保险，因此他愿意为此发声，鼓励他们注册。勒布朗录制了一段公共服务广告。2014年3月，这条广告登上了ESPN、ABC、TNT及NBA TV。

奥巴马对勒布朗的积极参与表达了赞赏。"想想那些最伟大的体育英雄们——穆罕默德·阿里、比尔·拉塞尔、阿瑟·阿什——他们敢于在关键时刻为一些重要问题发声。"奥巴马告诉媒体。

随着2013—2014赛季常规赛接近尾声，关于勒布朗未来去处的猜想陡然增加。2010年，当勒布朗与迈阿密签约时，他的合同中包含了一项条款，允许他在2014赛季结束后跳出合同，成为一名不受限制的自由球员。韦德和波什的合同中也有相同的条款，但事实上，在迈阿密的"三巨头"中，唯有勒布朗的未来计划是人们密切关注的。韦德的整个职业生涯都是在迈阿密度过的，他也无意去其他地方打球。波什也希望留在迈阿密，继续与勒布朗和韦德并肩作战。勒布朗有可能再度成为令全联盟垂涎的自由球员。

在里奇·保罗准备应对勒布朗即将到来的合同谈判之际，门德尔松负责向媒体传递信息。他的做法很简单：什么也不说。

31 保持理智

但在私底下，门德尔松为《体育画报》记者李·詹金斯留了后门。通过门德尔松，詹金斯在过去几年已经为《体育画报》撰写了几篇关于勒布朗的专题文章。他赢得了门德尔松的信任和勒布朗的尊重。

詹金斯很清楚，勒布朗即将决定在 2014 年是否继续留在迈阿密，而这次决定的爆炸性可能不亚于他在 2010 年离开克利夫兰的决定。考虑到这一点，詹金斯一直寻求获得独家消息。他有了一个主意。

2014 年 4 月中旬，《体育画报》刊登了一篇由杜克大学大一球员贾巴里·帕克（Jabari Parker）撰写的文章。帕克没有按照惯例召开新闻发布会，而是选择在《体育画报》网站 SI.com 上宣布自己将离开大学参加 NBA 选秀的消息。帕克的文章得到了一致的好评。于是，詹金斯给门德尔松发了一封电子邮件，附上了帕克文章的链接。他建议勒布朗在赛季结束后可以此为蓝本宣布自己的计划。

门德尔松把这个主意记在了心里。

热火队以东部第二的战绩结束了本赛季。志在夺取三连冠的他们在季后赛首轮对阵夏洛特山猫队的系列赛中赢下了前两战。

当球队来到夏洛特准备进行第三战时，一条丑闻被曝光了。TMZ 公开了洛杉矶快船队 80 岁的已婚老板唐纳德·斯特林（Donald Sterling）与 31 岁的情妇斯蒂维亚诺（V. Stiviano）的一段对话录音，后者早前在自己的照片墙（Instagram）上发布了一张与前湖人队球星魔术师约翰逊的合影。

斯特林：你没必要在你那些卑鄙的、该死的 Instagram 照片里，让自己和黑人走到一起。你竟然会宣传、散布你与黑人打交道，这一点让我很困扰。

斯蒂维亚诺：在你的球队里，全是黑人球员为你效力，你知道吗？

斯特林：你问我知不知道？我支持了他们，给他们食物、衣服、汽车和房子。是谁给他们的？是别人给他们的吗？又由谁来做主？是我做主，还是他们做主？

这段对话被斯蒂维亚诺录了下来。她手机里还存着许多其他录音。

当这段对话被 TMZ 曝光，NBA 季后赛的前景突然变得扑朔迷离。快船队的球员们正在考虑罢赛。他们的季后赛对手勇士队随时准备加入他们的行列。几个月前刚刚接替大卫·斯特恩担任 NBA 总裁的亚当·肖华（Adam Silver）迎来了一场危机。联盟称这些言论是"令人不安且冒犯的"，并宣布正在调查录音里的声音是否属于斯特林。当勒布朗在录音被曝光几小时后抵达夏洛特的球馆时，热火队的随队记者们询问了他的看法。勒布朗没有征求亚当·门德尔松或其他人的意见，而是毫不犹豫地给出了回答。"如果报道是真的，"他评价道，"这是不可接受的。联盟不该发生这样的事情。不论你是黑人、白人、西班牙裔还是其他……作为我们联盟的总裁，他必须表达立场，必须严肃对待这件事……联盟绝不能容忍这样的事情。"

勒布朗提到了正为快船队效力的克里斯·保罗，那是他最好的朋友之一。"我可以想象他脑子里正在想些什么。"勒布朗说道。考虑到 NBA 的影响力，他认为联盟不能让这件事就这么过去。"我们不能容忍唐纳德·斯特林留在联盟。"他强调。

在场的记者们立刻感受到了问题的严重性。勒布朗虽然是热火队的一员，但是他是这项运动的形象大使。他知道自己的话语是有分量的。

一位记者又问了一个问题。

"联盟里只有 30 位老板，而我们有 400 多人，"勒布朗回答，"我只能想象，如果有球员站出来说了那样的话，我们作为球员会有怎样的后果。所以我相信（总裁）亚当（肖华），我相信 NBA。他们必须做些什么，而且必须在事态失控之前，迅速采取行动。就像我说的，不能容忍唐纳德·斯特林留在联盟。就是这样。"

短短几分钟后，《太阳哨兵报》(*Sun Sentinel*) 的体育专栏作者伊拉·温德尔曼（Ira Winderman）就发了一条推特："勒布朗·詹姆斯说，'不能容忍唐纳德·斯特林留在联盟'。"其他记者也陆陆续续写了推文。消息登上了头条。勒布朗的观点迅速传开。

当晚，热火队再度获胜，但这无关紧要。一位黑人运动员站在北卡罗来纳州一间狭窄的更衣室里，呼吁体育联盟的管理机构剥夺一位白人亿万富翁对一支球队的所有权。这不失为美国体育界的一个转折点，它标志着运动员和球队所有者之间的权力天平开始改变。

在种族问题上，斯特林早就劣迹斑斑。"唐纳德·斯特林在种族问题上有过不光彩的记录，"体育评论员布莱恩特·冈贝尔（Bryant Gumbel）第二天在NBC的《与媒体见面》（Meet the Press）节目中指出，"大卫·斯特恩和NBA的老板们早就知道唐纳德·斯特林是个什么样的人。"

这次，情况却有所不同。最杰出的篮球运动员已经向联盟喊话了。球员们也在认真讨论着是否退出季后赛。

在勒布朗发声后的第三天，NBA对斯特林下达了终身禁令，并且亚当·肖华表示联盟将迫使斯特林出售球队。这是一件史无前例的事情，需要全联盟四分之三的老板投赞成票。"在北美职业体育联盟，即使不是史无前例，也是极为罕见的举动。"《纽约时报》写道，"更加不寻常的是，NBA是对斯特林先生在一次私下对话中发表的言论进行处罚。"

但肖华的态度十分坚决。"我们共同谴责斯特林先生的言论，"他表示，"这在NBA是不可容忍的。"

在老板们投票表决之前，斯特林把球队卖给了微软公司CEO史蒂夫·鲍尔默（Steve Ballmer）。

热火队在季后赛里高歌猛进。在勒布朗的率领下，热火队再次跻身NBA总决赛。等待他们的依旧是马刺队。

圣安东尼奥马刺队整个赛季都在为一个目标而战，那就是报去年总决赛不敌热火队的一箭之仇。没有谁比蒂姆·邓肯更有动力了。对于去年总决赛第七场最后时刻在篮下错失的那两次投篮，邓肯耿耿于怀。倘若当时把球投进了，也许他们会是获胜的一方。37岁的邓肯很清楚，这可能是他的最后一次救赎机会。

这是勒布朗第三次在总决赛与邓肯交锋。2014年6月5日，总决赛第一战在圣安东尼奥打响。赛前，当两人握手致意时，勒布朗对邓肯说："我们又见面了。"

邓肯露出了笑脸。但他的内心早已埋下必胜的信念。

第一场比赛，马刺队大胜15分。

第二战,勒布朗扛起了球队,夺得了全场最高的 25 分。热火队以两分险胜,扳平了系列赛总比分。

接下来的两场比赛都在迈阿密举行,帕特·莱利坚信热火队正在朝着三连冠迈进。但马刺队完全统治了第三战和第四战,分别赢了 19 分和 21 分,马刺队总比分 3 比 1 领先。随后的第五场,迈阿密曾大比分领先,但马刺队奋起直追,最终完成逆转,赢下了总决赛的胜利。这是邓肯 15 年生涯里的第五个总冠军。

当彩带在圣安东尼奥飘落,热火队的更衣室里死气沉沉,安静得连一根针落下的声音都听得见。

勒布朗的去向立刻成为焦点。赛后的新闻发布会上,勒布朗刚刚在韦德身旁落座,一位记者就抛出了问题:"很显然,你即将面临一个重大的决定。你对自己的决定是否有时间表?"

"我还没有真正考虑过这件事。"勒布朗回答。

不久,另一位记者提问道:"勒布朗,你在 2 月时说过,你无法想象自己离开迈阿密。你现在还这么想吗?"

勒布朗犹豫了片刻。"我是说,到了合适的时候,我再处理夏天的问题。"他又停顿了一下,"你们试图寻找答案,"他接着说,"但我给不了你们答案。"

帕特·莱利已经在 NBA 打拼了 45 年。在这些年里,他得出了一套打造篮球王朝的哲学,那就是让球星们留在队里,尤其是在输球的时候。在体育界,王朝通常指那些以同一套核心班底赢得三次或更多总冠军的球队。二十世纪八十年代,湖人队依靠魔术师约翰逊和贾巴尔赢得了五次总冠军,其中有四次是在莱利的执教之下获得的。莱利总是指出,在湖人队的巅峰时期,约翰逊和贾巴尔也曾五次与冠军失之交臂。但在失败后,他们总会重整旗鼓,并在下一个赛季强势回归。

拥有拉里·伯德、罗伯特·帕里什(Robert Parish)和凯文·麦克海尔(Kevin McHale)的凯尔特人队也是二十世纪八十年代的劲旅之一。他们曾三次问鼎总冠军,却有九次与冠军无缘。但他们的核心球员们依然团结在一起。

迈克尔·乔丹和斯科蒂·皮蓬共同征战了 11 年,赢下了六个总冠军。

31 保持理智

接下来是圣安东尼奥马刺队。他们在17年间五次夺冠。这期间，他们有12个赛季未能走到最后，但蒂姆·邓肯和其他核心球员仍然留在队里。经历了七年的冠军荒后，他们终于再次登顶。谈到彼此坚守的重要性，马刺队就是最好的例证。

2014年总决赛结束后，莱利评估了热火队的情况。他认为热火队距离建立王朝已经近在咫尺了——过去四年，他们四次进入总决赛并两次夺冠。如果勒布朗、韦德和波什三人能像乔丹和皮蓬或是魔术师和贾巴尔那样长期在一起打球，热火队没有理由拿不到五六次总冠军。

抱着这样的想法，在热火队不敌马刺队的几天后，莱利为球员们安排了季末谈话。谈话的气氛极其压抑，但莱利并不意外。他和球员们一样厌倦输球。但在这些一对一谈话里，有一件事是令他振奋的。韦德和波什表达了他们想要继续联手争夺更多总冠军的意愿。他们只是需要一些时间来休整。

莱利和勒布朗的会面却是另一番局面。

和其他队员们一样，勒布朗对输给马刺队感到沮丧，但他并没有像2011年输给独行侠队后那样消沉。勒布朗同意莱利的观点——NBA总冠军总是来之不易的。热火队连续四次打进总决赛并两次夺冠，这本身就是一件不小的成就。

但勒布朗还没有下定决心留在迈阿密。他告诉莱利自己需要一些时间来思考他的计划。他还需要见一见自己的团队。他没有给出承诺，也没有定下时间表。

莱利没有催促勒布朗。他知道这样做没有任何好处。他和勒布朗之间也不存在那种紧密的私人关系，用忠诚来约束勒布朗是行不通的。作为球队总裁，莱利选择与勒布朗保持一定的距离。他们通常都通过短信联系，有时也在训练后或者在球场走廊里短暂交流。对莱利而言，这是一个具有战略意义的决定。自勒布朗加盟迈阿密的那一刻，莱利就决定不会像骑士队那样迎合球队里最大牌的球星。

当会谈结束，双方没有热情地拥抱。在前两年，当他们赢得总冠军时，莱利曾得到过拥抱和亲吻，而现在只有握手。

那天晚上，莱利回到家里，坐在了与他结婚四十多年的妻子克里斯·罗德斯特罗姆（Chris Rodstrom）身边。他给自己倒了一杯苏格兰威士忌，然后掏出一张他最钟爱的黑胶唱片。他摘掉封套，把唱片放进唱机，放下唱针。伴随着詹姆斯·英格瑞姆（James Ingram）的《仅此一次》（*Just Once*），两人喝下了杯中的尊尼获加蓝牌威士忌，回忆起他们曾意气风发的青春年华。

我们又做回了陌生人
究竟该留下来
还是奔向门外。[1]

莱利不由自主地担心，勒布朗会选择奔向门外。

第二天上午，莱利出席了媒体见面会。勒布朗离队的前景让莱利心烦意乱。在热火队总部的记者室里，莱利极力掩饰着自己的情绪。他坐了下来，深吸一口气。"大家早上好，"望着台下的记者们，他冷冷地笑了一声，"你们想打听什么事情？"说着，他双手拍了一下桌子。"我气坏了！好吧，赶快开口吧，想说什么就快说。"

莱利卷着舌头，鼓起面颊，等待第一个问题。

一位记者请他谈一谈管理层是否对"三巨头"和他们一起打球的前景感到担忧。

莱利对此早有预料。他不打算被媒体牵着走，而是希望利用新闻发布会向勒布朗传递信息。

"请听我说，"莱利说道，"我认为我们有必要树立一种正确的观念。所有人都需要保持理智，不论是媒体、热火队球员们、管理层，还是我们所有球迷。我们要理性地看待伟大的球员和球队。"

莱利列举了此前的 NBA 王朝。他指出，联盟历史上那些最伟大的球队，

---

[1] 译者注：We're back to bein' strangers/ Wonderin' if we ought to stay/ Or head on out the door.（原文）

31 保持理智

他们错失的总冠军比他们得到的要多。

"夺冠并不简单，"莱利对记者们说，"你必须团结在一起。如果你有勇气，你绝不可以就近找一扇门然后逃之夭夭。"

莱利的举动一反常态，看上去他才是那个失去理智的人。

"圣安东尼奥去年是怎么做的？"莱利喋喋不休，"他们逃跑了吗？他们直面了现实，然后卷土重来。结果是什么，我们都看见了。现在，轮到我们去发掘自己的真本色。这既无关什么选项，也无关什么自由球员身份。我们有机会做一番大事业，有机会在未来继续取得成功。但我们不能总幻想着永远立于不败之地。所以，请所有人保持理智。这也是我想对球员们说的话。"

"你和他们说过这些吗？"一位记者问道。

"他们现在就能听到。"莱利回答。

莱利的话，勒布朗听得一清二楚。但他并不喜欢被人说教的滋味。让勒布朗感到烦恼的是，当一位球员有机会决定自己的命运时，他总要面对质疑和批评。然而，当球队高管交易或裁掉一位球员，却又说这是一门生意。

勒布朗赞同莱利对王朝的看法。他是一位篮球历史学家，对湖人队、凯尔特人队和公牛队那些事情了如指掌。在迈阿密的这四年，勒布朗切身体会到了赢得总冠军究竟需要付出什么。

勒布朗也知道，热火队有实力去争取更多荣誉。如果他和韦德、波什留在迈阿密，他的总冠军数量有机会和魔术师、乔丹媲美。

但勒布朗不同于魔术师或是乔丹。尽管他希望赢得更多戒指和奖杯，但他最想要做的，就是为克利夫兰带回一个总冠军。他小时候就幻想过自己是超级英雄，期待着有朝一日能打败坏人、守护城市。长大后，他在"坏人"的定义里加上贫穷、抛弃和绝望。他坚信自己拥有独一无二的本领，能与这些"坏人"做斗争。

为了这个目标，他必须回家。

32 我又有什么资格记仇呢？

6月24日，勒布朗选择跳出合同，正式成为一名自由球员。

莱利气疯了。勒布朗的沉默让他非常恼火。2010年，与莱利打交道的那个人是莱昂·罗斯。他们是老熟人，在罗斯的帮助下，莱利在迈阿密组建了"三巨头"。但现在，莱利需要面对的是里奇·保罗，他的处事方法与罗斯截然不同。里奇年龄不大，还在学习这门生意，但他懂得人情世故。凡涉及勒布朗的决定，里奇从不插手。他不会透露任何信息，也不会做出任何承诺。

里奇知道勒布朗最终想去哪里，也明白其中的原因。但是勒布朗想要重返克利夫兰，还需要克服许多障碍。

首先，勒布朗需要说服他的家人。萨瓦娜已经习惯了迈阿密的生活，何况她还没有忘记克利夫兰球迷们曾放火烧掉勒布朗的球衣。还有格洛丽亚，她坚决反对勒布朗再次为丹·吉尔伯特效力。在她看来，吉尔伯特对他儿子名誉的攻击已经越界了。如今，勒布朗竟然想回去为那个人打球？

"去你的，"格洛丽亚对他说，"我们才不会回去。"

勒布朗并非对吉尔伯特抱有幻想。在他看来，吉尔伯特在 2010 年的一言一行透露着种族主义。但勒布朗返回克利夫兰的动机远远大于他和吉尔伯特之间的恩怨。"妈，你知道吗？"勒布朗告诉格洛丽亚，"跟那件事没有关系。"

格洛丽亚依然难以理解为什么勒布朗想要再次披上骑士队的球衣。

"我有更重要的原因，"勒布朗解释，"我是为了那些孩子，还有那些需要激励和出路的人。我相信我可以启发他们。"

"你要是回去了，"格洛丽亚告诉他，"我是不会和你回去的。"

提出强烈反对的还有马弗里克。四年前，他背井离乡，跟随勒布朗去往了迈阿密。勒布朗和马弗里克的关系之所以能够维持下去，其中一个原因就是马弗里克从来都不是一个唯唯诺诺的人。他从不害怕说出自己的想法。在勒布朗重返克利夫兰的问题上，两人争论了很久。马弗里克认为这么做是错的。勒布朗则认为是时候放下自尊并向前看。最终，两人决定求同存异。但马弗里克并不打算跟他最好的朋友回家。

"这次我不回克利夫兰了。"马弗里克告诉勒布朗。毕竟，心怀抱负的人并不只有勒布朗一个。

马弗里克小时候从未立志要拍电影，他也没有想过要当一位影视制作人。但自从斯普林希尔公司成立以来，马弗里克花了大量时间往返好莱坞，他也因此发现了自己真正想要从事的事业，那就是讲故事。马弗里克希望搭建一个供运动员们讲述自己故事的平台，一个可以绕开记者的平台。为此，他不能待在克利夫兰。

"我要去洛杉矶了。"马弗里克告诉勒布朗。

两人相处的时间越长，勒布朗就越钦佩马弗里克的直觉。早在 2008 年，正是由于马弗里克与吉米·艾欧文的关系，勒布朗才得以与艾欧文和 Beats 公司达成合作。2014 年春季，在热火队征战季后赛期间，苹果公司以 30 亿美元收购了Beats。在苹果进行收购时，勒布朗在这家耳机产品公司所拥有的股权价值已达到3 000万美元。在勒布朗的心目中，与Beats的合作是他自高四毕业时与耐克签约以来做出的最明智的财务决定。

他支持马弗里克去好莱坞发展。

当勒布朗宣布成为自由球员，丹·吉尔伯特开始忙碌了起来。他知道让勒布朗回归克利夫兰的希望并不大，但他决心竭尽所能让骑士队看起来更有吸引力。这可不是一件简单的任务。2013—2014赛季，阵容年轻的骑士队仅取得了33胜49负的战绩，但他们在乐透抽签时却运气爆棚，不可思议地抽中了状元签。他们选中了前途无量的新星安德鲁·威金斯（Andrew Wiggins）。

骑士队解雇了上赛季的主教练，请来了大卫·布拉特（David Blatt），他是欧洲篮球史上最成功的主教练之一。

吉尔伯特眼下最重要的任务是说服球队的明星控球后卫凯里·欧文（Kyrie Irving）与球队重新签约。现年22岁的欧文是骑士队在2011年用状元签选中的一位天才球员。他不但当选过NBA最佳新秀，而且两次入选全明星。此时的欧文即将进入他新秀合同的最后一年。如果骑士队有机会签下勒布朗，他们要做的第一件事就是把欧文留在队里。

2014年7月1日，自由球员市场正式开启。午夜刚刚过去一分钟，吉尔伯特就走进了欧文的家里，与欧文和他的经纪人见了面。不到两个小时后，吉尔伯特在推特上宣告："期待@KyrieIrving在克利夫兰再战六年。我们刚握过手，计划于10日签字。"

接着，欧文也发了推特："我会长久留在克利夫兰！！！"

吉尔伯特为欧文提供了一份五年9 000万美元的续约合同。

人们纷纷猜想勒布朗的去处，其热度丝毫不亚于希拉里·克林顿（Hillary Clinton），当时后者正在考虑是否参加2016年的总统竞选。《纽约客》将勒布朗和希拉里称呼为"决定者"。"两人都在进行思考，詹姆斯思考着去哪里打球，希拉里思考着是否参加竞选。整个国家的目光都聚焦在他们身上，媒体忙得焦头烂额,却仅仅报道了两人只有在合适的时间才会公布决定的消息。"这家杂志的伊恩·克劳奇(Ian Crouch)在2014年夏天写道。

李·詹金斯却不慌不忙。为了抢占先机,他已经投入了四年的时间。NBA总决赛结束后,詹金斯再次联系了门德尔松。他建议勒布朗考虑写一封亲笔信来公布自己的决定,而写作的事情可以由他提供帮助。国庆日当天,当詹金斯与家人们在圣迭戈参加游行时,他接到了门德尔松的电话。

"我们喜欢这个主意,"门德尔松告诉他,"我觉得这是可行的。"

詹金斯兴奋不已。他开始思考接下来的行动。

"下周前几天,做好去迈阿密、里约或者拉斯维加斯的准备吧。"门德尔松嘱咐道。

去迈阿密和拉斯维加斯是合情合理的,但里约是怎么回事?

詹金斯被告知,勒布朗可能会去那里观看世界杯。

至于勒布朗倾向于哪支队伍,门德尔松没有给詹金斯任何暗示。但他们达成一致,勒布朗将在《体育画报》网站上公布消息。在挂断电话之前,门德尔松请詹金斯等候指示,届时会告诉他在哪里与勒布朗见面并撰写文章。最后,门德尔松特意叮嘱了詹金斯。

"你不能把原因告诉任何人,"门德尔松说,"任何事情都不能对任何人说。"

帕特·莱利对无法与勒布朗取得联系而感到沮丧。与此同时,里奇·保罗却把注意力放在了丹·吉尔伯特身上。在里奇看来,吉尔伯特曾对他的客户出言不逊。只有吉尔伯特缓和他与勒布朗之间的关系,里奇才会与他讨论勒布朗回归克利夫兰的前景。为此,一场面对面的交谈是必不可少的。

吉尔伯特对这次机会表示欢迎。7月6日,他飞往迈阿密,与勒布朗、里奇和马弗里克会面。

对吉尔伯特来说,这是一次格外离奇的经历。他正在默默地前往帕特·莱利的地盘,试图说服勒布朗回到那座曾经烧毁他球衣的城市。他希望收回当初说过的话、做过的事。至少他终于从球队网站上删掉了那封谴责勒布朗的公开信。现在,他打算请求宽恕。

勒布朗和吉尔伯特在迈阿密的一栋房子里见了面。两人上一次共处一室还要追溯到"决定"发生之前。吉尔伯特开门见山地告诉勒布朗他感到非常抱歉。吉尔伯特认为，他们一起度过了七年的美好时光，除了那个糟糕的夜晚。"我被情绪和情感冲昏了头，"吉尔伯特说道，"我希望我从来没做过那些事……我希望把那些东西都收回。"

勒布朗也承认自己犯了些错。如果能再来一次，他会采取不同的方式。但勒布朗更愿意向前看，而不是向后看。

勒布朗没有透露他的打算，而是询问吉尔伯特是否打算竭尽所能去追求总冠军。

见到勒布朗愿意和他谈论未来，吉尔伯特感到惊喜和宽慰。他开始说起了这个夏天的所有操作——签下状元秀安德鲁·维金斯，聘请主教练大卫·布拉特和助理教练泰伦·卢（Tyronn Lue），与凯里·欧文签订长约。他告诉勒布朗，一切都在按部就班地进行着。

勒布朗没有给出任何承诺。里奇也没有。

会面结束后，吉尔伯特飞往爱达荷州的太阳谷，参加一年一度的艾伦公司（Allen & Company）聚会[1]。勒布朗则飞往拉斯维加斯，举办他的耐克篮球训练营。

7月8日，共和党全国委员会宣布克利夫兰将成为2016年全国大会的举办地。佛罗里达州参议员马可·卢比奥（Marco Rubio）立即在推特上写道："恭喜克利夫兰被评为2016年全国大会举办地。但你们依然没办法把@KingJames带回！"当天下午，李·詹金斯收到了消息，要求他飞往拉斯维加斯并住进永利酒店（Wynn hotel），在那里等待下一步指示。

第二天，丹·吉尔伯特被邀请到了拉斯维加斯，他将与勒布朗及其阵营会面。吉尔伯特不知道即将发生什么，他在太阳谷登上飞机，向沙漠地带出发。接下来，他和勒布朗、里奇在房间里待了三个小时。里奇首先表明了立场——

---

[1] 译者注：投资公司 Allen & Company 每年都邀请亿万富翁在太阳谷度假村举行聚会。

吉尔伯特没有讨价还价的余地。随后他概述了勒布朗的条件。勒布朗想要一份为期两年的合同，第一个赛季结束后拥有跳出合同的选项。如果骑士队在第一年后没有达到勒布朗的要求，那么他可以自由离队并加入其他球队。这样的条件将赋予勒布朗灵活性，使他占据主动权。

2010 年勒布朗离开克利夫兰后，吉尔伯特发誓再也不会让一名球员享有如此巨大的权力。但他明白，若想勒布朗回归，唯一的办法就是默许。勒布朗有胆量开出这种"要么成交、要么拉倒"的条件，并且提出"一年一签"的主意，吉尔伯特打心底里感到佩服。这表明勒布朗的团队已经摸透了工资帽的规则，并且预见到 2017 年当联盟与电视转播商签订新的电视转播协议后，工资帽将会大幅上涨。勒布朗没有像凯里·欧文那样签订一份长约，而是选择了"一年一签"的短约，因此有机会赚得更多。

会后，吉尔伯特告诉里奇，他会接受勒布朗开出的条件。他立即做了一笔三方交易，清理了骑士队工资单上的一些球员，为签下勒布朗腾出了薪资空间。

与吉尔伯特会面的同一天，勒布朗和里奇还安排了与莱利和热火队总经理安迪·埃利斯伯格的会面。离开迈阿密之前，莱利让埃利斯伯格把勒布朗为热火队赢得的两座总冠军奖杯一起打包带上。莱利打算用它们来激励勒布朗，于是埃利斯伯格把奖杯装进了保护套里。莱利还打包了一瓶产自纳帕谷一座酒庄的葡萄酒，酒庄的座右铭正是"做出承诺，恪守承诺"。当勒布朗与热火队签约时，马弗里克也曾向莱利赠送过一瓶来自这座酒庄的葡萄酒。

但是当莱利和埃利斯伯格来到勒布朗的套房，莱利失望地发现，令他钦佩的马弗里克并不在场。房间里只有勒布朗、里奇和兰迪·米姆斯，三人正在津津有味地观看世界杯。当会议开始时，他们甚至懒得把电视关掉。莱利悄悄告诉埃利斯伯格，奖杯的包装不必拆开了。

会议持续了大约一个小时。莱利重申，迈阿密是赢得更多总冠军的最佳途径。而且热火队既有钱也有意愿再签下一两位球员来辅佐勒布朗、韦德和波什。但会议期间，莱利终于忍无可忍，要求把电视调成静音。当会议结束，莱利有不祥的预感。

当晚，门德尔松给詹金斯打了电话，让他第二天早上到勒布朗的房间里。

勒布朗头戴黑色毛线帽，穿着短裤和背心，坐在沙发上，一边吃着炒鸡蛋，一边小口咀嚼着水果。电视被调到了ESPN频道。身处这间位于永利酒店五十八层的顶楼套房，拉斯维加斯大道可以尽收眼底，远处的薄雾让地平线上的群山若隐若现。

然而，勒布朗已经把自己的未来看得一清二楚。今年10月，萨瓦娜将迎来他们的第三个孩子，一个小女孩。她将在俄亥俄州出生，而勒布朗也打算举家迁回那里，并力争为克利夫兰带回一个总冠军。显然，勒布朗选择了一条更艰难的道路。骑士队充其量只是一支平庸的队伍，他们的主教练从未在NBA执教过，球队的阵容无论在天赋还是经验上都与他即将离开的那支队伍相去甚远。他已经感受到了这个决定所带来的重担。

李·詹金斯走进套房，向门德尔松和马弗里克打了招呼，然后坐下。詹金斯指出，与四年前宣布加盟迈阿密的决定时相比，此刻的勒布朗看上去从容了不少。

"我现在感觉自在多了。"勒布朗回应道，然后喝了一小口胡萝卜汁。

但詹金斯却不由自主地紧张起来。他正在面对体育史上最重大的独家新闻之一，一定要保持专注。他需要向勒布朗提出一些问题，然后把后者的回答撰写成一篇文章。

"家对你来说意味着什么？"詹金斯问道。

勒布朗打开了话匣子。一小时之后，这场谈话才告一段落。

詹金斯认为勒布朗已经给了他足够多的素材。

"我不清楚这篇文章会不会像一个童话故事，"勒布朗告诉詹金斯，"但我喜欢它有个童话故事般的结尾。"

詹金斯回到自己的房间，开始动笔。时间一分一秒地流逝。

7月11日，天还没亮，勒布朗就起床了。他即将在四年里第二次震惊全联盟。他打算提早做些准备。

32 我又有什么资格记仇呢?

詹金斯几乎整夜未眠,依靠肾上腺素支撑着自己。在得到勒布朗的签字同意后,詹金斯大约在东部时间 10 点 30 分将文章发送给了位于纽约的《体育画报》编辑。

正当《体育画报》纽约总部的一个小组准备在 SI.com 网站上刊登勒布朗的文章之时,勒布朗和他的团队登上了一架飞往迈阿密的私人飞机。随行的还有德怀恩·韦德。勒布朗和韦德在迈阿密一起度过了四年的光辉岁月。在这期间,两人亲如兄弟。韦德希望他们可以一直并肩作战,但他从来没有呼吁勒布朗回归热火队。如今,韦德知道勒布朗已经下定了决心。

"挺有趣的,不是吗?"韦德对勒布朗说。

勒布朗脸色有些阴沉。在迈阿密的时光的确很有趣。现在,是时候去克利夫兰攻克难关了。

在公布决定之前,勒布朗希望亲自把消息告诉莱利。里奇拨通了莱利的号码。莱利接听后,里奇把手机递给了勒布朗。

"过去的四年,我非常感谢你。"勒布朗开口说。

莱利没必要听到下一句话。一切都结束了。他气得说不出话来。他曾以为自己还能和勒布朗再共事八年,以为他们可以联手缔造一个王朝,甚至超越二十世纪八十年代的湖人王朝。但是,勒布朗竟然真的找了一扇门溜走了。热火队连争夺第三座总冠军的机会也没有了。真是见鬼!

与此同时,里奇拨通了吉尔伯特的电话。

"丹,恭喜你,"里奇宣告,"勒布朗要回家了。"

2014 年 7 月 11 日东部时间午后不久,勒布朗那篇由 952 个单词组成的文章登上了 SI.com。文章的开头这样写道:

在有人关心我会去哪里打球之前,我只是一个来自俄亥俄州东北部的孩子。在那里,我学会走路,学会奔跑。那里也是我哭泣的地方,流血的地方。它一直在我心里占据着特别的位置。那里的人们见证了我的成长。有时我觉得自己就是他们的孩子。

读者们读到这里就会知道勒布朗·詹姆斯将要做一件不可思议的事情。他要返回克利夫兰了。

勒布朗请李·詹金斯帮助他起草公告可谓下了一步好棋，与四年前他选择与吉姆·格雷进行现场直播形成了鲜明的对比。勒布朗公布自己篮球生涯中最重要的两次决定的方式都是由媒体人提出的，但这两位记者的主意却大相径庭。格雷的做法是举行一场高调的访谈，他很享受与勒布朗一同登上电视的感觉。詹金斯得到的是为他这一代最伟大的运动员撰写文章的机会，他知道没有人会注意到他在这项工作中所扮演的角色。但他也知道，在他提出这个主意后，勒布朗很信任他，并请他帮助自己润色文字。没有哪一段比勒布朗愿意原谅丹·吉尔伯特的那一段更能体现这一点了。在文章里，勒布朗说道：

我已经和丹见过了，我们进行了面对面、男人和男人之间的对话。我们把事情说开了。每个人都会犯错。我也犯了些错。我又有什么资格记仇呢？

我又有什么资格记仇呢？只用了短短几个字，勒布朗就扭转了局面。这句话甚至比他一场比赛砍下 50 分更令人钦佩。记者香农·夏普（Shannon Sharpe）在 ESPN 上承认，他是无法原谅吉尔伯特的，特别是在吉尔伯特把勒布朗称为"逃兵"之后。"勒布朗的胸怀比我更宽广。"夏普在 First Take 节目里说道。

"换作是我，我也不会原谅丹·吉尔伯特的，"史蒂芬·A. 史密斯表示，"他对勒布朗说的那些话显然太过分了。"

就连经常批评勒布朗的斯基普·贝勒斯也承认，他对勒布朗愿意重返骑士而感到"目瞪口呆"。贝勒斯在直播里说道："我以为他们之间的那座桥梁已经垮掉了。"

勒布朗知道他对吉尔伯特的态度会让很多人感到惊讶。但他的内心很清楚，他离开克利夫兰时的做法并不妥当。为了实现他和吉尔伯特的共同目标——为克利夫兰带回一个总冠军，两人都必须做出妥协。在那篇文章登上

SI.com 网站后不久，勒布朗把它分享给了他在 Instagram 和 Twitter 上的 7 500 万关注者，同时附上了一张自己身穿骑士队球衣的照片，并配文道："我要回家了。"

在迈阿密，帕特·莱利方寸大乱。德怀恩·韦德成了一架没有长机的僚机。克里斯·波什正在斟酌休斯敦火箭队开出的报价。成为自由球员的雷·阿伦正在考虑追随勒布朗去往克利夫兰。莱利的副手安迪·埃利斯伯格感觉自己正在经历电影《甜心先生》（Jerry Maguire）里的一幕场景——所有客户都走向了出口。

莱利想要怒斥勒布朗。"这对我来说是私人恩怨，"莱利后来解释道，"我就是这么想的。我有一个非常要好的朋友，他劝我不要冲动，不要说出丹·吉尔伯特说过的那些话。"

于是，在那天结束之前，莱利发表了一份正式声明：

虽然我对勒布朗离开迈阿密的决定感到失望，但没有人可以去苛责一个想要回家的人。过去四年对南佛罗里达、热火队球迷、球队以及所有参与其中的球员来说，都是一段美妙的旅程。勒布朗是一位出色的领袖、运动员、队友，以及一个出色的人，我们对他的离队表示遗憾。

莱利在私底下仍然感到愤怒。埃利斯伯格更是气得胸口疼，甚至担心自己心脏病犯了。为了让自己尽快平静下来，他坐进了车里，漫无目的地向北方行驶。一时间，热火队也仿佛在前进的道路上迷失了方向。

但在克利夫兰，勒布朗的宣言立刻引起了巨大的反响，就像当初他宣布去往南海岸那样。但这一次，城市的街道上处处是欢呼声和汽车鸣笛声。广播电台开始放送关于回家的歌曲，诸如 Diddy 的《回家吧》（Coming Home）、坎耶·韦斯特的《回到故乡》（Homecoming）和邦·乔维（Bon Jovi）《谁说你不能回家》（Who Says You Can't Go Home）。球迷们打爆了骑士队的球票热线，却只听到"所有线路繁忙"的自动语音消息。球队季票仅仅八小时就被抢购一空。《福布斯》估测，骑士队的球队市值在一天之内就猛涨了一亿美元。拉斯维加斯的庄家们为骑士队赢得 2015 年 NBA 总冠军开出了 4:1 的赔率。

"克利夫兰从来没发生过这样的好事。"一位球迷在速贷球馆的街边对电视记者说道。

就连奥巴马总统也发表了看法。"总统先生是勒布朗的忠实粉丝，"新闻发言人乔什·欧内斯特（Josh Earnest）在白宫新闻简报室表示，"这是一份非常有影响力的声明，它证明了一个被称为家的地方是多么重要。"

在 ABC 的《今夜世界新闻》（World News Tonight），主持人黛安·索耶（Diane Sawyer）宣布："国王回家了。"

在丹·吉尔伯特的家里，他的 8 岁小男孩走过来对他说："爸爸，我是不是终于可以穿上我的勒布朗球衣啦？"

"没错，孩子，"吉尔伯特告诉他，"你可以穿上啦！"

33 驾驭权力

勒布朗在迈阿密学到了很多，特别是如何才能登上 NBA 的顶峰并夺下总冠军。当初加盟热火队时，他曾经轻率地预言他们会至少拿下七座总冠军，如今他不会重蹈覆辙了。他会管理好自己的预期。

"我不敢承诺我们会赢得总冠军，"他在 SI.com 的文章里说道，"我知道赢得总冠军有多么困难，而我们还没有做好准备。"

即使对于拥有多位超级巨星和一众老将角色球员的热火队，攀登的道路也是极为艰险的。现在，除了勒布朗，骑士队没有任何球员曾经呼吸过山顶的稀薄空气。组建一支总冠军级别的球队并让它有能力走得更远，这不是一朝一夕就能完成的。第一步就是要找到几位明星球员作为核心。

勒布朗毫不怀疑 22 岁的凯里·欧文将成为一位优

秀的搭档。尽管他的比赛经验不如韦德,但他的天赋是极为罕见的。他是篮球界的魔术师,控球技巧冠绝全联盟。作为一名身高6.2英尺的控球后卫,欧文拥有极佳的突破得分能力。勒布朗意识到他可以指导欧文,帮助其成为真正的超级巨星。

但骑士队还需要第三位球星,勒布朗知道他想要谁。距离他宣布重返克利夫兰的决定只过去了几个小时,勒布朗就联系了明尼苏达森林狼队的大前锋凯文·乐福。两人曾在美国奥运代表队中并肩作战,共同赢得了伦敦奥运会的金牌。虽然乐福不是自由球员,但勒布朗知道这位三届全明星球员在明尼苏达过得郁郁不得志。2013—2014赛季,乐福已成为联盟顶尖的得分手之一,场均可以贡献超过26分,并抢下12个篮板。乐福的数据令人惊艳,但勒布朗更加欣赏他出众的篮球智商。他非常适合与勒布朗和欧文搭档。他是一块完美的拼图,勒布朗心想。

勒布朗早在圣文森特的高一赛季就开始为他的球队招募优秀球员。如今,为球队挖掘总冠军拼图已经成为勒布朗在篮球领域的一项新技能。在迈阿密和莱利共事了四年之后,他培养了总经理般的思维。他知道如何识别球队阵容里的漏洞,发现可以填补漏洞的球员,并设法在符合联盟工资帽规定的前提下把他们吸引到自己队伍中。为了把乐福挖来,克利夫兰需要为明尼苏达奉上丰厚的报酬。但首先,他需要得到乐福的认同。勒布朗的办法是为乐福提供一件他梦寐以求的东西——一次赢得戒指的机会。

接到电话的乐福为之一振。这个世界上最好的球员亲自招募他,这让他受宠若惊。

"我加入。"乐福告诉勒布朗。

勒布朗的生活又进入了快车道,他忙着组建球队,举家搬回俄亥俄州,为第三个孩子的到来做准备,飞往中国参加一年一度的耐克篮球夏令营。忙碌之余,勒布朗还要卖力地背台词。早在他决定重返克利夫兰之前,勒布朗就被女演员艾米·舒默(Amy Schumer)相中,受邀与她一同出演电影《生活残骸》(Trainwreck)。勒布朗的戏份计划于2014年7月在纽约拍摄。

虽然时机并不理想，但勒布朗必须全神贯注。这是他在大荧幕上的首秀，而他的表现至关重要。当时，有多部电影正在考虑请勒布朗出演各式各样的角色，这在一定程度上要归功于马弗里克在斯普林希尔公司所做的铺垫。在很多方面，《生活残骸》这部电影对勒布朗而言将是一次试镜。

勒布朗极少感到紧张。但一想到要和舒默、马修·布罗德里克（Matthew Broderick）、比尔·哈德尔（Bill Hader）等人同时出现在片场，他难免也焦虑起来。他们都是杰出的演员和喜剧明星，而遵循剧本并不是勒布朗所擅长的。但是，从导演贾德·阿帕图（Judd Apatow）第一次喊出"Action"的那一刻起，勒布朗就沉浸在了拍电影的乐趣之中。即使是忘词了，勒布朗也不忘自嘲一番，逗得所有人捧腹大笑。舒默能看出来，勒布朗在镜头前是一个天生的演员。勒布朗在广告方面的发挥也让阿帕图相信他就是正确的人选。

然而，勒布朗并没有忘记帕特·莱利在2010年对他说过的话："主要任务是将主要事务放在主要位置。"对勒布朗而言，主要任务是为克利夫兰带回一个总冠军。为此，他继续在幕后策划着骑士队的人员调动。他的第二步是招募一些有过总冠军经历的老将角色球员，与他自己、欧文和乐福形成互补。

勒布朗认为迈克·米勒和詹姆斯·琼斯是2012年和2013年热火队夺冠的关键人物。他们虽然不是大牌球星，但都曾在关键时刻从替补席上站出来，命中至关重要的投篮。而且，他们都是团队型球员的典范。勒布朗认为身为自由球员的米勒和琼斯正是骑士队需要的那种稳健的球员。

米勒和琼斯得知了勒布朗前往克利夫兰的消息，便立刻表达了追随他的意愿。

此外，勒布朗对签下自由球员肖恩·马里昂的主意很满意。这位征战了15个赛季的老将曾在2011年代表达拉斯赢得过总冠军。早在2004年，勒布朗在就美国奥运代表队和马里昂当过队友。

36岁的马里昂是一位无可挑剔的职业球员，他渴望在退役前再争取一次总冠军。在克利夫兰和勒布朗一起征战是他登顶的最好机会。

吉尔伯特也尽到了他的本分，完成了多笔交易。四年前，吉尔伯特认为莱利偷走了勒布朗，让骑士队陷入困境。如今，当勒布朗利用自己的影响力吸引优秀球员前往克利夫兰打球,迈阿密成了遭殃的一方,吉尔伯特则成为受益者。

整个夏天,骑士队签下了迈克·米勒、琼斯和马里昂。吉尔伯特还授权了一项重磅交易,将2013年的状元秀安东尼·本内特(Anthony Bennett)和2014年的状元秀安德鲁·维金斯(Andrew Wiggins)送往明尼苏达,换来了凯文·乐福。

骑士队舍不得放走维金斯,他拥有明星球员的潜力。但森林狼队的要价非常坚决,骑士队明白勒布朗对乐福的态度。在骑士队宣布交易得到乐福之后,勒布朗立即在推特上向他表示:"欢迎来到克利夫兰。"

勒布朗从一支球队转投另一支球队的决定重塑了NBA的势力版图,这已经是过去四年来第二次发生了。秋季,当《体育画报》出版了一年一度的NBA前瞻特刊,勒布朗、凯里·欧文和凯文·乐福登上了封面,标题写道:"国王的班底"。

10月30日,骑士队在主场迎战尼克斯队,为2014—2015赛季拉开序幕。在这场全美直播的比赛中,耐克发布了自2003年与勒布朗签下9 000万美元的球鞋合同以来最有野心的商业广告。截至当时,耐克勒布朗系列球鞋的销售额已经突破3.4亿美元。但这个数字还不足以衡量耐克和勒布朗之间的共生关系。十多年来,耐克在美国通过一系列精心策划的广告活动记录着勒布朗的职业生涯。在中国,勒布朗连续十个夏天成为耐克的首席形象大使。这一切使得耐克和勒布朗在全世界最大的两个经济体都建立了名声。

耐克将勒布朗重归故里的决定视为他个人生涯的一个重要篇章。勒布朗将继续书写自己的故事,而借助这一契机,耐克请来了两位好莱坞制片人,打算制作一部类似迷你纪录片的广告。这部标题为"在一起"的两分钟短片拥有一个鼓舞人心的主题:一座城市,一心为冠军。

制片人来到克利夫兰进行拍摄,并请了超过500位当地人担当临时演员。勒布朗的母亲和德鲁教练也出镜了。当勒布朗和队友们聚在一起加油打气时,两人率领球迷们走下看台,踏上球场,加入了他们。"我们要为这座城市而战,"

勒布朗在片中激励着他的队友们,"为整个克利夫兰而战。这就是一切。是时候带给他们一些特别的回报了。"

在这场揭幕战的赛前时段,耐克在 ESPN 和 TNT 播放了这部广告。骑士队也在比赛跳球之前将广告投上了速贷球馆的巨型屏幕。勒布朗向克利夫兰致敬的举动让在场的球迷们感动不已。看到勒布朗在广告片的结尾带领整座球场一起高喊口号的画面,球迷们擦拭着眼角的泪水,满怀自豪地欢呼起来。

勒布朗:我数三声,我们一起喊"克利夫兰"。一、二、三。
球迷们:克利夫兰!

吉尔伯特对现状无比满意。他的阵容星光熠熠,球票又一次售空,球队重新登上全美直播,骑士队的周边商品也是全联盟最畅销的。克利夫兰再次成为篮球宇宙的中心。这座城市的球迷们欣喜若狂。

吉尔伯特和球迷们一样兴奋。但很显然,他并没有掌控球队。吉尔伯特是球队老板,但实际情况更像是勒布朗负责掌舵,而吉尔伯特只是搭了一趟便车。在迈阿密效力四年后,勒布朗已经积累了足够的影响力,无论他选择去哪里追求另一个总冠军,他都有资格发号施令。勒布朗、马弗里克和里奇懂得了一个球队老板早就明白但大部分球员都不明白的道理:在 NBA,谁有天赋,谁就拥有发言权。人们购买季票或打开电视机,并不是为了看丹·吉尔伯特或其他老板究竟是输了还是赢了。他们是为了观看球星们的表演。而勒布朗拥有篮球界最强大的吸引力。任何一支球队和城市都会为他铺上红地毯,但他选择了克利夫兰。他是唯一一位可以凭借一己之力让骑士队立刻化身冠军争夺者的球员。在这一点上,是吉尔伯特需要他,而不是他需要吉尔伯特。

勒布朗明白他所拥有的主导地位,并把它视作一项机遇。赛季初,当

NBA 宣布与 ESPN 和 TNT 签订 240 亿美元的新电视转播协议时，勒布朗发表了他的看法。他想让全联盟的每位老板知道，老板们和球员们的下一轮劳资谈判将会有所不同。在上一轮谈判中，老板们态度坚决地表示联盟无法承担球员工会的某些请求，球员工会最终做出让步。"老板们告诉我们，他们正在亏损，" 2014 年 10 月勒布朗告诉《纽约时报》，"现在他们可不能在我们面前说同样的话了。"

勒布朗和他的团队做了些研究。他们知道，联盟的电视收入刚刚翻了三倍。同时，NBA 球队的市值也在飙升。洛杉矶快船队最近以史无前例的 20 亿美元被出售。通过公开向老板们喊话，勒布朗正在改变老板们和球员们之间的经济关系。

记者斯科特·拉布是《阿克伦的妓女》一书的作者。当勒布朗从克利夫兰转投迈阿密，拉布曾猛烈抨击了勒布朗。但现在，拉布开始对勒布朗、马弗里克·卡特和里奇·保罗感到钦佩。"我认为丹·吉尔伯特或者帕特·莱利从来没认真对待过他们，"拉布评价道，"他们没有见识到勒布朗、马弗里克和里奇在打造他们自己的帝国这件事上是多么理智和坚决。当吉尔伯特和莱利意识到他们不再是占据上风的一方时，局面早已不在他们的掌控之中了。"

如今，拉布支持勒布朗取得成功。"当勒布朗回归时，他心系着篮球以外的使命，"拉布告诉 NPR，"所以，当他回来，我真的觉得希望又回来了。我曾经很不公平地批评他没有担起摩西的职责。结果呢？他以摩西似的身份回来了。"

开赛一个月之后，骑士队做客纽约迎战尼克斯队。就在同一天，斯塔滕岛的一个大陪审团决定对一名纽约市白人警官不予起诉。此前，这位警官对手无寸铁的黑人埃里克·加纳（Eric Garner）实施了锁喉行为，导致后者死亡。记者就陪审团的决定及其更广泛影响向勒布朗提出了问题。

"我们的国家是一个自由的国度，但这样的事情却不停地发生，"勒布朗在球队投篮训练期间向记者表示，"无辜的人正在成为受害者或遭遇其他不幸，而我们的家庭正在失去他们所爱之人。"

在勒布朗接受记者采访的同时，抗议者走上了纽约街头。

"现在，这是一个敏感的话题。"他继续说，"暴力不是问题的答案，报复也不是解决办法。"

两天后的晚上，勒布朗注意到芝加哥公牛队后卫德里克·罗斯（Derrick Rose）在与金州勇士队比赛的赛前热身中穿了一件印有"I CAN'T BREATHE"（我无法呼吸了）字样的黑色 T 恤。NBA 坚决反对球员们在热身时穿着不符合联盟规定的服装。但勒布朗很喜欢这件衣服，并对罗斯穿上这件衣服表示敬佩。

随后，勒布朗接到 Jay-Z 的电话。骑士队将于 12 月 8 日在布鲁克林对阵篮网队。当晚，一群社会正义人士打算在巴克莱中心外举行抗议活动。抗议活动的组织者正在印制"I CAN'T BREATHE"T 恤。他们希望在 Jay-Z 的帮助下把一件 T 恤塞到勒布朗的手中。

勒布朗知道那一刻有多么重要。骑士队和篮网队的比赛将是一场万众瞩目的盛会。威廉王子和他的妻子——剑桥公爵夫人凯特·米德尔顿（Kate Middleton）正在美国进行为期三天的访问，并计划参加今晚的比赛。他们是专程来观看勒布朗打球的，而勒布朗将在赛后与他们私下会面。

由于此次皇室访问将吸引众多外国记者到现场进行报道，勒布朗在权衡是否要穿这样一件带有政治色彩的 T 恤。他经常被邀请为社会问题发声，但大多数时候他都拒绝了。他是否参与其中，取决于这个问题是否触动了他的内心。如果没有，他会向前看并不再回头。如果他产生了共鸣，他会采取行动。而且，勒布朗已经接受了一个事实，那就是无论他做出什么决定，他都会被批评。因此他下定决心，做自己内心认为正确的事情，并承担后果。此刻，他必须临场做出决定。

在 Jay-Z 的帮助下，一批 T 恤被偷偷运进了球馆。随后，一位篮网队球员将几件 T 恤送进了骑士队的更衣室。在场外，来自一场新发起的运动——"Black Lives Matter"（黑人的命也是命）——的抗议者们高喊着"举起手，别开枪"的口号。另一批抗议者则在街上躺倒，进行拟死示威。纽约警察在抗议者和巴克莱中心入口之间筑起了一道人墙。出于安全考虑，王室夫妇推迟了抵达时间。

开场前大约 30 分钟，勒布朗穿着一件黄色的骑士队热身夹克衫从更衣室走出。当勒布朗脱下夹克衫，露出一件配有白色字样的黑色 T 恤，所有人的目光都聚焦在他的身上。凯里·欧文也决定穿上这件T恤。两人并没有对此做过约定。但在热身期间，勒布朗看向了欧文，向他点了点头。

欧文也对勒布朗点头致意。

几位篮网队球员也穿上了T恤，其中就包括勒布朗的老对手凯文·加内特。这一刻，一件比输赢更加重大的事情将他们团结在了一起。

忽然间，当有线电视新闻频道的画面切到巴克莱中心时，比赛已经不那么重要了。

"刚才在纽约发生了不可思议的一幕，"当勒布朗赛前热身的直播画面出现在全美各地的电视屏幕时，MSNBC（微软全国有线广播电视公司）的克里斯·海耶斯惊讶道，"骑士队球星勒布朗·詹姆斯穿着一件印有'I CAN'T BREATHE'口号的T恤出场热身，那是埃里克·加纳被警察掐住脖子时说的最后一句话，足足重复了11次。"

当威廉王子和凯特走进球馆并在场边入座时，比赛已经来到了下半场。几分钟后的一次暂停期间，Jay-Z和碧昂丝在观众们的欢呼声中穿过球场，来到王室夫妇跟前向他们问好。这一夜，令人难忘的场面接二连三地发生着。勒布朗和欧文奉上了精彩的演出，率领骑士队夺取了胜利。

在赛后的更衣室里，媒体包围了勒布朗的座位，试图引诱他对警方施暴导致埃里克·加纳死亡这一事件发表更多看法。

"勒布朗，你穿上那件T恤是为了传达什么信息？"一位记者问道。

"我想对遇难者的家庭说，我为他们失去亲人感到难过，请他的妻子节哀，"勒布朗说，"这就是我想说的。所有人都在忙着其他事情，唯独没有关心真正感受到悲痛的人——他的家人们。"

"有没有比这更重大的信息……"记者继续说。

"什么是更重大的呢？"勒布朗打断他。

"我是说……"

"除了向家庭表示尊重，还能有什么更重大的事情？"勒布朗再次打断了记者的话。"显然，我们都知道我们社会需要做得更好。但就像我以前说过的，暴力不是问题的答案，报复也不是解决办法。"

33 驾驭权力

　　王室夫妇在一个私人房间里等待勒布朗。勒布朗进门后，代表NBA向他们赠送了礼物。当三人合影留念时，勒布朗像对待家人那样，用手臂挽住了公爵夫人。勒布朗将手搭凯特肩上的画面瞬间在社交媒体上引起轩然大波，甚至引发了一场国际争议。英国小报纷纷指责勒布朗违反了王室礼仪。在美国，身为英国人的CNN主持人皮尔斯·摩根（Piers Morgan）也提出了批评。"你不能把流着汗的手放在未来英国王妃的肩上，"摩根表示，"勒布朗·詹姆斯，你可以自称是'国王'詹姆斯，但你不是真正的国王。请把手从公爵夫人的身上拿掉。"

　　为了平息争议，白金汉宫不同寻常地发表了一份正式声明：

　　剑桥公爵夫妇非常享受本次美国之行，包括观看NBA比赛以及与勒布朗会面。

　　当王室成员与其他人会面时，他们会希望对方尽可能地感到自在。没有所谓的王室礼仪。

　　勒布朗没有理会关于王室的风波，他更关心联盟对他决定穿上一件表达立场的T恤有何回应。

　　"我尊重德里克·罗斯和我们所有球员对某些重要问题发表个人观点的行为，"总裁亚当·肖华告诉媒体，"但我更希望我们的球员能够遵守联盟的赛场着装规范。"在政治问题上，肖华的处境犹如走钢丝。

　　但就在第二天，科比·布莱恩特安排湖人队全体队员在洛杉矶一场比赛的赛前热身时穿上印有"I CAN'T BREATHE"的衣服。在勒布朗之后，科比是联盟里最有影响力的球员。他很少发表意见。但这一回，科比不但表了态，而且站出来反驳了关于他决定穿上这件衣服是在影射美国的种族关系的说法。"如果把这件事局限于一个种族问题，这反而是一个更加严重的错误；它是一个关乎正义的问题，"科比对媒体说，"就社会问题而言，我们正处在一个关键节点。"

　　在美国，汤姆·布雷迪和泰格·伍兹是唯二在名气和成就上可以与勒布朗媲美的男性运动员，但他们从来没有就社会问题或政治关切发表过意见。出于他的地位，勒布朗的发言总会引起广泛关注。

骑士队和篮网队的比赛结束几天后，奥巴马总统谈到了这次事件。"对于那些领着高薪的运动员，长久以来我们的看法是'闭上嘴，签好你的代言合同，别惹麻烦'。"奥巴马说道，"勒布朗是年轻人的榜样，他以自己的方式，以一种令人尊敬的方式，试图告诉人们'我也是社会的一分子'，并唤起人们的注意力。"

奥巴马还补充道："我希望看到更多运动员这样做，不仅仅是围绕这个问题，还有其他广泛的问题。"

亚当·肖华明白，试图阻挡潮流是徒劳无益的。NBA 正在成为一个引领社会变革的平台。

2015 年 2 月，一个寒冷、灰暗的早晨，地上的积雪超过了一英尺深。这天，勒布朗上半身穿着 T 恤衫，下半身穿着卫裤、袜子，脚踩着一双耐克拖鞋，步履蹒跚地走进了他位于阿克伦的家族基金会办公室。骑士队刚刚在前一晚击败了 76 人队，将战绩提升至 30 胜 20 负。勒布朗疲惫不堪，看起来有些不耐烦。他宁愿待在家里休息，亚当·门德尔松却安排他与《好莱坞报道》（*Hollywood Reporter*）的一位特约撰稿人见面。

为了写一篇关于勒布朗的封面故事，玛丽莎·格思里（Marisa Guthrie）已经争取了两年。格思里是好莱坞最受人推崇的撰稿人之一，而她非常赞赏勒布朗和马弗里克打造的那家影视制作公司。门德尔松知道格思里曾为娱乐界的众多明星写过报道。她有意为勒布朗写一篇报道，这其实是一次难得的机会。但考虑到勒布朗还在经历从迈阿密加盟克利夫兰的过渡期，此前门德尔松并不想让勒布朗登上这份好莱坞最有影响力的出版物的封面。他担心这么做会传递错误的信息，因此拒绝了格思里的请求。现在，随着篮球赛季已经进入中期，加之《生活残骸》这部影片也即将登陆院线，门德尔松认为时机成熟了。

勒布朗带着萨瓦娜和他们11个月大的女儿朱莉一起来到了采访现场。

格思里见到萨瓦娜和孩子时格外惊讶，因为她知道萨瓦娜通常不接受采访，而且总是保持低调。

萨瓦娜像对待老朋友那样向格思里问好，拥抱了她，还轻吻了她的面颊。

两人的关系顿时拉近了。格思里最近也生了一个小女孩，只比朱莉晚一天出生。萨瓦娜没有化妆，还背着一个妈咪包，格思里倍感亲切。

为了打破勒布朗的沉默，格思里问了他是否怀念曾经默默无闻的日子。

"实在太久远了，我记不清了。"勒布朗说。

格思里意识到勒布朗没有心情说太多话。为克利夫兰赢得总冠军的重担似乎压得他喘不过气来。

在门德尔松的注视下，格思里按照她的问题清单逐一提问，勒布朗按部就班地回答着。最后，格思里提起了最近12岁的黑人少年塔米尔·赖斯（Tamir Rice）在公园挥舞玩具枪时被克利夫兰警察开枪射杀的话题。

勒布朗的神情立刻变了。

"我和我的儿子们谈过，"勒布朗回答，"他们有数不清的玩具枪，但看起来都不像真枪。我们有Nerf牌的玩具枪，有青绿色、紫色和黄色的。但我甚至不允许他们把这些玩具带出家门。"

格思里问勒布朗和萨瓦娜是否告诉过儿子们，如果他们被警察拦下该怎么做。

"当然了，"勒布朗说，"我告诉他们，'你们要尊重别人，按要求做，让他们完成他们的工作，剩下的事情交给我们处理。你们不要多嘴，也不要想当然地认为我们在和警察作对。'"

格思里的问题仿佛直击了勒布朗的内心。

"我这辈子遇到过一两次警察，但那不算什么，"他继续说，"但有时你必须闭嘴。道理就是这么简单。保持安静，让他们完成他们的工作，然后想想自己的人生，但愿一切都会顺利。"

"每个人都该这么做。"萨瓦娜插了一句。

格思里负责报道好莱坞已有很长一段时间了。听到勒布朗这样地位的人物坦率地谈论那些两极分化格外严重的话题,她感到耳目一新。"勒布朗对这些事情的感受,是中产阶级白人女性所无法体会的,"格思里表示,"我从来没有经历过他所经历过的那些。他想要去发表意见,因为他知道他说的话可能会带来改变。"

2月底,勒布朗首次登上了《好莱坞报道》杂志的封面。格思里的文章题为《勒布朗·詹姆斯透露打造好莱坞帝国的宏伟计划》。这篇由 3 400 个单词组成的报道聚焦于勒布朗和马弗里克通过他们的斯普林希尔公司正在筹备的一系列项目。该公司推出的喜剧《幸存者的懊悔》已被付费有线电视 Starz 选中。勒布朗已经敲定合约,将与喜剧演员凯文·哈特(Kevin Hart)联袂出演一部环球影业的电影《球手》(*Ballers*)。同时,马弗里克还在与华纳兄弟商讨勒布朗主演《太空大灌篮》(*Space Jam*)续集的前景。在文中,格思里将勒布朗、马弗里克和斯普林希尔公司形容为影视行业的一股新势力。但在一个不那么起眼的地方,格思里提到了勒布朗眼下最看重的事情——他的当务之急是为克利夫兰赢得一个总冠军。

骑士队以 51 胜 29 负的战绩结束了常规赛,位列东部第二。随着赛季的深入,勒布朗、欧文和乐福渐入佳境。为了增强阵容,球队在赛季末招兵买马,引进了多位经验丰富的球员,包括 J.R. 史密斯(J. R. Smith)、伊曼·香珀特(Iman Shumpert)和肯德里克·帕金斯。

骑士队在季后赛首轮横扫了凯尔特人队。但在第四战,凯文·乐福与一位凯尔特人队球员纠缠在一起,后者夹住了乐福的胳膊并用力拉拽,导致乐福肩膀脱臼。乐福痛苦地跑下了球场。他需要接受手术治疗,因此赛季报销。

失去乐福对骑士队的打击是巨大的。在乐福缺阵的情况下，骑士队在第二轮陷入了与公牛队的苦战。骑士队暂时以 1 比 2 落后，在芝加哥举行的第四战是一场不容有失的比赛。比赛还剩 1.5 秒，双方战成 84 平。骑士队主教练大卫·布拉特画了一个让勒布朗去发底线球的战术。但勒布朗无视了布拉特的战术。他告诉队员们："把球传给我就行了。"

替补后卫马修·德拉维多瓦（Matthew Dellavedova）遵照了勒布朗的嘱咐。当裁判把球交给他，德拉维多瓦迅速把球传给了勒布朗。勒布朗佯装切入篮下，忽然向公牛队替补席的方向跑去，接球、起跳、后仰投篮，一气呵成。

"勒布朗出手。"ESPN 的迈克·布林说道。

当终场的喇叭声响起，球在空中飞行，勒布朗双脚落到了界外。

"进了！"布林喊了出来，"勒布朗压哨命中！"

队友们在技术台附近把勒布朗团团围住，联合中心的观众们目瞪口呆。总比分被扳成 2 比 2 平，系列赛回到克利夫兰进行。

公牛队此后一蹶不振，骑士队乘胜追击，又连赢了两局，昂首挺进了东部决赛。他们的对手是东部头号种子亚特兰大老鹰队。

在亚特兰大进行的首场比赛中，凯里·欧文因左膝肌腱炎不得不削减上场时间。好在 J.R. 史密斯填补了空缺，砍下了 28 分。勒布朗得到 31 分，骑士队先声夺人。欧文的肌腱炎迫使他缺席了第二场和第三场比赛，马修·德拉维多瓦顶替他首发出场，其他角色球员也挺身而出。勒布朗接管了进攻端，场均得到超过 30 分。骑士队以 3 比 0 遥遥领先。第四场欧文回归，帮助克利夫兰横扫亚特兰大。

勒布朗连续五年晋级 NBA 总决赛，只有比尔·拉塞尔和他的凯尔特人队队友们曾在二十世纪六十年代做到这一点。但骑士队赢得总冠军的希望却十分渺茫。

金州勇士队是 2014—2015 赛季全联盟最优秀的球队。第一年担任主教练的史蒂夫·科尔（Steve Kerr）和他手下的三位年轻球星——24 岁的克莱·汤普森（Klay Thompson）、24 岁的德雷蒙德·格林（Draymond Green）以及 26 岁的 MVP 斯蒂芬·库里（Stephen Curry）——率领勇士队在常规赛豪取 67 胜 15 负的战绩。NBA 历史上只有五支队伍取得过比他们更好的战绩。

以三分球见长的"水花兄弟"库里和汤普森在奥克兰甲骨文球馆（Oracle Arena）进行的第一场比赛中火力全开，联手贡献了 47 分。但勒布朗势不可当，砍下了 44 分，欧文也得到了 23 分。四节比赛过后，两支队伍战成平局。

但加时赛中，欧文在突破克莱时膝盖被撞伤。已经打了 44 分钟的他被搀扶着离开了球场。X 光显示，他的膝盖出现了骨折。

勇士队在加时赛里占据上风，系列赛总比分 1 比 0 领先。

在已经失去乐福的情况下，欧文的倒下对骑士队而言是一次重大的打击，特别是在这个节骨眼儿上。对勒布朗来说，击败勇士队这项任务忽然变得更加艰巨。但勒布朗没有退缩。他早已下定决心，要为克利夫兰带来总冠军。勒布朗环视着更衣室，这时候唯有鼓励队友们挺身而出。马修·德拉维多瓦需要出任首发控卫，与史蒂芬·库里死磕。J.R. 史密斯和伊曼·香珀特需要得到更多分数。特里斯坦·汤普森（Tristan Thompson）需要摘下更多篮板。在防守端，每个人既要守住内线，也要在外线进行协防。

与此同时，勇士队在第二场比赛里嗅到了血腥味。但德拉维多瓦整个夜晚都在不遗余力地纠缠着库里，让勇士队的当家球星难以找到准星。在球场另一端，勒布朗不断冲击篮筐，一次又一次地突破、扣篮。有一回合是全场比赛的缩影。勒布朗突破篮下，遭到了德雷蒙德·格林的侵犯。格林在空中撞向勒布朗，手臂重重地捶在了勒布朗的脸上。然而，倒地不起的却是格林。勒布朗单枪匹马，所向披靡，最终砍下了 39 分、16 个篮板和 11 次助攻。骑士队在加时赛以两分险胜，震撼了整座甲骨文球馆。当终场哨声响起，勒布朗把球狠狠砸向地板，握紧拳头，吐出一声响亮的咆哮。

正当疲惫不堪的勒布朗离开球场并走向通道，一位身穿勇士队服装的白人女子突然冲他大喊："勒布朗，当个婊子养的是什么感觉？"

勒布朗停下脚步，怒瞪着她。

"嘿！"一位安保人员喊道，"女士，说话注意点。"

勒布朗很愤怒，一个陌生人竟然对一个有三个年幼孩子的已婚父亲说出如此恶毒的话，而且没有受到任何处罚。

但他忍住了，继续朝更衣室走去。系列赛总比分被扳成了1比1，他迫不及待想要回到主场了。

在速贷球馆进行的第三场比赛，勒布朗与水花兄弟上演了对决。勒布朗砍下40分，库里和汤普森联手攻下41分。德拉维多瓦打出了他职业生涯的代表作，得到了20分。骑士队以96比91再下一城，在系列赛里不可思议地取得了2比1领先。

《纽约时报》评论道，勒布朗把这轮系列赛变成了他的"个人游乐园"。前三场比赛里，他总共出手107次，得到了123分。他把全体队友和整座克利夫兰市都扛在了肩上。"我知道我们这支队伍是在为我们的人生而战，"勒布朗在第四战赛前说道，"我们人手不足，实力也不如对手，但我们在战斗。"

勒布朗带领一群拥有蓝领精神的角色球员将一支被寄予厚望的超级球队逼到了绝境。克利夫兰的球迷无法再要求更多了。勇士队赢下了第四战，将总比分追平。在第五战，回到奥克兰的库里攻下了37分，其中第四节贡献了17分，还有四名勇士队球员的得分上双。勒布朗依然势不可当，得到40分、14个篮板和11次助攻。但勇士队以13分的优势获胜，以3比2拿到赛点。

赛后，有媒体指出，在欧文和乐福缺阵的情况下，勒布朗似乎打得格外自信。"球队在总决赛里缺兵少将是否让你感到压力变小了？"一位记者问道。

"我很自信，因为我是全世界最好的球员，"当相机的快门声响起，他停顿了一下，"就是这么简单。"

勒布朗和库里之间的较量成了舞台上的焦点。这是自迈克尔·乔丹时代以来最具观赏性的NBA总决赛。勒布朗的表现胜过了库里。但最终，库里身边的团队还是更胜一筹。在克利夫兰的第六战，勒布朗整场比赛出战47分钟，砍下32分外加9个篮板和9次助攻。库里得到25分，他的四名队友得分上双。勇士最终击败骑士队，捧起了总冠军奖杯。

安德烈·伊戈达拉（Andre Iguodala）被评为总决赛MVP，但很多体育记者认为，败方的一位球员更配得上这一殊荣——这是极为罕见的。勒布朗是

NBA总决赛历史上第一位在得分、助攻和篮板三项数据上均为两队之最的球员。他三次得到40分以上，场均贡献35分、13个篮板和9次助攻。这是总决赛历史上最有统治力的表现之一，也是勒布朗职业生涯迄今发挥最出色的一届总决赛。

然而，以上成就都无法减轻勒布朗见到勇士队在速贷球馆的球场上欢庆胜利时的痛苦。队友们早已离开球馆，勒布朗却仍然坐在自己更衣柜前，肩上搭着一条毛巾。精疲力竭的勒布朗独自一人在思索着。在克利夫兰赢得冠军比他预想的要更加艰难。30岁的他已经不再年轻了，而勇士队才刚刚起步。

34 力挽狂澜

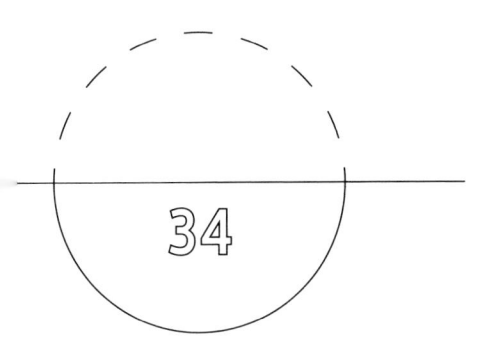

2015年的夏天,勒布朗对他回家的决定进行了反思。在大部分时候,事情的发展都如他所愿。萨瓦娜和孩子们回到了俄亥俄州东北部熟悉的环境里,生活得非常舒适。他的大儿子在一支AAU篮球队里茁壮成长。他的家族基金会为社区带来了深远影响——他与大通银行和阿克伦大学合作,为高中毕业时平均绩点达到3.0的阿克伦高中生提供为期四年的奖学金。项目启动的第一年,就有超过1 000名学生获得了全额奖学金。

回家的决定并没有影响勒布朗的商业追求。2015年,他和马弗里克与华纳兄弟达成协议,这使得斯普林希尔公司有机会与好莱坞大制片厂合作开发电影和电视节目。勒布朗和马弗里克还设立了一个名为"Uninterrupted"的数字媒体平台,旨在让运动员们畅所欲言，正如勒布朗在《体育画报》上发表文章那样，而华纳兄弟和特纳体育（Turner Sports）已经向该平台投资了超过 1 500 万美元。同时，勒布朗还在与耐克商讨史无前例的终身代言合约，据称其价值高达 10 亿美元。得益于勒布朗在好莱坞的业务，他和萨瓦娜斥资 2 100 万美元在布伦特伍德购置了一栋占地 9 400 平方英尺的住宅。

尽管如此，勒布朗返回克利夫兰的主要目标——赢得总冠军——仍未实现。金州勇士队摧毁了他离开迈阿密时所幻想的童话般结局。他认为勇士队只会越来越强，成为一个更加难以逾越的障碍。但是，为克利夫兰赢得总冠军的场面依然反复出现在勒布朗的梦境里。

休整了一段时间后，勒布朗做好准备向冠军再次发出冲击。首先，他确保骑士队重新签下凯文·乐福、特里斯坦·汤普森和伊曼·香珀特。接着，勒布朗同意延续一年合同。他提升了训练强度，改善了本就严格的饮食习惯，还与重要团队成员进行了一对一谈话，让他们为新赛季做好心理准备。在乐福接受肩部手术后的康复期间，勒布朗为他打气，告诉他球队多么需要他健康归来。

从 2015—2016 赛季之初，勒布朗就密切关注勇士队，录下他们的比赛并在半夜观看。他已经听惯了解说员重复着三个单词：库里、三分、命中。在录像里，当库里下起三分雨时，勇士队似乎是一支永远不会输球的队伍。NBA 的开季连胜纪录为 15 场，从 1949 年一直保持至今。但勇士队打破了这一纪录。到 12 月中旬，金州勇士队的战绩达到了 24 胜 0 负。"他们有现役最好的球员史蒂芬·库里，"NBA 分析师大卫·阿尔德里奇（David Aldridge）在 NPR 表示，"我知道勒布朗拥有无与伦比的天赋并且是一位伟大的球员，但库里目前所做的一切是非常了不起的。"

与此同时，骑士队并没有达到勒布朗预想的标准。他们仍是东部联盟的领头羊，但在赛季中期，球队炒掉了主教练大卫·布拉特，并任命更受球员们欢迎的泰伦·卢接替帅位。到了下半赛季，骑士队在泰伦·卢执教下输掉的比赛比在布拉特执教下输掉的还要多。勒布朗一筹莫展。

虽然马弗里克·卡特住在了洛杉矶，并且全身心投入斯普林希尔公司的经营中，但他始终密切注视着克利夫兰的局势。他明白了到底发生了什么。骑

34 力挽狂澜

士队一些球员的努力并没有达到勒布朗认为他们理应达到的程度。但马弗里克也知道，勒布朗是一个完美主义者。当常规赛接近尾声，马弗里克给勒布朗打了电话。"你领着一大笔钱，做着你比全世界任何人都擅长的事情，"马弗里克对他说，"你尽管做下去吧，不要担心这个人或者那个人，或者其他任何人。只管打球就好。"

骑士队以 57 胜 25 负的战绩结束了常规赛，位列东部联盟第二位。勇士队豪取 73 胜 9 负，创下 NBA 历史最佳战绩。库里荣膺全联盟的得分王，创造了 NBA 单赛季三分球命中数纪录，并且连续两年当选 MVP。勇士队是 2016 年唯一一支有三位球员入选全明星的球队。史蒂夫·科尔也被评为年度最佳教练。勇士队展现出强大的统治力并且备受人们喜爱，一些记者甚至为其冠以"美国之队"的称号。

勒布朗听够了那些对勇士队的赞美之词。当库里被誉为全世界最好的球员时，勒布朗心里很不是滋味。库里是一颗冉冉升起的明星，以神准的远投而闻名，控球时如同在玩耍悠悠球，还有一手独到的抢断本领。他是一位篮球表演大师，打出了两个极具观赏性的赛季，是当之无愧的 MVP。但 13 年来，勒布朗一直是这个星球上最有天赋的篮球运动员。在大部分时间里，勒布朗必须扛起他的球队。他可以胜任场上全部五个位置，这使得他难以被归类。从 NBA 到奥运会，勒布朗的生涯成就是库里望尘莫及的。在勒布朗眼里，"最有价值"这个说法是值得商榷的。成为最有价值球员和成为某个赛季最好的球员之间是有差别的。

福克斯体育的科林·考沃德（Colin Cowherd）对此表示赞同。他认为库里对球队成功的重要性不及勒布朗在迈阿密或克利夫兰时期。"我不确定联盟里有哪个球员像勒布朗·詹姆斯那样有价值，"考沃德表示，"斯蒂芬·库里应该赢得'年度最佳球员'称号，勒布朗才是真正的 MVP。"

骑士队及时团结在了一起，在季后赛里轻松过关，甚至横扫了两支球队，没有遇到一丁点挑战。与此同时，勇士队却在西部决赛里差点被凯文·杜兰特和他的俄克拉荷马雷霆队淘汰出局。他们在1比3落后的形势下实现了大逆转。

骑士队和勇士队的重逢对NBA及其转播伙伴而言堪比一座金矿。在2016年NBA总决赛里，一方是联盟历史上最好的球队之一，另一方则拥有联盟历史上最好的球员之一。勇士队志在卫冕，勒布朗一心要为克利夫兰赢得总冠军。关于库里和勒布朗谁更出色的争论，将在球场上尘埃落定。从收视率的角度看，ABC拥有了一部最精彩的电视剧。

在奥克兰进行的第一战和第二战，勇士队痛击了骑士队，两场比赛总共赢下48分。第三场比赛，坐镇克利夫兰的骑士队强势回击，大胜勇士队30分。关键的第四战在6月10日进行，库里迎来大爆发，全场投进了七记三分球，狂砍38分。汤普森也贡献了25分，让全体观众鸦雀无声。勇士队以3比1拿到了赛点，水花兄弟笑容满面地离开了速贷球馆。

骑士队看上去败局已定。在NBA总决赛历史上，从来没有哪支球队在1比3落后的境地里反败为胜。勇士队整个赛季从未遭遇过三连败。然而，第四场比赛临近尾声时勒布朗和德拉蒙德·格林发生的一次争吵被证明是系列赛的转折点。整场比赛里，格林不断对勒布朗进行言语和肢体上的骚扰。距离比赛结束还有不到3分钟，勇士队领先10分。这时，勒布朗终于忍无可忍。在格林做掩护时，勒布朗推开了他。当格林倒在地上，勒布朗从他身上跨了过去，打算继续追防。就在勒布朗跨过他的时候，格林试图站起身，他的手臂挥向了勒布朗的腹股沟。勒布朗立刻上前表达不满。两位球员对撞了胸口，嘴巴说个不停，然后相互推搡。双方均被吹了犯规，但这次判罚对比赛结果并没有影响。

勒布朗和格林的口角在赛后发布会上进一步升级。当记者提问如何看待勒布朗对格林的回应时，克莱·汤普森嘲讽了勒布朗，并声称"NBA是'男人的联盟'，垃圾话也是比赛的一部分"。"我不知道那个人是怎么想的，"汤普森说，"但很明显，人都是有感情的，而且人的感情是会受伤的。我猜他的感情受伤了。"

在汤普森接受媒体采访之时，勒布朗在更衣室向队友们保证，勇士队已经中了圈套。他告诉队友们，骑士队不会再输了。

随后，当勒布朗走进媒体室，一位记者提到了汤普森的话，并问他是否愿意发表评论。

"你说克莱刚才说了什么？"勒布朗问道。

"克莱说，'我猜他的感情受伤了'。"记者重复道。

勒布朗握着麦克风，张开嘴巴大笑起来。

记者们也笑了。

"我的老天，"他咧着嘴说道，"我不会评论克莱说的话。"他顿了顿，又笑了起来。接着，他盯着记者们的眼睛。"想要堂堂正正做人是很难的，"勒布朗笑着说，"13年来，我一直是这么做的。想要保持下去并不容易。但我会继续这么做，不管别人怎么说我。"

勒布朗并不需要额外的动力，但汤普森为他增添了几分。

那天深夜，勒布朗和萨瓦娜一起度过了闲暇时光。凌晨两点半左右，两人观看了《野马秀》(*Eddie Murphy Raw*)。在歇斯底里地笑了大约90分钟后，勒布朗在黎明前给队友们群发了一条短信。当天晚些时候，球队将登上飞往奥克兰的飞机。在那之前，勒布朗有些话想要传达给他们。"我知道我们1比3落后，"他告诉队友们，"但如果你认为我们无法赢下这轮系列赛，那就不要登上那该死的飞机。"

对勒布朗而言，总决赛是一场"局中局"。这是他第七次参加总决赛，他深知蝉联总冠军有多么困难。他也知道七局四胜的系列赛是一场消耗战，意志力将对比赛的结局起到至关重要的作用。勇士队把捧起奖杯当成了一件理所应当的事情，勒布朗认为这是一个巨大的错误。

骑士队抵达奥克兰后，NBA宣布德拉蒙德·格林将在第五场比赛中被禁赛。格林被追加了一次恶意犯规，理由是"报复性地用手挥打了勒布朗的腹股沟"。格林的这次恶意犯规本身并不构成禁赛的理由。但是，作为一个爱挑事的球员，格林在此前的季后赛中已两次被吹罚恶意犯规，第一次是将休斯敦火箭队一位球员掀翻在地，第二次则是抬脚踹向了俄克拉荷马雷霆队一位球员的两腿之间。根据NBA的规定，在季后赛期间累计领到三次恶意犯规的格林将自动被禁赛一场。

勒布朗在跨过格林时是知道规则的。长期担任《纽约时报》体育专栏作家的哈维·阿拉顿认为，勒布朗本质上是在对格林说："要不要来看看我的腹股沟？"通过激怒格林，勒布朗在自己做的局中击败了他。篮球记者们甚至把格林戏称为"踢蛋者"。然而，格林的缺阵对勇士队而言绝非开玩笑。身为一位作风顽强的篮板和封盖高手，格林是勇士队的防守支柱。同时，他也是球队的精神领袖，总是包揽脏活累活，为球队奠定基调，使库里和汤普森得以大放异彩。

第五战赛前，勒布朗通过观看《教父2》来调整心态。一心复仇的黑手党首领迈克·柯里昂（Michael Corleone）突然造访弗兰克·潘坦居利（Frankie Pentangeli）那一幕，恰好反映了勒布朗对待格林和勇士队的态度。

弗兰克：如果你提前告诉我你要过来就好了。我可以给你准备些东西。
柯里昂：我并不想你知道我要过来。

在格林缺阵的情况下，骑士队把勇士队打得七零八落。他们的大个子球员统治了内线，勒布朗和欧文更是同时砍下41分。一支球队的两位球员在一场总决赛里同时得到40分以上，这在联盟历史上还是头一回。当终场哨声响起时，库里试图完成一次毫无意义的上篮。虽然比赛已经结束，勒布朗仍然扇掉库里的出手，向这位联盟MVP得主释放了强有力的信号。赛后，《纽约时报》宣告勒布朗"依然是这个星球上最好的篮球运动员"。

勇士队仍然以3比2领先，但他们不得不重回克利夫兰作战。勇士队主教练史蒂夫·科尔开始担心勒布朗会在主场夺回系列赛的控制权。在球员时代，科尔曾五次赢得NBA总冠军，其中就包括芝加哥公牛队在迈克尔·乔丹时代的三连冠。科尔明白，若想背靠背赢下总冠军，离不开坚韧不拔的毅力。"比赛还没有结束，"科尔在第五战之后告诉队员们，"夺冠远没有那么简单。"

对骑士队而言，第六场比赛是球队历史上最重要的一战。开场后，骑士队狂轰滥炸，瞬间建立起31比9的领先，引爆了全场观众的激情。德雷蒙德·格林重回阵容，但他打得犹豫不决。骑士队的身体对抗更加强硬，勇士队始终无法拿出可与之抗衡的能量。下半场比赛，勒布朗一度连得18分。他不仅仅是统治了勇士队，而是蹂躏了他们。第四节的某个时段，勒布朗按原计划本该下场休息，但他却告诉主教练泰伦·卢："我不需要下场。"比赛还剩下4分钟，骑士队领先13分。这时，库里突到篮下，抬头佯装投篮，想骗勒布朗起跳。但勒布朗没有上当。他看准了库里上篮的时机，把他的投篮扇出了界外。勒布朗瞪着库里，冲着他咆哮道："Get that weak shit out of my house!"（你这软蛋快滚出我的房子！）速贷球馆沸腾了。骑士队球迷从未有过如此美妙的感觉。

不久，在球场另一端，库里试图从勒布朗的手中把球掏掉，却被吹罚了第六次犯规。对判罚感到不满的库里把怒火撒向了裁判，还把牙套甩了出去，击中了坐在场边的一位球迷。裁判送给库里一次技术犯规，并将他驱逐出场。这是库里职业生涯第一次被驱逐。他在一片嘲笑声中离开了球场。

相比之下，勒布朗出场43分钟，连续第二场得到41分。骑士队最终以14分的分差取胜，将总比分扳成了3比3。赛后，史蒂芬·科尔抱怨了裁判们对待库里的方式。"他是联盟的MVP，"科尔说道，"他被判了六次犯规，其中三次是极为荒唐的。最后一次分明是勒布朗假摔，贾森·菲利普斯（Jason Phillips）[1] 上当了。这可是联盟的MVP，我们却在NBA总决赛中谈论这些鸡毛式的犯规。"库里的妻子也在推特上表示，这场比赛被操纵了。"我不会沉默的。"她写道。

NBA以抱怨裁判为由对科尔进行了罚款。库里也因为扔牙套砸中球迷而被罚款。库里的妻子删掉了推特。

勇士队正在土崩瓦解。

在骑士队更衣室里，勒布朗露出了笑容。"他们搞砸了，精神上和身体上都垮了，"他告诉队友们，"我和你们说，他们完蛋了。"

回到奥克兰举行的抢七大战是这轮系列赛中最激烈的一场比赛。双方总

---

[1] 执法这场比赛的裁判。

共交替领先20次,18次打平。距离比赛结束还有不到两分钟,双方战成89平。这时,凯里·欧文突入内线,尝试一记抛投。即将发生的一幕成了勒布朗传奇生涯的缩影,也改写了克利夫兰的体育史。

欧文的抛投未能命中。勇士队前锋安德烈·伊戈达拉摘下篮板,一路运球推进,并传球给了前方的库里。面对身前的防守球员,库里一记击地传球,又回给了跟进的伊戈达拉。行进间的伊戈达拉在距离篮筐14英尺的位置接到了传球,他迈了两步,起跳上篮。

当伊戈达拉接到库里的传球时,勒布朗还在球场的另一侧,距离篮筐有21英尺之遥。我一定能盖掉的,勒布朗默默告诉自己。只见他一鼓作气,蹬地而起,足足跳了3英尺高。此刻,在空中滑翔的勒布朗要克服三重障碍——必须躲过篮筐,避免对伊戈达拉犯规,还要赶在篮球触及篮板之前将它封阻。当他的胸口与伊戈达拉的头部齐平时,勒布朗奋力一拍,把球扇到了篮板的方框上。最后,篮球反弹到了J.R.史密斯的手里。勇士队几乎取得了领先,但这次必进的上篮却在途中改道了。

这一回合发生得太过迅速——赛后分析显示,勒布朗在短短2.67秒里冲刺了6英尺,预计速度达到了每小时20英里——解说员直到观看了慢镜头才意识到它是多么地了不起。"噢……我的天啊,"杰夫·范甘迪(Jeff Van Gundy)在ABC评述道,"库里传得漂亮,伊戈达拉卖力地奔跑,但勒布朗·詹姆斯的回追简直不是人类可以做到的。"

在球场另一端,骑士队的进攻时间所剩无几。面对库里的防守,欧文在三分线外后撤步出手,投进了一记关键的三分球。92比89,骑士队建立了领先。下一回合,库里难以摆脱凯文·乐福的防守,只得强行三分球出手,篮球击中后框,落入了勒布朗的手里。随后,勒布朗被犯规并罚中一球。比赛还剩最后10秒,骑士队领先4分,扼杀了胜负的悬念。最后时刻,勇士队绝望的投篮偏出篮筐,终场哨音随之响起。

"比赛结束了!比赛结束了!"当凯文·乐福把勒布朗抱了起来,ABC的迈克·布林激动地呼喊道,"克利夫兰是再次成为冠军之城。骑士队是NBA总冠军。"

骑士队球员们将勒布朗团团围住。一片混乱中，马弗里克冲上球场，拥抱了他的好友。

勒布朗跪在地上，激动得不能自已。

在跟随热火队赢得他的第一个总冠军之时，勒布朗未曾如此情绪失控。他在迈阿密赢得第二座总冠军时，他也没有落下眼泪。但这一次却截然不同。比赛的过程比他预想的还要壮烈。他在1比3的绝境下起死回生，击败了一支不可战胜的球队，为俄亥俄州东北部的人民带来了胜利。克利夫兰长达52年的冠军荒终于结束了。他选择回家，为的正是这一刻。

勒布朗的面颊贴在地板上，泪水夺眶而出。

35 信仰之城

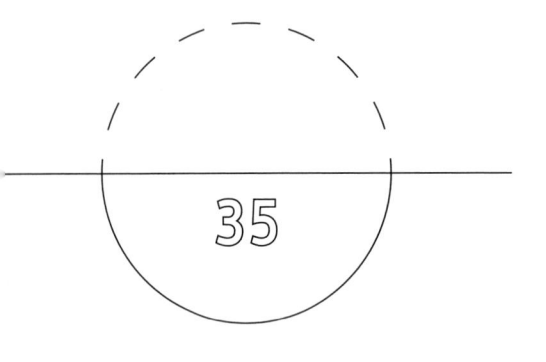

2016年NBA总决赛是勒布朗的杰作。在ABC频道，抢七大战的收视人数创下了NBA单场比赛的历史新高。在破纪录的4 500万观众的见证下，勒布朗追身封盖了安德烈·伊戈达拉，进而终结了克利夫兰52年的等待。从"the Drive""the Fumble""the Shot"[1]再到"the Decision"[2]，这座城市长久以来经历了太多不堪回首的时刻。如今，它终于迎来了传奇时刻——"the Block"。这是史上最经典的一记封盖，也是勒布朗职业生涯最具代表性的一个瞬间，令他回味无穷。一方面，它出现在这场至关重要的比赛里；另一方面，当人们谈起他的丰功伟绩，这次帮助球队夺得总冠军的防守表现

---

1 释义见第15章。
2 ESPN的"决定"节目。

是最好的例证。

6月22日,当130多万人涌向克利夫兰市中心参加冠军游行,勒布朗依然不敢相信这是真的。新闻直升机在上空盘旋,喇叭声、警笛声此起彼伏,人们攀上建筑物、树木、路标和灯柱,只为一睹球队的风采。在萨瓦娜和孩子们的陪伴下,勒布朗坐在敞篷车的后座上。当车辆缓缓停下,人们高举着手臂,向他蜂拥而来。勒布朗嘴里叼着一支雪茄,站起身子,张开双臂,俯视着眼下的无数手机摄像头。这一刻令他心花怒放。"我们做到了。"他对萨瓦娜说。

游行结束后,勒布朗与队友们坐在会展中心前的舞台上。"MVP"的呼喊声不绝于耳,勒布朗向球迷们发表了讲话。"现在发生的一切对我来说仍然是那么不真实,我还没有回过神来,"他说道,"也许是我疯了,我害怕下一秒我会醒来,然后重新面对第四场比赛。我会想,'见鬼,我们还是1比2落后。'"

布朗队的传奇球员吉姆·布朗(Jim Brown)也站在台上。他微笑着点了点头,以示赞同。

接下来,勒布朗花了15分钟逐一谈论了他的队友们,对他们的贡献表示感谢,并赞扬了他们的表现。但他对自己只字未提。

"没有我身后的这个团队,我什么都不是,"勒布朗说道,"该死,让我们为明年做准备吧。"

他放下了麦克风,人群为他欢呼。

勒布朗已经从2010年那个全美国最唾弃的运动员成功转变为整个NBA最令人钦佩的球员。即使你和克利夫兰毫无关联,也会被勒布朗的成就所鼓舞。勒布朗重归故里并实现了他的诺言,由此巩固了他作为体育英雄的地位。《纽约时报》评价道:"詹姆斯的职业生涯俨然是一部成长小说。"就篮球而言,接下来会发生什么几乎无关紧要了。31岁的他已经谱写了人生之中最具决定性的篇章。

但勒布朗的影响力远不止于此。那个夏天,他鼓励自己在另一方面做出贡献。总决赛期间,穆罕默德·阿里去世了。勒布朗越长大,就越佩服阿里的勇气，并对阿里所承受的一切感到惊叹。当勒布朗受邀出席 ESPY[1] 颁奖典礼，他希望做些什么来纪念阿里。

那个夏天，有更多黑人死于警察之手，其中就包括了明尼苏达州圣保罗市的费兰多·卡斯提尔（Philando Castile）。这位 32 岁的餐厅员工因汽车尾灯损坏被警察叫停。当他伸手去取他的驾照和登记证时，警察朝他开了多枪。当时，他的女友和 4 岁女儿就坐在车里。该事件被视频记录了下来。卡斯提尔最终在医院不治身亡。

当时，NBA 同奥巴马政府建立了伙伴关系，致力于弥合社会分歧并缓和社会矛盾，而勒布朗是该项目的积极分子。他打算借助 ESPY 的平台就这一问题发声。德怀恩·韦德、卡梅隆·安东尼和克里斯·保罗同意加入他的行列。四人携手登上了洛杉矶微软剧院（Microsoft Theater）的舞台上，呼吁体育界的所有运动员采取行动，反对有色人种社区的种族主义、枪支暴力和社会不公。勒布朗对观众表示：

面对暴力，我们都会感到无助和沮丧。确实如此。但这是不可接受的。是时候照照镜子，扪心自问，我们究竟该做些什么才能带来改变……

今晚，我们要纪念穆罕默德·阿里，他是史上最伟大的运动员。为了发扬他的精神，请允许我们借此机会号召所有职业运动员行动起来，增强我们的意识。面对这些问题，我们要勇敢发声，发挥我们的影响力，反对一切暴力。

最重要的是，要回到我们的社区当中，投入时间和资源，帮助重建它们，增强它们并改变它们。我们都必须做得更好。

在勒布朗期望借助 NBA 的力量推动社会变革的同时，联盟的格局发生了翻天覆地的变化。在目睹勒布朗和骑士队在 1 比 3 落后的情况下翻盘取胜以及勒布朗赢得个人第三个总冠军之后，自由球员凯文·杜兰特决定离开俄克拉荷马雷霆队，转而与勇士队签约。早在 2010 年，当勒布朗宣布离开克利夫兰转

---

[1] 译者注：全称 Excellence in Sports Performance Yearly，年度卓越体育表现奖。

投迈阿密时，杜兰特因为选择留守俄克拉荷马雷霆队而被称赞为"勒布朗·詹姆斯的反面例子"。然而，在 NBA 打拼了九个赛季却仍然无缘总冠军后，这位 27 岁的超级巨星有了不一样的想法。杜兰特未能在西部决赛里击败库里和勇士队，但现在他打算加入他们。在勒布朗的启发下，杜兰特于 7 月初在球星看台网站（Players' Tribune）宣布了他的计划。

随着杜兰特和库里的联手，勇士队实质上成了一支全明星队，拥有联盟三位最佳球员中的两位。萨姆·安德森（Sam Anderson）在《纽约时报杂志》（New York Times Magazine）写道，这种情况就好比吉米·亨德里克斯（Jimi Hendrix）[1]在乐队大战中输给滚石乐队后加入了滚石乐队。ESPN 的斯蒂芬·A. 史密斯称杜兰特的决定是"我见过的超级明星所采取的最软弱的行径"。然而，这恰好证明了勒布朗对 NBA 的深远影响。他加入迈阿密的举动开启了一个新时代。从此以后，组建超级球队的权力从老板和高管转移到了球员们的手中。虽然杜兰特也受到了批评，但这些批评微乎其微，而且持续时间很短。在职业体育的经济层面，NBA 走在了球员赋权的前沿。

与此同时，勒布朗愿意利用自己的资源和平台来促成社会变革，这使他确立起领袖的角色，其言论的影响力远远超出了 NBA 的范畴。勒布朗在 ESPY 上发表讲话几周后，旧金山 49 人队四分卫科林·卡佩尼克（Colin Kaepernick）在一场季前赛的奏国歌仪式期间单膝下跪。"对于一个压迫黑人和有色人种的国家，我不会起立为它的国旗感到自豪，"他告诉 NFL 媒体，"对我来说，这比橄榄球更重要，如果我对此视而不见，那就是自私。街上到处是尸体，有人却带薪休假并逍遥法外。"

为了声援卡佩尼克，包括 WNBA（国家女子篮球联盟）球员在内的许多职业运动员开始在奏国歌时下跪。但勒布朗采取了不同的做法，他选择站着唱国歌。不同于 NFL，NBA 规定球员们必须在奏国歌时起立。但这并不是勒布朗选择起立的原因。"这就是我，我有我的信仰，"他说道，"这并不代表我不尊重或不赞同科林·卡佩尼克的行为。你有权表达自己的意见，坚持自己的观

---

[1] 已故的美国吉他手、歌手、作曲人。

点，而且他的行为是我所见过的最和平的抗议方式。"

史蒂芬·库里也选择起立唱国歌。与勒布朗一样，他对卡佩尼克的行为表示尊重，将它形容为一项"大胆的举动"。

关于运动员们在奏国歌仪式上进行抗议的争议正值总统大选前的最后几个月。共和党候选人唐纳德·特朗普采取了制造分裂的竞选策略。他曾指责墨西哥政府向美国南部边境输送了强奸犯和毒贩。在集会上，他承诺修建一座隔离墙将移民拒之门外，并鼓励他的支持者们将反对者"打得屁滚尿流"，甚至带头高呼口号，扬言要把他的竞争对手、民主党候选人希拉里·克林顿"关起来"。

随着特朗普在民调中逐渐领先希拉里，勒布朗认为必须尽自己的一份力量帮助她获胜。正当他准备支持希拉里时，《华盛顿邮报》公布了一段特朗普对女性发表粗俗言论的视频录像。这段录像是 2005 年 9 月录制的。当时，特朗普的妻子梅拉尼娅（Melania）怀有身孕，而特朗普正要去电视剧《我们的日子》（Days of Our Lives）中客串演出。在片场，他大谈自己如何勾引一位有夫之妇。"我确实试着和她上床，"特朗普说道，"我像对待婊子一样对她动了手。"接着，特朗普对《走进好莱坞》（Access Hollywood）节目的主持人比利·布什（Billy Bush）吹嘘："如果你是个明星，她们就会允许你这样做。你想做什么都可以。"

这番言论激起了众怒，多位共和党参议员和州长呼吁特朗普退出竞选。但他拒绝了。几天后，在与希拉里进行辩论时，特朗普把自己的言论定性为"更衣室对话"。

特朗普把性侵犯解释为更衣室玩笑的做法让职业运动员们感到被冒犯，无论他们属于哪个政治派别。他们认为特朗普把运动员们卷入自己的风波当中是对运动员的侮辱。但勒布朗是少数几位公开质疑特朗普言论的运动员之一。"我们在更衣室里可不会以任何形式或方式对女性无礼，"他对记者们表示，"我有岳母、妻子、母亲和女儿，这些对话不会出现在我们的更衣室里。"

不仅如此，勒布朗还在商业内幕网站（Business Insider）发表了专栏文章，支持希拉里·克林顿。虽然他本人并不认识希拉里，但他认为希拉里击败特朗普是很有必要的。而且考虑到他和奥巴马的关系，他相信希拉里会推进奥巴马的国内议程。同时，勒布朗也认为选出一位女性总统对这个国家是有好处的。他写道：

> 我们必须解决非裔美国人社区的各种暴力问题，如我们在街头和电视上所见。我相信，通过关注高危儿童来重建我们的社区是很重要的一项举措。但我不是一位政客。我不知道最终要怎么做才能终结暴力。但我知道，我们需要一位能让我们团结一致的总统。让我们更加分裂的政策和想法绝不是解决办法。

希拉里在俄亥俄州的支持率仍落后于特朗普，这让勒布朗很苦恼。勒布朗希望助她一臂之力，于是参加了她的竞选活动。大选前两天，两人在克利夫兰公共礼堂的后台见了面。"像你这样的大人物、大忙人，"希拉里对他说，"愿意抽出时间来做这件事情，让我感到谦卑。"

"我当然愿意。"勒布朗说道。

不久，他与希拉里一起登上了舞台，台下掌声雷动。"我想让人们知道我在内城区是如何长大的，"勒布朗说，"在我长大的社区里，人们常说'我们的选票不重要'。但是它真的很重要。真的、真的很重要。"

勒布朗点燃了家乡人民的热情。随后，他解释了为什么他认为有必要投票给希拉里。当他提到了自己的慈善基金会以及该基金会旨在通过教育帮助儿童进步的使命，勒布朗说道："希拉里·克林顿总统可以让他们的梦想成为现实，这对我来说非常重要。我相信台上这位女士能够继续这项使命。"

大选之夜，骑士队在主场不敌老鹰队。赛后，勒布朗和萨瓦娜几乎整夜未眠，密切关注大选结果。看着特朗普赢下一个又一个关键的摇摆州，两人的心里很不是滋味。看到特朗普赢下了俄亥俄州更是令勒布朗痛苦。次日早晨，希拉里向特朗普认输。"我们本该用开放的眼光看待他，给他一次领导的机会，"

她说道,"我们的宪政民主制度规定了权力交接必须和平进行。我们不该只是尊重这项规定,而且应当珍视它。"

勒布朗感到心灰意冷。奥巴马是一个极具感染力的榜样,曾激励了他儿子和许多其他年轻人。勒布朗也希望希拉里成为他女儿和无数年轻女孩们的良好模范。但特朗普那些颇具争议的行为让勒布朗很难把他想象成年轻人的榜样。早餐时,他告诉萨瓦娜,他们需要更加努力,利用他们的影响力,为促成积极的变革发挥更大的作用。

勒布朗知道,整个 NBA 的球员和教练们都担心特朗普会带来最坏的结果。"每当走到场上,看到球员们的脸庞,他们中的大多数人都曾作为少数族裔受到过直接侮辱,"勇士队主教练史蒂夫·科尔表示,"这太让人震惊了。突然之间,你要面对一个现实,那就是领导你的那个人是一位经常使用种族主义、厌女和侮辱性词语的人。"马刺队主教练格雷格·波波维奇和快船队主教练道格·里弗斯也发表了类似的观点。但勒布朗在社交媒体上拥有两亿关注者,其中许多是年轻人。他认为自己有责任说些鼓舞人心的话。

"请所有少数族裔和女性知道,这不是重点,只是一个非常有难度的障碍,而我们一定会克服它的!"勒布朗在 Instagram 上写道,"致所有年轻人,我承诺我会继续引导你们,日复一日,毫不犹豫!是时候教育并塑造我的孩子们,让他们在生活中努力成为模范公民!"

2016 年 11 月 10 日,唐纳德·特朗普和梅拉尼娅·特朗普造访白宫,与奥巴马夫妇会面并启动过渡进程。巧合的是,就在同一天,骑士队前往白宫接受奥巴马总统的表彰。仪式之前,勒布朗和队友们在罗斯福厅与奥巴马政府成员会面,讨论如何改善执法部门与克利夫兰社区成员之间的关系。勒布朗还与第一夫人见了面。但没有一个人提到特朗普的名字。他早就被人们抛在了脑后。

当奥巴马和副总统乔·拜登在南草坪热情的观众面前与球队会合时,奥巴马的心情格外愉悦。

"欢迎来到白宫,请为世界冠军克利夫兰骑士队鼓掌,"他笑着说,"没错,我在同一句话里说了世界冠军和克利夫兰。"

所有人都大笑起来。

"这就是我们所说的希望和变革。"他说道。

大家又笑了。

奥巴马拿球员来开涮,又自嘲了一番。随后,他变得严肃起来。"你可以通过某个人打篮球的方式来了解他的性格。"

球员们挺直了身子。

"当你看到勒布朗·詹姆斯时,你所见到的不只是他的力量、他的速度和他的弹跳,"奥巴马继续道,"你还能看到他的无私、他的职业精神,还有他的决心。"

勒布朗低下了头,仿佛陷入沉思。

"当这个来自阿克伦的孩子情绪激动地跪在地上时,你就能看到这些,"奥巴马说,"那一刻,他意识到自己终于实现了他多年前许下的诺言,把总冠军带回了俄亥俄州东北部。经历了这一切,克利夫兰始终是信仰之城。"

勒布朗总是非常珍惜白宫之行。与队友们肩并肩站在一起,接受他所崇拜的一位领袖的赞扬,这样的经历让他心满意足。没有哪位美国总统像奥巴马那样,将黑人运动员纳入国家的政治进程,让他们参加自己的竞选活动,并为了实现自己的国内议程而寻求他们的帮助。《无畏的篮圈:篮球与奥巴马时代》(*The Audacity of Hoop: Basketball and the Age of Obama*)一书的作者亚历山大·沃尔夫(Alexander Wolff)认为:"奥巴马利用篮球比此前任何总统利用任何体育项目都更为频繁,也更有效。"对联盟而言,奥巴马时代正值 NBA 球员的经济实力和文化影响力空前强大的时期。对勒布朗而言,奥巴马的总统任期为他带来了向一位顶级政治家学习并和他成为朋友兼盟友的黄金机会。

奥巴马把篮球当作激励和团结人民的工具。这是他最后一次借助篮球来传递信息。"骑士队的球员们是正在成长的这一代运动员们的典范,他们利用自己的平台大声疾呼,"奥巴马说道,"凯文·乐福呼吁反对校园性侵。勒布朗关注枪支暴力等问题,还与米歇尔合作帮助更多孩子们上大学。"

勒布朗希望时间可以静止。他知道,这将是他最后一次与改变了他人生的总统和第一夫人在白宫相聚。

36 "呆子"

回到克利夫兰的第三个赛季，勒布朗在各项主要统计数据上突飞猛进。他的场均得分、篮板和助攻都胜过了前两个赛季。32 岁的他平均每场比赛要登场将近 38 分钟。但他在场外的表现才是他第 14 个赛季的最大亮点。

2016 年 11 月，当骑士队在那个赛季首次前往纽约迎战尼克斯队时，勒布朗拒绝下榻特朗普休南酒店（Trump SoHo）。这是球队早在大选之前就预订的酒店。勒布朗住进了自己选择的酒店，一群队友也加入了他的行列。此举立刻登上了全国头条。《纽约时报》写道，"勒布朗抵制唐纳德·特朗普的酒店"。勒布朗告诉记者，他并不是要对特朗普表达他的立场。"说到底，他希望他是有史以来最好的总统，不论是对我的家庭还是对我们所有人来说，"勒布朗表示，"但这只是我的个人偏好。就好比我去饭店吃饭，决定吃鸡肉而不是吃牛排，道理是一样的。"

勒布朗胸有成竹，他知道运动员们有很多经济筹码可供利用，而他很愿意利用它们。特朗普休南酒店曾是许多职业运动队做客纽约时的热门选择之一。在勒布朗公开拒绝这家酒店后，大约20支职业运动队和众多企业客户开始选择其他酒店。多家NBA球队也不约而同地拒绝下榻其他城市的特朗普品牌酒店。

勒布朗特意不在公开场合批评特朗普总统，甚至尽量避免提及他的名字。然而，当尼克斯总裁菲尔·杰克逊用带有种族歧视色彩的词语贬低他的朋友时，勒布朗采取了不同的做法。2016年11月，在一次ESPN的采访中，杰克逊称勒布朗离开迈阿密的决定是对帕特·莱利和热火队的"一记耳光"。接着，杰克逊指出勒布朗期望得到特殊待遇。"勒布朗在热火队效力期间，球队去了克利夫兰，而他想在那里过夜，"杰克逊对ESPN说道，"球队当时并不打算在克利夫兰过夜……你不能因为你和你的妈妈还有你的随从（posse）想在克利夫兰多待一晚，就耽误了全队。"

马弗里克·卡特感觉被冒犯了。他在推特上标记了杰克逊并发了一张截图，上面显示了"posse"这个词在字典里的定义："由治安官召集起来、负责执法的一群人，通常配有武器。"马弗里克认为，如果杰克逊使用的是"勒布朗的经纪人或业务伙伴"之类的措辞那是一回事儿。"不能因为对方是一位年轻的黑人，"马弗里克说，"你就可以使用这个词。"马弗里克心想，我们走过的每一步，他们都在提醒我们："你们是从贫民窟里出来的。"

勒布朗赞同马弗里克的看法。在他考虑如何回应时，勒布朗了解到杰克逊曾在2004年出版的《最后一季》（*The Last Season*）一书中使用过"posse"这个词。杰克逊在书中写道：

虽然（勒布朗·詹姆斯）看上去确实很有天赋，但我认为任何一个19岁的人都不应该在NBA打球。这些年轻人在成长的过程中太过于依赖他们的随从，这些随从会帮他们取车子、找姑娘，这使得他们无法成长为成熟、自立的人。我相信，总有一天，我们会发现这会造成多么严重的心理伤害。

勒布朗一向对杰克逊非常尊重——作为教练，他带领公牛队赢得了六次总冠军，又带领湖人队赢得了五次总冠军。但是，得知杰克逊对他的朋友出言如此不敬，勒布朗感到很难过，更不用说杰克逊无礼对待自己了。勒布朗走上职业道路后，他让马弗里克、里奇和兰迪具备了取得成功的条件。但没有什么是他人施舍的。一切都是他们用努力和坚持换来的。他们花了14年才取得今天的成就。如今，马弗里克是好莱坞一家事业兴旺的娱乐公司的创始人兼首席执行官。里奇是经纪公司 Klutch Sports Group 的创始人兼首席执行官，有越来越多的 NBA 球员正在成为他的客户。兰迪则担任骑士队球员项目和后勤工作的执行主管。

"现在还用'posse'这个词来形容非裔美国人，"勒布朗对记者说，"这实在是太糟糕了。如果你去读一读这个词的定义，它和我的职业生涯完全不沾边，也不符合我和我家人的立场。我相信他使用这个词的唯一原因是，我看到年轻的非裔美国人正在努力改变现状。"

杰克逊曾执教过多位传奇球员，从迈克尔·乔丹到科比·布莱恩特，却没有一个人为他辩护。但尼克斯球星卡梅隆·安东尼毫不胆怯地把杰克逊的言论放在特定语境去解读。"对一些人来说，'posse'这个词可能没有什么特别的含义，"安东尼表示，"对其他人来说，它也许是个贬义词。这完全取决于你对谁提到这个词，以及你指的是谁。在这件事上，杰克逊谈论的是五个黑人。"虽然安东尼是在打圆场，但他表明了这位球队总裁出现了判断失误。

当时，马弗里克和里奇的商业头脑已经得到了全联盟众多球员的高度评价，其中许多人都站了勒布朗这一方。随着尼克斯队深陷泥潭，媒体猛烈抨击杰克逊的傲慢。

勒布朗明确表示，他已经对杰克逊失去了所有尊重，但他不打算让杰克逊为此事道歉，而是不再追究了。然而，他对 TNT 的查尔斯·巴克利则并没有这般宽容，后者曾在批评他做事情"不恰当"，而且"爱抱怨"。在杰克逊发表言论之后，巴克利有一次在 NBA 直播中暗示，勒布朗公开要求球队再补充一位组织型球员，这是在向吉尔伯特发出威胁。"他已经有了凯里·欧文和凯文·乐福，"巴克利说，"他所有人都想要。他不想去竞争，而是总想成为最受青睐的人。如此伟大的人却不想去竞争，这让我很生气。"

巴克利总是批判 NBA 球星，因此声名狼藉。多年前，他对好友迈克尔·乔丹的负面评价导致两人关系破裂，乔丹甚至与他绝交。巴克利还与其他球员打过口水仗。虽然勒布朗经常成为巴克利冷嘲热讽的对象——后者曾表示勒布朗加盟迈阿密的决定堪比"废物"，并喜欢提醒 TNT 的观众勒布朗永远不会被视为 NBA 历史前五的球员——勒布朗一直无视他。但是，在沉默了多年之后，勒布朗决定以牙还牙。

"我不是那个把别人丢出窗外的人，"勒布朗告诉 ESPN，"我从来没有对小孩吐过口水。我从来没有在拉斯维加斯欠债。我从来没有说过'我不是榜样'。我从来没有因为整个周末都在拉斯维加斯开派对，所以周日才在'全明星周末'上露面。我整个职业生涯都在以正确的方式代表 NBA。14 年了。我从来没惹过麻烦。我尊重这项运动。把这些话记录下来吧。"

一名球员如此直言不讳地谈论 NBA 大家庭中的另一名球员，这是一条极为轰动的新闻。媒体都在期待巴克利的反击。几天之后，巴克利在 TNT 的《NBA 内幕》(*Inside the NBA*) 节目中表示："我对勒布朗所说的没有意见……我这辈子干过不少愚蠢的事情。话虽如此，我从来没有针对过任何人，我也永远不会这么做。永远不会！"

巴克利在 TNT 的转播搭档沙奎尔·奥尼尔在直播中提醒他，当你说勒布朗不想去竞争的时候，你就是在针对他。"你针对了那个人，"奥尼尔说，"那个人也对准了你。"

骑士队以东部第二的排名结束了 2016—2017 赛季。在横扫了季后赛的前两个对手之后，他们在东部决赛中与凯尔特人队相遇。凯尔特人队总裁丹尼·安吉选中了 20 岁的杰伦·布朗（Jaylen Brown）、22 岁的马库斯·斯马特（Marcus Smart）等球星潜力股，对球队进行了重建。波士顿是东部的头号种子，但克利夫兰统治了比赛并最终晋级总决赛。他们将连续第三年与金州交锋。

对 NBA 和 ABC 而言，今年的总决赛又是一场重头戏——全联盟最大牌的球星即将针锋相对。然而，当勒布朗在奥克兰备战总决赛第一场的时候，他得到消息，洛杉矶当局正在调查发生在他布伦特伍德房子的一起仇恨犯罪——房子的前门被喷涂了 N 开头的词语。幸好萨瓦娜和孩子们都在俄亥俄州。在确认他们的安全后，勒布朗想起了玛米·蒂尔（Mamie Till）。二十世纪五十年代，她 14 岁的儿子埃米特在密西西比州被两名白人男子残忍殴打并杀害。事后，这位母亲坚持打开她儿子的棺材。

当他抵达球馆并接受媒体采访时，勒布朗感到非常焦虑。"这件事刺痛着我的内心，"他说道，"不管你多么有钱，不管你多么出名，不管有多少人崇拜你，在美国，作为一个黑人……是艰难的。"

接着，他提到了埃米特·蒂尔（Emmett Till）的母亲。"她想让世人知道她儿子所遭受的仇恨犯罪，以及美国黑人究竟过着怎么样的日子。"他说道。

对篮球记者们来说，这不同于他们参加过的任何一次 NBA 总决赛发布会。

"很显然，"勒布朗说，"你们能看到，我不像平时那样有活力。这件事会过去的。没事的。我会想办法挺过去。"

勒布朗的话引起了棒球"巨炮"汉克·阿伦（Hank Aaron）的共鸣。"我能够理解勒布朗的话，因为我与他有过相同的感受。"阿伦在总决赛第一战赛前告诉《亚特兰大宪法报》(Atlanta Journal-Constitution)。二十世纪七十年代初，当阿伦逼近贝比·鲁斯（Babe Ruth）的全垒打纪录时，他收到了大量死亡威胁和恐吓信，因为有人不愿意看到一位黑人触及棒球界的圣杯。"随着我长大，我能够更好地处理这些事情，"他表示，"但是晚上回家时，我会对自己说，'我到底做错了什么？'即使我现在已经 82 岁了，我还会想起那些发生过的事情。我当时只是想好好打棒球。"

曾几何时，勒布朗也只想好好打篮球。但那些日子一去不复返了。身为全美最知名的黑人运动员，勒布朗背负着格外沉重的担子。

勒布朗在第一场比赛乃至整个总决赛中大放异彩。欧文也是如此。这对组合打出了登峰造极的表现。欧文在总决赛场均砍下超过 29 分。勒布朗成了NBA 总决赛历史上首位场均三双的球员，每场可以贡献 33.6 分、12 个篮板和10 次助攻。但骑士队仍然无法与勇士队抗衡。凯文·杜兰特、斯蒂芬·库里、克莱·汤普森、德雷蒙德·格林等球员让克利夫兰难以招架，他们只用了五场比赛就拿下了冠军。杜兰特被评为总决赛 MVP。

当终场哨响起，勒布朗拥抱了杜兰特。NBA 专家们曾广泛批评杜兰特，认为他加盟勇士队是为了总冠军而走捷径。勒布朗并不这么认为。他喜欢与杜兰特和勇士队竞争。在勒布朗眼里，勇士队将成为一支王朝球队。他们的四位全明星球员都是 20 多岁。在另一边，勒布朗刚刚结束自己的第 14 个赛季。如果克利夫兰想要追赶勇士队的步伐，他们需要为勒布朗和欧文寻找一些帮手。

但是在那个夏天，当勒布朗发现骑士队要将欧文交易到凯尔特人队时，顿时傻了眼。2017 年总决赛结束后，欧文找到了丹·吉尔伯特，提出了交易申请。吉尔伯特并没有通知勒布朗，欧文也没有。

当凯尔特人队总裁丹尼·安吉通过欧文的经纪人得知欧文想要离开克利夫兰，他对此很有兴趣。凯尔特人队刚刚选中了杰森·塔图姆（Jayson Tatum），进一步增强了他们的争冠阵容。骑士队是凯尔特人队重新称霸东部的唯一障碍。从克利夫兰的阵容里夺走欧文并把他带到波士顿，这无异于一场政变。25 岁的欧文已经四次入选过全明星，是 NBA 最精英的天才球员之一。在安吉看来，欧文的巅峰期还在前方。

欧文希望离开勒布朗和一支连续三年闯入 NBA 总决赛的球队，这让安吉很吃惊。"赢球并不是全部，"安吉说道，"在表面上看，凯里想要离开勒布朗和克利夫兰骑士队，这并不合理。但同样地，人们也会因为一些愚蠢的事情就离婚。情感都是真实的。我们正在谈论的是一群 20 多岁的孩子。情感是一个非常真实的因素。"

一年前，当骑士队夺冠时，欧文曾把勒布朗比作谱写交响乐的贝多芬。在和勒布朗共事了三年后，欧文不希望在他的阴影之下打球了。在波士顿，欧文似乎可以成为最耀眼的明星并率领球队追逐冠军。

勒布朗并不希望骑士队达成这笔交易。欧文的合同还有三年才到期，他并没有强迫球队进行交易的筹码。但是当勒布朗介入时，距离这笔交易完成只剩下欧文通过体检和联盟批准了。勒布朗一直把这位球员置于自己的羽翼之下，并试图为他提供指导。如今这位球员离开了，甚至不愿费心和他说一声再见。

勒布朗在私底下很受伤。但在公开场合，勒布朗依然在推特上为欧文送上了祝福："这才是年轻人该有的样子！特别的天才！特别的家伙！对你只有尊敬，我们一起度过的三年是多么美妙的时光……"

勒布朗面对失去了左膀右臂这一事实的同时，特朗普总统在阿拉巴马州的亨茨维尔市举行了一场政治集会。面对以白人为主的观众，特朗普谈到了那些在奏国歌时下跪抗议警察暴行和种族不公的运动员。"当有人不尊重我们的国旗，你们难道不希望看到那些NFL的老板说'把那个笨蛋赶出球场。快滚。他被开除了'？"观众们欢呼雀跃，"你被开除了！"特朗普又重复了一遍，煽动着观众们的热情。

当时，卡佩尼克早已离开了NFL，围绕他在奏国歌期间跪下抗议的风波也已经平息，但特朗普的抨击再次引燃这个话题。许多特朗普的支持者在社交媒体上拍手叫好。与此同时，很多NFL球员认为总统的言论制造了种族分裂，是极为危险的。为了缓和局势，NFL总裁罗杰·古德尔（Roger Goodell）发布了一份措辞委婉的声明，向球员们表达支持。但特朗普却在推特上痛斥了古德尔："叫他们站起来！"

勒布朗不敢相信这一切。一个月前，白人民族主义者们在夏洛茨维尔举行的一场名为"团结右翼"（Unite the Right）的集会引发了悲剧。一位新纳粹分子故意开车撞向了一群反白人至上的抗议者，导致一名女性死亡，20多人受伤。当时，特朗普坚称"两方都是好人"。如今，特朗普对待一位选择用下跪这样的和平方式抗议种族歧视的黑人运动员，竟然比对待那群在夏洛茨维尔游行的白人至上主义者更加情绪激动。2017年9月23日，当他一觉醒来并看见特朗普又把怒火撒向了斯蒂芬·库里，勒布朗对局势更加不安了。

特朗普在阿拉巴马州发表讲话之后，库里在9月22日告诉记者，如果他能做主，那么勇士队不会去白宫。"我不明白为什么他觉得有必要针对一些人而不是另一些人，"库里在球队新赛季第一次训练结束后表示，"他知道一个原因，但作为一个国家领导人，这么做实在有失身份。这不是领导人该做的事情。"

次日上午，东部时间 8 点 45 分，特朗普发了一条推特："对一支冠军队伍来说，前往白宫被认为是一项伟大的荣誉。斯蒂芬·库里有所迟疑，因此邀请函被撤回了！"

库里是勒布朗的对手。但勒布朗受够了。总统正在把体育当作他的棋子。当天上午，东部 11 点 17 分，勒布朗发了一条推特并标记了特朗普："你这个呆子（U bum），库里说了他不去！所以根本就没有邀请这回事。前往白宫是一项伟大的荣誉，直到你出现为止！"

此前，许多运动员和教练员都对特朗普的言行有意见，勒布朗是第一个如此强硬和直接地与他对峙的人。此事立刻引起了强烈反响。当天下午，记者询问德雷蒙德·格林对勒布朗的推特有什么看法。"他把他喊作'呆子'，"格林笑着说，"我非常敬佩。"科比·布莱恩特在推特上写道，一位"煽动分裂和仇恨的总统不可能'让美国再次伟大'"。获得全国冠军的北卡罗来纳大学篮球队宣布不会造访白宫。第二天，NFL 球员在奏国歌期间一致跪地抗议。在 24 小时内，勒布朗的推文被 150 万人点赞，被转发超过 62 万次，远远超过特朗普最热门的一条推文——他在选举日用全部大写字母发表的宣布胜利的推文，那条推文被转发了 33.5 万次。勒布朗的推文最终成了 2017 年全球转发次数最多的由运动员发表的推文。"没想到篮球巨星比总司令更擅长团结美国人。"*Slate* 杂志调侃道。

只用了四个字符和一个空格，勒布朗"U bum"的推文颠覆了运动员发表政治言论的方式。在运动员和总统之间这场关于种族和社会争议的战斗中，勒布朗已经站在了第一线并成为焦点，尽管这并非他的本意。《纽约时报》头条写道："特朗普攻击勇士队库里，勒布朗反击：'呆子'。"《纽约客》的大卫·雷姆尼克评论道："勒布朗·詹姆斯在推特上言简意赅地抨击了特朗普：'呆子'，其背后的情绪何以解释？"

勒布朗对自己所说的话并没有退缩。在骑士队训练营期间的媒体日上，记者询问他是否后悔称美国总统为"呆子"，勒布朗表示了否定。

"他不明白自己作为这个美丽的国度的领导者所拥有的权力，"勒布朗说道，"他不明白有多少孩子——不论他们是哪个族裔——对美国总统感到敬仰，期望得到总统的指引、领导和鼓励。"

勒布朗停顿了一下。"我们竟然让这样的人担任世界头号职位——这比任何事情都让我感到恶心。你们同意吗？"勒布朗环视了房间里的记者们。"美国总统是全世界最有权力的职位，"他继续道，"曾经，占据全世界最有权力的职位的那个人有机会让我们作为一个集体紧密团结，有机会激励年轻人，让年轻人过得自在，让他们觉得自己走在大街上的时候不会因为肤色或种族而被评判。但那个人没有意识到这一点，他甚至完全不在乎！"

勒布朗又谈到了最初的那个问题——是否后悔称呼总统为"呆子"。"不后悔，"他说，"如果后悔的话，我早就删掉那条推文了。"

勒布朗的措辞为其他运动员提供了保护伞，使他们可以畅所欲言。同时，勒布朗的立场也揭露了黑人球员和白人老板们之间某种难以言说的隔阂。许多 NFL 和 NBA 老板曾为特朗普提供了资金支持，其中就包括丹·吉尔伯特，他的抵押贷款公司速贷公司为特朗普的就职典礼提供了 75 万美元的资助。

当勒布朗发布"U bum"那条推特时，吉尔伯特并未表态。但许多被勒布朗那条推特激怒了的人把矛头对准了吉尔伯特。吉尔伯特的语音信箱里充斥着他这辈子听过的最恶毒的种族歧视言论，让他大开眼界。

"其中有一种种族主义的因素，我甚至没有意识到它存在于这个国家，"吉尔伯特在美国消费者新闻与商业频道（CNBC）的 *Squawk Box* 节目中表示，"这是我听过的最恶心的话。你可以听得出来，他们根本不是就事论事。这些话展现了他们的真面目。"

在勒布朗发布推文以及抗议活动蔓延到整个职业体育界之后，吉尔伯特并不是唯一一个大受震撼的球队老板。NBA 和 NFL 联盟的众多球队老板开始公开支持球员，即使总统已经向球迷发出号召——若是球员们继续在奏国歌时下跪，则球迷应当抵制 NFL 比赛。整个 2017—2018 赛季，NBA 和 NFL 联盟的球员都在积极进行抗议。费城老鹰队（Philadelphia Eagles）在 2018 年超级碗比赛中击败了新英格兰爱国者队（New England Patriots）。但随后，多位老鹰队球员明确表示不会造访白宫。特朗普也取消了该球队的访问安排。

36 "呆子"

2018年1月14日，俄亥俄州的阿克伦市飘起了雪花。这是在骑士队主场迎战勇士队的前一晚，勒布朗正带领凯文·杜兰特游览他的家乡。两人坐在一辆SUV的后座上，司机是ESPN播报员卡里·钱皮恩（Cari Champion）。仪表盘上架着一台摄像器，钱皮恩负责引导勒布朗和杜兰特进行对话。他先是让两人谈了谈相互竞争的感受。但是，当勒布朗提起穆罕默德·阿里以及他如何因拒绝参加越南战争而被剥夺重量级拳王头衔并锒铛入狱时，话题很快就发生了转变。杜兰特很佩服勒布朗开口谈论这件事。钱皮恩看了一眼后视镜并说道，"这个国家正处在一个分水岭。勒布朗，你此前称总统是个'呆子'。"

"直截了当。"勒布朗说。

杜兰特笑着附和："直截了当。"

"身为一位运动员，你很关心世界上究竟发生着什么事情，而且你也拥有发声的平台，你如何描述当下的氛围？"

"美国第一职位，"勒布朗说，"被一个不了解人民，甚至完全不关心人民的人所占据了……虽然我们无法改变从那个人的嘴里说出的话，但我们可以继续提醒那些关注我们、听到我们呼声的人，这不是出路。"

"我们谈论的是领导力，以及我们这个国家究竟发生了什么，"杜兰特表示，"如果把国家比作一支球队，那么它并不是由一名好教练来管理的。"

钱皮恩提到，有些人认为勒布朗和杜兰特是富有的黑人，因此不会受到种族主义的影响。

"我是一个黑人，是有不少钱，我在布伦特伍德的家里还摆着一张婴儿床，但我的大门上还是被喷上了'nigger'这个词。"勒布朗说道。

"那太疯狂了。"杜兰特说。

"作为非裔美国人，无论你在生活中拥有多少金钱和权力，无论你的地位有多么高高在上，他们总有办法让你知道，你仍然在他们之下。"勒布朗说，"你要么向这种观念认输，要么就把它公布出来，然后大大方方地说：'你知道吗？我会把大门重新刷一遍，然后盖得更高。'"

年少时，杜兰特曾视勒布朗为偶像。如今，他敬仰勒布朗是出于其他的原因。"你有了第一个儿子，"杜兰特对他说，"之后有了第二个儿子，又有了一个女儿。我的人生还没有到达那个阶段。你每天是如何当好父亲和丈夫的角色的？"

"我小时候没有父亲的经历让我明白了怎样才能当好家长，"勒布朗谈到了自己的育儿方法，"我有了三个孩子，我依然在学习如何成为一个更好的丈夫和一个更好的父亲。"

"所以这是一个持续的过程。"杜兰特说。

"兄弟，这是永远不会停止的，"勒布朗说，"你只会期望，在这条路的尽头，你已经教会了孩子们足够的人生经验，当他们开始自己的人生时，他们可以靠自己茁壮成长。"

杜兰特和钱皮恩都点了点头。

"就丈夫而言，道理是相同的，"勒布朗说，"只要你保持忠贞，一切都会自然而然地发生。"

"伙计，"杜兰特说，"说得很对。"

这是全世界最伟大的两位篮球运动员之间的一次非同寻常的对话。一个月后，当这段对话播出时，福克斯新闻网（Fox News）主持人劳拉·英格拉哈姆（Laura Ingraham）却揪着勒布朗对特朗普的评论不放。她在自己的节目《英格拉哈姆视角》（*The Ingraham Angle*）中嘲讽了勒布朗和杜兰特，称他们说的话"令人费解"，而且"语法不通"。"他们非要这样大嘴巴吗？"她说道，"很不幸，许多孩子和一些成年人会把这些无知的言论当真……某些人只要拍一拍球就可以每年领到一亿美金，向他们寻求政治意见总是不明智的。"

在很多方面，英格拉哈姆正是勒布朗所描述的那类人——想方设法让他们知道，他们仍然在她之下。全美最知名的两位运动员在婚姻、育儿和忠于信仰等话题上进行了最深刻、最坦诚的对话，但这些都被她故意无视了。不仅如此，她还不遗余力地把两人拉下马。

"噢，勒布朗和凯文，"她说，"你们都是伟大的球员。但没人给你们投票。有数百万人投票选择特朗普担任他们的教练……这些政治评论就留给你们自己吧，或者，就像有人曾说过的那样，'闭上嘴，好好运球'（Shut up and dribble）。"

英格拉哈姆的攻击性言语在洛杉矶 NBA 全明星赛的前几天被播了出来，立刻引起轩然大波。《纽约时报》专栏作家莫琳·多德（Maureen Dowd）写道："当总统借助体育来挑起种族仇恨并煽动支持者的情绪时，运动员纷纷大声疾呼。'闭上嘴，好好运球'，这几个字恰好诠释了唐纳德·特朗普及其追随者对运动员的态度。"全美各地的运动员和教练员都对英格拉哈姆的言论表示遗憾。杜兰特认为那些人就是"种族主义者"。但勒布朗却把英格拉哈姆的无知看作一个机会。在她节目播出后的第二天，勒布朗在全明星比赛前召开了一场发布会。"她干得最好的一件事就是帮我长了见识，"他说，"让我可以坐在这里，谈论社会不公和平等问题。所以，我要说一声谢谢，不管她叫什么。我甚至不知道她的名字。"

篮球记者们很佩服勒布朗说自己不知道她的名字。马弗里克也不知道她叫什么，但他有了一个主意——他们可以利用"闭上嘴，好好运球"这句话，以它为基础创作一个电视节目。勒布朗表示赞同。于是他们集思广益，最终构思了一部由八个部分组成的系列纪录片，名为《不只是一名运动员》（*More Than an Athlete*）。ESPN+ 频道同意播出这部纪录片。勒布朗和马弗里克负责制作。

虽然身处球员行动的最前线，但在他职业生涯的第 15 个赛季，勒布朗的场上表现并没有减弱。赛季中期，在勒布朗步入 33 岁之时，他的投篮命中数领跑全联盟，得分和出场时间位列第二。勇士队主教练史蒂夫·科尔认为，33 岁的勒布朗可能比 28 岁时更好。"有多少球员在第 15 个赛季比第 10 个赛季更好呢？"科尔说道。"我们逐个数一数，迈克尔、伯德、魔术师、威尔特、卡里姆、比尔·拉塞尔，他们中的许多人甚至没有打到第 15 个赛季，他们中有谁在第 15 赛季比第 10 个赛季更好？我实在想不出来。"

然而，骑士队经历了动荡的一年。他们难以持续地赢球。主教练泰伦·卢因工作压力而患上焦虑症，不得不请假离队。赛季期间，骑士队做了多笔交易，把多位总冠军阵容里的球员送到了其他地方。在混乱的局面下，骑士队跌跌撞撞地以东部第四号种子的身份进入了季后赛。而且，球队还面临一个迫在眉睫的问题——勒布朗在克利夫兰的时光是否就要到头了。

关于这个问题，勒布朗已经思考了一段时间。他和吉尔伯特之间只有工作上的关系。球队正处于动荡之中。勒布朗还要考虑他的孩子们。他的大儿子布朗尼正在念初中，而勒布朗和萨瓦娜正在思考，当孩子们念高中时，他们将去哪里生活。洛杉矶是一个选项。赛季中期，他在布伦特伍德购置了另一套房产。但与此同时，勒布朗为他在克利夫兰的最后一次季后赛征途做好了准备。

在人手不足和伤兵满营的情况下，骑士队在首轮与印第安纳苦战了七场才分出胜负。勒布朗在抢七大战中砍下了45分，率领球队夺取胜利。第二轮，勒布朗凭借一次次精彩投篮，单枪匹马挑落了头号种子多伦多猛龙队。系列赛第三场，他送上了一记压哨打板绝杀；第四场的最后时刻，勒布朗在篮板后方极限后仰投篮，当篮球落入球网，他甚至跌出了场外。在ESPN，斯蒂芬·A.史密斯称勒布朗的表现堪比"超人"。他还补充说："已经没有高级形容词可以形容那个人的表现了。"

横扫了多伦多后，克利夫兰在东部决赛中迎战波士顿。尽管凯里·欧文因伤错过了整个系列赛，但凯尔特人队依然建立起3比2的领先。第六战，勒布朗轰下46分，帮助球队扳平总比分。随后，在乐福因脑震荡缺席第七战的情形下，勒布朗在客场打满了全场48分钟，贡献了35分、15个篮板和9次助攻，取得了一场看似不可能的胜利。这是波士顿凯尔特人队在NBA历史上第一次在主场输掉抢七大战。"没有人比他扛起更多责任并让球队闯进总决赛，"分析师杰夫·范甘迪评价道，"他的最大成就莫过于把这样一支队伍带进了总决赛。"

这是勒布朗连续第八年挺进NBA总决赛。同时，骑士队史无前例地连续四年与勇士队交锋。虽然双方实力悬殊，但勒布朗希望球队可以孤注一掷，找到击败金州的办法。第一战，勒布朗狂砍51分，但球队在加时赛中饮恨。史蒂夫·科尔惊叹道："他们队里有一位球员，他的篮球水准之高，我认为任何人都不曾见过。"

勇士队横扫了骑士队，但勒布朗打出了骑士生涯中最顽强的表现之一，几乎打满了四场比赛的每一分钟，场均得到34分、8.5个篮板和10次助攻。

尽管如此，骑士队和勇士队的最后一次对决却以双方在政治领域的团结一致为亮点，尤其是勒布朗和库里。总决赛期间，《纽约时报》的标题——"勒布朗·詹姆斯与史蒂芬·库里联手抵制白宫访问"——体现了NBA的政治氛围在过去四年发生了怎样的改变，"我知道，无论谁赢下这轮系列赛，没有人想要受到邀请"。

在克利夫兰的第四战接近尾声，距离比赛还剩下4分3秒的时候，勇士队已经领先了25分。这时，球出了界。见到骑士队的替补队员在技术台前等待出场，勒布朗知道他的时间结束了。伴随着全场观众的起立欢呼，勒布朗先后与德雷蒙德·格林、凯文·杜兰特、安德烈·伊戈达拉和克莱·汤普森击拳致意。掌声越发热烈，速贷球馆响起了"MVP"的口号声。勒布朗走向了库里，后者拍了拍他的后背，然后与克利夫兰球迷们一起为他鼓掌。当勒布朗在替补席坐下，比赛继续进行，"MVP"的呼喊却更响亮了。勒布朗人生中的又一个篇章即将落幕。球迷们预感到了这一点，勒布朗也是如此。2017—2018赛季是他生涯当中最艰难的赛季之一，但他比以往任何时候都更加庆幸自己回家了。现在，他可以去追逐其他梦想了。

37 圆满人生

2018 年 7 月 1 日，里奇·保罗的经纪公司在推特上发布了一条只有一句话的新闻稿："勒布朗·詹姆斯——四次 NBA 常规赛 MVP 得主、三次 NBA 总决赛 MVP 得主、14 次全明星入围球员及两枚奥运会金牌得主——已同意与洛杉矶湖人队签订一份四年 1.54 亿美元的合同。"

这份平淡的宣言与勒布朗以往离开克利夫兰的方式形成了鲜明的对比。丹·吉尔伯特的反应也截然不同。几个小时之内，他发表了一份声明："勒布朗，你回到家乡，完成了终极目标，"吉尔伯特写道，"那就是带来一个总冠军，将克利夫兰的几代人——不论他们在世或是离世——团结在了一起……对于你在身披骑士队球衣的每一刻所付出的一切，我唯有钦佩和感激。我们期待有朝一日可以退役你那件著名的骑士队

23 号球衣。"

对于一个游子归乡的经典故事，这个结局再好不过了。

虽然他即将前往洛杉矶，但勒布朗明确表示，俄亥俄州东北部永远是他的家。2018 年 7 月 30 日，勒布朗回到阿克伦，在家人和朋友的见证下，他宣布了一件比将总冠军旗帜悬挂在速贷球馆的上空更有益于改变人生的事情——他的"我承诺"学校（I Promise School）正式开学。这是他和萨瓦娜为困难儿童所修建的学校。勒布朗身着西装、打着领带，站在新学校前的舞台上，望向了支持这项事业的社区成员和教育工作者们。随后，他低下头，看向了一同在前排就座的马弗里克·卡特、里奇·保罗和兰迪·米姆斯。他们的出现瞬间把勒布朗带回了旧时光。"当我还是一个在俄亥俄州阿克伦长大的孩子时，这里发生着很多事情，"他说，"枪支暴力、毒品以及其他问题到处都在发生。是什么阻止我走上歪路？放眼望去，我见到了我的朋友们，我六七岁的时候就和他们在一起了。"

马弗里克、里奇和兰迪的目光紧盯着他。

"他们就是我没有走歪路的原因。"

这所新学校迎来了 240 名学生。他们中的所有人都将被免除学费、校服费及两英里内的交通费，还享有免费的早午餐和零食、自行车和自行车头盔。学校还为他们的家庭提供食品援助，并为学生父母提供通用教育发展（GED）考试和就业安置服务。另外，阿克伦大学还为所有毕业生提供了奖学金保障。开学典礼之后，勒布朗接受了 CNN 记者唐·莱蒙（Don Lemon）的采访，谈论了这所学校，以及他在支持儿童教育方面的努力。采访期间，莱蒙把话题转向了特朗普总统。

"如果总统坐在这里，你想对他说什么？"莱蒙问道。

"我绝不会坐在他对面。"勒布朗回答。

"你不想和他说话吗？"

"不，"勒布朗说道，"但我愿意坐在贝拉克对面。"

这是历史性的一刻。全美最知名的运动员说他不会和美国总统说话。

"我们的总统有点想要分裂我们。"勒布朗给出了解释。

"有点？"莱蒙指出。

"好吧，他就是在这么做。可以把'有点'去掉，他就是在分裂我们。而且，我在过去几个月注意到，他正在利用体育来分裂我们。但这件事我完全想不通。据我所知，我第一次和白人相处正是在参加体育锻炼的时候。"

借此机会，勒布朗表达了他的看法——体育可以成为一种打破种族隔阂的方式，就像年少的他与白人同学相处时那样。"我有机会见到他们、了解他们，"他说，"他们也有机会了解我，然后我们成了好朋友。"

就在这段采访播出的几个小时后，特朗普总统在推特上写道："勒布朗·詹姆斯刚刚在电视上接受了最愚蠢的人唐·莱蒙的采访。他让勒布朗看起来很聪明，这可真是不简单。我更喜欢迈克！"

特朗普的这番话同时贬低了两位黑人运动员的智商，既把"迈克"——迈克尔·乔丹——拉进了这场口水仗，也再次把勒布朗置于美国种族话题的焦点。第二天，CBS 的《周六早间播报》（*CBS Saturday Morning*）节目开门见山地说道，"今日早间的头条新闻是，特朗普总统连夜在推特上抨击了 NBA 巨星勒布朗·詹姆斯……"此事迅速成为全美头条。然而，最终占领高地的人却是勒布朗。他发布了一条自己的推特："孩子们，让我们加把劲！我爱你们。"这条推文还附上了"我承诺"学校的链接。

随后，洛杉矶湖人队老板珍妮·巴斯（Jeanie Buss）发表了一份声明："勒布朗·詹姆斯是湖人队大家庭中的一员，我们感到无比自豪。他是一位有思想、有智慧的领袖，他深知体育具有增进社会团结并让世界变得更美好的力量。"

勒布朗的场上对手斯蒂芬·库里向他表达了支持："继续做你自己 @kingjames！"

甚至第一夫人也开始为勒布朗辩护。2018 年 8 月 16 日，CNN 主持人沃尔夫·布利策（Wolf Blitzer）在《时事观察室》（*The Situation Room*）节目播报，"第一夫人梅拉尼娅·特朗普又一次站在了她丈夫的对立面。在后者攻击了勒布朗·詹姆斯之后，她称赞了勒布朗·詹姆斯的慈善工作。"第一夫人还发布了一份正式声明，表示自己很愿意参观"我承诺"学校。

然而，最大的惊喜莫过于迈克尔·乔丹也加入了战斗。关于乔丹和勒布朗谁才是史上最伟大球员的争论还将持续多年。至于他们之中的哪一位在推动社会变革方面采取了更多行动，这一点永远不会有疑问。借助自己的地位和资源，勒布朗积极参与了广泛的政治议题，从枪支暴力、种族主义再到投票权。而乔丹避免掺和任何政治问题的态度已是尽人皆知，不论在他职业生涯期间还是退役之后。但特朗普在推特上提起了乔丹的名字后，乔丹没有选择沉默，而是向勒布朗表达了高度赞扬。"我支持 LJ，"乔丹说道，"他正在为他的社区做着一项了不起的工作。"

特朗普嘲讽勒布朗这一事件的余波仍在美国持续之际，勒布朗来到了中国。身穿一件印有"I AM MORE THAN AN ATHLETE"（我不只是一位运动员）口号的 T 恤，勒布朗在上海戏剧学院的一大批观众面前发表了讲话。随后，他又把自己的行动主义观念带到了巴黎和德国。在德国，他参观了柏林墙遗址并对媒体表示："人们只是需要一些希望。"

回到美国后，勒布朗在纽约短暂停留。在那里，他领取了哈莱姆时尚街（Harlem's Fashion Row）向他颁发的慈善表彰。勒布朗还借此机会发布了他的最新耐克球鞋。这是一款女子球鞋，灵感来源于那些坚韧不拔的非裔美国女性。在母亲、妻子和女儿的陪同下，勒布朗登上舞台，向她们致敬。他尤其感谢母亲独自把他抚养成人。这款新球鞋的鞋垫上印着的，正是那些描绘他母亲的词语——坚韧、忠诚、尊严、勇气。"每当有人把脚放进鞋子里，正是这些词成了她们的立足之本，"勒布朗说道，"因为有你，格洛丽亚·詹姆斯，我今天才能站在这里向你们致敬，并告诉大家为什么我相信非裔美国女性是全世界最强大的女性集体。"

勒布朗环视着坐满了女性观众的会场。"这位漂亮的小女孩，"他一边说，一边向他的女儿点点头，"她是我的动力。人们总是告诉我，'如果你有了女儿，她会改变你的'。我会说，'不可能，谁也改变不了我'。三年前，这块宝石来到了我们的家庭。她不但改变了我，而且让我成为更好的人——一个更加专注、更加强大的人。我也变得更加敏感了，我意识到我对女性负有责任。朱莉，感谢你。我爱你，我的宝贝女儿。"

萨瓦娜笑得很灿烂。

勒布朗看向了她，停顿了一会儿。在所有女性观众们的面前，勒布朗谈论起自己的性格，并透露为什么两人之间的纽带如此牢固。"当我还一无所有的时候，萨瓦娜就在我的身边了，陪我在体育馆里练习投篮。"他说道。

想到两人一起走过了多远的路，一起经历了如此多的事，勒布朗不免心潮澎湃。

回首往事的时间结束了。湖人队的训练营即将开始。接下来，他将前往洛杉矶，翻开人生的下一个篇章。

后记

　　2018 年 9 月中旬，在一个温暖明媚的下午，勒布朗走进了位于他布伦特伍德新家附近的一家颇受欢迎的寿司店。勒布朗穿着短裤和 T 恤，带着一个护腰枕，身旁坐着亚当·门德尔松和《好莱坞报道》的作家玛丽莎·格思里。第二天是勒布朗的婚礼纪念日，门德尔松递给他一瓶葡萄酒作为礼物，并询问他是否会在训练计划里给自己放一天假。

　　勒布朗做出一个滑稽的表情。"这就像是在问'我明天会呼吸吗？'"他说，"我当然要训练了。"

　　勒布朗即将步入生涯的第 16 个赛季，但他的训练比自己刚进入联盟时还要刻苦。格思里十分钦佩勒布朗的职业态度。前一天，她到位于伯班克的华纳兄弟园区拜访了勒布朗。勒布朗和马弗里克在那里拥有一间办公室。那是一座蓝色的科德角式房屋，曾被用作美剧《吉尔莫女孩》(*Gilmore Girls*) 的取景地。距离格思里第一次报道勒布朗已经过去了四年。如今，她正在撰写一篇封面故事，聚焦勒布朗、斯普林希尔娱乐公司的发展，以及他为增进运动员的权利而打造的

"Uninterrupted"品牌。该品牌制作的 The Shop 节目登陆了 HBO。在 NBA 保持精英水准的同时，勒布朗正在洛杉矶建立一个商业帝国。

"来吧，"勒布朗一边说，一边把腰垫放在后背下方，"你可以向我提问。"

格思里掏出了录音设备。但人们一看见勒布朗，就纷纷想要上前和他自拍。

"现在还不行，"勒布朗礼貌地回应，"我们要做一个采访。"

格思里问勒布朗是否希望不被打扰。

"我不是一个喜欢隐姓埋名的人，"勒布朗告诉她，"你要知道，我是家里的独生子。我喜欢和人们打交道。"

格思里又问起勒布朗和马弗里克已经安排的新项目。在那一周，NBC 和 CW 电视网都宣布将与斯普林希尔合作制作新节目，包括一部关于穆罕默德·阿里的纪录片。勒布朗和马弗里克还在与 Netflix 合作一部犯罪剧，以及一部由奥克塔维亚·斯宾瑟（Octavia Spencer）主演的限定剧。此外，马弗里克还为格思里的文章透露了一个独家消息——他刚刚说服了《黑豹》(*Black Panther*)的导演瑞恩·库格勒（Ryan Coogler）执导华纳兄弟出品的新版《太空大灌篮》电影。即将在这部影片里担任主角的勒布朗已经迫不及待要开始拍摄了。

"库格勒带给了这一代孩子一件我小时候没有的东西，"勒布朗说道，"那就是一部由非洲裔美国人主演的超级英雄电影。"

与库格勒合作拍摄《太空大灌篮》为勒布朗带来了一次实现童年梦想的机会。"我一直想当超级英雄，"他说，"蝙蝠侠是我最喜欢的人物。但我知道我永远无法成为布鲁斯·韦恩。我也从来没有想过我会成为一家公司的总裁，更不敢想象公司的价值会达到数十亿美元。"

如今，勒布朗的预估身价达到了 10 亿美元。华纳兄弟计划让勒布朗在这部真人动画电影中饰演自己。他将与兔八哥、达菲鸭和《乐一通》(*Looney Tunes*)中的其他卡通人物共同出镜。在很多方面，勒布朗加盟洛杉矶仿佛是为他传奇般的篮球生涯添加了一个好莱坞式的结局。

就在勒布朗和格思里交谈的时候，里奇·保罗走了进来，并坐进了旁边的餐桌。里奇也是一位大忙人。除了代表勒布朗与湖人队谈下四年 1.54 亿美元的合同，他还为他的经纪公司 Klutch Sports Group 招募了一批新客户。里奇

后记

拿起手机拨了一通电话。此时的他已经接近签下全联盟最大牌的巨星之一——新奥尔良鹈鹕队的中锋安东尼·戴维斯，后者前几天刚刚炒掉了经纪人。格思里无意间听到了这段对话。挂断电话后，里奇转过身对她说道："什么也别说。"

格思里向里奇保证，他不必担心这一点。这不是她要写的故事。

一周后，勒布朗与他在斯普林希尔及 Uninterrupted 团队的 28 位员工登上了《好莱坞报道》的封面，标题为《勒布朗登陆 L.A.》。该杂志将勒布朗形容为"镇子上最火爆的制作人之一"。

里奇也成了 NBA 最火爆的经纪人之一。在同一周，Klutch Sports Group 宣布安东尼·戴维斯与里奇签约。很快，里奇就和戴维斯谈论了加入湖人并与勒布朗联手的话题。

然而，在勒布朗备战身披湖人队球衣首秀之际，他却在憧憬另一位未来的队友。他的长子布朗尼已经引起了多位大学篮球招募人员的兴趣。长久以来，他一直幻想在 NBA 与布朗尼一起打球会是什么场面，但他还没有准备好与公众分享这一梦想。2018 赛季伊始，勒布朗让全世界明白了他对布朗尼的看法。他在 Instagram 上写道：

祝我的大儿子布朗尼 14 岁生日快乐！你每一天都让我感到骄傲！请继续为你的弟弟和妹妹树立好榜样吧，当老爸去客场征战时，你就是家里的男子汉。我喜欢你现在的样子，而这只是一个开始！期待继续见证你在各方面的成长！布朗尼，爱你！

骄傲的父亲

2018—2019 赛季是一个令人失望的赛季。湖人队无缘季后赛。但在 2019

年夏天，里奇策划了一笔交易，将安东尼·戴维斯带到了湖人队。同年，里奇离开克利夫兰，搬到了比弗利山庄，他在那里购买了一座价值数百万美元的房子。那年晚些时候，他与创作歌手阿黛尔（Adele）相遇。在一场派对上，阿黛尔走向他并说道："你愿意签下我吗？"两人成为朋友，并最终走到了一起。

2020年，勒布朗和安东尼·戴维斯带领湖人队赢得NBA总冠军。这是勒布朗的第四个冠军，他也成为首位在三支不同球队当选总决赛MVP的球员。

总决赛结束后不久，勒布朗和萨瓦娜也在比弗利山庄购买了一栋曾属于凯瑟琳·赫本（Katharine Hepburn）的房产。同时，勒布朗回到阿克伦，启动了"330之家"项目。在这座占地6 000平方英尺的设施中，银行家和财务顾问将帮助低收入家庭进行财务规划。该项目由勒布朗·詹姆斯家庭基金会和摩根大通合作资助。

勒布朗还积极投身于2020年总统大选活动。他成立了一个名为"不止一票"（More Than a Vote）的政治组织，帮助少数族裔群体登记选票并鼓励他们投票，反对选民压制。这是对佐治亚州等地在共和党的引导下加大有色人种投票难度的直接回应。

2021年1月6日，勒布朗在电视上看到一群特朗普的支持者闯入美国国会大厦并洗劫了财物。勒布朗不禁注意到，这群暴徒以白人为主。国会警察早已不堪重负，但没有任何军队和增援部队前来帮助他们。第二天，勒布朗穿着一件印有"DO YOU UNDERSTAND NOW？"（你们现在懂了吗？）的T恤出现在赛后新闻发布会上。"我们生活在两个美国，"勒布朗向媒体表示，"如果你无法理解，或者在看到昨天发生的事件后仍然不明白这一点，那么你真的应该反省一下了。"他回顾了前一天的那些暴力场面，并补充说，"如果昨天冲击国会山的是我们这类人，会有怎样的结果？我想我们都知道的。不必再说'如果''还有'或者'但是'——大家心里都清楚，我们这类人接近国会山会有什么下场，更不用说闯进办公室了。"

2021年，勒布朗和马弗里克于2007年成立的影视制作公司估值已接近10亿美元。同时，通过与芬威体育集团的合作，勒布朗和马弗里克在2021年

后记

成为波士顿红袜队和利物浦足球俱乐部的部分所有者。"我和我的搭档马弗里克是那个所有权集团的首批黑人成员……这太酷了,"勒布朗说,"它给了我希望和鼓舞,并激励着像我一样的人们,让他们知道他们也可以拥有这样的地位,这一切是可以实现的。它还会给'我承诺'学校里的孩子们带来越来越多的启发。"

2021年对里奇来说也有着重大意义。他的经纪公司Klutch Sports Group在NBA和NFL总共谈妥了价值18亿美元的合同。里奇和阿黛尔携手现身一场NBA季后赛,由此向公众宣告了两人的约会关系。"人们会说些什么?"里奇问她。"他们会说你签下了我。"阿黛尔说道。

里奇和阿黛尔坐在场边座位观战。在他们相隔不远的地方,勒布朗坐在兰迪·米姆斯旁边。湖人队缺席了季后赛。但勒布朗借此机会审视了自己的处境。"四骑士"仍然在一起。他们都住在洛杉矶,都取得了巨大的成功。萨瓦娜在西海岸过得很幸福,孩子们也在这里茁壮成长。生活的一切正如勒布朗所愿。篮球对他的意义依然不可估量。虽然他马上就要40岁,但勒布朗觉得自己还能再征战很多年。

2022—2023赛季是勒布朗在湖人队的第五个赛季,也是他生涯第20个赛季。赛季期间,勒布朗度过了自己38岁的生日。不到两个月后,2023年2月7日,勒布朗达成了38 388分的里程碑,超越卡里姆·阿卜杜勒·贾巴尔成为NBA历史得分王。

18岁的布朗尼将于2023年高中毕业。勒布朗只剩下一个篮球梦想有待实现,那就是同他的儿子一起出现在NBA赛场上。

致 谢

首先感谢各位记者人士。

以大卫·李·摩根（David Lee Morgan Jr.）、特里·普鲁托（Terry Pluto）、蒂姆·罗杰斯（Tim Rogers）和布莱恩·温德霍斯特（Brian Windhorst）为代表的《阿克伦灯塔报》和《老实人报》的众多一流的记者们对勒布朗的高中时代进行了广泛报道。我或许不知道此时此刻犹他州正在发生什么，但是当我想要了解1999年至2003年阿克伦发生了什么，我总能从摩根、普鲁托、罗杰斯和温德霍斯特的报道中找到答案。

许多业内最优秀的篮球记者都报道了勒布朗的职业生涯和他在美国奥运队的经历。对我而言，有几位记者是他们当中的佼佼者。《纽约时报》记者利兹·罗宾斯（Liz Robbins）、霍华德·贝克（Howard Beck）和斯科特·卡西奥拉（Scott Cacciola）对勒布朗的日常报道富有洞见、极具智慧且值得回味。专栏作家伊拉·伯科（Ira Berkow）是一位文字魔术师，他撰写了第一篇关于勒布朗的全国性报道，堪称佳作。迈克尔·霍利（Michael Holley）是一位文笔极好的行家，他撰写了第二篇关于勒布朗的特别报道，却在很大程度上被忽视了，我在传记中描写的一个重要场景正是借助于此文。迈克·怀斯（Mike Wise）和汤姆·弗兰德（Tom Friend）都撰写了深入浅出的文章，为这部传记提供了内容参考。拉里·普拉特（Larry Platt）为GQ杂志撰写了一篇精彩的特别报道，为人们了解早期的勒布朗和他的核心圈打开了一扇窗户。接下来是克里斯·巴拉德（Chris Ballard）和杰克·麦卡勒姆（Jack McCallum），两位经验丰富的《体育画报》记者多年来贡献了多篇精彩的专题文章。

其他体育记者的作品也为本书提供了启发和参考，包括乔纳森·艾布拉姆斯

（Jonathan Abrams）、哈维·阿拉顿（Harvey Araton）、弗兰克·利茨基（Frank Litsky）、杰里·朗曼（Jere Longman）、杰基·麦克穆兰（Jackie MacMullan）、克里斯·曼尼克斯（Chris Mannix）、戴夫·麦克梅纳明（Dave McMenamin）、迈克尔·鲍威尔（Michael Powell）、威廉·C. 罗登（William C. Rhoden）、S. L. 普莱斯（S.L. Price）、比利·维茨（Billy Witz）以及阿德里安·沃纳罗斯基（Adrian Wojnarowski）。

同样，时尚、商业、音乐、政治和娱乐界的一批特约撰稿人创作了一系列极具启发性的文章，为本书提供了宝贵的资源，他们包括蒂姆·阿朗戈（Tim Arango）、伊萨克·乔蒂纳（Isaac Chotiner）、乔·德拉普（Joe Drape）、肖恩·格雷戈里（Sean Gregory）、博阿兹·赫尔佐克（Boaz Herzog）、查尔斯·麦格拉斯（Charles McGrath）、贾森·奎克（Jason Quick）、丽莎·罗宾逊（Lisa Robinson）、伊莱·沙斯洛（Eli Saslow）、罗伯特·沙利文（Robert Sullivan）、图雷（Touré）和帕特里克·瓦罗内（Patrick Varone）。

我最想感谢的是一群屡获殊荣的记者，他们多年来创作了大量以勒布朗为主题的作品，产生了广泛的影响。这份名单之中不乏当代新闻行业最优秀的故事叙述者：格兰特·瓦尔（Grant Wahl）、丽莎·塔迪奥（Lisa Taddeo）、巴兹·比辛格（Buzz Bissinger）、J. R. 莫林格（J. R. Moehringer）、李·詹金斯（Lee Jenkins）、玛丽莎·格思里（Marisa Guthrie）和莱特·汤普森（Wright Thompson）。有幸认识格兰特是我撰写这部传记时的一大收获。他的写作风格完美诠释了他惹人喜爱的个性——善良、谦逊且善解人意。他为《体育画报》撰写那篇封面故事将勒布朗推向了全世界，这不足为奇。丽莎是一位颇为风趣的作家，也是一位访谈高手。巴兹——带着这个名字从事新闻行业再适合不过了。在我看来，你所著的那本关于勒布朗的书是一部杰作！J. R.——如果你决定当一位新闻学老师，我会重回学校的。勒布朗信任李并选择由他为自己撰写那篇重返克利夫兰的声明，不是没有原因的。向这位有足够的自信担当幕后英雄的记者脱帽致敬。玛丽莎是专业精神的典范，也是新闻界的领航者。我会鼓励我的小女儿向她这样一位作家学习。赖特的穿衣品位不怎么样，但他是一位无所畏惧的记者和情感充沛的作家。

我必须感谢《体育画报》、ESPN、《名利场》和《好莱坞报道》的众多高管、编辑和工作人员，他们为我的采访提供便利，给予我背景资料，帮助我检索文件、寻

致谢

找数据和信息，还回答了我各式各样的书面问题。我也很感激《阿克伦灯塔报》《老实人报》和《迈阿密先驱报》(Miami Herald)的多位图书管理员、档案管理员和编辑，他们帮助我检索了足以塞满了好几本活页夹的资料。

蒂姆·贝拉(Tim Bella)和约翰·高根(John Gaughan)帮助我进行了大量研究。

其次，感谢我的同事们。

创作一部如此宏大的传记，离不开众多勤劳的双手和聪明的头脑。虽然写作是一场漫长且常常很孤独的马拉松，但我很幸运能与一支真正值得信赖的团队一起奔跑。我要感谢我的智囊团——理查德·派恩(Richard Pine)、乔菲·费拉里-阿德勒(Jofie Ferrari-Adler)和乔恩·卡普(Jon Karp)；感谢我的秘密武器——多萝西娅·H(Dorothea H)；感谢我的知己——贾斯汀·L(Justin L)、杰夫·K(Jeff K)、安迪·D(Andy D)、史蒂夫·Y(Steve Y)、比尔·M(Bill M)、埃里克·Z(Eric Z)以及某个最聪明的人；感谢我的可靠战友——来自南港的约翰(John)、AEK、来自切斯特的贾斯汀(Justin)，还有珍妮(Jeanne)和史蒂夫(Steve)，他们为我提供了一席之地，以便我在 The Garde 进行创作；还要感谢我的专业后援——乔纳森·埃文斯(Jonathan Evans)、大卫·卡斯(David Kass)、卡洛琳·凯利(Carolyn Kelly)、梅雷迪斯·比拉雷罗(Meredith Vilarello)、保罗·奥哈洛伦(Paul O'Halloran)、伊莱扎·罗特施泰因(Eliza Rothstein)、吉迪恩·派恩(Gideon Pine)、杰夫·米勒(Jeff Miller)以及凯文·拜厄斯(Kelvin Bias)，他们赋予了这本书以生命。

最后，感谢我的家人。莉迪娅(Lydia)是我的终极智囊团、秘密武器和知己，也是我的爱人。从 1988 年我第一次带她去西雅图 Ivar's 餐厅约会的那一刻，我就被她迷住了，至今依然如此。坦尼森·福特(Tennyson Ford)、克兰西·诺兰(Clancy Nolan)、马吉·梅(Maggie May)和克拉拉·贝尔(Clara Belle)陪伴我完成了这部传记。但是，任何一本书——任何一项职业成就——都无法与我作为他们的父亲所感受到的自豪和喜悦相提并论。